선거캠페인의 원리와 실행전략

나남출판

김창남

고려대학교 중어중문학과 졸업
미국 켄트주립대학교 졸업(정치학 석사 · 박사)
미국 정치캠페인컨설턴트 자격증(Certificate in Political Campaign Management) 취득
현재 경희대학교 언론정보대학원 정치 · 사회캠페인 프로그램 주임교수
저서 및 논문으로 《현대 선거정치캠페인론》, "Political Candidates 'Cultural Values in Voters' Evaluations", "미디어선거와 정치후보자의 이미지" 등.

나남신서 · 1177

선거캠페인의 원리와 실행전략

2007년 1월 15일 발행
2007년 1월 15일 1쇄

저자_ 金昶南
발행자_ 趙相浩
편집_방순영 · 양정우
디자인_이필숙
발행처_ (주) 나남출판
주소_ 413-756 경기도 파주시 교하읍
출판도시 518-4
전화_ 031) 955-4600 (代)
FAX_ 031) 955-4555
등록_ 제 1-71호(79. 5. 12)
홈페이지_ www.nanam.net
전자우편_ post@nanam.net

ISBN 978-89-300-8177-1
ISBN 978-89-300-8001-9 (세트)
책값은 뒤표지에 있습니다.

나남신서 · 1177

선거캠페인의 원리와 실행전략

김창남

NANAM
나남출판

Principles And Practical Strategies of Political Campaign

by

Kim, Chang Nam

NANAM Publishing House

머리말

과학적 선거캠페인의 기치를 내걸고 《현대 선거정치캠페인론》(2000)을 출간한 이래 여러 번의 크고 작은 선거가 있었고 선거환경도 많이 변했다. 그동안 고비용 저효율의 원인으로 지목되었던 합동연설회와 정당연설회가 폐지되는 등 조직선거가 상당부분 퇴조하고, 매스미디어를 통한 선거캠페인이 점점 활성화되고 있다. 특히 후보자 TV토론이 확대되고 인터넷, 휴대전화 등 뉴미디어를 통한 선거캠페인방법이 적극 사용되고 있다.

공직선거법도 선거부정에 강력하게 대응하는 방향으로 개정되었다. 그 결과 선거캠페인이 과거에 비해 훨씬 밝아졌으며, 돈을 적게 쓰는 선거로 가고 있는 것은 분명하다. 일정한 득표를 한 정치후보자에게 국가가 선거비용을 보전하여 줌으로써 선거공영제 측면에서도 완전하지는 못하지만 중요한 진전을 이루었다. 그 외에도 매니페스토운동이 전개되어 후보자의 성격이 유권자의 선택에서 보다 중요해지는 등 적지 않은 긍정적 변화가 만들어졌다.

이러한 발전적 변화에도 불구하고 아직 우리의 선거를 선진선거라고 하기는 어렵다. 주요 정당의 공직후보자 추천과정에서 나타난 부정부패비리, 정치후보자에게 무차별적으로 적용되는 정당공천제의 적실성 문제, 각종 선거주기의 불일치로 인해 발생하는 혼란과 자원낭비, 정계개편이란 이름으로 자행되는 정치권의 잦은 이합집산, 정당의 지속성 부족과 이에 따른 책임정치의 실종 등 선진선거, 나아가서는 선진정치로 나아가는 길에 장애요소들이 많이 존재하고 있다.

선거환경의 변화와 함께 그동안 선거(또는 정치) 컨설팅업에 종사하는 인력도 많이 늘었다. 그러나 그들 중 과연 얼마나 많은 사람들이 선거, 보다 넓게는 정치에 대해 안심하고 조언을 구할 수 있는 능력과 신뢰성을 확보하고 있는지 우려된다. 이 분야의 진정한 전문가라고 자임하기 위해서는 현실적 경쟁의 장에서 수단과 방법을 가리지 않고 승리하는 기술자 이상이어야 한다. 인간과 사회에 대한 올바른 이해, 바람직한 가치관과 윤리의식을 바탕으로 선거·정치에 대한 탄탄한 이론적 지식과 실제 경험을 가지고 있을 때 진정한 전문가라고 할 수 있다. 선거·정치 싸움에서 단순히 승리만을 제조하는 기계는 오히려 사회에 큰 해악이 된다.

선거는 자유민주주의를 구성하는 핵심적 요소이다. 선거가 바로 되어야 정치가 바로 서고, 정치가 바로 서야 나라가 위기에 빠지지 않고 번영할 수 있다. 타락한 선거, 자원을 낭비하는 선거, 국민의 진정한 의사가 반영되지 않은 선거, 국민을 일시적으로 현혹하는 선거로 권력이 생산되는 사회에서는 희망을 가질 수 없다. 올바르고 효율적인 선거를 통해 바람직한 인물을 선출하여 중요한 책임과 권한을 가진 공직을 맡기기 위해서는 과학적 선거캠페인의 중요성이 강조될 수밖에 없다.

이러한 맥락에서 이 책은 변화된 선거환경 속에서 과학적 선거캠페인을 기획하고 실행하는 데 실제적 지침서로 사용할 수 있을 뿐만 아니라 선거캠페인을 학문적으로 탐구하는 분들도 체계적 지식을 습득하는 데 도움이 되도록 집필한 것이다. 서명이 시사하듯이 이 책은 현실

속에서 다양한 모습으로 존재하는 성공적 선거캠페인의 원리를 밝히는 동시에 현장에 적용하여 효과적으로 사용할 수 있는 전략 · 전술 · 테크닉도 분야별로 소개한다. 필자는 이 책이 선거캠페인에 대한 독자들의 지식과 경험을 조직화하여 선거캠페인을 구성하는 다양한 요소들이 선거캠페인 체계 속에서 유기적으로 작동하는 데 도움이 되도록 노력하였다.

이 책이 나오기까지 다음 분들의 도움이 컸다. 먼저 이 책의 출판을 맡아주시고 평소 지도를 아끼지 않으시는 나남출판 조상호 박사님께 깊은 감사를 올린다. 또한 편집진인 방순영님, 양정우님께도 깊은 감사를 드린다. 색인을 정리해준 경희대학교 언론정보대학원 김희진님에게도 고마움을 전한다. 아울러 우리나라에 과학적 선거캠페인을 확산시키기 위해 외로운 길을 가고 있는 한국선거컨설턴트협회 회원들께도 감사를 드린다. 뒤에서 묵묵히 힘이 되어주는 가족과 이 책 출간의 기쁨을 함께 하려 한다.

2006년 늦가을
동녘골에서
김 상 남

나남신서 · 1177

선거캠페인의 원리와 실행전략

차 례

▪ 머리말 / 5

제 1 장 출마결정과 성공적 정치후보자 15

1. 출마결정시 점검해야 할 사항 / 17
2. 성공적 정치후보자 / 23
3. 정치후보자의 이슈입장 · 앤서니 다운스와 벤저민 페이지의 이론 / 26

제 2장 선거캠페인의 체계와 정치후보자의 자세 35

1. 메시지 설득커뮤니케이션으로서의 선거캠페인 / 36
2. 비교 정치 · 사회캠페인 / 39
3. 선거캠페인에 대한 현실적 이해 / 40
4. 바람직한 정치후보자의 자세 / 44

제 3 장　선거캠페인 전략 47

1. 선거전략과 전술 / 47
2. 선거전략 기획 / 49
3. 올바른 선거전략의 요건 / 52
4. 선거전략의 유형 / 54
5. 지지세력 확보전략 / 59
6. 정치후보자의 타이밍전략 / 69
7. 정치후보자 차별화 전략 / 70

제 4 장　선거캠페인 스케줄 73

1. 정치후보자 스케줄관리의 기본원칙 / 74
2. 스케줄관리자 / 76
3. 마스터스케줄과 스케줄메모 / 77
4. 선거캠페인 스케줄과 정치후보자의 일정 / 78

제 5 장　선거캠페인을 위한 연구 · 조사 87

1. 내용에 따른 선거캠페인 연구 · 조사 / 88
2. 방법에 따른 선거캠페인 연구 · 조사 / 109

제 6 장 선거캠페인 메시지 119
1. 광범위 메시지 : 선거캠페인 주제와 슬로건 / 120
2. 중범위 메시지 : 정책분야별 대표 메시지 / 127
3. 소범위 메시지 : 정책, 계획, 프로그램 / 127
4. 그룹테크닉을 이용한 메시지 창출 / 129

제 7 장 정치후보자의 좋은 이미지 창출 139
1. 정치후보자의 이미지란 무엇인가? / 140
2. 정치후보자의 이미지와 미디어 / 141
3. 정치후보자의 좋은 이미지 / 144

제 8 장 정치후보자의 인지도 제고와 지지세력화 159
1. 정치후보자의 이름 인지도와 지지도 / 160
2. 언론의 활용 / 161
3. 출마관련 행사조직 / 170
4. 지지세력화 / 175
5. 지역인사 접촉 / 177
6. 범국민적 · 범사회적 캠페인의 활용 / 181
7. 지역봉사활동 / 184
8. 각종 이슈 활용 / 185
9. 정당경선 / 186
10. 예비후보자 활동 / 189
11. 각종 정치행사 / 190

제 9 장 선거정치커뮤니케이션의 원리와 전략 193

1. 효과적 선거정치커뮤니케이션의 원리 / 194
2. 설득커뮤니케이션으로서의 선거캠페인과 미디어 / 197
3. 간접적 선거정치커뮤니케이션의 특징 / 199
4. 공 보 / 200
5. 광 고 / 205
6. 선 전 / 210
7. 방송연설 / 212
8. 선거홍보용 인쇄물 : 선전벽보, 선거공보, 명함 등 / 213
9. 인터넷, 팩스, 핸드폰, PDA, DMB / 217
10. 로 비 / 221
11. 정치후보자 토론 / 222
12. 효과적 선거정치커뮤니케이션 전략 / 238

제 10 장 유권자 접촉 241

1. 효과적 유권자 접촉과 보조수단의 사용 / 242
2. 공개장소에서의 연설 · 대담 / 245
3. 합동연설회와 정당 · 후보자연설회 / 259
4. 선거연설방법 / 261
5. 유권자 접촉법 / 266
6. 매스미디어를 통한 선거홍보와 후보자 활동 / 270
7. 출정식 / 275
8. 전화를 통한 메시지 설득커뮤니케이션 / 277
9. 구전홍보 / 278

제 11 장 선거비용의 사용과 모금 281

1. 선거비용의 법적 의미 / 282
2. 선거캠페인 주체의 입장에서 본 선거비용과 효과적 사용법 / 284
3. 선거캠페인 주체의 입장에서 본 선거비용의 항목과 사용법 / 286
4. 모금 (*Fundraising*) / 289

제 12 장 선거캠페인 조직 299

1. 선거캠페인 조직의 특성 / 300
2. 조직과 자금 / 303
3. 선거캠페인 인적자원의 종류와 자격 · 자질 · 역할 / 304
4. 선거캠페인 조직의 구성 / 311
5. 선거캠페인 조직의 운영 / 313
6. 선거캠페인 조직의 형태 / 322

제 13 장 자원봉사자 329

1. 자원봉사자란 어떤 사람들인가? / 330
2. 선거캠페인 자원봉사를 통해 얻을 수 있는 것 / 331
3. 잠재적 선거캠페인 자원봉사자 / 332
4. 자원봉사자의 사용 / 333

제 14 장 네거티브 캠페인 335
1. 상대편 정치후보자에 대한 조사 / 337
2. 네거티브 캠페인 / 339

제 15 장 공격에 대한 대응과 위기관리 345
1. 공격에 대응하는 방법 / 345
2. 갈등 및 위기관리법 / 349

제 16 장 선거캠페인의 마무리 359
1. 선거일의 선거캠페인 활동 / 359

▪ 참고문헌 363
▪ 찾아보기 369

제 1 장
출마결정과 성공적 정치후보자

> 출마를 위한 완전한 순간을 기다린다면 출마한 사람들의 95%는 출마할 수 없었을 것이다.

선거출마는 대부분의 사람들에게 고심에 고심을 거듭한 끝에 결정하게 되는 대단히 어렵고 중요한 일이다. 그래서 출마를 결정한 후 선거캠페인을 전개하는 것이 출마결정 그 자체보다 오히려 더 고민스럽다는 말까지 있다. 선거출마가 우리가 인생을 살아가면서 내릴 수 있는 가장 어렵고 중요한 결정 중의 하나라는 것에 대해 이의를 제기할 사람은 별로 없을 것이다.

출마를 결정하기 전에 당선 가능성을 가늠하기 위한 표 계산이 자신에게 불리하게 나오면 출마하기 어려워진다. 그래서 "학교 동창들은 과연 나를 얼마나 밀어줄까? 동창회에 잘 나가지 않았으니 20~30%도 찍어주지 않을 거야. 종친회에도 잘 나가지 않았으니 같은 집안 분들이라도 지지해주지 않을 거야. 그런데 만일 출마를 한다면 언제, 누구를 상대로 해야 하나?" 등의 질문을 무수히 반복하게 된다.

그러나 일단 출마를 결정하게 되면 당선 가능성에 대한 표 계산을 자기에게 유리하게 하는 것이 인간의 일반적 심리다. "그래, 같은 학교 동창인데 이왕이면 나를 찍어주겠지. 피는 물보다 진하다는데 집안종친들이 설마 나를 도와주지 않을까?" 등의 착각 또는 자기최면에 빠지게 된다.

출마결정에 있어 일반적으로 남성보다 여성이 더 어려움을 느낀다. 왜냐하면 여성의 경우 출마와 관련하여 남성보다 고려해야 할 사항이 일반적으로 더 많기 때문이다. 또한 여성은 보통 출마의 가장 완전한 순간을 포착하려는 경향이 있다. "자녀들은 최소한 고등학교를 졸업했는가? 직업적으로 출마할 수 있는 정도의 성취를 했는가? 선거를 치러내는 데 필요한 만큼 재정적 준비는 되었는가? 출마한다면 나를 위해 열심히 뛰어줄 사람은 있을까? 신체적으로 힘들다는 선거캠페인을 견뎌낼 수 있을까?" 등 출마결정과 관련하여 고려해야 할 사항이 꼬리에 꼬리를 문다.

출마를 결정하는 일이 이와 같이 대단히 어려운 일이지만 그렇다고 해서 전혀 방향을 가늠할 수 없는 비합리적이고 비조직적인 행위라고 볼 수 없다.

선거캠페인의 운용은 물론이거니와 출마결정도 마음먹기에 따라서 체계적, 합리적으로 할 수 있다. 출마결정을 잘하기 위해서는 무엇보다도 잠재적 출마자에 대한 면밀한 분석이 선행되어야 한다. 즉, 가장 강력한 후보자부터 가장 약한 후보자까지 모두 적은 수라도 표를 얻을 것이라는 가정 아래 가감(加減) 없는 표 계산을 해야 한다. 그리고 잔여표가 자신의 표라는 생각으로 겸허하게 상황을 파악한 다음 출마를 결정하고 선거캠페인을 기획해야 한다.

1. 출마결정시 점검해야 할 사항

출마를 체계적으로 결정하기 위해서는 잠재적 정치후보자가 스스로 솔직하게 점검해봐야 할 질문이 있다. 출마와 관련하여 다음 질문에 직접 답을 작성해보고 주변의 믿을 수 있는 사람, 예를 들어 가까운 친구, 선배, 정치적 동지, 학교 은사님 등과 상의하는 것이 바람직하다. 출마결정을 위해 상의할 사람은 무엇보다도 출마와 관련하여 비밀을 지켜줄 수 있는 사람이어야 한다. 특히 출마결정이 미리 널리 알려져서는 안 될 상황에서는 더욱 그렇다. 또한 이러한 사람은 출마가 최종적으로 결정되었을 때 직접 도움을 청하거나 최소한 도움받을 수 있는 곳을 알려줄 수 있는 사람이어야 한다.

다음 질문에 답하는 과정에서 선거캠페인을 와해시킬 수 있는 결정적 문제점이 발견된다면 그리고 그 문제점을 해소 또는 중화시키지 못해 투표자에 대한 효과적 메시지 설득커뮤니케이션이 불가능하다면 출마를 재고해야 할 것이다. 또한 미국의 클린턴 대통령의 부인 힐러리처럼 정치적 욕구가 강한 사람이 아니라면 후보자의 배우자가 출마를 반기거나 선선히 받아들이는 경우는 드물다. 선거출마를 할 것인가에 대한 최종결단은 결국 정치후보자 자신이 내려야 한다. 출마할 완벽한 순간을 기다리다 영원히 출마하지 못할 수도 있음을 기억하자.

1) 출마이유

(1) 왜 출마하는가

출마를 생각하는 사람이 자신에게 던져야 할 가장 중요한 질문 중의 하나는 "내가 출마를 원하는 진정한 이유가 무엇인가?"이다. 마음속에 맺힌 한을 풀기 위해서인지, 자신의 문제를 해결하기 위해서인지 자신에게 물어봐야 한다. 또한 출마이유가 비록 공적(公的)인 것이라 하더라도 나중에 어떤 이슈와 관련하여 영향력을 발휘하기 위한 것은 아닌지 자문해야 한다. 이와 같은 이유로 출마하는 사람들은 당선된다 해도 공직자로서 성공하기 힘들고 다음 선거에서 낙선할 가능성도 높다.

그리고 자신이 진정으로 출마를 원하는지 자문해야 한다. 다시 말해서 출마에 확신이 있는지 없는지 깊이 생각해봐야 한다. 남에게 떠밀려서, 주위 사람들의 권유 때문에, 국민이 원해서 본의 아니게 출마한다는 등의 진부하고 상투적인 출마의 변은 바람직하지 않다. 이와 같은 확신이 없는 출마이유로는 투표자에게 좋은 이미지를 형성하기도 어렵고, 나라를 위해서도 바람직하지 않다.

또한 "그동안 돈도 벌 만큼 벌어놨으니 정치나 좀 해볼까", "이제 은퇴하여 특별히 할 일도 없으니 죽기 전에 의원님, 시장님 소리라도 한번 들어봐야지", "족보에 그럴듯한 직함이라도 하나 남겨야지" 등, 공익을 위해 봉사하겠다는 신념이나 의지가 없이 여기(餘技)나 여력(餘力)으로 또는 떠밀려서 할 수 없이 출마하는 것은 나라를 위해서는 물론이고 후보자 자신을 위해서도 결코 바람직하지 않다.

(2) 메시지는 무엇인가

정치후보자가 유권자에게 전달하고자 하는 메시지는 무엇인가? 변화인가 아니면 기존의 성취를 유지·발전시키는 것인가? 진보인가 보수인가? 개발인가, 환경인가, 교육인가, 범죄퇴치인가, 복지인가? 아니면 또 다른 중요한 주제인가? 그리고 그 메시지는 상대편의 것과 어떤 차별성이 있는가? 이러한 것들이 바로 정치후보자가 유권자에게 전달해야 할 메시지와 관련된 질문이다.

(3) 당선되면 기존의 것과 얼마나 다른 성취를 할 수 있는가

당선된다면 이전의 담당자들이 이룬 것에서 더욱 발전시킬 수 있는가? 아니면 다른 무엇을 이루어낼 수 있는가? 그것을 성취하기 위한 구체적 아이디어와 실현방법은 있는가? 그것을 실현하기 위하여 어떠한 난관이라도 뚫고 나갈 수 있는 투지, 자신감, 리더십을 갖추고 있는가?

(4) 내세울 이슈는 무엇인가

정치후보자가 옹호하고 지지하는 이슈는 무엇인가? 그것은 국가적 이슈인가, 지역적 이슈인가? 그리고 그 이슈는 유권자가 중요하게 생각하는가? 그 이슈와 관련하여 정치후보자가 제시하거나 지지하는 정책 또는 해결책은 유권자가 바라는 것인가? 또는 유권자의 고통과 어려움을 해결하거나 덜어줄 수 있는 것인가?

2) 정치후보자의 자격 및 자질

(1) 유권자에게 좋은 인상을 줄 수 있는 경력을 가졌는가

정치후보자의 직업경력은 당선되고자 하는 직책과 어떤 연관성이 있는가? 그 직책을 수행하는 데 도움이 되는가? 정치후보자는 사회를 위해 봉사활동을 했는가? 했다면 얼마나 했는가? 그동안 오직 자신만을 위하여 이기적 삶을 살다가 느닷없이 출마하는 것은 아닌가? 그동안 자신의 목적달성을 위해 수단과 방법을 가리지 않고 살아오지는 않았는가? 부정부패한 인물로 법의 제재를 받지 않았는가? 과거 공직에 있었다면 그 기록은 깨끗한가? 당선되고자 하는 직책을 수행할 수 있는 지적 능력이 있는가? 판단력이 좋은가? 그 업무를 감당해낼 만큼 건강한가?

(2) 약점이 있다면 그 약점을 중화시켜 자격이 있다고 유권자를 설득시킬 수 있는가

이 세상에 완선한 사람은 없다. 누구나 과거에 잘못을 저지를 수 있다. 당해 정치후보자도 잘못을 저지른 적이 있고 약점도 있다. 그러나 오래 전에 새사람이 되었고 공직에 나갈 자신이 있고 준비도 되어 있다. 그런데 과연 유권자가 그것을 믿어 줄까? 아름답지 못한 과거가 유권자에게 알려질 때 그것을 어떻게 설명해야 할까? 부정적인 면을 중화시켜 유권자를 이해시키고 출마를 납득시킬 수 있을까?

(3) 지역구를 위하여 지금까지 나는 무슨 일을 했는가

지역에서 3, 4대를 살아온 후보자나, 고향을 떠나 공·사직에서 출세하여 입후보를 위해 돌아온 후보자나, 지역에서 3, 4선을 한 현직 정치인이나 모두 점검해봐야 할 공통사항 중의 하나는 바로 지역기여도이다. 그동안 지역을 위하여 무슨 일을 했는가? 지역을 위해 작은 봉사활동 한번 제대로 해본 적 없이 의욕만 가지고 출마하겠다고 얼굴을 내미는 것은 아닌가?

(4) 비판이 있을 때 이를 감수하고 잘 처리할 수 있는가, 또는 기분 나쁜 일이 있을 때 자신을 통제할 수 있는가

(5) 정치후보자 자신과 가족의 사생활을 대중에게 노출할 수 있는가

3) 상대후보자 관련사항

출마한다면 대적해야 할 잠재적 상대는 누구인가? 그들의 개인적·직업적·정치적 강점과 약점은 무엇이며 나의 강·약점과 비교하여볼 때 어떠한가?

4) 정치적 자산

정치후보자의 소속정당은 정치적 자산인가, 아니면 핸디캡인가? 선거구의 정당 선호도는 어떠한가? 지역유권자는 정치후보자의 당적(黨籍)을 어떻게 받아들이는가? 그의 소속정당은 지역에서 강력한 지지기반을 가졌는가? 아니면 지역정서와는 동떨어져 있는가? 소속정당 내에서의 정치후보자의 위치는 어떠한가? 출마했을 때 소속정당은 후보자 자신에게 강력한 힘이 될 수 있는가? 무소속으로 출마하는 것이 낫지 않은가?

5) 지역구의 투표성향

근래에 있었던 선거에서 나타난 투표경향은 어떠한가? 다가올 선거에서 비슷한 패턴이 반복될 것인가? 자신이 출마한 선거가 하위선거라면 대통령선거나 광역단체장선거가 자신의 선거에 어떤 영향을 미칠 것인가?

6) 선거비용

효과적 선거캠페인을 펼치기 위해 필요한 자금은 조달 가능한가?

7) 자원봉사자

선거캠페인을 효과적으로 전개할 수 있는 믿을 만한 자원봉사자를 확보할 수 있는가?

8) 언론 관련사항

신문 등 대중매체의 지지를 기대할 수 있는가?

9) 당선 가능성

출마를 결정할 때 자신에게 물어보아야 할 중요한 질문 중의 하나는 "당선 가능성이 얼마나 되는가"이다. 지금이 출마하기에 가장 좋은 때인가 아니면 상대방에게 패할 가능성이 높아 바람직하지 않은 때인가? 정치후보자의 당선 가능성을 가늠하는 방법에는 여론조사 등 여러 가지가 있겠으나 그 어떤 것도 절대적 확실성이 있다고 말할 수 없다. 특히 여론조사는 방법상의 오류가 많기 때문에 공신력 있는 여론조사기관에 의뢰하여야 하며, 그 결과도 신중하게 해석하여야 한다.

정치후보자의 당선 가능성은 다음 사항에 대한 평가를 바탕으로 가늠하여볼 수 있다.

① 주요 후보자의 지지도
② 주요 후보자의 정책 또는 프로그램에 대한 지지도
③ 선거구의 과거 투표경향
④ 선거캠페인의 효과성에 대한 평가

이 중 "주요 후보자의 지지도"와 "주요 후보자의 정책과 프로그램에 대한 지지도"는 여론조사 등을 사용하여 비교적 손쉽게 알아볼 수 있다. 그러나 여론조사는 기본적으로 비용이 많이 들기 때문에 후보자에게 부담이 된다.

또한 정치신인의 경우 현직 정치인과 같이 이미 기반이 잡혀 있는 후보자에 비해 인지도와 지지도가 열세인 경우가 많다. 따라서 정치신인이라면 여론조사 결과가 좌절감만 안겨주는 경우도 있다.

그러나 강력한 의지를 가지고 장래를 내다보며 출마하는 후보자라면 여론조사 결과에 지나치게 일희일비(一喜一悲)하지 말고 효과적 전략수립을 위한 자료로 활용해야 할 것이다.

무명 정치신인의 경우 자신의 인지도, 지지도 또는 정책 및 프로그램에 대한 유권자의 반응을 파악해볼 필요가 있을 때, 다소 비과학적이기는 하지만, 선거구 유권자 중에 적은 수의 표본을 무작위로 추출하여 간단한 전화여론조사를 실시하는 것이 오히려 현실적일 수 있다. 그밖에 선거관리위원회, 도서관, 정당, 신문사 등에 있는 선거자료를 이용하여 선거구의 과거 투표경향을 조사·분석하여보도록 한다.

사실 선거캠페인의 효과성을 정확하게 평가한다는 것은 대단히 어렵다. 왜냐하면 선거캠페인에는 다양한 변수가 복합적으로 작용하면서 동시에 무한한 창조력과 변화의 가능성이 결부되어 있기 때문이다. 무명의 정치신인, 뒤처진 후보자라고 움츠리거나 용기를 잃어서는 안 된다. 자신에게 맞는 최선의 전략을 수립하여 실행한다면 선거판도를 전면적으로 바꿀 수 있다.

10) 시간

선거캠페인을 전개할 시간은 있는가?

2. 성공적 정치후보자

성공적 정치후보자들의 공통적 특질은 다음과 같다. 성공적 정치후보자가 되기 위해서는 이와 같은 특질이 내면화되도록 노력해야 한다.

1) 이슈에 대한 명료하고 신속한 견해

주요 이슈에 대하여 명료하게 정리된 생각을 가져야 한다. 그러나 명료하게 정리된 생각을 가진다는 것이 반드시 강렬한 생각을 가져야 한다는 의미는 아니다. 주요 이슈의 내용을 정확·신속하게 파악하고 그것이 중도적 입장이건, 양극단의 어느 한쪽에 치우치는 입장이건 명료하게 정리된 의견을 일관되게 펼칠 수 있어야 한다는 말이다. 이슈를 정확하게 파악하지 않고 이러한 입장을 견지하기는 어렵다.

전문화와 다양화를 특징으로 하는 현대사회에서 정치후보자가 수많은 이슈의 내용을 다 소상하게 파악한다는 것은 불가능한 일이므로 전문가의 의견을 참고하는 것이 좋다. 또한 서적이나 인터넷 등을 통한 정보에도 관심을 가져야 한다. 참모진이 있다면 이들에게 연구 또는 조사시키는 것도 좋다. 이슈에 대하여 최종적으로 입장을 정리할 때, 올바른 정치후보자라면 여론의 방향, 국가의 백년대계, 시대적 사명도 생각해야 한다.

이슈에 대하여 명료하게 정리된 의견이나 생각이 없이 마치 버드나무 가지가 바람에 흔들리듯 때와 장소에 따라 일관성 없는 의견과 생각을 표출한다면 절대로 유권자에게 강렬하고 신뢰성 있는 인상을 심어줄 수 없다. 혹자는 이것이 융통성 있는 태도요, 많은 수의 유권자를 동시에 만족시킬 수 있는 방법이라고 생각할지 모르겠지만 절대로 유권자를 오래 속일 수 있다고 생각해서는 안 된다. 또한 많은 후보자들이 어떤 이슈에 대하여 이율배반적 견해를 표출하는데, 그의 입장이 무엇인지 유권자가 알 수 없다면 정치후보자를 책임감 있고 믿을 만한 사람이라고 생각할 수 있겠는가?

2) 지지기반을 정확하게 파악하여 대변

정치후보자로서 자신의 지지기반이 무엇인지 정확하고 신속하게 파악하는 것이 필요하다. 이를 위해서는 잠재적 지지자들을 지역적(정당적)・태도적・인구통계학적 측면에서 파악하는 것이 좋다.[1] 지지유권자가 원하는 것, 고통받는 것, 필요로 하는 것에 깊은 관심을 가지고 그들의 목소리를 대변하기 위해 최선을 다할 때 성공적 정치후보자가 될 수 있다.

3) 공격적, 적극적 자세

정치에서 성공한 사람들은 대체로 공격적이고 적극적인 성향의 소유자이다. 특히 선거캠페인에서 승리하기 위해서는 비상한 용기를 가지고 치열한 접전을 치러낼 각오를 해야 한다. 또한 주어진 정치환경에 수동적으로 적응하기보다 바른 방향으로 상황을 변화시키기 위해 공격적이고 적극적인 자세를 가져야 한다.

---

1) 제 3장의 '지지세력확보 전략' 참고.

4) 유권자의 관심에 민감

유권자를 잘 대변하기 위해서는 그들의 관심사에 민감해야 한다. 기본적으로 좋은 정치후보자 또는 좋은 정치인은 주변의 관심을 민감하게 파악하는 감각을 가진 사람이다.

5) 호의적, 사교적 자세

성공적 정치후보자는 대체로 다른 사람들에게 호의적이고 사교적이다. 거들먹거리거나 불친절하고 비사교적이며 거만한 태도로는 좋은 이미지를 형성할 수 없다. 유권자 위에 군림하려는 자세는 바람직하지 않다.

6) 선거구에 대한 소속감

지역구의 유권자로부터 그들 중의 한 사람으로 받아들여져야 한다. 선거에 출마한 후보자이기 이전에 한 인간으로서 그들과 호흡을 같이 한다는 모습을 보여야 한다. 그들과 같은 생각을 하고, 같은 말을 하며, 같은 일로 기뻐하고 슬퍼할 수 있다는 것이 확인될 때, 유권자는 마음으로부터 지지를 보낸다. 전근대적 권위의식이나 엘리트의식, 특권의식 같은 것, 무엇인가 그들과는 다르다는 식의 경외심(敬畏心)을 유발시키는 방법으로 유권자의 마음을 사로잡는 시대는 갔다. 지역구와는 동떨어진 자기만의 삶을 살다가 어느 날 갑자기 선거에 임박해서 주민등록을 옮기는 식의 접근방법으로는 성공적 정치후보자가 될 수 없다.

7) 깨끗한 개인생활

세상에 비밀이 없듯이 유권자를 끝까지 속일 수는 없다. 또한 유권자가 잘 모르는 사항도 상대후보자는 이미 알거나 찾아낼 수 있다고 생각해야 한다. 정치에 나설 의향이 있는 잠재적 후보자라면 평소에 자기관리를 잘해야 한다. 본인과 가족의 병역문제, 학교 입학문제, 공직수행 기록, 이성관계, 습관, 취미생활, 평소의 언동 등에서 흠결 없는 생활을 유지하려고 노력해야 한다. 많은 유권자를 대변하며 무거운 책임과 권한을 가진 공직에 나갈 사람이 아니라면 이런 높은 기준을 요구하지도 않는다. 이러한 요구를 불편하고 거북하게 여기는 사람이라면 정치후보자가 되는 것을 포기하는 편이 낫다.

3. 정치후보자의 이슈입장 : 앤서니 다운스와 벤저민 페이지의 이론

정치후보자들은 각자의 선거구가 가진 독특한 선거환경의 제약을 받는다. 주어진 선거환경 속에서 정치후보자들에게 가장 중요한 목표는 당선에 필요한 지지를 획득하는 일이다. 미국의 탁월한 정치학자인 앤서니 다운스(Anthony Downs)와 벤저민 페이지(Benjamin Page)는 각기 상이한 이론을 통해 정치후보자들이 선거캠페인에서 득표를 극대화할 수 있는 이슈입장을 제시했다. 비록 이 두 이론은 미국과 같은 양당제도 하의 선거캠페인을 염두에 둔 것이지만 우리나라의 선거캠페인에서도 정치후보자들이 이슈에 대한 합리적 입장을 취하는 데 원용할 수 있으므로 여기에 소개한다.

1) 앤서니 다운스(1957)의 'Economic Theory of Democracy'

다운스의 이론은 양당제도 하의 정당들이 선거캠페인에서 유권자의 표를 최대한 많이 확보하기 위해서 이슈에 관하여 취해야 할 '최적의 입장'(*an optimal position*)이 있다고 주장한다. 이 최적의 입장은 통계적으로 이슈에 대한 여론을 양분(兩分)하는 중위수(中位數; *median*)이다. 다시 말해 특정 이슈에 대한 여론은 중위수를 기점(基點)으로 나누어져서 투표자의 반은 중위수의 한쪽에, 다른 반은 반대쪽에 속해 있다고 상정한다. 상이한 선거캠페인에서 정치후보자에게 최적인 이슈입장은 각 이슈에 대한 개개 선거구의 여론분포에 달려 있다. 이 이론은 정치후보자가 각 이슈에 대한 여론의 중위수를 찾아 그에 부합하는 입장을 취할 때 가장 많은 표를 획득할 수 있다고 제시한다.

정치후보자가 취할 최적의 입장인 여론의 중위수는 반드시 중도적(*moderate*) 입장은 아니다. 그 최적의 입장이 보수적인 것이 될지, 중도적인 것이 될지 또는 진보적인 것이 될지는 각 이슈에 대한 개개 선거구의 여론분포에 달려있다. 이론적으로 볼 때 다운스의 주장은 분명히 설득력이 있다. 그리고 다운스의 이론으로부터 다음과 같이 우리나라 선거캠페인에 적용할 수 있는 몇 가지 추론이 가능하다.

(1) 다운스의 이론이 비록 양당체제를 염두에 둔 것이기는 하지만, 다수의 정당 또는 다수의 정치후보자가 경쟁하는 우리나라의 선거캠페인에서 정당이나 정치후보자가 이슈에 대해 취해야 할 최적의 이슈입장은 당해 선거구 유권자가 가장 선호하는 여론의 중위수이다.

(2) 그러나 어떤 정치후보자들은 특별한 철학과 이념에 경도(傾倒)되어 있어 득표를 극대화할 수 있는 최적의 이슈입장에서 벗어난 입장을 취할 경우도 있다. 예를 들어, 2002년 제16대 대통

령선거에 출마한 민주노동당후보가 당시 선거의 주요 쟁점에 대하여 반드시 다운스가 제시하는 식으로 이슈입장을 취하지는 않았다. 뿐만 아니라 어떤 정치후보자들은 특정 이슈에 대하여 득표를 극대화할 수 있는 최적의 입장을 찾아내지 못할 정도로 비합리적이거나 정보력이 모자랄 수 있다. 이와 같은 경우가 아니라면 대부분의 정치후보자들은 득표를 극대화할 수 있는 최적의 이슈입장, 즉 다운스가 말하는 여론의 중위수를 찾아 합리적 이슈입장을 취할 것이다.

(3) 모든 합리적 정치후보자들은 선거캠페인에서 각각의 이슈에 대하여 득표를 극대화할 수 있는 여론의 중위수를 추구하겠지만 동일한 이슈에 대해서도 다운스가 말하는 최적의 이슈입장은 각 선거구가 처해 있는 선거환경에 따라 많은 차이를 보일 수 있다. 따라서 정치후보자가 가장 바람직한 이슈입장을 선택하기 위해서는 각 선거환경 속에서 상이하게 나타나는 여론의 중위수를 정확하고 신속하게 파악하여 이슈를 선점해야 할 것이다.

(4) 만약 모든 정치후보자가 선거에서 승리하기 위해 합리적으로 행동한다면 그들은 모든 이슈에 대하여 비슷한 이슈입장을 가지게 될 것이다. 다운스의 이론에 따르면 특정 이슈에 대한 최적의 입장은 언제나 하나밖에 없고, 이것이 각 정치후보자의 이슈입장이 수렴하도록 하는 인센티브로 작용하기 때문이다. 만약 어떤 정치후보자의 이슈입장이 여론의 중위수로부터 뚜렷하게 이탈된다면 그 이유가 무엇이든 현실적으로 그는 여론의 중위수에 부합하는 이슈입장을 취하는 다른 후보들에 비해 득표 면에서 불리할 수 있다.

(5) 유권자에게는 정치후보자들이 이슈입장을 서로 수렴시키는 이러한 상황이 유리하다. 그 어떤 이슈입장보다도 여론의 중위수가 유권자를 가장 만족시키는 것이기 때문이다. 그러나 모든 정치후보자들이 합리적으로 행동하여 여론의 중위수에 부합하는 입장을 취한다면 이들의 이슈입장 사이에는 뚜렷한 차별성이 보이지 않게 되어 유권자는 정치후보자에 대해 합리적 선택을 하기가 어려울 것이다. 따라서 유권자는 각 후보자들 사이에서 합리적 선택을 하기 위해 이슈와는 무관한 다른 선택기준을 사용할 것이다.

(6) 이것이 유권자로 하여금 정치후보자 선택에 있어 더 차별화되고 이해 가능한 기준에 관심을 갖게 하는 중요한 요인이 될 수 있다. 이러한 이유와 더불어 모든 것이 다양화·전문화되는 현대사회에서 이슈 자체가 가지는 난해성과 불확실성, 정치후보자들의 정책과 아이디어의 난해성과 비차별성, 정당의 여론분화(分化) 능력 감소는 유권자로 하여금 결국 정치후보자의 인물 됨됨이에 더 많은 관심을 가지게 할 것이다. 이러한 맥락에서 정치후보자에 대한 평가는 정치후보자의 능력과 자질에 대한 평가로 귀착될 수 있다.

2) 벤지민 페이지(1976)의 'Theory of Political Ambiguity'

페이지의 '정치적 애매모호(曖昧模糊)의 이론'은 다운스의 이론에 도전한다. 페이지는 오직 어리석은 정치후보자들만이 선거캠페인에서 분명한 정책적 선택(*policy choices*)을 할 것이라고 주장한다. 다시 말해 정치후보자가 선거캠페인에서 이슈에 대해 분명한 입장을 취하는 것은 비합리적이라는 것을 의미한다.

페이지의 관점에 따르면 다운스가 제시하는 여론의 중위수를 포함하여 이슈나 정책에 대한 입장은 언제나 득(得)과 실(失)이 교차한다는 것이다. 진보적 입장을 취하면 중도적 입장의 유권자와 보수적 입장의 유권자를 부분적으로라도 소원(疏遠)하게 만들 가능성이 있다. 반면에 보수적 입장을 취하면 중도적 입장의 유권자와 진보적 입장의 유권자를 멀어지게 할 수 있다. 또한 중도적 입장을 취하면 진보적 사람들과 보수적 사람들을 멀어지게 할 것이다. 페이지는 실제 현실 속에서 구체적 이슈나 정책에 대한 유권자의 의견은 통상 여러 갈래로 분화되어 있으므로 이슈 연속선(*continuum*)[2] 상의 어떤 입장도 많은 유권자를 멀어지게 할 가능성이 잠재되어 있다고 주장한다.

따라서 페이지는 이러한 조건에서 정치후보자들은 의견이 분분한 이슈에 대하여 논의를 회피하고 가능한 한 애매모호한 입장을 취해야 한다고 말한다. 다시 말해서 득과 실이 동시에 수반되는 논쟁거리에 대해서는 분명한 입장표명을 회피하고 애매모호한 태도를 취하는 것이 정치후보자가 득표를 극대화할 수 있는 합리적 전략이라는 것이다. 합리적 후보자들은 이와 같이 구체적 이슈에 대해 분명한 입장표명을 유보하는 대신 더 안전한 주제에 초점을 맞춰야 한다. 페이지는 정치후보자들이 합의적 이슈(*consensus issue*)를 택함으로써 어떠한 투표자도 거스르지 않고 합리적으로 호소할 수 있다고 주장한다.

이러한 합의적 이슈로는 빈곤퇴치, 세계평화, 남북통일, 부정부패 척결, 지역감정 해소, 환경보호 등과 같은 것이 있다. 페이지는 또한 선거캠페인에서 정치후보자는 모든 유권자에게 공통적으로 호감을 줄 수 있는 후보자의 개인적 특질, 예를 들어 정직성, 지성, 사려 깊음, 정력 등과 같은 이미지를 부각시킴으로써 어떤 유권자도 거스르지 않는 합리적 호소를 할 수 있을 것이라고 제시한다(Page, 1976: 749). 이와 같이 합의된 여론에 호소하는 것은 논쟁거리가 되고 있는 이슈 또는 의

2) 이슈 연속선이란 이슈에 대한 유권자의 다양한 의견을 강도에 따라 배열하는 가상적 연속선을 의미한다.

견이 분분한 정책에 대하여 구체적 선택을 하는 것보다 정치후보자에게 훨씬 더 안전한 전략이 될 것이다.

1976년의 미국 대통령 선거캠페인 기간에 제임스 우튼(Wooten, 1976)이 《뉴욕타임스》(*New York Times*)에 기고한 글을 통해 묘사한 지미 카터(Jimmy Carter)의 이미지는 정치후보자의 이러한 면모를 잘 보여준다.

> 51세의 전직 조지아 주지사는 요즘 어디를 가든, 무슨 말을 하든, 상이한 사람들에 의하여 상이하게 인식된다. 실로 그는 수천 가지의 인상을 주는 후보자다. 때로는 진보주의자로, 때로는 온건한 진보주의자나 온건한 보수주의자로, 그리고 때로는 양면적 중도파로, 어떤 때는 온갖 명분을 다 대변하는 사람으로, 또 어떤 때는 멋지게 정장을 한 땅콩농장 농부로 인식된다. 이러한 현상은 미국 정치에서 꽤 자연스러운 일인지도 모른다. 그러나 이것은 그가 조심스럽고 미세하게 사용하는 수사법의 결과이며, 가능한 한 다양한 유권자의 비위를 맞추기 위한 것이거나, 아니면 최소한 많은 유권자의 비위를 거스르지 않으려고 아주 교묘하게 고안한 것이다. 이러한 방법에 비록 문제점이 있기는 하지만 많은 저널리스트들은 바로 이러한 방법이 선거캠페인 초반에 그가 강세를 보이는 주된 원인이라고 믿는다(p. 12).

지금까지 다운스와 페이지의 이론을 중심으로 정치후보자가 득표를 극대화하기 위해 취해야 할 합리적 이슈입장이 무엇인지 살펴보았다. 이 두 이론 중에 어느 것은 옳고 어느 것은 그르다거나, 어느 이론이 다른 이론보다 더 우월하다는 식의 단정은 큰 의미가 없다고 본다. 저마다 처한 선거환경이 다르고, 선거캠페인 주체의 전략적 창의성이 큰 변수로 작용하기 때문에 선거캠페인에 어떤 이론을 일률적으로 적용하거나 적용하지 않는다는 식의 접근방법은 적절하지 않다. 그보다 이러한 이론을 통해 선거캠페인을 성공적으로 전개할 수 있는 지혜와 통찰력을 얻는 것이 더 의미 있다.

다운스의 이론을 더 신뢰하든지 페이지의 이론을 더 신뢰하든지, 정치학자들은 대체로 이슈는 후보자들이 그것을 문제화하는 정도에 따라 선거캠페인에서 뜨거운 감자가 되는 것 여부가 결정된다는 것에는 의견을 같이한다. 만약 정치후보자가 어떤 이슈에 대하여 뚜렷한 입장을 강조한다면 투표자는 그들이 후보자의 입장에 동의하느냐 동의하지 않느냐에 따라 그 후보자 쪽으로 가까워지거나 멀어지는 두 가지 방향으로 움직일 것이다.

미국 대통령선거 관련자료를 보면, 1964년 대통령 선거캠페인에서 골드워터(Goldwater)와 1972년 대통령 선거캠페인에서 맥거번(McGovern)은 적극적으로 이슈를 강조했는데 이것이 투표자를 자극하여 전반적으로 이슈에 바탕을 둔 투표행위가 일어나도록 했다고 한다. 반면에 1950년대의 아이젠하워(Eisenhower)와 스티븐슨(Stevenson), 1968년 선거에서의 험프리(Humphrey)와 닉슨(Nixon), 1976년의 카터(Carter)와 포드(Ford)의 대통령 선거캠페인의 경우 이슈가 투표자의 선택에 비교적 큰 영향을 미치지 못했는데, 후보자들이 이슈에 대하여 명확한 입장을 밝히지 않은 데 큰 원인이 있다.[3)]

라이트와 버크먼(Wright and Berkman, 1986)의 연구에 의하면 현직 정치인들은 선거가 가까워질수록 이슈 및 정책과 관련하여 그들의 입장을 온건히 하는 경향이 있다. 이와 비슷한 맥락에서, 다운스가 제시한 것과 같이 각종 이슈 및 정책에 대하여 여론의 중위수 입장을 표출하려고 노력한다. 이와 대조적으로 현직에 있지 않은 도전자들은 다운스가 제시하는 이론과는 달리 이슈 연속선상의 양극단으로 근접하는 경향이 있다.

라이트와 버크먼은 현직 정치인이 출마하지 않는 선거(*open-seat election*)에서는 유권자는 보통 극단적 이념을 내보이는 후보자들 사이에서

3) Pomper, 1972; Miller, A., Miller, W., Raine and Brown, 1976; Page and Brody, 1972; Nie, Verba and Petrocik, 1979.

선택을 해야 하는 경우가 많다고 지적한다. 반면에 현직 정치인과 도전자가 맞붙은 선거에서는 일반적으로 온건한 현직후보자와 이슈, 이념, 정책 등에서 극단적 생각을 가진 후보자 사이에서 선택해야 하는 경우가 많다는 점을 밝혔다.

제 2 장
선거캠페인의 체계와 정치후보자의 자세

> 비록 불확실성이 있기는 하지만 성공적 선거캠페인은 과학적 전략과 전술을 수반하는 합리적 활동이다. 그리고 많은 땀과 치밀한 계획과 심리전이 결합된 정열적 활동이다.

선거캠페인은 대자연과 인간공동체 속에서 펼쳐지는 인생살이의 다양한 요소와 관련된 복합적 현상이다. 정치, 경제, 사회, 문화, 역사, 철학, 윤리, 과학기술, 인간의 심리, 음악, 미술 등 삶과 관련된 수많은 요소와 연관되어 있다. 따라서 일반시민은 물론 선거캠페인에 직접 관여하는 사람들도 선거캠페인이 어떠한 요소로 구성되는지 정확하게 이해하는 것은 쉽지 않다. 현실 속의 선거캠페인은 이와 같이 복잡하고 다양한 양상으로 존재하지만 그 기본적 체계는 비교적 단순하다. 선거캠페인을 성공적으로 운용하기 위해서는 선거캠페인이 어떠한 요소로 구성되었는지 그 근본적 체계를 이해하는 것이 필요하다.

1. 메시지 설득커뮤니케이션으로서의 선거캠페인

우리 인간의 삶의 다양한 요소와 복잡하게 얽혀 있는 선거캠페인을 극도로 단순화시키면 후보자, 메시지, 투표자, 반응이라는 네 가지 기본요소로 압축할 수 있다.

〈그림 2-1〉은 선거캠페인을 극도로 단순화시켜 그 체계를 시각적으로 요약해서 보여준다. 〈그림 2-1〉이 보여주듯이, 선거캠페인이란 정치후보자가 유권자로부터 50%+1의 긍정적 반응 또는 지지를 획득하기 위하여 사람이나 대중매체를 통해 투표자에게 메시지를 전달하여 설득하는 과정이다. 정치후보자가 유권자를 성공적으로 설득하여 긍정적 반응을 얻기 위해서는 본인과 상대후보자들의 강·약점, 선거환경, 과거 투표경향 등을 정확히 파악하여 올바른 메시지를 구성해야 하며 그 메시지를 적합한 전달수단을 사용하여 목표대상에게 전달해야 한다.

〈그림 2-1〉 선거캠페인의 체계

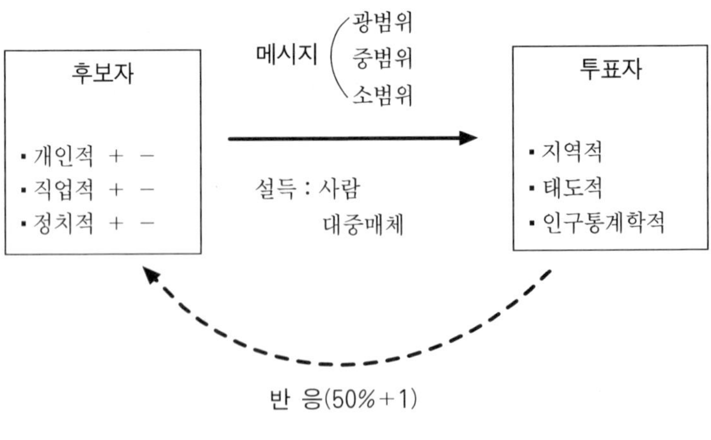

주 : 선거캠페인의 4요소 - ① 후보자, ② 메시지, ③ 투표자, ④ 반응

또한 이와 같은 일련의 메시지 전달행위가 효과적으로 이루어지게 하기 위해서는 후보자의 강·약점을 포함한 중요정보에 대한 기초조사가 올바르게 되어야 한다. 그렇지 않으면 메시지 설득커뮤니케이션 행위가 효과적으로 이루어지지 않는다.

후보자의 강점과 약점은 크게 개인적·직업적·정치적 측면에서 살펴볼 수 있다.[1] 또한 메시지[2]란 정치후보자가 투표자로부터 긍정적 반응을 얻기 위해 투표자에게 전달하는 자극(刺戟; *stimulus*)이다.

메시지는 다시 광범위 메시지, 중범위 메시지, 소범위 메시지로 나눌 수 있다.[3] 메시지는 크게 사람과 대중매체라는 두 가지 수단으로 투표자에게 전달된다. 사람을 통해 메시지를 전달하는 방법은 직접 정치커뮤니케이션이라고 하고, 대중매체를 통해 메시지를 전달하는 방법은 간접 정치커뮤니케이션이라고 한다.[4] 간접 정치커뮤니케이션은 다시 전자매체와 인쇄매체에 의한 방법으로 나눌 수 있다. 과학기술이 고도로 발달한 현대사회에서 간접 정치커뮤니케이션의 수단은 TV, 라디오, 신문, 잡지, 비디오, 인터넷, 휴대전화 등으로 날이 갈수록 다양화·첨단화되고 있다.

메시지 설득커뮤니케이션이 성공적으로 이루어지기 위해서는 유권자의 투표경향을 정확히 파악해야 한다. 유권자의 투표경향은 크게 지역적(정당적)·태도적·인구통계학적 측면에서 분석하는 것이 저절하며, 지지기반도 이러한 바탕에서 파악하는 것이 좋다.[5]

정치후보자는 어떤 선거구에서든지 유효투표의 50%에 한 표만 추가하면 당선될 수 있다. 따라서 이상적 득표목표는 유효투표의 50%+1이다. 그러나 어떠한 정치후보자도 이러한 득표목표를 적중하기 어렵

1) 제 5장에서 상세히 설명.

2) 제 6장에서 상세히 설명.

3) 제 6장 참고.

4) 제 9장 및 제 10장에서 상세히 설명.

5) 제 3장에서 상세히 설명.

고 우리나라와 같이 다수대표제[6]와 다당제를 택하는 나라에서는 이보다 훨씬 적은 득표로 당선이 결정되는 것이 보통이다. 따라서 50%+1이라는 득표목표는 어떤 후보자에게든 승리를 위해 공통적으로 적용될 수 있는 득표의 이론적 기준치를 제시한다는 측면에서 의미가 있다.

어떤 정치후보자는 선거캠페인이 처한 독특한 상황과 선거캠페인의 목적에 따라 50%+1 이상의 득표를 원하는 경우도 있다. 정치후보자들이 이러한 것을 원하는 이유 중 하나는 다음 선거에서 강력한 도전자와 맞닥뜨릴 가능성을 미리 약화시키기 위해서다. 잠재적 후보자들은 승리의 가능성이 높은 후보자와 경쟁하는 것을 주저한다. 그리고 정당들은 이전 선거에서 큰 차이로 이긴 다른 정당의 후보자와 대적할 후보자를 찾는 데 어려움을 겪는다.

선거에서 큰 차이로 승리하는 것의 또 다른 기능은 표 획득의 힘을 과시하는 것이다. 이것은 특히 더 높은 선출직 공직에 도전할 야망을 가진 후보자들에게 중요하다. 물론 큰 차이로 이김으로써 얻을 수 있는 만족감과 안정감도 무시할 수 없다. 그러나 이와 같이 유효투표수의 50%+1을 넘어서는 대량득표는 그만큼 많은 비용이 들기 때문에 단순히 당선이 목적인 대부분의 정치후보자들에게는 사실상 불필요하다.

---

6) 다수대표제 하에서는 한 선거구에서 누구든지 가장 많은 표를 얻은 후보자가 득표수에 관계없이 당선된다.

2. 비교 정치 · 사회캠페인

선거캠페인만이 자유민주주의 사회의 시민이 보고 듣고 경험하는 캠페인의 전부는 아니다. 각종 기업들이 펼치는 상품광고캠페인과 기업이미지광고캠페인을 비롯하여 이념캠페인,[7] 반독재민주화캠페인, 부정부패추방캠페인, 범죄퇴치캠페인, 불우이웃돕기캠페인, 환경보호캠페인, 종교캠페인 등 우리가 살아가면서 보고 듣고 경험하는 캠페인은 수없이 많다. 선거캠페인도 다시 후보자선거캠페인과 비후보자선거캠페인[8]으로 분류할 수 있다.

이와 같은 캠페인은 캠페인의 주체, 객체(대상), 메시지, 기대하는 결과(또는 반응) 면에서 다양하다. 중앙정부, 각급 지방자치단체, 정부기관, 각종 시민 · 사회단체, 기업, 일반시민이 공동 또는 개별적으로 캠페인의 주체와 객체가 될 수 있으며, 이러한 캠페인의 주체와 일반시민이 다양한 조합(調合)을 이루어 산출해내는 메시지와 그들이 목표로 하는 결과는 많은 차이를 보인다.

사회캠페인은 유권자를 설득하여 선거에서 직접 표를 획득하는 것이 목적이 아니라 정부의 정책결정자, 기업, 일반시민 등 다양한 캠페인의 객체로 하여금 캠페인의 주체가 원하는 행위를 하도록 설득하거나 그러한 행위를 이끌어낼 수 있는 사회적 분위기를 조성하는 데 목적이 있다. 이러한 사회캠페인이 성공적으로 전개될 때 그 최종결과는 직접적이든 간접적이든 결국 정부의 정책으로 나타나게 되며, 그것이 바람직하다고 말할 수 있다.

이렇게 복잡하고 다양하게 보이는 현대사회의 각종 캠페인도 기본적으로 캠페인의 주체가 객체에게 메시지를 전달하여 설득함으로써 목표로 하는 반응을 얻고자 한다는 점에서 그 체계가 같다.

---

7) 이념캠페인의 예로는 해방 이후 미소(美蘇)의 신탁통치안에 대한 찬반운동을 들 수 있다.

8) 비후보자 선거캠페인의 예로는 정치선진국의 이슈캠페인을 들 수 있다.

3. 선거캠페인에 대한 현실적 이해

1) 선거캠페인의 양상(樣相)과 과학화

앤서니 다운스를 비롯한 많은 정치학자들은 오랫동안 이상적 의사결정(*decision-making*)을 하기 위해서는 합리성(*rationality*)이 그 바탕이 되어야 한다고 생각했다. 정치학분야 중 이 말이 그 어떤 분야보다도 잘 들어맞는 분야는 선거과정(*the electoral process*)이다. 이러한 주장에 따르면 유권자는 선거를 통해 경쟁후보자, 경쟁정당, 경쟁정책 사이에서 합리적 선택을 한다. 그리고 정치후보자와 정당들은 선거캠페인을 통하여 유권자가 합리적 의사결정, 즉 합리적 투표행위를 할 수 있도록 분명한 대안을 제시해야 한다. 이러한 의사결정의 틀에 따르면, 유권자가 정치후보자들이 논의하는 대안이나 정책의 모든 면에 관심을 두고 후보자와 이슈에 대해서도 가능한 한 많은 정보를 수집하며, 선거캠페인 기간 중에 그들에게 제시된 자료를 평가하여 합리적 선택을 하게 된다는 것이다.

이러한 합리적 의사결정의 모델이 유권자의 투표행위를 이해하는 데 중요한 시사점(示唆點)을 던져주는 것은 사실이지만, 유권자의 투표행위가 전적으로 선거캠페인 과정에서 제시되는 대안에 대한 합리적 선택을 통해 결정된다고 말하는 것은 비현실적이다. 그보다 이러한 모델들이 선진 민주주의를 구현하기 위해 선거캠페인이 지향해야 할 바람직한 방향을 제시한다는 점에서 의미가 있을 것이다. 이러한 맥락에서 정당과 정치후보자는 투표자가 합리적으로 투표행위를 결정할 수 있도록 선거캠페인의 정보전달 기능, 즉 메시지 설득커뮤니케이션 기능을 강화해야 할 것이다.

실로 선거캠페인은 수없이 많은 양상을 보여준다. 사람의 얼굴이 저마다 다르듯이 이 세상에 똑같은 선거캠페인이란 존재할 수 없다. 전국적 선거인가, 시·도 단위의 선거인가, 기초선거인가에 따라 선거캠페인은 많은 차이를 보인다. 또한 단체장선거인가, 의원선거인가에 따라 선거캠페인의 양상이 다르다. 후보자의 정당공천 여부에 따라서도 선거캠페인은 차이를 보인다. 또한 선거캠페인은 후보자의 목표에 따라 그 양상이 다르다. 어떤 후보자는 단순한 승리가 아니라 큰 표 차이로 승리하기를 원한다. 후보자들이 이러한 것을 원하는 이유 중의 하나는 다음 선거에서 강력한 도전자와 경쟁하게 될 가능성을 미리 약화시키기 위함이다.

잠재적 후보자들은 승리의 가능성이 높은 후보자와 경쟁하는 것을 주저한다. 그리고 정당들은 이전 선거에서 큰 차이로 승리한 타 정당의 후보자와 대적할 후보자를 선정하는 데 어려움을 겪는다. 선거에서 큰 차이로 승리하는 것의 또 다른 기능은 표 획득의 힘을 보여주는 것이다. 이것은 특히 더 상위의 선출직 공직에 도전할 야망을 가진 후보자들에게 중요하다. 물론 큰 표 차이로 승리함으로써 얻을 수 있는 만족감과 안정감도 무시할 수는 없다.

어떤 정치후보자는 질 것을 알면서도 선거전에 뛰어든다. 그러나 이들도 가능한 한 많은 표를 얻어 당선자와 표차를 줄이려고 노력한다. 당선 가능성은 희박하지만 정치적 장래를 위해 좋은 이미지를 구축하기 위한 이미지선거도 있다. 일단 정치를 하려고 나선 이상 하루 이틀만 하고 말 것이 아니므로 미래를 위해 투자한다고 생각하고 선거전에 뛰어든다. 이러한 후보자는 장래의 선거에 대비하여 조직구축에 정성을 기울인다. 또한 정치후보자 중에는 단순히 개인적·사업적 목적을 위해 선거전에 나서는 사람도 있다.

또 어떤 선거구에서는 정당이 전국구선거에 대비하여 조직을 유지하기 위해 명목상의 후보자를 내세우는 수도 있다. 또한 다른 후보자들에게 감표를 유발함으로써 선거 후에 승리한 당이나 승리한 후보자로부터 대가를 받아내기 위하여 선거에 출마하는 후보자도 있을 수 있다. 이러한 정치후보자야말로 가장 바람직하지 않다.

이와 같이 선거캠페인의 양상은 정당 및 정치후보자의 동기 또는 캠페인의 목표에 따라 다양하고, 이에 따라 선거캠페인의 전략과 전술도 달라진다. 이 때문에 유권자는 합리적으로 선택하는 데 어려움을 겪게 된다. 명목상의 후보자만 제외하면 어떤 타입이든지 정치후보자와 선거캠페인은 지역적(정당적)·태도적·인구통계학적 지지세력을 형성하기 위하여 노력한다.[9] 또한 모든 선거캠페인은 이러한 지지를 형성하는 데 상반되거나 장애가 되는 요인을 극복하는 데 많은 힘을 기울인다.

앞에서 언급하였듯이 선거캠페인의 양상은 같은 것이 없다고 할 정도로 다양하다. 왜냐하면 선거캠페인은 정치후보자들의 개인적·직업적·정치적 강·약점, 선거캠페인을 둘러싼 시·공간적 환경, 사회적 환경, 이슈 등의 다양한 요인과 복잡하게 얽혀 있기 때문이다.

이러한 제약점(制約點)에도 불구하고 선거캠페인을 과학화·합리화시키는 것이야말로 선진 민주정치를 정착시키는 지름길이다. 이런 의미에서 과학적 선거캠페인을 구성하는 요소를 제시하고 설명하는 것은 의의 있는 작업이다. 그리고 그것은 어렵기는 하지만 불가능한 일이 아니다. 많은 성공적 선거캠페인의 공통된 요소, 문제점 또는 제약점을 고찰하여 정리함으로써 가능하다.

2) 선거캠페인 = 득표운동 + 감표운동

선거캠페인이란 후보자의 당선과 낙선을 위한 제반활동을 말한다. 다시 말해 선거캠페인은 피아(彼我)간의 득표에 유익한 활동인 득표운동과 피아간에 감표(減票)를 유발시키는 활동인 감표운동으로 크게 나눌 수 있다. 공직선거법 제58조 제1항 본문도 "선거운동이라 함은 당선되게 하거나 당선되지 못하게 하기 위한 행위"라고 정의하고 있다.

흔히 "장사꾼은 한 푼을 벌기 위해 천리를 뛰어야 하지만 까먹기는 앉은 채로 순식간"이라고 하듯이, 정치후보자는 한 표를 얻기 위해 열 번, 스무 번이라도 머리를 조아리고 천릿길도 마다하지 않지만, 백

9) 제3장 참고.

표, 천 표를 잃는 것은 소리소문도 없다. 이 말이야말로 선거캠페인에서의 득표활동이 가지는 어려움과 감표활동의 위력을 실감케 하는 적절한 비유이다. 선거캠페인에서는 표를 얻는 것도 중요하지만 얻은 표를 지키는 것이 더욱 중요하다.

3) 자원의 효과적 사용을 위한 협력(協力)과 기계(奇計)의 사용

선거캠페인이란 주어진 기간 내에 제한된 인적(人的)·물적(物的)·사회적(社會的)·환경적 자원을 효과적으로 사용하여 선거에서 승리하기 위한 협력된 활동이다. 사회적 자원이란 지위, 명예, 인기, 조직과 단체에 대한 소속(所屬) 또는 연대(連帶)와 같은 추상적 자원을 말한다. 다수인의 협력된 활동을 통하여 동원 가능한 자원을 효과적으로 활용하기 위해서는 경영적 사고와 좋은 판단력, 올바른 의사결정이 요구된다.

선거캠페인은 또한 총을 사용하지 않는 전쟁과 같다. 그래서 흔히 선거캠페인을 선거전(選擧戰)이라고 일컫는다. 전쟁의 궁극적 목표가 최소의 희생으로 승리하는 것이듯이 선거캠페인이 궁극적으로 지향하는 목표도 최소의 비용으로 확실하게 승리하는 것이다. 동서고금의 역사는 전쟁에서 최소의 희생으로 승리하기 위해서 상대방의 전략과 전술을 예측하여 허(虛)를 찌르는 기계[10]가 많이 사용되었음을 보여준다. 고대 중국의 병서도 정도(正道)와 함께 기계에 대하여 많이 이야기하며, 실제로 오늘날까지 정치·경제를 비롯한 많은 분야에 적용된다.

아군이 세(勢)가 우월하면서도 약하게 보이도록 하는 것, 다수이면서도 소수인 것처럼 가장하는 것, 실상 서쪽을 치기 위하여 동쪽을 교란시키는 것(聲東擊西), 적의 내부를 교란하여 힘을 약화시키는 것, 고도의 심리전과 정보전을 펴는 것과 같은 행위는 모두 궁극적으로 최소

10) 기계(奇計)는 궤계(詭計) 또는 궤모(詭謀)를 포함할 수 있으나 기계가 곧 궤계 또는 궤모를 의미하는 것은 아니라고 본다.

의 희생으로 승리하기 위한 방책이다. 선거캠페인에서도 최소의 비용으로 승리를 달성하기 위해서 실제로 이와 같은 기계가 요구되며, 고금(古今)의 병서를 연구할 필요성도 여기에 있다고 하겠다.[11)]

병법의 지향점이 최소한의 손실로 전쟁과 전투에서 승리하는 것이므로 기계의 사용이 요청된다고는 하나 여기에는 어디까지나 악을 물리치고 질서를 바로잡아 평화와 안정을 이룩하려는 선의가 그 밑바탕에 있다. 선거캠페인도 이와 다를 바 없다. 능력과 자질, 도덕성이 결핍된 경쟁자를 물리치고 승리하여 국민의 자유와 복지를 향상시키는 자유민주정치를 구현하기 위해서 선거캠페인의 효과를 극대화시키는 기계의 사용이 필요한 것이다.

4. 바람직한 정치후보자의 자세

선거전에 출마한 정치후보자는 배우와 같다. 배우가 연출자의 의도에 따라 창조적으로 연기해야 하는 것과 마찬가지로 정치후보자도 선거캠페인 전문가의 인도에 따라 주어진 역할을 충실하게 소화해내야 한다. 다시 말해 후보자는 선거캠페인 전문가의 연출에 따라 창조적으로 연기(演技)해야 한다. 정치후보자는 일거수일투족을 치밀하게 계산하지 않으면 선거에서 승리하기 어렵다. 개인취향에 맞지 않는 일이라도 유권자로부터 긍정적 반응을 얻기 위해 필요한 일이라면 연기하는 마음으로 감내할 수 있어야 한다. 배우가 언제나 자신의 기호에 맞는 연기만을 골라서 하는 것은 아니다. 좋은 작품을 만들기 위해서 또는 관객이 원한다면 주어진 역할에 최선을 다하는 사람이 일류배우요, 프로다.

---

11) 기계에 대한 지혜를 얻기 위해서 고대 중국의 7대 병서(兵書)를 참고하는 것도 좋을 것이다. 고대 중국의 7대 병서〔武經七書〕: 《육도》(六韜), 《삼략》(三略), 《손자》(孫子), 《오자》(吳子), 《사마병법》(司馬兵法), 《이위공병법》(李衛公兵法), 《울료자》〔尉繚子〕.

정치후보자와 선거캠페인 전문가는 저마다 고유의 역할이 부여되어 있으므로 상호신뢰를 바탕으로 이를 서로 혼돈하거나 침범해서는 안 된다. 후보자는 대체로 자기주장이 강하고 공격적 성격의 소유자들이기 때문에 무슨 일이든 자신의 판단이 가장 정확하다고 믿는 경향이 강하다. 따라서 주변의 참모나 전문가의 조언을 경시하거나, 받아들이더라도 자기 입맛에 맞는 것만 취사선택하는 경향이 있다. 이것이 바로 정치후보자가 선거에서 실패하도록 만드는 중요한 요인 중의 하나이다. 후보자는 아집과 편견에서 벗어나 이론과 경험으로 무장한 캠페인 전문가의 조언을 받아들일 때 승리의 가능성을 극대화할 수 있다.

제3장 선거캠페인 전략

선거캠페인 전략(이하 선거전략이라고 부름)은 선거캠페인에 따라 각기 다른 의미로 받아들여진다. 그 이유는 선거캠페인 주체[1]가 선거캠페인을 전개하는 동기와 목적, 선거의 성격, 선거환경이 선거마다 다르고, 선거캠페인 구성 요소의 중요성을 보는 선거캠페인 주체의 관점도 각기 상이하기 때문이다.

1. 선거전략과 전술

대부분의 선거캠페인은 선거에서의 승리를 그 존립이유이자 궁극적 목적(*purpose or mission*)으로 삼는다. 이러한 목적을 달성하기 위해서는 선거캠페인의 주체가 선거캠페인을 통해 승리에 필요한 지지를 획득해야 한다. 다시 말해 선거의 승리에 필요한 표를 얻는 것이 선거캠페인의 당면목표(*objective*)이다.

선거캠페인의 주체는 이러한 선거캠페인의 궁극적 목적 또는 당면목

1) 정치후보자 또는 정당을 말함.

표를 달성하기 위해 선거캠페인을 종합적으로 운용하는 방책을 수립해야 하는데 바로 이것이 선거전략이다. 구체적으로, 선거전략은 선거의 승리에 필요한 득표를 하기 위해 인적·물적·사회적·환경적 자원을 효과적으로 사용하는 총괄적 방법 또는 계획이다. 따라서 선거캠페인 과정의 모든 세부적 결정과 활동은 선거전략에 따라야 한다.

올바른 선거전략은 선거자원을 효과적으로 사용할 수 있도록 해주고 선거캠페인이 정상적 궤도에서 벗어나 빗나가지 않도록 한다. 특히 선거전략은 선거캠페인 내·외부의 심리적·물리적 압박이 최고조에 달하고 개인이나 그룹 사이의 이해관계가 첨예하게 되는 선거기간 동안에, 선거캠페인이 충동적·감정적 판단에 의해 손상을 입지 않고 정해진 목표를 향하여 합리적이고 일관되게 수행될 수 있도록 한다. 따라서 올바른 선거전략에 따라 진행되는 선거캠페인은 갖가지 돌출적 변수가 난무하는 혼돈상황 속에서도 질서를 잃지 않고 계획된 방향을 유지할 수 있으며, 간과해서는 안 되는 세세한 점들을 치밀하게 점검하고 추구해 나갈 수 있도록 해준다.

선거전략은 메시지전략, 선거홍보전략, 조직전략, 유권자 접촉 등과 같은 선거캠페인의 주요 요소별 전략으로 세분할 수 있다. 이러한 세부전략들은 선거캠페인 주제에 따라 상호간 일관성을 유지해야 한다.

전술은 전략의 하위개념으로서 전략에 의해 제시된 방향을 구체적으로 실행하는 방법이다. 전술은 전략적 방향을 그르치지 않는 범위에서 주어진 상황에 민첩하고 효과적으로 대응할 수 있는 융통성이 있어야 한다.

선거에서 승리하기 위해서는 전략도 좋아야 하지만 이를 현장에서 구체적으로 실행하고 적용하는 전술과 테크닉도 좋아야 한다. 아무리 훌륭한 전략을 세워놓았다 하더라도 이를 실행하고 구체화하는 전술이 졸렬하면 선거캠페인을 성공적으로 이끌 수 없다. 특히 선거구가 작은 하위선거일수록 전략보다 전술적 효과성이 강조된다.

2. 선거전략 기획

기획이란 "일정한 목표를 합리적으로 달성하기 위하여 장래에 실행할 일련(一連)의 구체적 행동을 체계적으로 결정하는 행위 또는 과정"[2] 이다. 이 정의가 밝히듯이 기획이란 장래에 무엇을 어떻게 달성해야 할 것인가에 초점을 맞춘 행위이다. 기획이란 장래에 달성해야 할 목적과 당면목표를 결정하는 동시에 그 결정된 목적과 당면목표를 달성하기 위한 적절한 수단을 강구하는 행위이다.[3] 또한 여기서 말하는 '수단'은 선거캠페인 현장에서 당면목표를 달성하기 위한 구체적 행동 및 자원의 확보를 수반한다.

선거전략은 선거전략 기획과정의 산물이다. 선거전략 기획과정의 첫 단계는 선거캠페인의 궁극적 목적과 이 목적을 달성하기 위한 당면목표를 설정하는 일이다. 대부분의 정상적 선거캠페인의 목적은 선거의 승리이며, 당면목표는 승리에 충분한 득표 또는 지지세력 확보이다. 선거전략 기획과정의 두 번째 단계에서는 과학적 연구·조사(리서치)[4]가 중심과제이다. 치밀하고 과학적인 연구·조사가 이루어져야 선거캠페인의 성격을 정확하게 파악하고 올바른 주제를 결정할 수 있다. 선거캠페인 연구·조사는 후보자 분석, 선거환경 분석, 과거 투표행태 분석, 지지기반 분석, 선거자원 분석 등을 포괄한다. 선거전략 기획과정의 세 번째 단계에서는 선거캠페인의 메시지창출이 중심과제이다. 과학적 연구·조사의 결과를 바탕으로 선거캠페인의 중심주제를 결정하는 동시에 이 주제를 호소력 있게 표현하는 슬로건(캐치프레이즈 또는 대표구호)을 창출해야 한다. 또한 선거캠페인의 주제를 구체화하는 중범위 메시지와 소범위 메시지를 개발해야 한다.[5] 각각의 소범위 메

2) 김창남, 2000: 172~173.

3) Donnelly et al., 1987: 92.

4) 제 5장 참고.

5) 제 6장 참고.

시지는 구체적으로 어떤 지역 또는 인구통계학적 그룹을 겨냥한다.

선거캠페인 메시지가 구성되면 선거전략 기획과정의 다음 단계에서는 이 메시지를 투표자에게 전달하는 데 필요한 선거자원의 확보방안을 강구하는 데 관심을 집중해야 한다. 선거자원 확보방안을 수립하기 위해서는 당해 정치후보자가 가진 선거자원이 먼저 파악되어야 한다. 선거자원은 인적 · 물적 · 사회적 · 환경적 자원으로 이루어진다. 선거자원 중 선거캠페인에 직접적으로 투여되는 것이 인적 자원과 물적 자원[6]이다. 그 중 특히 중요한 물적 자원은 크게 정치후보자 개인의 능력으로 충당하는 부분과 후원금 및 중앙당의 지원금 등으로 충당하는 부분으로 나눌 수 있다.

물적 자원을 확보하는 방안은 실현성이 있어야 한다. 실현성이 불투명한 예상수입에 기대를 걸고 선거캠페인을 전개하는 것은 위험하다. 선거캠페인의 당면목표를 달성하기 위해 필요한 물적 자원의 양과 조달방안, 후원회의 조직, 모금방법 등이 선거자원의 확보방안과 관련된 과제들이다.

선거캠페인 기획과정의 다섯 번째 단계는 승리에 필요한 지지세력을 파악하는 일이다. 지지세력이란 설득 가능성이 높은 유권자, 곧 지지해줄 가능성이 높은 유권자를 의미한다. 선거전략의 핵심과제는 선거의 승리에 필요한 득표목표를 달성하기 위해 이러한 지지세력을 찾아내는 것이다. 선거캠페인 메시지는 설득 가능성이 높은 유권자 또는 지지 가능성이 높은 유권자에게 전달하는 것이 유리하다.

지지세력은 지역적(또는 정당적), 태도적, 인구통계학적 측면에서 파악하는 것이 좋다. 선거캠페인의 득표목표를 달성하기 위한 지지세력이 파악되면 이 지지세력을 확보하기 위한 조직 구성방안이 필요하다. 따라서 선거전략 기획과정의 여섯 번째 단계는 지지세력을 확보하는 데 필요한 조직의 구성방안을 수립하는 일이다. 선거캠페인 조직은

---

6) 물적 자원을 보통 선거비용이라고도 부른다.

〈표 3-1〉 선거전략 기획의 단계별 주요 과제

단 계	주요 과제
1 단계	선거캠페인의 목적과 당면목표 설정
2 단계	선거캠페인 연구 · 조사
3 단계	선거캠페인 메시지 구성
4 단계	선거자원 확보방안 수립
5 단계	지지세력 파악
6 단계	조직 구성방안 수립
7 단계	메시지 설득커뮤니케이션 방안 수립

동원할 수 있는 선거자원과 맞아야 한다. 선거캠페인을 계획대로 실행하기 위해서는 얼마나 많은 사람들이 필요한가? 자원봉사자는 어떻게 얼마나 모집할 것인가? 이런 질문은 모두 선거전략을 통해 해결책이 제시될 수 있도록 씨름해야 할 과제들이다.

선거전략 기획과정의 마지막 단계는 확보 가능한 선거비용을 수입하는 일 및 다른 선거자원을 사용하여 투표자에게 효과적으로 메시지를 전달하는 방책을 상구하는 일이다. 투표자에게 어떻게 효과적으로 메시지를 전달할 것인가는 선거전략의 주된 관심사이다. 선거정치커뮤니케이션은 유권자 접촉과 같은 직접 커뮤니케이션을 비롯하여 다양한 간접 커뮤니케이션의 방법과 수단, 정치후보자의 이미지메이킹, 인지도 세고와 지지세력화, 네거티브 캠페인 등을 통해 이루어진다. 이러한 메시지 전달의 방책이란 곧 선거의 승리를 위해 선거캠페인 과정에서 직접 표를 획득하는 방책 또는 계획인 것이다. 메시지 설득커뮤니케이션이 효과적으로 일어나게 하려면 선거자원과 조직이 받쳐주어야 한다. 선거자원과 조직은 상호 밀접하게 연관되어 있다. 선거자원은 선거캠페인이 원활하게 진행되도록 하는 연료이다. 선거자원이 따르지 않는 조직은 오히려 역효과를 낼 수도 있다.

모든 것이 전문화, 다양화된 현대사회에서 더 합리적인 행동방향과 시의(時宜)에 맞는 스케줄로 불확실한 선거캠페인 상황에 최대한 정확하게 대처하기 위해서는 이상에서 살펴본 바와 같은 일련의 체계적·과학적 선거전략의 기획과정이 요청된다. 결론적으로 선거캠페인 전략기획이란 선거환경으로부터 정보를 취하여 선거캠페인의 궁극적 목적과 당면목표에서부터 선거캠페인의 각 구성요소별 전략까지 결정하는 일련의 유기적 과정이라고 말할 수 있다.

3. 올바른 선거전략의 요건

선거전략가인 리(Lee)[7]는 선거전략을 성공적으로 기획하려면 다음과 같은 6가지의 테스트를 거쳐야 한다고 말한다.

① 쉽게 이해할 수 있는가?
② 실천 가능한가?
③ 목표가 뚜렷한가?
④ 사용 가능한 자원에 바탕을 두었는가?
⑤ 측정할 수 있는가?
⑥ 성문화되었는가?

선거전략이 이러한 요건을 충족시킬 때, 그것을 사용하는 사람들이 완전히 이해하고 믿고 따를 수 있다. 이 밖에도 많은 세계적 선거전략가들[8]은 각기 성공적 선거전략이 충족시켜야 할 조건들을 제시하였다.[9] 선거전략이 선거캠페인을 승리로 이끄는 효과적 방책이 되기 위

7) Lee, 1985: 18~29.
8) 예: Fishel, 1987: 20~24.

해서는 세계적 선거전략가들이 제시한 성공적 선거전략의 특징을 최대한 반영하여야 할 것이다. 그러나 현실적으로 어떤 선거전략이든 이러한 내용을 모두 수용하기는 어렵다.

성공적 선거전략들과 선거전략에 관한 탁월한 견해들을 살펴보면 각각의 차이점에도 불구하고 대부분 다음과 같은 몇 가지 사항에 합의를 보고 있다.

1) 다양한 지지기반의 구축

선거전략은 정치후보자가 승리하는 데 필요한 지지를 확보하기 위하여 다양한 지지기반을 구축하는 데 깊은 관심을 두어야 한다.

2) 적절한 메시지

선거전략은 정치후보자가 승리하는 데 최적인 메시지를 개발해야 한다.

3) 타이밍의 중요성

선거전략은 타이밍(*timing*)에 깊은 관심을 기울여야 한다. 정치후보자의 텃밭과 부동지역에서 각각 언제 캠페인 활동을 해야 할지, 상대후보자에게 언제 공격해야 할지 등과 같이 선거캠페인의 타이밍에 대한 결정이야말로 선거전략의 핵심내용 중 하나이다.

4) 선거자원의 확보

선거캠페인의 승패는 인적, 물적, 사회적, 환경적 자원의 확보능력과 밀접한 관계가 있으므로 선거전략은 이러한 선거자원의 확보방안에 깊은 관심을 기울여야 한다.

---

9) 김창남, 2000: 175~177 참고.

현명하고 유능한 선거전략가들은 예외 없이 이러한 핵심적 과제들과 끊임없이 씨름하며 최선의 해답을 얻기 위해 노력한다. 이러한 과제들을 해결할 수 있는 현실적이고 구체적인 방책을 도출한다면 그것이 바로 선거전략이며 그것을 얻는 과정이 선거전략 기획과정인 것이다.

4. 선거전략의 유형

정치후보자가 채택하는 선거전략의 유형은 그 정치후보자의 개인적・직업적・정치적 강점과 약점, 선거환경 및 유권자에게 전달하려는 메시지에 따르는 논리적 귀결이다. 선거캠페인 전략의 유형은 대체로 현직자형(現職者型)과 도전자형(挑戰者型)으로 구분할 수 있다. 그러나 이것은 지나치게 2분법적 구분이며, 정치후보자의 강・약점, 선거환경 및 메시지에 따라 현직자[10]가 도전자형을, 도전자가 현직자형 선거전략을 채택할 수 있다. 또한 많은 정치후보자들이 선거캠페인 과정에서 상황에 따라 현직자형과 도전자형을 융통성 있게 사용할 수 있으며, 어떤 특정 시점에서 선거캠페인의 상이한 측면 또는 상이한 요소에 대해 상이한 타입의 선거전략을 각각 병행하여 적용할 수도 있다. 그러나 이 책에서는 선거전략의 유형을 더 용이하게 이해할 수 있도록 현직자형, 도전자형, 혼합형으로 구분하여 설명하고자 한다.

1) 현직자형 선거전략

정치후보자들이 현직자형 선거전략을 채택하는 이유는 특별한 흠이 없는 한 현직자의 지위가 유권자에 대한 설득커뮤니케이션에서 유리하게 작용하기 때문이다. 실제로 우리나라를 비롯한 여러 자유민주주의 국가들의 선거사례들이 현직자의 높은 재선 가능성을 입증한다. 현직

---

10) 정치후보자들이 당선되고자 하는 선거직 공직을 현재 담당하는 정치인을 말한다.

자형 선거전략은 정치후보자가 현재 추구하는 직책을 맡기에 충분한 능력과 자질을 갖추었고, 실제로 그가 바로 현재 그 직책을 성공적으로 담당하는 사람이라는 메시지를 유권자에게 전달한다.

현직자형 선거전략은 일반적으로 정치후보자가 당해 직책을 수행하면서 이룬 업적, 성과, 향후 발생할 긍정적 결과, 정치후보자의 능력과 자질 등의 긍정적 측면을 집중적으로 부각시킨다. 반면에 상대후보자에 대해서는 상섬은 물론이고 취약점조차 최내한 인급을 자제한다. 이러한 선거전략은 상대후보자를 의식하지 않는 것으로 보이게 하는 전략, 상대방을 마땅한 적수로 인정하지 않는 전략, 나아가서는 상대방의 존재 자체를 무시하는 전략이다. “나의 안중에는 오직 유권자밖에 없다”, “상대가 누구든 상관하지 않고 나는 나의 길을 간다”는 다소 고고하고 오만한 선거전략이라고 할 수 있다. 정치후보자가 현직자가 아니라도 상대후보자에 비해 지지도 또는 당선 가능성에서 월등하게 앞서 있는 경우에도 현직자형 선거전략을 유리하게 사용할 수 있다. 또한 현직자형 선거전략은 상대에 대한 공격 및 비난·비방을 회피함으로써 선거문화 개선의 측면에서 긍정적으로 평가된다.

현직자형 선거전략에서 사용할 수 있는 전술 또는 기교에는 다음과 같은 것이 있다.

(1) 현직자에게 일상적으로 수반되는 상징, 의식(儀式), 사람, 물건 등을 통해 현직자의 무게, 힘, 중요성을 나타낸다. 구체적으로 로고, 사진, 집무실, 관저, 관용차, 공식행사의 입장 및 퇴장시 연주되는 음악이나 연설, 경호원, 수행원, 취재기자단, TV카메라, 환영인파, 다른 나라 또는 다른 지역지도자들과의 회담·협상 등이 사용될 수 있다.
(2) 재임시 이룬 업적, 성과, 상훈 등을 부각시킨다.
(3) 실행하는 정책 또는 향후에 실행될 정책의 긍정적 효과에 대한 기대감을 자극한다.

(4) 중요한 문제의 해결을 약속한다.
(5) 국가적·사회적 문제에 대해 자신감 있는 소신을 피력한다.
(6) 국가적 또는 지역적 이슈를 형성한다.
(7) 공적 자금을 배분한다.
(8) 유권자가 높은 관심을 보이는 문제에 대해 조사팀을 구성한다.
(9) 사회적 영향력을 가진 인물로부터 지지를 이끌어낸다.
(10) 저급한 정치인의 부류에서 벗어난 존재로서 다소 초월적 자세를 취한다.
(11) 미디어의 관심을 끌기 위해 이벤트를 기획한다.

2) 도전자형 선거전략

도전자형 선거전략은 현상(現狀)으로부터 변화가 필요하다는 것과 현직 정치인에 도전하는 정치후보자가 바로 그 변화를 만들어낼 최적임자라는 것을 유권자에게 설득하는 전략이다. 도전자가 만들어내려는 변화는 정책, 인사, 조직, 예산집행으로부터 당해 공직을 담당하는 사람으로서 갖추어야 할 도덕성 또는 인간성에 이르기까지 다양한 측면과 관련되어 있다. 도전자형 선거전략을 사용하는 정치후보자는 선거캠페인 과정에서 유권자에게 변화의 필요성을 설득하는 동시에 자신이 그러한 변화를 이끌어낼 수 있는 역량을 갖추었다는 것을 입증하고 확신시켜야 한다. 이 두 가지 과제를 동시에 수행해야 하기 때문에 현직자형 선거전략보다 복잡하고 실행하기 어렵다.

도전자형 선거전략의 성공 가능성은 현직자가 선거전을 어떻게 전개하느냐에 따라 많은 영향을 받는다. 상대후보자인 현직자가 현직자형 선거전략을 유리하게 사용하기 어려운 상황에 직면해 있거나 다른 적합한 선거전략을 창출해내지 못한다면 도전자가 도전자형 선거전략을 성공적으로 적용할 수 있는 가능성이 높아진다. 그러나 성공적으로 직무를 수행한 현직자가 새로운 변화를 부르짖으며 도전자형 선거전략을 채택하는 경우도 드물지 않다. 이런 상황에서 도전자는 이에 효과적으로 대응할 수 있는 선거전략을 선택하는 데 어려움을 겪을 가능성이 높다.

도전자형 선거전략이 사용할 수 있는 전술 또는 기교는 다음과 같은 것이 있다.

(1) 선거구와 관련된 현상(現狀)의 문제점을 지적하고 변화의 필요성을 유권자에게 설득한다.
(2) 정치후보자가 당선 후 이끌어내려는 변화의 결과에 대한 청사진을 제시한다.
(3) 현직자가 관련되어 있거나 현직자의 책임이 있는 문제에 대해 의문을 제기하거나 공격하여 유권자가 문제점을 인식하고 현상에 불만을 갖게 한다.
(4) 선거구에 해결되지 못한 문제가 있을 경우 현직자를 다음과 같이 공격하여 수세에 놓도록 한다. 첫째, 현직자가 해결책을 제시하지 못했다면, 해결책도 제시하지 못하는 무능력 또는 직무태만을 공격한다. 둘째, 현직자가 나름대로 방안을 제시하여 실행하였으나 해결하지 못했다면, 잘못된 해결책과 그런 방안을 제시한 무능력을 동시에 공격한다. 셋째, 문제점을 공격하거나 의문을 제기하면서 현직자가 실행한 방안이 왜 좋은 결과를 가져오지 못했는지는 현직자 자신이 설명하거나 방어하도록 한다. 도전자는 구체적 대안을 섣불리 제시하지 않는다. 구체적 대안은 반격에 취약하다.
(5) 현직자와 관련된 공적 문제점을 공개적으로 조사하도록 요청한다.
(6) 현직자의 업적을 낮게 평가한다.
(7) 현직자가 업적으로 내세우는 것이 다른 사람의 업적 또는 다른 사물에서 비롯된 것임을 밝힌다.

(8) 현직자가 현재 업적으로 내세우는 것이 장래에는 오히려 문제점이 될 것이라고 설명한다.
(9) 도전자가 만들어내려는 변화가 선거구 유권자의 주류가 원하는 것임을 나타낸다.
(10) 도전자가 이념적인 면에서 선거구 유권자의 주류 또는 소속정당의 중심세력을 대변하는 것을 나타낸다.
(11) 변화와 관련된 이슈를 선점한다.
(12) 도전자는 상대방에 대한 거친 공격에 직접 가담하지 않도록 한다. 그런 공격은 러닝메이트 또는 대변인 같은 사람들이 하거나, 미디어광고 또는 인쇄물을 통해 한다.

3) 혼합형 선거전략

앞에서 언급하였듯이 정치후보자의 강·약점, 선거환경 및 메시지에 따라 현직자가 도전자형 선거전략을, 도전자가 현직자형 선거전략을 사용할 수 있다. 또한 선거캠페인 과정에서 정치후보자는 상황에 따라 선거캠페인의 상이한 측면 또는 상이한 요소에 대해 각각 상이한 타입의 선거전략을 병행하여 적용할 수 있다. 사실상 실제 선거전에서 정치후보자들이 사용하는 대부분의 선거전략은 혼합형이다.

예를 들어, 도전자의 경우 유권자에게 현상을 변화시켜야 할 필요성을 설득하기 위해 현직자와 관련된 문제점, 무능력 등에 의문을 제기하거나 공격해야 한다. 한편 자신이 바람직한 변화를 이끌어낼 수 있는 역량을 갖추었다는 것을 입증하고 확신시키기 위해 일반적인 현직자형 선거전술대로 자신의 개인적·직업적·정치적 강점[11]을 최대한 부각시켜야 한다.

또한 현직자도 자신이 달성한 기존의 성취를 부각시키는 전형적 현

11) 제5장 참고.

직자형 선거전략에서 더 나아가 현상으로부터의 새로운 변화를 부르짖거나, 도전자형 선거전술을 활용하여 자신이 직접 상대방에 대한 공격에 가담하지 않더라도 러닝메이트, 대변인, 미디어광고 또는 인쇄물을 통해 공격할 수 있을 것이다.

5. 지지세력 확보전략

선거전략의 최우선적 관심은 정치후보자의 승리에 필요한 지지세력이 어디에 있는지 파악하는 것이다. 지지세력은 기본적으로 다음 세 가지 방향에서 파악하는 것이 좋다.

1) 지역적 지지세력 확보

지역적 지지세력 파악의 바탕은 투표자의 정당선호도이다. 이것은 전략적 사고의 중심으로 유권자의 투표행위는 일차적으로 그들의 정당지지도(또는 정당선호도)에 의하여 결정된다는 인식을 바탕으로 한다. 실제로 어떤 선거구의 전체 또는 선거구 내의 특정 지역은 특정 정당의 안전한 지지기반으로 간주될 수 있을 것이고 또 어떤 곳은 부동시역으로 간주될 수 있을 것이다.

이러한 판단은 유권자의 과거 투표행태를 분석함으로써 얻을 수 있다. 선거구의 과거 투표행태를 분석함에 있어 유의할 점은 특별하고 우발적인 변수에 의해 승패가 좌우된 선거는 배제하고, 당해 선거구의 고유한 환경적 요소, 예를 들어 이념, 정당선호도, 인구통계학적 특성 등을 비교적 잘 반영하는 선거를 주요 분석대상으로 삼아야 한다는 것이다.

스캔들에 의하여 선거의 승패가 단기간에 반전(反轉)되거나 일시적이고 폭발적인 인기에 의하여 지나치게 압도적으로 끝난 선거는 당해

〈표 3-2〉 자당지지도에 따른 선거구의 분류

선거구의 종류	자당(自黨)지지도(선거인수 대비 평균득표율)
자당안전지역	30%+
부동지역	20~29%
자당열세지역	0~19%

선거구의 장기적 투표행태를 반영하는 정상적 선거라고 할 수 없다. 투표행태 분석에 있어 또한 동종(同種), 동급(同級)의 선거결과를 더 우선적으로 참고해야 한다.

일반적으로 선거구는 〈표 3-2〉가 보여주듯이 정당지지도에 따라 자당안전지역, 부동지역, 자당열세지역으로 분류할 수 있다.

〈표 3-2〉는 과거 10년간의 선거인수 대비 평균 정당득표율을 바탕으로 하여 선거구의 성격을 크게 세 가지로 분류하여 보여준다. 위에 제시한 선거구별 지지도비율 분류는 안전적 승리를 최우선적으로 고려한 것으로 선거전략을 구성하는 기본적 지표가 될 수 있을 것으로 본다. 이러한 분류는 선거구 전체뿐만 아니라 선거구 내의 세부지역, 최하위로는 투표구까지 유리하게 적용될 수 있다.

구체적으로 〈표 3-2〉의 분류는 선거캠페인에서 다음과 같은 세 가지의 결정을 내리는 데 중요한 지표로 사용할 수 있다.

- 어디에서 캠페인을 전개할 것인가?
- 목표지역에서 무엇을 할 것인가?
- 언제 캠페인을 행할 것인가?

(1) 각 지역에서의 기본적 캠페인 목표

① 자당안전지역

자당안전지역이란 자당의 정당지지도가 안정적으로 높은 지역이다. 이것은 위에서 언급하였듯이 선거구 전체와 선거구 내의 세부지역별 양면에 적용된다. 이러한 지역에서의 선거캠페인의 기본적 목표는 정상적 표를 산출해내는 것이다. 다시 말해서 과거와 같은 투표행태가 반복되기만 한다면 자당의 정치후보자가 승리할 수 있는 곳이다. 따라서 자당안전지역에서의 선거캠페인은 과거 자당의 승리에 기여한 투표자가 다시 자당의 정치후보자를 지지하도록 마음을 움직이고 동기를 유발하는 데 총력을 기울여야 한다.

자당안전지역에서의 선거캠페인은 기존 지지세력의 태도와 행위를 강화하는 데 주력해야 한다. 그러기 위해서는 자당의 정치후보자를 지지하는 유권자그룹의 여론・태도・행동에 감응하는 이슈, 언어 및 시각적 요소를 사용해야 한다. 자당의 전통적 지지기반을 당연한 것으로 여기지 않고 최선을 다하여 유지・강화시켜야 하는 또 다른 중요한 이유는 상대편 선거캠페인이 이들의 태도와 행위를 중화시키거나 변화시키는 것을 막아야 하기 때문이다.

자당안전지역에서의 선거캠페인은 기존의 지지기반을 강화하는 동시에 지지유권자가 투표에 꼭 참여하도록 해야 한다. 아무리 전통적 지지기반이 단단하다고 하더라도 실제 투표로 연결되지 않으면 아무런 소용이 없다. 따라서 지지를 공고하게 하는 견인작업이 부단하게 수반되어야 한다.

② 부동지역

부동지역이란 자당의 전통적 지지기반이 있지만 이것만으로 승리한다고 단정하기는 부족한 지역이다. 그러므로 부동지역에서의 선거캠페인 목표는 한편으로는 자당의 전통적 지지기반에서 정상적 표가 산출되도록 하면서 다른 한편으로는 승리에 필요한 제한된 부동표를 흡수하는 것이다.

부동지역에서 선거캠페인이 부딪히는 어려움은 이와 같이 자당의 지지기반을 유지 · 강화하는 동시에 승리에 필요한 일부 부동층 유권자가 자당의 지지자로 변화하도록 유인해야 하는 이중의 과제를 떠맡는 데 기인한다. 부동층 유권자를 지지자로 변화시키는 작업은 부동지역의 선거캠페인이 당면한 가장 중요한 과제 중의 하나이다.

그러나 현실적으로 사람의 태도와 행위를 바꾼다는 것은 결코 쉬운 일이 아니다. 또한 선거캠페인이란 일반적으로 유권자의 마음을 전면적으로 바꾸기 위한 것은 아니다. 왜냐하면 사람의 태도와 행동은 변화되기 힘들고, 설령 바뀐다고 해도 시간이 걸리며 많은 자원을 소모해야 하기 때문이다. 따라서 부동지역에서는 무엇보다도 자당의 정치후보자를 지지하거나, 지지할 가능성이 높은 유권자의 태도와 행위를 유지 · 강화시키는 작업을 우선적으로 행하고, 부동층 유권자를 공략하는 것이 일반적으로 더 유리하다.

③ 자당열세지역

자당열세지역이란 정상적 표가 산출될 경우 자당의 정치후보자가 낙선하게 될 선거구라고 할 수 있다. 따라서 자당열세지역에서는 비정상적 표가 산출되도록 노력해야 한다.

▪ 자당열세지역에서의 선거캠페인 목표

- 비록 제한적이지만 자당의 지지기반을 유지 · 강화한다.
- 부동층 유권자를 최대한 흡수한다. 그러기 위해서는 부동층의 태도와 행위를 변화시켜야 한다.
- 상대후보자를 지지할 가능성이 높은 유권자의 태도를 중화시켜야 한다.

유권자의 태도를 중화시킨다는 것은 상대후보자로부터 지지자들을 유리(遊離)시킬 수 있는 취약점을 찾아 자당후보자와 극명(克明)하게 차별화시키거나 무게 있는 공격을 감행함으로써 상대편 지지자들이 지지행위를 철회하도록 하는 것이다. 지지를 철회한 유권자는 투표에 참여하지 않거나 비록 극소수라도 자당 정치후보자의 지지자로 흡수될 수 있다.

(2) 각 지역에서의 캠페인 순서

① **자당안전지역**

선거구 전체의 기조(基調)가 자당안전지역으로 판명되었을 경우 선거구 내의 세부지역을 다시 자당안전지역, 부동지역, 자당열세지역으로 분류한 후 자당안전지역을 주 목표지역으로 삼아 선거캠페인을 전개해야 한다. 이때 세부적 자당안전지역들을 다시 강한 기반, 중간 기반, 약한 기반으로 분류한다. 이러한 분류는 각 세부지역의 평균득표수, 선거인수 대비 평균득표율, 선거인수를 포괄적으로 고려하여 결정한다. 이때 다소 불안정한 변수이긴 하지만 필요에 따라 투표율도 감안한다.

자당안전지역에서의 선거캠페인의 순서는 다음과 같은 두 가지 방법으로 할 수 있다.

- 강한 기반 → 약한 기반 → 중간기반 → 중간기반과 강한 기반
- 약한 기반 → 강한 기반 → 중간기반 → 강한 기반

이상에서 볼 수 있듯이 자당안전지역에서의 선거캠페인 순서는 당해 정치후보자가 승리하는 데 필요한 지지를 산출해낼 가능성이 높은 지역들에 힘을 집중하는 것이다. 특히 선거캠페인의 마지막 단계에서는 언제나 강한 기반을 재점검하고 다지는 것을 잊지 말아야 한다.

② 부동지역

부동지역에서의 선거캠페인 목표는 이미 앞에서 언급했듯이 지지기반에서의 정상적 표 산출과 제한된 양의 부동표 획득이다. 이러한 선거구에서 생각할 수 있는 선거캠페인의 차례는 "강·중·약 기반→온건한 부동지역 또는 전(全) 부동지역→전 기반과 온건한 부동지역"이다. 선거캠페인이 처한 상황에 따라 선거전략가는 온건한 부동지역만을 공략할 것인가 또는 전체 부동지역을 공략할 것인가를 판단해야 한다. 선거구를 자당안전지역으로 평가할 수는 없지만 지지기반이 비교적 단단하여 제한된 양의 부동층만 흡수해도 승리할 수 있다는 판단이 서면 온건한 부동지역만을 겨냥하는 것이 선거자원을 불필요하게 소모시키지 않는 길이다.

③ 자당열세지역

자당열세지역은 대단히 복합적 캠페인 활동을 전개해야 하는 지역이다. 자당열세지역에서 승리하기 위해서는 고도의 복합적 전략과 전술을 동원해야 한다. 앞에서 언급했듯이, 첫째, 지지기반지역에서는 정상적 표를 산출하고, 둘째, 최대한의 부동표를 흡수하며, 셋째, 상대편 지지자들을 중화시키거나 자당의 지지자로 흡수해야 하기 때문이다. 자당열세지역에서의 캠페인 차례는 "지지기반→부동지역→공격→지지기반과 온건한 부동지역 또는 전체 부동지역"의 순서이다.

2) 태도적 지지세력 확보

선거의 승리에 필요한 지지세력은 태도적 측면에서도 확보할 수 있다. 이것은 선거구 내의 유권자를 소지역단위로 구분하여보는 것이 아니고 유권자전체를 거시적으로 보고 지지세력을 파악하는 방법이다. 태도적 측면에서 지지세력을 확보하기 위해서는 정치후보자의 강·약점, 이슈, 선거환경 등에 대한 치밀하고 과학적인 연구·조사를 바탕으로 올바른 선거주제를 설정하는 등 효과적 메시지전략이 구성되어야 한다. 효과적 메시지전략이란 바로 효과적 이슈전략과 직접적으로 연계되어 있다.

태도적 지지세력을 확보하기 위해서는 무엇보다도 먼저 주요 이슈를 선점(先占)해야 한다. 이슈선점을 위해서는 선거구의 투표자가 가장 중요한 문제로 인식하는 국가적 또는 지역적 이슈에 대하여 올바른 입장을 다른 후보자보다 먼저 분명하고 일관성 있게 제시해야 한다. 이때 정치후보자는 이슈입장과 관련하여 상대후보자와의 차이점을 부각시키는 동시에 자신이 제기한 이슈가 다른 후보자에 의해 탈취되지 않도록 지속적으로 재제기하는 것이 좋다.

또한 자신이 제시한 이슈를 기존에 드러나 있는 유리한 이슈와 연계하면 자신의 이슈입장을 강화시킬 수 있다. 그러나 지나치게 많은 이슈를 동시에 제기하는 것은 바람직하지 않으며, 소수의 주요 이슈에 우선적으로 집중하는 것이 효과적이다. 이러한 과정을 통해 정치후보자는 이슈 소유자로서의 위치를 공고하게 할 수 있으며, 태도적 측면에서 지지세력을 결집시킬 수 있다. 선거캠페인에서 주요 이슈를 다른 후보자에게 선점당하면 선거에서 승리하기 어렵다.

정치후보자에게 불리한 이슈는 떠오르지 않도록 통제하거나 회피하는 것이 유리하다. 그러나 자신에게 불리한 이슈라도 상대후보자가 들고 나올 것이 분명하다고 판단되면 투표자를 납득시킬 수 있는 방향으로 제기함으로써 이슈의 부정적 효과를 완화시키거나 상대방이 유리하게 이용할 수 있는 기회를 약화 또는 무력화시키는 것도 효과적 대처방안이다. 자신에게 불리한 이슈는 상대후보자가 제기할 때를 대비하여 자신에게 유리한 방향으로 전환시킬 수 있는 합리적 대응방안을 사전에 준비하는 것이 좋다.

또한 태도적 지지세력을 획득하기 위해서는 정치후보자의 긍정적 이미지를 형성하여 전파되도록 해야 한다. 정치후보자의 이미지도 중요한 메시지 설득커뮤니케이션의 수단임을 명심해야 한다. 또한 자당 정치후보자의 긍정적 이미지를 형성하는 데 그치지 말고 상대후보자의 이미지와 차별화시켜 "상대편 정치후보자가 좋은 선택이 아니다" 또는 "나쁜 선택이다"는 이미지를 구축하고 입증하도록 해야 한다.

3) 인구통계학적 지지세력 확보

지역적(정당적)이고 태도적인 측면에서뿐만 아니라 인구통계학적 측면에서도 지지세력을 파악할 수 있다. 이것도 태도적 지지세력 확보전략과 같이 선거구의 유권자전체를 거시적으로 보는 접근방법이다. 성(性), 연령, 이념, 종교, 직업, 학벌, 학력, 소득(경제사정), 출신지, 신체적 조건, 취미 등 인구통계학적 특성에 따라 지지세력을 파악하는 방법이다. 이 밖에도 지지세력을 유권자가 구성원으로 있거나 관련을 맺는 단체, 모임, 기관 등의 필드별로 파악할 수 있다. 이러한 지지세력을 파악하는 방법이 효과를 발휘하려면 모두 과학적 리서치가 그 기본임은 두말할 나위 없다.

4) 지지세력 확보전략 기획상 유의할 점

(1) 전통적 지지기반이라고 해서 당연시해서는 안 된다

자당의 전통적 지지기반이라고 해서 저절로 표가 굴러 들어온다고 생각하면 안 된다. 지지자 또는 잠재적 지지자들이라고 해도 그들의 태도와 행위를 유지·강화하도록 동기를 부여하여 확실한 지지로 연결시키는 견인작업을 게을리해서는 안 된다. 또한 선거일에는 그들이 반드시 투표에 참여하도록 해야 한다.

(2) 어떤 지역에서든 지지기반 다지기가 최우선과제이다

남의 집 곳간을 탐내기 전에 자기집 곳간이 도둑맞지 않도록 조심해야 한다. 선거캠페인에서 상대편 지지자들의 태도와 행위를 변화시키려고 많은 자원을 소모시키는 것보다 자당 정치후보자의 지지자나 잠재적 지지자들의 표를 공고하게 하는 것이 최우선과제라는 것을 유념해야 한다. 과학적 선거캠페인의 핵심은 자당의 정치후보자를 지지해 줄 가능성이 높은 유권자를 찾아내어 메시지 설득행위를 수행하는 것이다. 열 번, 스무 번 찍어도 안 넘어갈 나무에 도끼질을 해봐야 시간과 정력과 돈만 낭비한다. 그것보다는 몇 번만 찍어도 넘어갈 나무를 찾는 편이 현명하다. 지지 가능성이 희박한 유권자에게 막연한 기대를 걸고 시간과 정력과 돈을 낭비하지 말고 깨끗이 포기하는 지혜를 가져야 한다.

(3) 다양한 지지세력을 구축해야 한다

좋은 전략적 계획이 되기 위해서는 정치후보자의 지지세력이 어디에 있는지 구체적으로 파악해야 하며, 단일 선거구 내에 다양한 지지세력을 형성해야 한다. 그래야 선거의 승리 가능성을 극대화할 수 있다. 앞에서 제시했듯이 지지세력은 지역적(정당적), 태도적, 인구통계학적(필드별 포함) 측면에서 파악하는 것이 좋다. 또한 다양한 지지세력을 구축하기 위해서는 후보자의 긍정적 이미지를 바탕으로 상대편을 활동면에서 세압해야 한다.

(4) 선거자원은 정치후보자가 필요로 하는 표를 산출할 가능성이 큰 지역과 인구통계학적 집단에 우선적으로 투여되어야 한다

풍부한 선거자원은 분명히 선거캠페인을 승리로 이끌 수 있는 유리한 조건이다. 그러나 충분한 자원이 곧 선거에서 승리를 보장해주는 것은 아니다. 선거자원의 사용에 대한 현명한 판단은 선거자원이 부족한 후보를 당선되게 할 수 있으며 어리석은 결정은 자원이 잘 준비된 후보도 낙선시킬 수 있다.

(5) 상위 3분의 1 지지기반지역은 선거의 승패를 좌우한다

평균득표수, 선거인수 대비 평균득표율, 선거인수를 종합적으로 고려하여 상위 3분의 1에 포함된 지역은 선거의 승패를 가름하는 중요한 지역이다. 이들 지역에서는 어떤 일이 있어도 상대편에게 밀리지 않겠다는 각오로 선거캠페인을 전개해야 한다.

(6) 좋은 정보가 좋은 선거전략을 낳는다

좋은 전략적 계획을 세우기 위해서는 정치후보자가 정보를 효과적으로 현명하게 사용해야 한다. 정보를 유효적절하게 사용하는 정치후보자가 선거환경을 자신에게 유리하게 정의할 수 있다. 즉, 좋은 정보가 강력한 정치후보자를 만든다.

좋은 정보는 리서치를 통해서 확보할 수 있다. 다양한 효과적 리서치를 통해 선거캠페인 전략가들은 올바르게 전략적 판단을 내릴 수 있는 근거를 마련한다. 특히 선거캠페인 전략가들은 여론조사를 통해 특정한 메시지가 유권자에게 어떤 영향을 주는지 가늠할 수 있다. 그리하여 정치후보자들이 변화하는 선거캠페인 상황에 신속하고 적절하게 대응할 수 있도록 한다.

(7) 선거전략은 선거캠페인이 본격적으로 전개되기 직전에 급조(急造)되어서는 안 되며, 충분한 시간과 노력을 들여 만들어야 한다.

(8) 선거전략은 올바른 자원배분과 의사결정을 바탕으로 선거캠페인의 다양한 요소가 유기적으로 결합되어 효과적 설득커뮤니케이션이 이루어지도록 만들어져야 한다.

(9) 아무리 훌륭한 선거전략을 세워도 그것을 현장에서 구체적으로 실행하는 전술이 열등하면 선거에서 승리할 수 없다.

(10) 선거에서 승리를 보증하는 확실한 공식은 없다

세상에 똑같은 얼굴을 가진 사람이 없듯이 선거캠페인도 똑같은 것이 있을 수 없다. 어떤 때, 어떤 곳, 어떤 정치후보자에게 성공적으로 적용된 선거전략이 다른 때, 다른 곳, 다른 정치후보자와 맞지 않을 수 있다. 또한 같은 선거상황에 대해 선거전략가에 따라서 다른 의견을 낼 수 있다. 선거에서 승리하기 위해서는 변화하는 상황에 대처할 수 있는 지혜와 창의력이 필요하다. 그러나 기본이 바로 서 있지 않으면 좋은 창의력이 나올 수 없다. 비범한 창의력이란 기본이 바로 섰을 때 나온다. 다져진 기본을 바탕으로 창의력을 발휘할 때 선거에서 승리할 수 있다.

6. 정치후보자의 타이밍전략

선거전략의 주요 요소 중의 하나는 타이밍이다. 선거캠페인이 언제나 예리하게 주의를 기울여야 할 것 중의 하나는 선거캠페인을 시간에 적절하게 맞추어 진행시키는 것이다. 선거캠페인의 타이밍과 관련하여 깊은 관심을 가져야 할 사항은 다음과 같다.

① 언제 인지도를 구축할 것인가?
② 언제 신뢰성을 구축하여 지지세력화할 것인가?
③ 언제 상대편 정치후보자와의 차이점을 부각시킬 것인가?
④ 언제 상대편 정치후보자를 공격할 것인가?
⑤ 언제 밴드왜건(*bandwagon*)[12]에 나설 것인가?
⑥ 언제 어떤 지역[13]에서 선거캠페인을 전개할 것인가?

12) 자당의 정치후보자가 승산이 있을 것 같아 보이도록 하여 마음을 결정하지 못한 유권자를 지지자로 끌어들이는 선거캠페인 전술을 뜻한다.

위 질문들은 상호 유기적으로 연관되어 있으며 선거캠페인이 각기 처해 있는 상황에 따라 다소의 차이는 있지만 반드시 적절한 해답을 찾아내야 할 중요한 과제들이다. 제 8장에서 깊이 있게 논의하듯이 출마를 결정한 정치후보자가 처음 해결해야 할 과제는 자신의 이름을 유권자의 마음속에 심는 일이다. 특히 인지도가 낮은 정치신인의 경우에는 인지도형성이 그 어떤 과제보다도 시급하다.

인지도가 형성되면 그것을 지속적으로 향상시켜 나가면서 실제 득표로 연결될 수 있도록 지지세력화해야 한다. 아무리 인지도가 높아도 투표일에 득표로 연결되지 않으면 쓸모없다. 인지도를 지지세력화하기 위해서는 당해 정치후보자가 목표로 하는 공직을 담당할 수 있는 능력과 자질이 있다는 이미지, 다시 말해서 유권자에게 좋은 선택이라는 이미지를 형성해야 한다. 이것을 신뢰성구축이라고 한다. 정치후보자에 대한 신뢰성은 그의 나이, 경험, 후보자가 이슈에 대하여 취하는 입장과 밀접한 관계가 있다. 선거캠페인은 유권자 사이에 정치후보자의 긍정적 이미지를 형성하기 위해 정치후보자의 좋은 질(*quality*)에 대하여 충분한 내용을 제공해야 한다.

7. 정치후보자 차별화 전략

신뢰성이 구축되면 선거캠페인은 다음 단계로 자당의 후보자와 상대후보자를 차별화하는 작업에 힘을 기울여야 한다. 선거캠페인이란 왜 우리 편 정치후보자가 다른 정치후보자보다 당해 선거구를 위하여 또는 국가전체를 위하여 더 나은 후보자인가를 입증하는 과정이다. 차별화는 이미지, 능력과 자질, 메시지 등의 면에서 이루어질 수 있다.

---

13) 기본적으로 자당안전지역, 부동지역, 자당열세지역을 뜻하며 이미 이 장에서 설명한 바 있다.

차별화를 위한 기본입장은 다음 두 가지로 정리할 수 있다.

① 우리 편 정치후보자는 능력과 자질이 있으나 상대편 정치후보자는 능력과 자질이 부족하거나 좋지 않다. 다시 말해서 우리 편 후보자는 좋은 선택이지만 상대편은 나쁜 선택이다.

② 우리 편 정치후보자와 상대편 정치후보자 둘 다 좋으나 우리편이 더 낫다.

정치후보자 상호간에 차별화가 이루어지면 다음은 상대후보자에 대한 공격에 나서는 것이 정석이다. 상대방에 대한 공격은 일반적으로 선거전의 마지막 단계에서 실시한다.[14] 즉, 선거캠페인의 마지막 단계에서 많은 유권자들에게 우리 편 정치후보자의 승리 가능성이 커보이게 하여 마음을 결정하지 못한 유권자들 또는 상대편 지지자들이 이런 분위기에 영향을 받아 우리 편 지지자로 편입되도록 하는 것이다. 이때 미디어를 통해 증언(*testimonials*)[15]과 같은 광고기법을 효과적으로 사용할 수 있다. 즉, 유권자가 우리 편 정치후보자의 능력과 자질에 대한 신뢰성을 받아들이고 더 넓은 범위의 유권자에게 우리 편 정치후보자를 추천해주는 것이다.

14) 공격과 네거티브 캠페인에 대해서는 제 14장에서 깊이 있게 논의한다.

15) 제 9장의 '텔레비전 광고의 기법' 참고.

제 4 장 선거캠페인 스케줄

선거전략, 즉 선거캠페인을 위한 전략적 계획이 수립되면 이를 현장에서 실행하기 위한 스케줄을 구체적으로 마련해야 한다. 선거캠페인 스케줄이란 선거캠페인을 시간에 적절하게 맞추어 진행시키기 위한 것이다.

좋은 스케줄은 선거캠페인이 언제, 무엇에, 어떻게 시간을 사용해야 할 것인지 신중하고 현명하게 고려할 때 만들어진다. 정치후보자의 스케줄은 초점이 있고 조직적이어야 선거캠페인의 효율성과 효과성을 높일 수 있다.

스케줄에는 선거캠페인 전체의 흐름을 정리한 마스터스케줄(*master schedule*)과 특정 시간대나 하루 또는 며칠 동안의 단기적 활동계획을 일러주는 스케줄메모(*schedule memo*)가 있다.

1. 정치후보자 스케줄관리의 기본원칙

좋은 스케줄관리의 기본원칙은 정치후보자가 지나칠 정도로 스케줄의 노예가 되거나 또는 지나치게 개인생활에 빠져들지 않게 하면서 승리를 위해 필요한 일을 하게 만드는 것이다. 다시 말해 정치후보자가 승리를 위해 꼭 필요한 장소에 가서 꼭 필요한 사람들을 만나 꼭 필요한 활동을 하게 하는 것이다.

좋은 스케줄은 정치후보자가 무엇에 어떻게 시간을 사용할 것인가를 선거캠페인 전략의 큰 틀 속에서 결정할 때 만들어진다. 이러한 방법으로 스케줄을 짜야 정치후보자의 스케줄이 조직적이며, 지향하는 활동목표에 대해 분명한 초점을 갖게 된다.

선거캠페인 과정에서 정치후보자는 무엇보다도 유권자 접촉에 가장 많은 시간을 할애해야 한다. 유권자 접촉을 통하여 가능한 한 직접적으로 메시지 설득커뮤니케이션을 많이 하는 것이 지지를 확대하는 효과적 방법이다. 유권자 접촉을 위한 후보자 활동은 실로 선거캠페인의 핵심이라고 말할 수 있다.

모금활동도 대단히 중요한 선거캠페인 활동이다. 왜냐하면 모금은 단순히 선거캠페인 비용만을 염출(捻出)하는 행위가 아니라 선거비용과 지지자를 동시에 획득하는 캠페인 활동이기 때문이다. "물질 가는 곳에 마음 간다"는 말이 있지 않은가. 과학적 선거캠페인이 발달한 미국의 정치후보자들은 가장 많은 시간을 모금활동에 사용한다.

어떤 정치후보자에게나 일률적으로 적용될 수 있는 법칙은 아니지만 성공적 선거캠페인을 위해 정치후보자의 시간을 선거캠페인 활동에 할애하는 방법은 다음과 같다.

정치후보자의 하루일과가 항상 이러한 스케줄에 따라 엄격히 이루어질 수는 없지만 일주일이나 10일 이상의 전체 활동시간은 대체로 이러한 스케줄에 따르는 것이 합리적이다. 만약 정치후보자의 스케줄이 계획된 활동목표에서 벗어나면 신속히 균형을 되찾도록 조정해야 한다.

〈표 4-1〉 정치후보자 시간 할애방법(취침시간 이외의 시간에 대해)[1]

55%	유권자 접촉: 각종 옥내·외 연설·대담, 각종 단체와의 회동, 방문, 악수 등 다양한 유권자 직접 접촉을 통한 지지획득
	모금: 개인적 전화모금, 회합, 방문, 이벤트 등
10%	선거캠페인 전략: 참모와의 전략회의, 스케줄 조정, 브리핑 청취 등
10%	언론을 통한 메시지 전달: 인터뷰, 기자회견 및 기자간담회, 방송연설 및 토론, 언론사 방문 등
15%	캠페인에 수반되는 소소한 업무: 여론조사 질문지 검토, 전화, 연설준비 방송광고 촬영 및 녹음, 사진촬영 등
5%	개인적 또는 가족과의 시간: 생각하는 시간, 가족과의 시간, 간이휴식 등
5%	이동: 출퇴근, 방문 등

미국의 정치후보자들은 통상 유권자 접촉보다 모금에 더 많은 시간을 사용한다. 하지만 우리나라에서는 아직 유권자 접촉에 더 많은 비중을 둘 수밖에 없는 상황이다. 우리나라도 선거문화가 발전하여 정치후보자들이 선거비용을 점점 더 유권자의 소액다수 후원금으로 충당하게 되면 정치후보자 활동도 모금에 더 큰 비중을 두게 될 것이다.

이미 앞에서 언급했듯이 모금은 선거비용과 지지세력을 동시에 확보하는 캠페인 행위이기 때문에 선거캠페인에서 특별한 중요성을 지닌다. 그러나 정치후보자가 후보자등록을 마치고 선거기간에 돌입하면 공개장소에서의 연설·대담에 집중하는 것이 중요하기 때문에 유권자 접촉에 사용하는 시간의 비중이 급격하게 커질 것이다.

1) 성공적 선거캠페인을 위해 미국의 탁월한 선거전략가들이 제시한 정치후보자 시간 배분방법이다. 과학적 선거캠페인을 위해 우리나라의 정치후보자들에게도 시사하는 바가 있어 예시한다.

2. 스케줄관리자

선거캠페인 스케줄관리자(일정담당자; *scheduler*)는 흔히 정치후보자, 선거대책본부장 등 선거캠페인 내부의 주요 인물들이 불러주는 스케줄을 받아 적었다가 알려주는 정도의 피동적 역할을 하는 사람으로 생각하기 쉽다. 그러나 스케줄관리자는 이 정도의 단순한 역할을 하는 사람이 아니다. 스케줄관리자는 스스로 스케줄을 창출해야 하고 만들어진 스케줄을 필요에 따라 변경할 수 있는 안목과 힘을 갖추고 있어야 한다.

성공적 선거캠페인을 위해 스케줄관리자는 다음과 같은 자질을 갖추어야 한다.

1) 치밀하고 조직적이어야 한다

정치후보자의 일거수일투족이 승패와 연결되는 선거캠페인에서 스케줄관리는 착오와 실수를 허용하지 않는다. 모든 구체적 활동계획을 꼼꼼히 챙길 수 있는 치밀함, 복잡해지거나 산만해지기 쉬운 스케줄에 체계를 세워 효율성을 높일 수 있는 조직적 마인드를 가진 사람이 스케줄관리자로 적합하다.

2) 상식에 의거해 합리적 판단을 해야 한다

선거캠페인은 다양한 사람들의 힘을 결집하여 공동의 목표를 달성하기 위해 노력하는 과정이고, 정열적 활동을 수반한다. 따라서 평상시보다 사람들간에 마찰과 갈등이 발생할 가능성이 높다. 마찰과 갈등의 가연성(可燃性)이 항상 내재된 선거캠페인에서 스케줄관리자는 편견과 아집 또는 제한된 정보에 좌우되지 않고, 상식에 의거하여 사물을 객관적으로 관찰하고 판단할 수 있는 균형감을 갖추어야 한다. 그래야 선거캠페인 과정에서 발생하는 마찰과 갈등을 극소화하여 선거자원의 낭비를 막을 수 있다. 동시에 다양한 사람들의 힘을 조화롭게 결집하여 선거에서 승리하는 데 지렛대의 역할을 할 수 있어야 한다.

3) 설득력 있는 커뮤니케이션 능력과 적절한 태도를 가져야 한다

선거캠페인은 선거전략의 틀 속에서 실행된다. 그러나 시시각각으로 변하는 상황 속에서 선거캠페인의 효과성을 극대화하기 위해서는 전술적 융통성이 필요하다. 정치후보자가 더 중요한 일을 하기 위하여 이미 예정된 스케줄을 변경하거나 취소해야 할 때 스케줄관리자는 상대방의 마음을 상하지 않게 하면서도 필요한 바를 이룰 수 있는 의사소통 능력과 상황에 맞는 태도를 가져야 한다.

4) 주위의 비판을 무릅쓰고 승리를 위해 필요한 일을 주장해야 한다

선거에서의 승리를 위해 정치후보자가 현재 하는 일이나 계획된 일보다 더 중요한 일을 해야 한다고 판단될 때 스케줄관리자는 정치후보자나 주위의 비판을 무릅쓰고 이를 주장하고 관철시킬 수 있어야 한다.

3. 마스터스케줄과 스케줄메모

선거캠페인 사무실에는 마스터스케줄을 두고 정치후보자, 선거대책본부장(또는 선거사무장), 스케줄관리자 등 중심참모들은 항시 스케줄메모를 소지하도록 한다.

또한 주요 참모들은 정치후보자가 어디에서 무엇을 하는지 알아야 한다. 이러한 이유 중의 하나는 중요한 활동사항을 미디어에 알려 효과적 공보를 해야 하기 때문이다. 또한 전화담당자, 행사준비자, 가족도 정치후보자의 스케줄을 알아야 한다. 그러나 정치후보자의 일일스케줄을 모든 사람에게 다 공개하는 것은 바람직하지 않다.

마스터스케줄은 선거캠페인 전체의 흐름을 상세하게 보여줘야 한다. 반면에 스케줄메모는 가장 중요한 정보를 신속하고 용이하게 접할 수 있도록 만든 것이다. 스케줄담당자는 정치후보자의 활동계획이 담겨 있는 스케줄메모가 정치후보자의 활동을 원활하게 하는 데 얼마나 중요한지 유념해야 한다.

스케줄메모는 읽기 쉽고 이해하기 쉽게 만들어 정치후보자가 중요한 사항을 놓치지 않도록 한다. 그러기 위해서는 정치후보자와 상의하여 정치후보자가 좋아하는 양식으로 만들어야 한다. 스케줄메모는 무엇보다도 날짜, 시간, 장소, 이벤트 또는 행사장의 주소, 구체적 활동내용 등 가장 중요한 정보를 빠짐없이 담아야 한다. 또한 참가자의 수와 특성, 연설시간 등의 관련사항들도 자세하게 포함시켜 정치후보자가 준비하고 현장에서 활동하는 데 도움이 되도록 한다.

스케줄과 관련하여 반드시 유념할 것은 정치후보자를 부르는 모든 행사나 회의에 무차별적으로 참여하는 것이 최선은 아니라는 것이다. 정치후보자는 가능하면 각종 행사참가 요청에 확답하지 않는 것이 좋다. 선거캠페인은 상황이 급격하게 변화될 가능성이 있으므로 현재의 최선이 다음 시점에서는 차선이 될 수 있기 때문이다. 마지막 순간에 초대받기는 쉬워도 이미 결정한 참가약속을 취소하기는 대단히 어렵다.

4. 선거캠페인 스케줄과 정치후보자의 일정

1) 선거캠페인 활동목표에 따른 5단계 스케줄

다음은 선거캠페인을 선거기간 시작 전 4단계와 선거기간까지 도합 5단계로 나누어 각 기간의 캠페인 활동목표를 보여준다. 사전 대중기반 조성기는 법정 선거운동 기간 동안 메시지 설득커뮤니케이션의 효과를 극대화하기 위해 후보자등록 전에 준비하는 기간이며, 대중메시지 전달기는 후보자등록 이후 본격적으로 선거캠페인을 전개하는 기간이다.

〈표 4-2〉 선거캠페인 스케줄

선거캠페인 시작 → 투표일

1개월	2개월	2개월	2~3주	
준비시작단계	준비성숙단계	준비완성단계	준비점검단계	선거기간
사전 대중기반 조성기(준비시작단계 ~ 준비점검단계)				대중메시지 전달기

(1) 사전 대중기반 조성기의 단계별 활동목표

준비 시작 단계	▪ 선거캠페인 컨설턴트 선정(*필요시) ▪ 선거전략기획팀 구성 ▪ 벤치마크 여론조사 ▪ 정치후보자 분석: 본인 및 잠재적 경쟁자의 강 · 약점 ▪ 선거환경 분석 ▪ 과거 투표행태 분석 ▪ 대중매체 리서치: 언론리스트 개발 등 ▪ 대중매체 접촉: 언론과의 우호적 관계형성, 기자들과의 모임, 공보활동(후보자 자료집 배포 등) 시작 ▪ 성문 선거캠페인 전략계획 작성 · 메시지(선거주제, 슬로건, 정책 및 홍보논리) 개발 ▪ 이슈에 대한 입장정리 ▪ 지역적(정당적) 지지세력 파악 ▪ 태도적 지지세력 파악 ▪ 인구통계학적 지지세력 파악: 유권자의 특징파악 ▪ 필드별 지지세력 파악 ▪ 인지도 형성 시작 ▪ 조식구축을 위한 자원탐색 및 검증관리 ▪ 조직구성 시작: 선거고문, 선거대책 본부장 등 주요 참모 물색, 각 필드별 담당자 물색 ▪ 재정위원회 및 후원회 구성 ▪ 선거자금 목표설정 ▪ 잠재적 모금대상자에 대한 자료확보 ▪ 모금목표 및 구체적 모금계획 수립 ▪ 선거사무실 및 선거캠페인 장비(확성기 등) 준비

〈계 속〉

준비 성숙 단계	▪인지도 제고활동 ▪조직완성 및 시험가동, 점검 · 보완 ▪조직교육 시작 ▪자원봉사자 개발 · 교육: 선거캠페인 전 기간 계속 ▪지역인사 접촉: 인지도 제고 및 선거구 내 주요 인사들의 지지세력화 ▪각종 지지그룹 접촉: 정당지도자, 단체, 조직, 모임 등 ▪언론접촉 계속: 공보활동 강화 ▪연설 · 토론준비 ▪선거공보, 전단 등 홍보물 개발 ▪미디어광고 개발 ▪모금 ▪정당행사, 출판기념회 등의 이벤트 조직 ▪후원회 가동: 모금활동 조직 ▪여론조사: 인지도와 지지도의 추이파악
준비 완성 단계	▪본격적 선거캠페인을 위한 준비완료 ▪예비후보자 등록 및 선거사무실 개소(간판, 현판, 현수막 부착) ▪예비후보자로서 유권자 접촉활동 강화 : 명함 다량배포 ▪예비후보자 홍보물(선거구 세대수의 10분의 1) 발송 ▪지지세력화: 인지도의 지지도 변환을 위한 견인작업 계속 ▪조직교육 완료 및 조직가동 : 구전홍보 강화 ▪자원봉사자 활동 ▪선거사무에 관한 교육 및 준비 ▪지역인사 접촉 계속 ▪필드별 지지그룹 접촉 계속: 필드별 지지확산 ▪모금활동 계속 ▪대중매체 접촉 계속: 공보활동 강화 ▪당선예상도 제고 ▪공직선거법의 테두리 내에서 가능한 이벤트 조직 ▪추적여론조사: 지지도 점검 ▪선거전략의 수정 · 보완(*절실하게 필요할 때)
준비 점검 단계	▪모든 준비상태 재점검 및 수정 · 보완 ▪지지세력의 확대 · 강화를 위한 예비후보자 활동 계속 ▪예비후보자 홍보물 발송(*준비완성단계에서 발송하지 않은 경우) ▪조직 및 자원봉사자 가동 계속 ▪모금 계속 ▪대중매체를 통한 공보활동 계속

〈계 속〉

준비 점검 단계	▪ 각종 접촉활동 계속: 단체, 조직, 모임, 개인 대상 ▪ 언론과의 인터뷰주선 ▪ 여론조사: 지지도의 추이파악 및 선거전략 보완·수정

(2) 대중 메시지 전달기의 활동목표

대중 메시지 전달기 (선거기간)	▪ 후보자 활동: 유권자 접촉 최대화 ▪ 조직의 완전가동 및 자원봉사자 활동 ▪ 모금활동 계속 ▪ 전화 및 구전홍보: 자원봉사자 및 조직활용 ▪ 공개장소에서의 연설·대담(거리연설회) 실행 ▪ 후보자 토론회 참가: 방송토론, 단체초청 토론 등 ▪ 지지세력화 강화 ▪ 당선예상도 극대화 ▪ 대중매체를 통한 홍보강화 ▪ 인쇄홍보물캠페인: 선거관리위원회가 발송 및 부착 ▪ 각종 선거보조물 사용 ▪ 추적여론조사: 필요시 선거전략 최종수정 ▪ 차별화 및 공격 ▪ 밴드왜건 ▪ 지지자 투표참여 독려: 필요시 수송대책 마련, 전화활용 ▪ 선거감시인, 개표참관인 등 투·개표에 필요한 인력확보 ▪ 선거 사후처리 준비: 당선사례, 중요자료 보관 등

선거캠페인은 선거구의 선거환경에 맞게 실행하되 가능하면 일찍 시작하는 것이 유리하다. 일반적으로 투표일 2주 전 정도부터는 선거캠페인이 절정에 이르도록 해야 한다.

정치후보자가 시간을 현명하게 사용하지 못하면 선거에서 패배할 가능성이 높아진다. 잘못된 시간사용을 벌충하는 가장 효과적 방도는 미디어를 통한 홍보활동을 대폭 강화하는 것이다. 특히 미디어를 통한 정치광고에 힘을 기울여야 한다. 그러나 우리나라는 공직선거법에 의하여 미디어를 통한 정치광고에 많은 제한이 가해지고 있다.

2) 커뮤니케이션 목표에 따른 4단계 선거캠페인 스케줄[2)]

단 계	활동목표	실행타이밍
제 1단계	인지도 구축	선거 100~45일 전
제 2단계	신뢰성구축을 통한 지지세력화	선거 45~21일 전
제 3단계	차별화와 공격	선거 21~5일 전
제 4단계	당선예상도 제고를 통한 밴드왜건	선거 5일 전~선거일

3) 선거기간중 일일 캠페인 스케줄[3)]

일 자	주요 활동목표
D-16일	▪ 후보등록 준비완료 ▪ 선거행정사무 준비완료 ▪ 조직가동 준비완료 ▪ 선거홍보 준비완료 ▪ 전화홍보 준비완료 ▪ 법정홍보물 준비완료
D-15일~D-12일: 기선제압기	▪ 후보등록 ▪ 선거행정사무 개시 ▪ 조직가동 ▪ 대규모 출정식 및 중·소규모 출정식 ▪ 공개장소에서의 연설·대담(거리연설회) ▪ 지역방문 유권자 접촉: 악수 및 대화 ▪ 구전홍보팀 가동 ▪ 전화홍보팀 가동 ▪ 법정홍보물 선관위제출
D-11일~D-9일: 기조(基調) 확립기	▪ 자원봉사자 교체보완 ▪ 조직가동 및 점검·보완 ▪ 대·중·소규모 출정식 계속 ▪ 거리연설회 계속 ▪ 지역방문·유권자 접촉 계속 ▪ 구전홍보팀, 전화홍보팀 계속가동 ▪ 특수활동팀 가동타진 및 준비

2) 제 3장의 "6. 정치후보자의 타이밍전략" 참고.

3) 국회의원 선거기간을 기준으로 하였으나 다른 선거의 후보자들도 각자의 선거기간에 맞게 활동목표를 조정하여 사용할 수 있음.

〈계 속〉

D-8일~D-6일: 중반 강화기	▪거리연설회 계속 ▪지역방문 · 유권자 접촉 계속 ▪조직가동 및 점검 · 보완 ▪대 · 중 · 소규모 출정식 계속 ▪자원봉사자 점검 · 보완 ▪구전홍보 및 전화홍보 강화 ▪특수활동팀 가동(*필요시)
D-5일~D-3일: 종반 확립기	▪엄밀한 판세분석 및 전략보완 ▪조직활동 점검 · 보완 · 강화 ▪선거캠페인 전술점검 · 보완 ▪거리연설회 계속 ▪지역방문 · 유권자 접촉 계속 ▪구전홍보 및 전화홍보 효과점검 ▪특수활동 효과점검 · 강화(*필요시) ▪취약지역 종반대책 강구
D-3일~D-1일: 최종반 도약기	▪종반판세 분석 및 전략 최종보완 ▪취약지역대책 가동 ▪조직활동 및 막판 밴드왜건 ▪거리연설회 강화 ▪유권자 접촉 강화 ▪종반 총력캠페인 전개 ▪선거일 전략준비 ▪투 · 개표참관인 교육 · 훈련상태 점검 ▪초강력 특수활동(*필요시)
선거일	▪투표참가 독려 ▪투표자 교통편의 제공 ▪투 · 개표참관인 지원 ▪선거캠페인 참가자에 대한 감사표시 ▪지지자들에게 감사표시 ▪부정선거백서 및 고발준비(*필요시)
선거일 이후	▪당락에 관계없이 참모 · 조직 · 후원자 · 지지자들에게 감사표시 ▪선거사무 마무리

4) 정치후보자의 일일활동 계획

▪ 05 : 30~07 : 20
- 산책로, 등산로, 체육공원, 조기축구회 방문
- 새벽시장 및 어판장 방문
‣ 유권자 접촉: 악수 및 짧은 대화

▪ 07 : 20~08 : 30
- 출근하는 직장인, 학생 접촉
- 마을골목, 아파트입구, 버스정류장, 버스종점 순방
‣ 유권자 접촉: 거리연설 및 악수

▪ 08 : 30~09 : 10
- 아침식사
‣ 사무소 또는 집에서 참모회의를 겸하여

▪ 09 : 10~09 : 25
- 대 · 중 · 소규모 출정식
‣ 조직의 탄력과 응집력 키우기
‣ 보행 또는 운전중의 유권자에게 메시지 전달

▪ 09 : 25~11 : 00
- 가정에 있는 유권자, 사무실 근무자, 농어민, 보행자, 운전자 등에게 메시지 전달
‣ 1차 거리연설 및 유권자 접촉
‣ 고성능 확성기를 사용하여 메시지 전달
‣ 오전 일찍 상가방문은 가급적 자제

▪ 11 : 00~12 : 20
- 가정에 있는 유권자, 자영업상인, 농 · 어민, 거리의 유권자, 운전자 등에게 메시지 전달

‣ 2차 거리연설 및 유권자 접촉
‣ 고성능 확성기를 사용하여 메시지 전달

▪ 12 : 20~13 : 00
- 점심식사
‣ 지역에서 지역책임자들과 회의를 하면서: 조직점검
‣ 참모들과 유권자가 많이 드나드는 음식점에서: 악수 계속

▪ 13 : 00~16 : 00
- 가정에 있는 유권자, 자영업상인, 농어민, 외출한 유동유권자, 운전자 등에게 메시지 전달
‣ 3차 거리연설 및 유권자 접촉
‣ 고성능 확성기를 사용하여 메시지 전달

▪ 16 : 00~18 : 00
- 재래시장, 어판장, 쇼핑센터, 백화점, 대형마켓 앞에서 시장보러 온 유권자, 상인 등에게 메시지 전달
‣ 4차 거리연설 및 유권자 접촉
‣ 확성기를 통해 실내와 거리의 유권자에게 메시지 전달

▪ 18 : 00~18 : 40
- 저녁식사
‣ 지역에서 지역 책임자회의를 겸하여: 조직점검
‣ 시장, 백화점 지하 등의 현장에서 참모들과: 유권자 접촉 계속

▪ 18 : 40~20 : 30
- 퇴근하는 직장인, 저녁 식사하는 가정, 인근 상가점포 등의 유권자에게 메시지 전달
‣ 5차 거리연설 및 유권자 접촉
‣ 고성능 확성기를 사용하여 창문을 통해 메시지 전달
‣ 계절에 따라 활동시간을 조정

▪ 20 : 30~22 : 30

- 꼭 가야 할 모임 참석, 꼭 만나야 할 지역인사들과의 면담
- ‣ 한 장소에서 많은 시간을 소모하지 않도록 주의
- ‣ 음식과 술도 자제
- ‣ 필요시 사무실을 이용하여 면담과 휴식을 동시에 (뉴스시청)

▪ 22 : 30~24 : 30

- 조직관리 시간으로 활용
- 읍면동 책임자, 투표구 책임자 등 지역 핵심조직원을 만나 격려와 부탁, 회의
- ‣ 핵심조직으로서 중요성과 긍지를 가질 수 있도록 사기앙양[4]

▪ 24 : 30~00 : 30

- 실내외 포장마차 등 심야영업자, 심야통행자와 접촉하며 귀가
- 취침(필요시 다음 활동 예정지역에서 민박 등 숙소 사용)

* 위와 같은 일정에 준하되 각각의 선거캠페인 상황에 맞추어 융통성 있게 일정을 조정하여 사용.

---

4) 과거의 선거에서는 통상 활동비 및 격려금을 지급하였음(실적에 따라 차등적으로).

제 5 장 선거캠페인을 위한 연구·조사

知彼知己면 百戰不殆라 不知彼而知己면 一勝一負라 不知彼不知己이면 每戰必敗라. 《孫子兵法》[1]

상대방을 알고 나를 알면 백 번을 싸워도 위태롭지 않다. 상대방을 모르고 나를 알면 이기기도 하고 지기도 한다. 상대방을 모르고 나도 모르면 싸움마다 반드시 패한다.

손자병법이 극명하게 표현하듯이 선거캠페인 연구·조사란 나와 상대방을 알기 위한 작업이다. 전쟁과 마찬가지로 선거에서도 나와 상대방을 알지 못하면 승리할 수 없다. 연구·조사가 잘 이루어져야 올바른 선거캠페인 전략이 만들어지며 선거캠페인을 승리로 이끌 수 있다.

연구·조사를 가볍게 여기면 선거캠페인에서 승리할 수 없다. 선거캠페인을 과학화한다는 것은 곧 좋은 연구·조사를 바탕으로 선거캠페인을 전개한다는 말이다. 올바른 연구·조사 없이 승리하는 선거전략·전술이 만들어질 수 없다. 또한 연구·조사란 선거캠페인의 주체가 투표자에게 메시지를 효과적으로 전달하여 성공적 설득커뮤니케이션이 일어

1) 노태준, 1996: 75, "모공편"(謀攻編).

나도록 하기 위한 기본바탕을 마련하는 작업이다. 선거캠페인에서 사용되는 연구・조사방법은 방법론적 측면에서 정량적(定量的) 방법(*quantitative methods*)과 정성적(定性的) 방법(*qualitative methods*)으로 나눌 수 있다. 그러나 이러한 분류는 학술적 의의에도 불구하고 현학적(衒學的)인 것으로 생각되기 때문에 이 책에서는 선거캠페인 연구・조사를 내용과 방법에 따라 분류하고, 각 범주에 포함된 구체적 연구・조사방법을 선거캠페인 현장과의 긴밀한 연관 하에 살펴보고자 한다.

1. 내용에 따른 선거캠페인 연구・조사

1) 후보자 분석

선거캠페인은 정치후보자의 강・약점을 파악하는 것으로부터 시작한다. 정치후보자의 성격, 이미지, 학・경력, 직업, 사회활동, 정당활동, 의회활동, 대민활동(對民活動), 병역문제, 부정부패와 비리는 물론, 가정생활, 부모형제와의 효우애(孝友愛), 이혼과 같은 사생활, 심지어는 학창시절의 시험부정행위에 이르기까지 다양한 사항이 후보자 분석의 대상이 된다.

정치후보자를 사전에 철저히 연구해야 하는 이유는 후보자의 능력과 자질에 대한 유권자의 욕구에 적극적으로 부응해 백색홍보용으로 사용하기 위해 후보자에 관한 사항들을 강화・보강・수정・은폐할 필요가 있을 뿐만 아니라 경쟁후보자의 공격에 미리 대비해야 하기 때문이다.

또한 정치후보자의 강점과 약점이 메시지 설득커뮤니케이션의 효과에 많은 영향을 미치기 때문에 정치후보자 분석이 필요하다. 실제로 정치학자들은[2] 후보자의 능력과 자질에 대한 비교적 평가가 유권자의

---

2) Wattenberg, 1987a, 1987b, 1991; Rosenberg et al., 1986; Foti, Fraser and Lord, 1982; Jacobson, 1981; Mann and Wolfinger, 1980; Ragsdale, 1980;

투표행위를 결정짓는 가장 중요한 요소 중의 하나라고 지적한다.

조사대상이 되는 정치후보자란 나 또는 우리 후보자와 상대후보자를 동시에 포함하는 개념이다. 선거캠페인에서 흔히 범하는 큰 오류는 상대후보자는 문제가 많다고 생각하면서 본인 또는 우리 후보자는 완벽한 후보자라고 생각하는 것이다. 따라서 본인 또는 우리 후보자는 아예 강 · 약점분석의 대상에서 제외하고 오직 상대후보자의 강 · 약점분석에만 관심을 갖는다. 이와 같은 편향된 분석은 선거캠페인의 효과성을 심각하게 손상시키거나 선거캠페인을 전면적으로 와해시킬 소지가 있다.

또한 선거캠페인 참모나 선거캠페인 컨설턴트가 정치후보자가 가진 잠재적 문제점을 인식하고 적절한 대처방안을 마련하고자 하여도 후보자 자신 또는 후보자 주변인물들의 비협조적 태도로 인하여 결국 선거캠페인에 결정적 손상을 입히는 경우도 있다. 후보자가 자신의 취약점을 참모와 솔직하게 상의하지 않다가 위급한 상황에 부딪혀 당황하거나 선거캠페인에 심대한 타격을 입는 경우도 있다.

성경에 "형제의 눈 속에 있는 티는 보고 네 눈에 있는 들보는 보지 못하느냐"[3] 라는 구절이 있듯이 자신의 취약점을 깨닫지 못하거나 의도적으로 은폐하려고 하다가 오히려 선거캠페인이 심각한 위기에 봉착하는 경우도 있다. 이러한 경우 자신의 취약점을 사전에 가감(加減) 없이 인식하고 합리적 방법에 의해 대처했다면 선거캠페인이 손상되지 않았을 것이다. 이런 의미에서 나 또는 우리 후보자에 대한 분석이 더 중요하다고 말할 수 있다.

정치후보자나 선거캠페인이 자신의 취약점을 정확하게 인식해야 하는 중요한 이유는 자신의 취약점이 선거구민들에게 알려질 것이 두려워서가 아니라 선거캠페인 과정에서 취약점이 노출될 경우 선거캠페인에

Markus and Converse, 1979; Page and Jones, 1979; Jackson, 1975; Kelley and Mirer, 1974; Hinckley, Hofstetter and Kessel, 1974; Wright, 1974; Stokes, 1966.

3) 마태복음 7장 3절.

미칠 부정적 영향력을 효과적으로 통제하거나 중화시키기 위함이다.

자신의 잠재적 취약점을 충분히 인식하고 사전에 합리적 대응방안을 준비해야 선거캠페인 과정에서 자신의 취약점이 밝혀지거나 공격을 받더라도 충동적으로 분별없이 대응하지 않고, 문제를 합리적·이성적·효과적으로 풀어갈 수 있다. 뿐만 아니라 이러한 계획된 대응방법을 통해서 취약점을 오히려 강점으로 변환시킬 수도 있다.

정치후보자의 강·약점은 제 2장에서 이미 언급하였듯이 개인적, 직업적, 정치적 측면에서 살펴보는 것이 좋다.

(1) 개인적 강점과 약점

개인적 측면에서의 정치후보자의 강·약점이란 후보자의 성격, 인격, 외모, 건강, 습관, 학력, 지적 능력, 음성 등을 포함한 일체의 개인적 요소를 말한다. 개인적 강점으로는 강인함, 결단력, 신뢰성, 도덕성, 정직성, 믿음직함, 감수성, 동정심, 유머감각, 독립성, 애국심, 카리스마, 추진력, 자제력, 단련됨, 수양, 규율성, 좋은 습관, 좋은 태도, 지성 등과 같은 개인적 특질을 예로 들 수 있다.

정치후보자의 개인적 특질 중 많은 사람들의 관심이 집중되는 것이 카리스마(*charisma*)[4] 이다. 현대 자유민주주의 사회에서 호의적으로 받아들여지는 카리스마는 과거 히틀러나 레닌, 마오쩌둥, 나세르 등 권위적인 정치지도자들이 보여주었던 것과는 다른 민주적 카리스마이다. 민주적 카리스마란 대중에게 친근하게 다가가고 대중을 가까이 끌어당

---

4) 카리스마는 대체로 신성성(神聖性) 또는 영웅성을 보여주거나, 타의 모범이 되는 삶을 사는 비범한 사람들이 가진 개인적 특질로 알려져 있다. 카리스마는 원래 그리스어로 '타고난 품위' 또는 '타고난 매력'(*gift of grace*)에서 유래되었다고 한다(Starling, 1982: 306). 카리스마를 가진 사람들은 보통 어떤 사명에 대한 부름을 받았다고 느낀다고 한다. 이러한 눈에 보이지 않는 신비한 특질로 인하여 카리스마를 가진 사람들은 다른 사람들이 자신을 진심으로 따르게 하는 흡인력이 있다. 그러나 이러한 흡인력에 대한 정의도 가변적이므로 시대상황이 변하면서 달라지고 있다.

기는 눈에 보이지 않는 힘이라고 정의할 수 있다. 미국 국민들은 따뜻하게 미소짓기 좋아하고 부드러운 태도와 행동을 보이는 클린턴 대통령을 강력한 카리스마를 가진 정치인으로 본다. 클린턴이 가진 카리스마는 과거의 권위적 정치지도자들이 보여주었던 그것과는 분명히 다르다.

현대 자유민주주의 사회에서 정치후보자의 유머감각은 분명한 강점이다. 얼굴이 잘생긴 것도 일반적으로 후보자에게 강점으로 작용한다. 그러나 후보자가 지나치게 자유분방한 라이프 스타일(*life style*)을 가진 것으로 비치는 것은 좋지 않다. 또한 일반적으로 전위적(前衛的)이거나 사치스러운 옷차림새도 후보자에게 도움이 되지 않는다.

우리나라에서는 일반적으로 남성후보자가 여성후보자보다 선거에서 유리하다. 이러한 경향은 미국과 같은 정치선진국에서도 아직까지 완전히 극복되지 못했다. 나이가 어리다거나 너무 많은 것도 정치후보자에게는 보통 약점으로 작용한다.

그러나 정치후보자의 나이가 적든 많든 그 나이가 가지는 긍정적 측면을 지혜롭게 부각시킨다면 정치후보자의 나이를 강점으로 변환(變換)할 수도 있다.

"성격이 차갑다, 거만하다, 건방시나, 솔직하지 못하다, 매너가 좋지 않다, 엘리트 의식이 강하다, 인사성이 없다, 잘난 척한다, 표정이 어둡다, 말이 너무 없다, 말이 너무 많다, 이기적이다, 신체가 허약하다, 지나치게 비만하다, 알코올중독이다, 학력이 낮다, 무식하다"와 같은 것은 모두 정치후보자에게 약점으로 작용한다. 또한 후보자의 특징 출신지가 약점 또는 강점으로 작용할 수도 있다.

가족, 친인척, 동료, 선후배, 친지 등 주변인물에 관한 연구·조사도 정치후보자의 강·약점을 분석하는 데 필수적이다. 이러한 주변인물에 대한 연구·조사를 통하여 좋은 공격소재를 찾아낼 수도 있다. 또한 정치후보자의 주변인물들은 후보자가 믿고 의존하는 가장 확실한 지지기반인 만큼 단속과 관리를 소홀히 하는 경우가 많아 가장 위험한 감표의 요인이 될 수 있다. 따라서 이들에 대한 교육·단속·제한·주의는 선거캠페인에서 대단히 중요하다. 물론 정치후보자의 화목한 가정과 우애, 따뜻한 동료애와 의리는 백색홍보를 위한 좋은 자료이다.

정치후보자의 개인적 강점과 약점은 선거캠페인 메시지를 개발하는데 중요한 요소가 된다. 유권자는 이러한 개인적 강·약점을 시각적 수단 또는 언어적 수단을 통하여 포착한다. 예를 들어 정치후보자의 따뜻한 마음은 그가 소년소녀가장들과 함께 찍은 사진을 통해 포착될 수 있다. 정치후보자의 노인에 대한 존경심과 사랑은 그가 노인연금법안을 국회에서 통과시키기 위해 전력투구한다는 것을 알려주는 신문기사, 방송 또는 다른 언어적 표현을 통해 유권자에게 전달될 수 있다. 한편 정치후보자의 개인적 취약점도 마찬가지 경로로 전달되기 때문에 세심한 주의를 기울여야 한다.

(2) 직업적 강점과 약점

정치후보자의 직업적 강점과 약점이란 정치적으로 연관성을 가지는 후보자의 직업 또는 경험과 관련된 일체의 사항들을 말한다. 이것은 정치후보자의 각종 사회활동, 지역구활동, 조직참여, 사회적 경험 등을 포함한다.

사회적 윤리, 도덕, 관습, 상식에 부합하는 직업적 경험은 후보자에게 강점이다. 사회와 지역구를 위한 각종 봉사활동도 정치후보자의 강점으로서 정치적 관련성을 가진다. 어떤 정치후보자가 노인들의 복지를 위해 일해왔다면 그 사실이 노인들에게 알려지는 것은 노인유권자의 지지를 획득하는 데 있어서 유리하게 작용할 것이 분명하다.

비도덕적이거나 비윤리적인 직업은 정치후보자에게 약점으로 작용한다. 퇴폐적 유흥업소를 운영했다던가, 부동산투기를 했다던가, 공해산업을 경영했다던가 하는 것은 정치후보자에게 치명적 약점이 될 수 있다. 만일 후보자가 전직의원이라면 유권자의 기대에 배치(背馳)되는 의회에서의 표결기록, 발언기록, 불충실한 출석기록은 약점으로 작용할 것이다. 만약 지방자치단체의 장에 입후보한 사람이라면 행정경험의 결여가 결정적 취약점이 될 수 있다. 또한 과격한 노조운동, 급진적 사회운동도 안정된 자유민주주의 사회에서는 대체로 정치후보자의 약점이 된다. 공직남용도 두말할 필요 없이 정치후보자에게 손상을 준다.

직업적 강・약점도 개인적 강・약점과 마찬가지로 각종 시각적 수단 또는 언어적 수단을 통하여 유권자에게 포착된다. 특히 직업적 강점과 약점은 각종 선사매체 또는 인쇄매체 등에 의해 제공되는 삽화, 인물소개 등에 의하여 효과적으로 유권자에게 전달될 수 있다. 이렇게 전달되는 정치후보자의 직업적 요소를 통해 유권자는 정치후보자의 가치와 신념을 파악할 수 있다.

직업적 강・약점도 개인적 강・약점과 마찬가지로 밀접한 정치적 관련성을 가지며, 선거캠페인 메시지의 바탕이 된다.

(3) 정치적 강점과 약점

정치적 강・약점이란 정치후보자의 정치활동, 정당활동, 또는 선거캠페인 활동과 관련된 것이다. 정치적 강・약점을 결정하는 가장 큰 요인은 후보자의 정당이다. 공천을 준 정당, 과거와 현재의 소속정당, 소속정당 내에서의 영향력, 소속정당의 상・하부 조직과의 관계 등이 후보자의 정치적 강・약점을 구성하는 요소이다. 후보자가 무소속으로 출마했다고 하더라도 배경이 되는 정당이나 선거경험은 정치적 강・약점으로 작용할 것이다.

정치후보자의 정치적 영향력은 일반적으로 정치적 강점이다. 정치후보자의 조직력도 정치적 강점이기 때문에 당원조직, 개인 참모조직, 선거운동원 조직, 자원봉사자 조직에 대한 분석도 필요하다.

2) 선거환경 분석

선거에는 수많은 요인이 직접적으로 또는 간접적으로 크고 작은 영향을 미친다. 그리고 이러한 요인들은 때로 승패를 가름하는 결정적 변수(變數; *Vāriables*)로 작용한다. 선거캠페인에 영향을 미치는 다양한 변수들이 복합적으로 작용하여 형성하는 선거캠페인 여건 또는 환경을 선거환경이라고 한다. 선거환경은 선거구마다 상이하다. 왜냐하면 선거구마다 영향을 미치는 변수가 독특하고 상이하기 때문이다.

선거환경은 궁극적으로 선거캠페인의 성격을 결정하게 된다. 또한 선거전략을 형성하고 운용하는 데 이용할 수 있는 자원의 선택을 제한한다. 개별 선거구 투표자의 정당선호도 등 정당적 요소도 선거환경을 구성하는 변수에 포함된다. 선거인수와 선거구의 크기도 선거환경을 구성하는 변수이다. 따라서 선거환경이란 선거캠페인에 영향을 미치는 일체의 변수들이 복합적으로 형성하는 대단히 포괄적 개념이다.

선거캠페인을 성공적으로 전개하기 위해서는 당해 선거구의 선거환경에 영향을 미치는 변수들을 분석하여 정리하는 것이 필요하다. 대부분의 선거캠페인에서 선거환경에 영향을 미치는 변수는 다음과 같다.

(1) 선거구

선거구에 대한 분석은 당해 선거구의 현황을 확실하게 파악할 수 있게 할 뿐 아니라 인지도 구축을 위해 언론기관이나 정보기관에 제공하는 보도자료, 참고자료 및 선거캠페인 전략의 기본자료로도 사용된다.

① 선거구 지도

선거구를 확실하게 파악하기 위해서는 선거구 전체를 한눈에 바라볼 수 있는 지도(보통 5만분의 1~10만분의 1 정도)와 세부지역을 세밀하게 보여주는 지도(보통 3천분의 1~5천분의 1 정도)를 함께 준비하는 것이 좋다. 세부지역별 지도에는 번지수, 동(洞)과 투표구의 경계 및 중요

장소(예: 학교, 관공서, 아파트, 네거리와 같이 유동인구가 많은 곳, 공장, 교회, 공원, 버스종점 등)가 나타나 있으면 유리하다.

지도는 후보자등록 전의 대중기반 조성기간이나 후보자등록 후의 법정 선거운동기간 중에 선거캠페인 상황을 신속, 정확하게 파악하고 정리하는 데 대단히 중요하다. 또한 핵심조직, 2선조직 등의 조직을 표시하여 조직의 구성 및 가동상황을 점검하고 보완하는 데도 긴요하다. 지도에 조직을 표시하는 경우에는 정보가 누출되지 않도록 보안유지가 필요하다.

② 선거구의 연혁

예로 제시한 "부평구을 선거구의 연혁"과 같이 당해 선거구의 연혁을 파악하여 정리해두면 언론기관 등에 제공할 자료집작성에 활용할 수 있다. 지방자치단체장 선거구 또는 지방의회의원선거구에 관한 연혁정리방법도 이와 다르지 않다.

▪ 부평구을 선거구의 연혁(예)

- 1968년 1월 1일 법률 제1919호로 부평출장소와 서곶출장소가 통합, 북구로 명명하였고, 29개 법정동, 19개 행정동으로 북구가 발족.
- 1989년 1월 1일 법률 4501호로 김포군이 편입.
- 1989년 3월 24일 대통령령으로 남동구와 경계를 재조정.
- 1989년 12월 30일 북구 조례 182호로 행정동이 일부 분동조정.
- 1995년 3월 1일 북구와 계양구를 합쳐 계양구와 부평구로 분구되어 현재의 옛 지명인 부평으로 회복됨.
- 1995년 4월 국회의원 선거구획정이 확정됨으로 부평을구가 신설됨.

- 이하생략 -

③ 선거인수

과거 약 10여 년 동안에 있었던 대통령선거, 국회의원선거, 지방선거를 중심으로 당해 선거구 내 선거인수의 증감상태(增減狀態)와 증감

〈표 5-1〉 부평구을 선거구의 선거인수 증감표

	11대 총선	12대 총선	13대 대선	13대 총선	14대 총선	14대 대선	'95지방 선거	15대 총선	15대 대선
선거인수	36,740	55,283	66,620	68,504	93,658	109,249	145,867	150,222	149,955
증감수	–	+18,543	+11,337	+1,884	+25,152	+15,591	+36,618	+4,355	−267

출처: 중앙선거관리위원회가 발간한 제 11～15대 대통령선거 총람.

원인을 파악한다. 선거인수를 파악할 때는 〈표 5-1〉과 같이 주요 선거별 선거인수의 증감상태를 일목요연하게 보여주는 표(表)를 만들어 사용하면 편리하다. 또한 시 · 군 · 구, 읍 · 면 · 동, 투표구 · 통별 인적구성과 각종 조직에 대한 현황표를 작성하여 사용하는 것이 좋다.

〈표 5-1〉이 보여주듯이, 부평구을 국회의원 선거구의 경우 11대 총선 당시 36,740명이었던 선거인수가 1995년의 지방선거에 즈음하여 세 배 이상으로 급증했는데 이것은 수도권 서부의 부천시와 더불어 당시 전국 최고의 인구팽창이었다. 부평구을 선거구의 이러한 급속한 인구팽창은 1980년대에서 1990년대 초에 이르는 정부의 주택 200만 호 건설정책에 크게 기인했다고 볼 수 있다.

고기가 많은 곳에 그물을 치는 것이 어부의 상식이듯이 잠재적 투표자가 많은 곳이 선거캠페인에서 중요한 지역이라는 것은 두말할 필요가 없다. 따라서 선거구 내의 동별, 투표구별 선거인수를 파악하여 선거인수를 크기에 따라 정리하도록 한다. 국회의원 선거구나 기초단체장 선거구의 경우 보통 전체 동(洞) 또는 투표구 중 선거인수의 크기 순으로 상위 3분의 1 지역은 선거캠페인에서 특히 중요한 승부처이다.

④ 선거구의 크기

선거구의 크기도 선거캠페인에 많은 영향을 준다. 광범위한 선거구에서는 대중매체를 커뮤니케이션의 수단으로 사용하는 것이 효과적이다. 반면에 전통적 정치집회나 거리연설회는 비교적 덜 적합한 경향이 있다. 대통령 선거캠페인이나 광역자치단체장 선거캠페인의 경우 광범위한 선거구로 인하여 매스미디어에 대한 의존성이 높아질 수밖에 없다. 지역구 국회의원 및 기초자치단체장 선거구의 경우에도 시(市) · 군(郡) 통합으로 인해 선거구의 크기가 광범위하게 확대된 곳이 있는데 역시 매스미디어를 통한 메시지 전파에 관심을 가져야 한다.

우리나라는 공직선거법의 제한으로 인해 대부분의 선거에서 대중매체를 통한 메시지전파가 효과적으로 이루어지지 못하는 실정이다. 하위 선거캠페인은 물론이고 대통령 선거캠페인이나 광역자치단체장 선거캠페인에서도 대중매체 사용에는 많은 제한이 가해진다. 그러므로 법의 테두리 내에서 대중매체를 최대한 활용할 수 있도록 창조적 홍보전략을 개발하여야 한다.

(2) 정 당

일반적으로 정당(*partisanship*)이 현대 선거정치에 미치는 영향력은 점차 감소하고 '후보자의 능력과 자질에 대한 평가' 등 다른 변수들이 더 중요해지는 추세라고 말할 수 있다. 그러나 다른 변수들과의 비교적 관점에서 볼 때, 정당은 여전히 현대 선거정치에 가장 큰 영향력을 미치는 변수이다. 선거구 내 유권자의 정당선호경향 또는 당파적 경향은 정치후보자의 소속정당과 결부되어 유권자의 투표행위에 강력한 영향을 미친다.

정당선호경향이 특정 지역과 연계되어 병리적 현상에까지 이르면 부정적 의미의 지역주의이지만 정당선호가 극단적 편향성을 띠지 않는 한 각 지역마다 정당선호도가 상이한 것은 조금도 이상할 것이 없다. 미국, 독일 등의 선진 자유민주주의를 구가하는 나라에서도 지역에 따라서 전통적 정당선호도가 다르며, 이러한 현상을 특별히 부정적으로 여기지 않는다. 유권자의 정당선호가 지나치게 편향적이든 아니든 현실적으로 특정 지역에서 특정 정당에 대한 선호경향이 일정한 지속성을 가질 때 정치후보자의 소속정당 또는 정당배경은 선거의 당락을 가름하는 결정적 변수가 될 수 있다.

지역적 정당선호는 크든 적든 각 지역의 독특한 정치환경을 표출한다. 또한 정치환경은 선거환경을 구성하는 중요한 요소이다. 그러나 상이한 지역들의 정당선호가 같다고 해서 그 밑바탕에 깔린 이유나 선거환경이 반드시 일치한다고 규정할 수는 없다. 예를 들어 제15대 국회의원 선거에서 대구·경북과 강원도 모두 자민련 후보가 상당수 당선되었는데 실제 두 지역 유권자의 자민련후보 지지이유는 동일하지 않았다.

우리나라와 경우는 다르지만 비슷한 예를 미국선거에서도 찾아볼 수 있다. 미국 북동부에 위치한 코네티컷 주, 뉴저지 주, 뉴욕 주와 남서부의 네바다 주, 애리조나 주, 남동부의 버지니아 주는 모두 미국 민주당의 전통적 지지기반이다. 그러나 동북부의 세 주와 나머지 세 주는 선거환경의 차이가 크다. 이러한 현상의 주된 이유는 양 그룹의 주들이 유권자의 이념적 성향에서 큰 차이를 보이기 때문이다. 동북부의 코네티컷 주, 뉴저지 주, 뉴욕 주의 유권자는 이념적으로 미국에서 가장 진보적 경향을 보이는 데 비하여, 네바다 주, 애리조나 주, 버지니아 주의 유권자는 상당히 보수적 이념을 가진 것으로 분류된다(Wright and McIver, 1985).

(3) 경제상황

국가적 또는 지역적 경제상황(*economic circumstances*)은 선거환경을 구성하는 중요한 요소이다. 일반적으로 유권자의 경제사정이 좋으면 집권당 후보가 유리하고 유권자의 경제사정이 어려우면 집권당 후보가 불리하다. 경제상황과 투표행위의 관계에 대하여 모든 연구자가 전적으로 동의하는 것은 아니지만 일반적으로 경제상황이 크든 작든 선거에 일정한 영향을 미친다는 점에는 의견이 일치한다. 특히 유권자 개개인의 경제적 이해득실보다 국가 경제상황에 대한 유권자의 전반적 인식이 투표행위에 더 큰 영향을 미치는 경향이 있다는 점이 지적되고 있다(Kinder and Kiewiet, 1979; Kiewiet, 1981). IMF 경제난국에 대한 책임문제로 공방이 가열되었던 우리나라의 1997년 대통령선거 결과는 이러한 경향을 확인시키는 좋은 예라고 하겠다. 그러나 하위선거에서는 국가의 경제상황이 선거에 미치는 영향력이 약하고 정치후보자의 능력과 자질에 대한 평가, 지역적 현안이 더 중요한 경향이 있다.

(4) 이슈

국가적・지역적 이슈(*issues*; 爭點)도 선거정치에 영향을 미친다. 선거에 따라서는 이슈가 유권자의 정당선호도나 후보자의 능력・자질에 대한 평가보다 훨씬 더 큰 영향력을 발휘하는 경우가 있다. 현대사회에서는 이슈의 핵심이 경제와 연관된 경우가 많다. 외환위기, 외채, 실업, 국가의 재정파탄, 대기업 구조조정, 증세(增稅) 등이 예이다. 그 외에도 통일, 외교, 국방과 관련된 문제들, 범죄, 노인문제, 청소년문제를 비롯한 각종 사회문제들, 지역갈등, 교육, 노사관계, 교통, 부정부패 등의 다양한 문제가 이슈의 내용을 구성한다.

현대 선거정치와 관련된 다양한 이슈는 유권자를 종종 혼란스럽게 만든다. 왜냐하면 전문화와 다양화를 특징으로 하는 현대사회에서 일반 유권자가 수많은 이슈들의 논점(論點)을 정확하게 이해하기란 쉬운 일이 아니기 때문이다. 또한 다양한 이슈는 선거캠페인 상황에 따라 확대되기도 하고 수축되기도 하며, 소멸되기도 하고 다시 재등장하기도 한다. 따라서 일반 유권자는 특정 이슈의 사회적 중요성을 이해하기도 어려울 뿐만 아니라 정치후보자들이 이슈와 관련하여 내놓는 대안을 정확하게 평가하기도 어렵다(김창남, 1995: 5).

라이트와 버크먼(Wright and Berkman, 1986)은 현직 정치인들은 선거가 가까워질수록 이슈와 정책적인 면에서 중도적 입장으로 기울어지는 반면 도전자들은 점점 더 극단적 입장을 취하는 경향이 있다는 점을 지적하고 있다.

(5) 이념

우리나라의 정당은 특정 이념정당을 제외하고는 대부분 이념(*ideology*)적인 면에서 대동소이하다. 이러한 경향은 각 정당이 표방하는 정강·정책이나 정치인들의 이념적 면모를 살펴보아도 확인할 수 있다. 우리나라와 달리 미국 같은 나라에서는 민주당과 공화당이 정책적 측면에서 서로 점점 수렴(收斂)하는 경향이 있기는 하지만 이념면에서는 진보(進步)와 보수(保守)로 뚜렷한 차별성을 보여준다.

그러나 우리나라에서도 유권자의 이념적 경향은 선거환경에 큰 영향을 줄 수 있는 잠재력을 가지므로 정치후보자는 선거구 유권자의 이념적 분화(分化)를 세심하게 살펴보아야 한다. 특히 정당 및 정치후보자의 지지기반을 형성하는 유권자그룹 또는 잠재적 지지자그룹의 이념적 성향을 파악하는 것은 중요하다. 또한 유권자의 이념적 성향은 그들의 지지정당이나 인구통계학적 특성과 연관되어 일정한 패턴을 나타낼 수 있으므로 유권자의 이념적 성향을 다른 변수와 연관해 살펴보는 것이 바람직하다.

(6) 기타 변수들

선거구의 주요 유권자그룹이 지니는 인구통계학적 특성도 선거환경에 영향을 미치는 요인이다. 따라서 유권자를 주요 인구통계학적 특성(예: 직업, 학력, 소득, 출신지, 연령, 성별, 종교 등)에 따라 분류한 자료를 준비하는 것이 필요하다.

정치후보자의 현직 재임 여부도 선거환경에 영향을 미치는 변수다. 일반적으로 현직후보자가 도전자보다 유리한 입장에 있다. 크고 작은 과제를 맡아 처리할 수 있는 참모진은 현직후보자의 중요한 자산이다. 현직의원의 경우 의정보고서를 이용하여 인지도를 제고하고 호의적 이미지도 구축할 수 있다. 현직 국회의원은 평소에 후원회를 통하여 모금할 수 있는 유리한 입장에 있다. 또한 현직 정치인들은 일반적으로 대중매체를 통하여 유권자에게 자기를 알릴 수 있는 기회가 많다. 정치후보자의 질(質)과 자금력도 선거에 많은 영향을 미친다.

이 외에도 선거환경에 영향을 미치는 요인은 수없이 많다. 정치후보자의 자금력, 공천과 관련된 지역인사들의 정서, 선거후유증, 선출직 공직자들의 각종 공·사적 문제점, 민원과 관련된 민심이반, 지역산업이 처한 곤경, 노조의 영향력, 잠재적 후보자에 대한 타 정당, 시민·사회단체의 지원 가능성 등 선거정치에 영향을 미칠 수 있는 사항들을 최대한 파악해야 한다.

선거환경에 영향을 미치는 변수들을 조사하는 데 참고할 수 있는 자료는 다음과 같다.

▪ 선거환경 분석을 위한 참고자료

각종 선거총람, 여론조사 결과, 중앙행정부 통계자료, 지역행정관청 자료, 의회속기록, 중앙선거관리위원회가 발간하는 통계집·자료집, 지역연구소의 조사·통계자료, 생산부문《총 사업체 실태조사보고서》, 소비생활부《도시가계연보》, 도시연감, 주택 및 개발실태보고서, 시민단체의 환경 및 공해보고서, 범죄보고서, 각종 인명록, 지역주민의 직업 및 계층에 관한 자료, 중앙·지역신문자료, 과거 선거캠페인의 선거공보·공약집·구전홍보자료, 각 정당의 정책자료집, 정치인의 의정보고서, 인터넷자료 등

이처럼 여러 가지 측면에서 당해 선거구의 선거환경이 파악되면 예로 제시한 "부평구을 선거구의 환경"과 같이 정리하는 것이 좋다. 이러한 자료는 선거캠페인 전략·전술의 수립에 바탕이 되며, 언론기관 등에 제공하여 선거캠페인의 준비상태를 보여줄 수 있다.

▪ 부평구을 선거구의 환경의 예

① 인천광역시와 교통이 원활하게 소통되지 않아 인천중심지로 진출하는 것보다 서울진출이 용이하며 따라서 인천에 대한 소속감도 약함.

② 현재의 지명인 부평구가 되면서 인천광역시민으로서의 시민의식이 퇴색함.
③ 생활권이 인천보다 서울에 가깝고 남성들의 경우 베드타운의 경향이 높음.
④ 부천과 더불어 인구팽창이 급격히 이루어진 1970년대 이후 유입인구의 대부분이 정주의식이 약함.
⑤ 개발과 발전에 대한 욕구가 팽배.
⑥ 과거 노동운동의 진원지로 대우자동차와 인천제지 근로자들에 대한 노조의 영향력이 강함.
⑦ 대우자동차와의 유착을 우려하는 지역정서가 유발될 수 있는 지역.
⑧ 지형이 동서로 길게 늘어져 있는데다가 청천2동의 대우자동차가 넓게 자리잡았기 때문에 여론의 확산이 차단되는 경향이 있음.

3) 투표경향 분석

투표경향 분석이란 선거구의 역사적 투표행위를 이해하기 위한 것으로 보통 과거 십여 년 동안 있었던 주요 선거의 정당별 득표수·득표율·투표율을 파악한다. 과거 선거결과를 〈표 5-2〉가 보여주는 것 같이 여당, 제1야당, 제2야당, 제3야당 등 정당별로 정리하면 편리하다. 이러한 자료와 당해 지역구의 선거환경에 의거하여 유권자의 투표행태를 가늠할 수 있다. 이때 단순한 추이보다 유권자의 투표경향에 영향을 준 주요 요인[5]을 규명해야 한다.

부평구을 선거구를 다시 예로 들어 투표경향을 분석하여보면 〈표 5-2〉와 같다. 〈표 5-2〉에 따르면 부평구을 선거구는 12대 총선과 1995년 지방선거에서는 과거의 야당(새정치국민회의로 이어지는 일련의 야당을 말함) 후보가 당선되었지만 일반적 추세로 볼 때 과거의 여당(한나라당으로 이어지는 일련의 여당들)성향이 우세한 지역으로 규정할 수 있다.

---

5) 당해 지역구 유권자의 투표를 결정한 주요 인자를 정당, 이슈, 인물, 인구통계학적 측면에서 파악하는 것이 좋다. 이를 위해서는 여론조사결과 등 실증적 데이터를 참고하는 것이 필요하다.

이러한 평가는 일반적으로 인천, 부천, 부평 등 수도권 서부의 지역 정서를 1999년 당시의 집권여당 성향으로 생각하는 것과는 다른 관찰이다. 또한 부평구을 선거구는 11대와 12대 총선에 비해 13대와 14대 총선에서 과거여당의 득표율이 현저히 떨어졌다가 15대 총선에서 다시 복구되는 양상을 보인다. 그러나 과거여당의 득표력이 현저하게 떨어져 유권자의 투표행태가 재조정 (*realignment*) 되는 조짐이 역력하다.

이와 같은 경향은 대통령선거에서도 확인할 수 있다. 13대 대선에서 노태우 후보가 38.7%의 득표력을 보인 데 비해 14대 대선에서의 김영삼 후보 득표율은 28.7%로 크게 떨어졌고, 결국 16대 대선에서는 김대중 후보가 32.9%를 얻어 당선되었다. 이러한 관찰로 미루어볼 때, 부평구을 선거구 유권자의 투표행태는 과거 여당에서 1999년 당시의 여당으로 재조정되는 것을 보여준다.

〈표 5-2〉 부평구을 선거구의 역대 선거결과

구 분	11대 총선	12대 총선	13대 대선	13대 총선	14대 총선	14대 대선	1995년 지방선거	15대 총선	15대 대선
여 당	민정	민정	민정	민정	민자	민자	민자	신한국	한나라
득표수	10261	13304	25763	13637	19896	31332	24266	39824	43394
%	27.9	24.1	38.7	19.9	21.2	28.7	16.6	26.5	28.9
제 1야당	민한	민한	통민	민주	민주	민주	국민회의	국민회의	국민회의
득표수	7545	9801	16180	7739	17802	29502	40498	31266	49372
%	20.5	17.7	34.3	11.3	19.0	27.0	27.8	20.8	32.9
제 2야당	신정	신민	평민	평민	국민	국민	자민	통합민주	국민신당
득표수	1279	16341	16173	7711	11465	16966	11132	8729	24227
%	3.5	29.6	24.3	11.3	12.2	15.5	7.6	5.8	16.2
제 3야당 무소속	원일	국민	공화	공화	무	신정	무	자민련	국민승리21
득표수	407	2885	1311	9331	9928	6706	5090	8851	2210
%	1.1	5.2	8.6	13.6	10.6	6.1	3.5	5.9	1.5

출처: 중앙선거관리위원회가 발간한 제 11～15대 대통령선거 총람.

〈표 5-3〉 부평구을 선거구의 역대 선거투표율

	11대 총선	12대 총선	13대 대선	13대 총선	14대 총선	14대 대선	1995 지방선거	15대 총선	15대 대선
선거인수	36,740	55,283	66,620	68,504	93,658	109,249	145,867	150,222	149,955
투표수	26,057	43,055	65,016	42,143	60,969	86,656	88,597	91,651	121,344
%	70.9	77.9	97.6	61.5	65.1	79.3	60.7	61.0	80.9

출처: 중앙선거관리위원회가 발간한 제 11~15대 대통령선거 총람.

역사적 투표경향 분석에서 관심을 가지고 살펴보아야 할 중요한 지역은 다음과 같으며 선거캠페인은 이러한 지역의 유권자를 향하여 메시지를 전달하는 것이 합리적이다.

(1) 득표수가 많은 곳

여기에서 말하는 득표수란 정당선호도에 따른 득표수를 의미한다. 과거의 투표경향으로 볼 때 정당선호도 면에서 유리한 곳, 즉 정당득표 면에서 유리한 지역을 말한다. 이러한 지역은 선거인수가 많은 지역과 함께 선거캠페인에서 대단히 중요한 곳이다. 무소속후보도 이전의 투표행태로 볼 때 득표 가능성이 높은 지역을 파악할 수 있다.

득표수는 국회의원 선거구나 기초단체장 선거구를 기준으로 하여 볼 때, 동별 또는 투표구별로 파악하는 것이 좋다. 정당의 각 동별, 투표구별 득표수가 파악되어야 각 동과 투표구의 전체 득표목표에 대한 비중을 알 수 있다. 일반적으로 득표수가 득표율보다 더 중요하다. 특정동 또는 투표구가 아무리 높은 정당 득표율을 보이더라도 득표수 면에서 전체 득표목표 대비 기여도가 약하면 큰 의미가 없기 때문이다.

(2) 득표율이 높은 곳

선거캠페인은 세부지역별 득표율에도 관심을 가져야 한다. 선거인수가 비슷한 지역들 중에서는 득표율이 높은 지역이 더 중요하다는 것은 의심할 여지가 없다. 득표율을 선거캠페인에 효과적으로 활용하기 위해서는 선거관리위원회에서 발표하는 각 동이나 투표구의 후보자별 또는 정당별 유효득표율을 각 동이나 투표구의 전체 선거인수 대비 후보자별 또는 정당별 득표율로 환산하여 사용하는 것이 좋다. 그래야 현실감 있는 득표목표를 설정하는 데 유리하다.

(3) 투표율이 높은 곳

과거의 선거를 통하여 유권자가 투표에 많이 참여하는 경향을 보였던 지역을 말한다. 서구 정치선진국만큼 투표율이 선거에 미치는 영향이 크지는 않지만 우리나라에서도 지역에 따라서는 투표율이 점차 중요해지는 경향을 보인다. 선거구의 유권자가 인구통계학적 특성에 의하여 투표경향이 확연하게 분화되는 지역일수록 투표율의 높고 낮음이 선거결과에 많은 영향을 미친다.

또한 정당과 후보자에 따라서 투표율의 높고 낮음이 유리하게 또는 불리하게 작용할 수 있다. 미국의 경우, 일반적으로 민주당은 투표율이 높을수록 유리하고 공화당은 투표율이 낮을수록 유리하다. 우리나라에서도 일반적으로 선거인수가 많고 투표율이 높은 지역은 어떤 후보자 · 정당에게도 득표잠재력이 높으므로 중요하다. 특히 자당(自黨)의 전통적 지지기반이 강한 선거구에 출마한 정치후보자는 투표율을 높이는 것이 캠페인의 중요한 목표이다.

우리나라 유권자의 투표율은 지역에 따라 다소 차이가 있지만 비교적 지속성이 약하고 돌발적 변수에 의해 불규칙하게 변하기 때문에 선거캠페인의 과학성을 높이는 데 큰 도움이 되지 못하는 실정이다.

(4) 부동지역

부동지역이란 유권자의 정당선호도가 약하고, 이슈, 후보자의 능력과 자질, 선거환경 등의 변화에 따라 유동적 투표행태를 보이는 지역이다. 이러한 지역은 특정 정당 또는 후보자가 지속적으로 확고한 지지기반을 구축하고 있는 곳이 아니므로 현직 정치인이 아니라도 득표 잠재력이 높은 지역이다.

4) 득표목표 분석

투표경향 분석을 통하여 파악된 정당별 득표율과 선거인수를 바탕으로 다음 선거에서 당선에 필요한 득표목표를 설정할 수 있다. 부평구을 국회의원 선거구를 예로 들어 이 지역에서 제16대 총선에 출마할 잠재적 후보를 위한 득표목표를 15대 대선 당시의 선거인수를 바탕으로 계산하면 〈표 5-4〉와 같다.

우리나라 국회의원 선거의 투표행태를 보면 특별한 경우를 제외하면 대체로 지역구 선거인수의 25% 정도 득표하면 안정적으로 승리할 수 있다. 〈표 5-4〉의 부평구을 선거구의 경우에도 과거의 여당이 11대~15대 총선에서 23.9%의 평균득표율을 보여준다. 실제 선거캠페인에서는 여러 가지 돌발적 변수로 인하여 예기치 않은 감표가 발생할 가능성이 있으므로 전체 득표목표는 상향조정하여 설정하는 것이 바람직하다. 세부지역별, 필드별 득표목표도 이에 따라 결정한다.

전체 득표목표를 다소 높게 잡으면 선거캠페인이 인적·물적·사회적·환경적 자원을 최대한 가동하여 분발하도록 하는 데 도움이 되며, 비우호적 돌출변수에 대비하여 승리의 가능성을 높일 수 있다.

실제 부평구을 선거구의 제16대 국회의원 선거결과를 보면 당시 여당 후보가 39,963표를 획득하여 당선되었다. 차점자는 30,825표였다.

16대 총선 직전 선거인 제15대 대선 당시의 선거인수인 149,955의 25%는 37,488표인데 어떤 후보든 제16대 국회의원 선거에서 이 정도의 표만 얻으면 안정적으로 당선될 수 있었다는 것을 알 수 있다. 그러나 위에서 이미 제시하였듯이 최대 캠페인 목표는 정치후보자가 모든 역량을 총동원하여 분발하도록 이보다 높게 설정해야 한다. 그러나 최대 캠페인 목표를 지나치게 높게 잡으면 역효과를 낼 수 있다. 왜냐하

〈표 5-4〉 득표목표 분석(예)

총 선거인수	제 11~15대 총선 평균득표율		당선에 필요한 평균득표수	최대 캠페인목표
149,955명	여 당	23.9%	149,955의 23.9% 35,839명	149,955의 30% 약 45,000명
	제 1야당	17.9%		
	제 2야당	12.5%		

주: 여당, 야당의 분류는 편의상 제 15대 대선 당시를 기준으로 하였음.

면 과도한 목표를 달성하려고 시도하는 과정에서 가동할 수 있는 자원이 선거캠페인을 구성하는 요소에 합리적으로 배분되지 못하여 혼란이 야기될 수 있기 때문이다. 그리고 최악의 경우 선거캠페인이 예정된 전략에 따라 진행되지 못하고 크게 손상될 수 있다.

5) 지지기반 분석

득표목표가 설정되면 이를 달성하기 위해 정치후보자의 세부 지지기반에 대한 분석이 필요하다. 지지기반은 지역적(정당적), 태도적,[6] 인구통계학적, 필드별 측면에서 파악하도록 한다. 득표목표를 달성하기 위해서는 상세적으로 득표 가능성이 있는 모든 지지기반을 낱낱이 타진해야 한다. 또한 출마예상자를 면밀하게 분석해서 가장 강한 후보자부터 가장 약한 후보자까지 모든 정치후보자가 잠재적으로 단 몇백 표라도 얻을 수 있다는 가감(加減) 없는 표 계산을 한 후 그 잔여표가 자신의 표라는 생각을 가지고 겸허하게 선거캠페인을 전개해야 한다. 이렇게 해야 선거캠페인을 올바르게 기획할 수 있다.

부평구을 선거구의 정치후보자를 예로 들어 지지기반을 가상적으로 구성하여보면 〈표 5-5〉와 같다. 〈표 5-5〉에서 산출된 잠재적 득표수 5만 7천은 지지유권자가 다른 지지기반에 중복하여 참가한 횟수를 그대

6) 제 3장 참고.

로 포함한다. 따라서 소수의 표본[7]을 각 지지기반의 득표잠재력에 비례하여 추출한 후 서베이를 통해 지지중복지수[8]를 파악한다.[9]

지지중복지수는 같은 선거구 내에서도 각 후보자가 가진 지지기반의 특성에 따라 상이하게 나타난다. 이렇게 산출된 지지중복지수를 잠재적 득표총계에 곱하여 실질적으로 획득 가능한 표수를 파악할 수 있다. 만일 부평구을 선거구에서 출마한 어떤 후보자의 지지중복지수가 0.63이라면 그가 실질적으로 획득 가능한 표수는 35,910(57,000×0.63=35,910)으로 추정할 수 있다. 이 정도의 실질득표력을 가진 후보라면 이변이 없는 한 부평구을 선거구에서 안정적으로 당선될 수 있다.

〈표 5-5〉 지지기반 분석 (예)

<table>
<tr><th colspan="2">지지기반</th><th>득표잠재력</th><th>계</th></tr>
<tr><td colspan="2">정당적(지역적)</td><td>17,000</td><td>17,000</td></tr>
<tr><td colspan="2">태도적(이슈 및 이미지)</td><td>6,000</td><td>6,000</td></tr>
<tr><td rowspan="3">인구통계학적</td><td>40~60대 보수성향</td><td>7,000</td><td rowspan="3">15,000</td></tr>
<tr><td>중산층~고소득층</td><td>5,000</td></tr>
<tr><td>기독교인</td><td>3,000</td></tr>
<tr><td rowspan="4">필드별</td><td>직장관련</td><td>9,000</td><td rowspan="4">19,000</td></tr>
<tr><td>후원회</td><td>2,000</td></tr>
<tr><td>종친회</td><td>5,000</td></tr>
<tr><td>관련단체 및 모임</td><td>3,000</td></tr>
<tr><td colspan="3">총 계</td><td>57,000</td></tr>
</table>

7) 적은 비용으로 신속하게 지지중복지수를 가늠해보기 위해 적은 수(보통 50개 정도)의 무작위 표본사용이 가능하다.

8) 지지중복지수 = 표본수 / (표본수 + 표본의 다른 지지기반 중복참가수).

9) 일종의 유층표본(*stratified sample*)이다.

2. 방법에 따른 선거캠페인 연구 · 조사

1) 정량적 연구조사방법

(1) 여론조사

여론조사(*polling*)는 투표경향 분석과 같이 선거캠페인에서 유용하게 사용할 수 있는 정량적(定量的) 리서치방법(*quantitative research method*)이다. 투표경향 분석이 과거의 투표패턴에 초점을 맞추는 반면 선거여론조사는 조사 당시 유권자가 가지는 의견과 태도를 파악한다. 성공적 선거캠페인을 운용하기 위해서는 과학적 여론조사를 통해 이슈에 대한 유권자의 인식과 태도, 표적유권자에 대한 인구통계학적 자료, 유리하게 사용해야 할 홍보매체에 대한 정보를 정확하게 파악하여 전략적 판단을 올바르게 내려야 한다.

여론조사를 실시할 때에는 여론조사를 통해 획득해야 할 사항을 잘 선정하는 것이 중요하며, 여론조사기관에 조사를 요청할 때 조사요청서에 파악하고자 하는 주제 또는 내용을 구체적으로 명기하여야 한다. 또한 여론조사의 결과를 신뢰하기 위해서는 대표성 있는 표본을 추출하는 일부터 결과의 해석까지 여론조사의 전 과정에서 신뢰성[10]과 타당성[11]이 확보되도록 노력해야 한다. 그렇게 하지 않으면 결과를 믿을

---

10) 신뢰성(*reliability*)이란 측정도구(*measuring instruments*) 또는 측정방법(*measuring methods*)이 일관되게 정확한 결과를 산출해내는가를 일컫는 개념이다. 따라서 동일한 측정방법을 사용해서 같은 개념을 반복하여 측정할 때 그 결과가 같거나 비슷하여 안정성(*stability*), 확실성(*dependability*), 예측성(*predictability*)을 구비할 때 그 방법이 신뢰성 있다고 말할 수 있다.

11) 어떤 연구나 측정방법이 본래 알아내고자 하는 것을 실제로 측정하였는가를 말하는 개념이다. 어떤 연구가 타당성이 있다고 말하려면 연구결과가 본래의 연구목적에 잘 부합해야 한다. 비록 어떤 연구나 측정방법이 신뢰성은 높다고 하여도 타당성은 낮을 수 있다. 타당성에는 구체적으로 내용타당성(*content validity*), 예측타당성(*predictive validity*), 구성타당성(*construct validity*)

수 없으며 선거전략에 활용할 수도 없다. 잘못된 조사결과에 의거하여 전략과 전술을 형성하면 선거캠페인에 심대한 손상을 입힐 수 있다. 따라서 공신력 있는 여론조사기관에 조사를 의뢰해야 한다.

여론조사의 구체적 방법으로는 직접인터뷰, 전화인터뷰, 설문지법이 있으며 이 중에서 전화를 이용한 여론조사가 비용과 신속성의 측면에서 근래 가장 많이 사용된다.

많은 비용을 들여 실시하는 여론조사의 결과를 선거캠페인에 효과적으로 활용하기 위해서는 여론조사의 결과를 선거캠페인 전략에 창조적으로 연계시킬 수 있어야 한다. 여론조사를 통해 파악된 정보는 양이 많으므로 분야별 또는 주제별로 체계화하고 전체 지역구에 대한 필요성의 정도에 따라 우선순위를 정하는 것이 바람직하다.

정치후보자는 여론조사를 통해 입수한 정보를 바탕으로 투표자가 현재 관심을 가지는 쟁점에 대하여 견해를 피력할 수 있을 뿐만 아니라, 자신의 약점을 극복하여 강점으로 변환시키는 아이디어, 상대후보자의 공격에 대한 대응논리, 상대후보자에 대한 공격논리를 개발할 수 있다.

또한 지역의 자랑거리, 명소, 특산물 등에 관한 조사결과를 바탕으로 유권자에게 호의적으로 받아들여질 수 있는 이미지도 개발할 수 있다. 정치후보자가 특정 지역에서 선거캠페인을 전개할 경우 당해 지역의 주민조차 잘 알지 못하는 구체적 지리, 역사, 환경, 인물 등에 대해 소상하게 알고 유권자를 접촉하고, 연설을 한다면 그 지역 유권자의 긍정적 평가를 이끌어내는 데 큰 도움이 된다.

여론조사를 통해 얻은 정보는 연설, 선거공보, 당원수첩의 내용이 될 수 있으며, 후보자, 참모, 당원, 조직 등이 유권자에게 전달할 메시지의 주된 내용을 이루게 된다. 이러한 의미에서 선거여론조사란 바로 유권자에 관한 정보를 제공함으로써 선거캠페인이 유권자의 기존 의견과 태도를 강화할 것인가, 아니면 변경하거나 중화시키도록 할 것

등이 있다.

인가에 대해 합리적으로 선택하도록 한다.

선거여론조사가 제공하는 유용한 정보들을 살펴보면 다음과 같다.

① 후보자의 이름 인지도

정치후보자들은 본격적으로 선거전에 돌입하기 전이나 선거기간 중에 흔히 여론조사를 통해 그들의 이름 인지도(認知度; *candidate/opponent name recognition*)를 알아본다. 그러나 여론조사는 기본적으로 비용이 많이 들기 때문에 자금력이 약한 후보자, 특히 정치신인들에게는 보통 큰 부담이 된다. 또한 정치신인은 특별한 경우를 제외하고는 여론조사 결과에 나타나는 인지도가 저조한 경우가 많다. 따라서 많은 비용과 시간을 들인 여론조사 결과가 결국 후보자에게 좌절감만 안겨주는 경우가 허다하다.

여론조사 전문가 중에는 출마할 의사가 있는 사람이라면 반드시 출마 전에 여론조사를 실시하여 충분한 인지도가 확인될 때에만 출마해야 한다고 말하는 사람들이 있다. 그런데, 이것이 과연 타당한 말인가? 정치신인이 출마 전에 이미 충분한 인지도를 확보한 경우가 많을까? 이러한 조언에 따른다면 정치신인은 극히 예외의 경우를 제외하고 거의 대부분 출마할 수 없을 것이다. 그리고 재선, 3선, 다선의 현직 정치인들이 모두 처음에 충분한 인지도를 확보하고 출마했는지도 의문이다.

선거캠페인의 양상은 다양하고 변화무쌍하다. 선거캠페인을 효과적으로 전개하여 일견(一見) 이길 수 없는 것처럼 보이는 선거에서 열세를 극복하여 승리하도록 하는 것이 바로 창조적 전략과 전술의 오묘한 힘이다. 따라서 여론조사 결과만을 토대로 모든 선거캠페인의 가능성을 정의하는 접근방법은 바람직하지 않다. 여론조사 결과에 나타나는 인지도는 좋은 전략과 전술을 위한 기초자료는 될 수 있지만 정치후보자와 선거캠페인의 가능성을 재단하는 획일적 결정척도는 될 수 없다. 특히 선거에 처음 출마하는 후보자의 경우 여론조사에 나타나는 인지도에 큰 의미를 부여할 수 없다.

② 후보자에 대한 지지도

지지도(*candidate/opponent evaluation*)란 기본적으로 인지도가 형성된 바탕 위에서 구축되는 것이기 때문에 정치신인에게는 대개 지지도 역시 저조하게 나타난다. 그러나 이름 인지도의 경우와 마찬가지로 정치신인은 지지도가 만족스럽지 못하다고 하더라도 실망할 필요가 없다. 창조적 선거캠페인을 통해 이러한 부족함을 극복하면 된다.

현직 정치인이나 정치신인이 높은 인지도를 가졌어도 지지도가 저조한 경우가 있는데 이것이야말로 선거캠페인에 적신호(赤信號)로 받아들여야 한다. 여기에는 여러 가지 이유가 있겠지만 많은 경우 후보자의 부정적 이미지가 그 주요 원인이다. 이것은 정치후보자가 이름은 많이 알려져 있으나 그 이름이 좋지 않게 알려져 있다는 것을 의미한다. 이와 같이 이름은 많이 알려져 있으나 신뢰성이 없는 것보다는 차라리 이름이 알려져 있지 않은 편이 낫다. 부정적 이미지를 좋은 이미지로 바꾸는 것보다 이미지를 처음부터 새로 형성하는 것이 더 수월하기 때문이다. 백지에는 무슨 그림이든 새로 그릴 수 있다.

③ 유권자의 대중매체 이용실태

여론조사를 통해 선거구 내의 유권자가 많이 접하는 대중매체를 파악할 수 있다. 대중매체는 다시 전자매체와 인쇄매체로 나눌 수 있으며, 각 매체 내에서도 구체적으로 어떤 매체에 많이 노출되어 있는지 파악할 수 있다. 더 세부적으로는 많이 읽는 지면, 많이 보는 프로그램도 알아낼 수 있다. 선거구의 크기가 큰 경우에는 세부지역별 대중매체 이용실태를 파악하여 두는 것이 필요하다.

대중매체 이용실태에 대한 이런 정보를 축적해두어야 효과적 선거정치커뮤니케이션을 위한 구체적 수단과 방법을 선택할 수 있다. 우리나라는 공직선거법에 의해 대중매체를 통한 정치광고에 제한이 많기 때문에 대통령선거나 광역단체장선거와 같은 선거 이외에는 사실상 대중매체 이용실적이 미미한 상태이다. 따라서 공보를 통해 메시지 설득커뮤니케이션을 강화할 수 있는 아이디어를 개발하는 것이 바람직하다.

④ 유권자가 관심을 가지는 이슈

이슈는 국가적 이슈와 지역적 이슈로 나눌 수 있다. 국가적 이슈는 전국민적 관심을 불러일으키는 쟁점이고 지역적 이슈는 당해 선거구의 유권자가 특별히 관심 있는 비교적 범위가 제한된 쟁점이다. 만약 어떤 선거구에 농업종사자의 수가 많으면 농업정책이 가장 큰 관심사가 될 것이고 따라서 이 정책들과 관련된 이슈에 관심이 집중될 것이다.

선거캠페인에 전략적으로 연계시키기 위해 특별히 중요한 지역적 이슈에는 당선자가 앞으로 이루어주기를 원하는 숙원사업, 현재 진행되고 있으나 진척이 지지부진한 사업, 이미 이루어진 사업이라도 문제점이 있는 사업 등이 포함된다. 여론조사를 통해 선거구의 주요 이슈가 파악되면 이를 성취하기 위한 구체적 정책을 개발하여 유권자의 바람에 부응할 수 있다. 이러한 것들이 바로 선거구민에 대한 정당별 · 세부지역별 정책과 공약의 내용이 된다.

⑤ 유권자에 대한 인구통계학적 자료

인구통계학적 자료란 성(性), 나이, 직업, 학력, 소득, 종교, 출신지 등에 따른 정보를 말하며, 여론조사에서 사용된 표본을 통하여 유권자의 인구통계학적 특성을 추정할 수 있다.

⑥ 지역의 자랑거리, 명소, 특산물

여론조사를 통해 파악할 수 있는 유용한 정보로는 지역의 자랑거리, 명소, 특산물 등이 포함된다.[12] 여론조사에 나타나는 인지도가 대개 저조할 수밖에 없는 정치신인의 경우, 특히 많은 비용을 들여 실시하는 여론조사를 제대로 활용하기 위해서는 이러한 정보를 꼭 파악해야

---

12) 예: 이름난 관광지, 공단, 농업단지, 현존하는 유적, 현존하지 않지만 역사에 기록된 유적, 전설.

한다. 이러한 정보는 자유기재식(*open-ended*)으로 응답하도록 하는 것이 좋으며, 지역의 숙원사업, 현재 진행 중이나 지지부진한 사업 등의 정보와 함께 주제분야별,[13] 세부지역별[14]로 세밀하게 정리해두어야 유용하게 사용할 수 있다. 조직을 통해서도 이러한 정보를 수집할 수 있으나 편향되거나 중요한 것을 빠트릴 가능성이 있기 때문에 여론조사를 이용하는 것이 효과적이다.

⑦ 실제 투표참여 의사

유권자가 투표일에 실제로 투표에 참여할 의사가 있는지 없는지에 대해 여론조사를 통해 파악할 수 있다.

(2) 선거여론조사의 종류

① 벤치마크 여론조사

본격적으로 선거캠페인을 시작하기 전에 전략수립에 필요한 포괄적 기초자료를 구축하기 위한 여론조사이다. 마치 새롭게 사업을 시작하는 사람이 향후 마케팅전략을 수립하기 위해 종합적으로 시장조사를 하는 것과 같다. 벤치마크 여론조사(*benchmark poll*)는 질문항목이 많아 비용이 많이 드는 편이다. 그러나 선거구의 선거환경, 중요이슈, 유권자의 인구통계학적 특성 등 중요정보를 제공한다. 이러한 정보는 정치후보자의 이슈입장과 메시지를 결정하는 데 필요하다.

② 속행 여론조사

선거캠페인의 진행효과를 파악하기 위한 여론조사이다. 이 여론조사는 보통 벤치마크 여론조사보다 적은 양의 정보를 추구하기 때문에 비용이 덜 든다. 필요한 속행(續行) 여론조사의 수에 대해서는 정해진 법

13) 예: 환경, 교육, 교통, 복지, 위생, 의료 등.

14) 예: 동별, 투표구별, 통별, 집단부락, 마을별 등.

칙이 없다. 속행 여론조사(*follow-up polls*)의 횟수는 선거캠페인의 자금력에 달려 있다. 미국 선거캠페인의 경우 보통 두 번 정도 속행 여론조사를 하는데, 대략 선거일 5~6주 전에 한 번, 2~3주 전에 한 번 실시한다. 이 여론조사는 선거캠페인 전략가들에게 처음의 전략이 제대로 효과를 발휘하는가, 그렇지 않다면 어떻게 조정해야 하는가를 결정하는 데 도움을 준다.

③ 추적 여론조사

추적 여론조사(*tracking polls*)란 자금력이 있는 선거캠페인의 경우 선거캠페인 마지막 단계에서 일일 활동효과를 측정하기 위한 여론조사이다. 만약 유권자가 계획된 방향으로 반응을 보이지 않을 경우 전략과 전술에 최종적으로 변화를 주기 위한 것이다. 예를 들어 대통령선거나 광역자치단체장선거와 같이 넓은 지역을 대상으로 선거전을 치르는 경우 이미 제작한 텔레비전 광고를 취소하고 여론조사를 통해 새롭게 나타난 문제점에 초점을 맞추어 신속하게 새로 만든 광고를 방영할 수 있다. 그러나 만약 이 여론조사의 결과가 당해 선거캠페인이 기대하는 효과를 산출한다는 것을 보여주면 전략을 변경할 필요가 없다.

(3) 인구통계학적 리서치

선거캠페인에서 구체적 유권자그룹을 겨냥하여 메시지를 전달하기 위해서는 유권자에 관한 인구통계학적 정보가 필요하다. 인구통계학적 리서치(*demographic research*)란, 성, 연령, 직업, 학력, 종교, 노동단체의 가입 여부 등과 같은 변수들과 관련하여 투표자의 성향을 파악하는 것이다. 인구통계학적 리서치는 투표행태 분석, 여론조사와 함께 선진국 선거캠페인에서 많이 사용되는 정량적 연구·조사방법이다. 우리나라는 중앙선거관리위원회와 각 여론조사기관들이 주요 선거와 관련된 인구통계학적 자료를 제공하지만 아직 개개 선거구의 세부지역에 관한 자료가 미흡하다.

인구통계학적 리서치는 크게 단일변수에 의한 인구통계학적 분석(*univariate demographic analysis*)과 다변수(多變數)에 의한 인구통계학적 분석(*multivariate demographic analysis*)으로 나눌 수 있다. 전자는 한 가지의 인구통계학적 변수와 관련된 유권자의 선거와 관련된 성향을 알아보는 것이다. 후자[15]는 여러 가지의 인구통계학적 변수를 사용하여 유사한 인구통계학적 특징을 가진 사람들이 사는 지역을 찾아내는 것을 목표로 한다. 예를 들면 대학졸업 이상의 학력을 가진 고소득 전문직 종사자들이 다른 지역에 비해 불균형적으로 많이 거주하는 지역을 찾아내는 것이다. 이러한 리서치에는 회귀분석(*regression analysis*)이나 요인분석(*factor analysis*)과 같은 정교한 통계분석방법을 많이 사용한다.

(4) 투표자의 투표행태에 관한 연구 · 조사

투표에 참여할 가능성이 높은 유권자를 찾아내는 일은 메시지 설득 커뮤니케이션을 효과적으로 수행하는 데 대단히 중요하다. 이른바 캠벨[16]이 말하는 '핵심적 투표자'를 찾아내는 것이 선거캠페인에서 불필요한 비용을 제거하고 메시지 전달을 집중해야 할 투표자그룹의 범위를 좁히는 데 중요하다.

문제는 핵심적 투표자를 찾는 방법인데 예전보다는 각 유권자의 투표빈도에 관한 정보를 확보하는 일이 쉽다. 그러나 우리나라는 아직 이러한 자료가 극히 제한되어 있다. 미국의 경우 어떤 주는 이러한 정보를 테이프에 담아 주 국무장관이 보관하도록 한다. 또 어떤 주는 카운티[17] 선거관리위원회(*the county board of elections*)에서 이러한 정보를

---

15) 가장 잘 알려져 있는 다변수 리서치방법(*multivariate approaches*)으로는 Prism, ACORN, Cluster Plus가 있다.

16) A. Campbell(1966)은 핵심적 투표자(*core voters*)와 주변적 투표자(*peripheral voters*)의 차이에 대하여 전자는 정기적으로 투표하는 사람들, 후자는 대통령 선거 같은 전국적 선거에만 주로 투표하는 사람들이라고 규정하고 있다.

17) 우리나라의 군(郡)과 유사한 미국의 행정단위.

제공한다. 또한 이러한 정보를 컴퓨터를 이용해 데이터로 만들지 않은 곳에서는 선거관리위원회를 직접 방문하면 제공받을 수 있다. 우리나라도 고비용·저효율의 비과학적 선거캠페인을 과학적 선거캠페인으로 발전시키기 위해서는 이러한 자료를 국가적 차원에서 구축하여 제공하는 것이 필요하다.

2) 정성적 연구·조사방법

선거캠페인에서 효과적으로 사용되는 정성분석적(定性分析的) 또는 질적(質的) 연구·조사방법(*qualitative research methods*)의 대표적인 것으로 그룹테크닉(*group process techniques*)[18]을 들 수 있다. 그룹테크닉은 적은 비용으로 신속하게 중요한 전략적 정보를 얻을 수 있는 연구·조사방법으로 선거캠페인에서 다양하게 사용할 수 있다. 특히 후보자의 강·약점분석, 이슈분석, 이미지분석, 슬로건제작 등에 효과적으로 사용할 수 있다. 그 외에도 인간의 주관성을 체계적으로 연구하고자 창안된 Q-방법론(*Q-methodology*)[19]도 선거캠페인의 다양한 분야에 효과적으로 활용하여 전략적 결정을 내리는 데 도움을 줄 수 있다.

18) 그룹테크닉에 대해서는 김창남(2000)의 제 5장을 참고.

19) 현재 Q-방법론이라고 불리는 연구방법론은 심리학자이자 물리학자인 윌리엄 스티븐슨 박사(Stephenson, 1902~1989)에 의해 1935년에 소개되었다. 이 방법론은 인간의 정성적인 면을 연구하는 데 유용하게 쓰인다. 이 방법론의 초점은 양보다 질에 있으며 고도의 강력한 통계학 및 물리학의 양자역학이론이 바탕에 있다. 이 방법론은 그동안 꾸준히 확산되어 최근에는 거의 모든 학문 분야에서 사용되며 우리나라에도 1998년 11월에 스티븐슨 박사의 수제자이며 현재 Q-방법론의 세계 1인자인 브라운(Brown, 1980) 박사가 참석한 가운데 한국주관성연구학회가 탄생하였다.

제 6 장
선거캠페인 메시지

선거캠페인 메시지(*message*)란 선거캠페인의 주체인 정치후보자 또는 정당이 투표자로부터 긍정적 반응을 얻기 위하여 투표자에게 전달하는 자극(*stimuli*)이다. 선거캠페인 메시지는 정치후보자의 출마이유, 선거캠페인의 성격, 정치후보자가 당선되어야 할 이유, 경쟁후보자와의 차이점, 당선된 후 성취할 것 등이 포괄적으로 용해된 개념이며 주로 언어적 수단을 통해 투표자에게 전달된다. 그러나 선거캠페인에서 효과적 메시지 설득커뮤니케이션이 일어나게 하려면 언어적 자극과 비언어적 자극을 적절하게 배합하여 사용하는 것이 필요하다.

성공적 선거캠페인을 위해서는 무엇보다도 올바른 메시지를 창출해야 한다. 선거캠페인 메시지는 기본적으로 후보자와 선거환경에 대한 이해를 바탕으로 만들어진다. 선거캠페인 메시지는 다시 광범위 메시지, 중범위 메시지, 소범위 메시지로 나뉜다.

1. 광범위 메시지: 선거캠페인 주제와 슬로건

광범위 메시지란 선거캠페인 전체를 관류(貫流)하는 생각 또는 주제를 나타내는 메시지이다. 또한 광범위 메시지는 선거구의 전체 유권자에게 무차별적으로 전달되어야 할 메시지이다. 광범위 메시지는 구체적으로 선거캠페인 주제와 슬로건으로 나눌 수 있다.

1) 선거캠페인 주제

선거캠페인 주제는 선거캠페인의 중심생각 또는 중심사상이다. 소설, 신문의 칼럼, 학술논문에는 언제나 중심생각, 즉 주제가 있기 마련이다. 영화와 연극에도 주제가 있고 회화, 조각, 음악, 사진작품에도 주제가 있다. 마찬가지로 선거캠페인에도 유권자에게 전달하고자 하는 중심생각 또는 중심사상이 있어야 한다.

선거캠페인의 주제는 '변화'될 수도 있고 기존 성취에 대해 '유지·발전'될 수도 있다. 통일, 복지사회건설, 경제개발, 환경, 범죄퇴치, 노인복지, 장애인복지, 여성문제, 교육문제, 노동문제 등 선거캠페인의 주제가 될 수 있는 소재는 다양하다. 보통 현직 정치인은 기존 성취에 대한 유지·발전을, 정치신인은 변화를 주제로 선택하는 경우가 많다.

선거캠페인 주제는 당해 선거환경과 후보자의 강·약점, 후보자의 정치철학과 비전, 능력과 자질 등을 토대로 도출된다. 선거캠페인 주제는 보통 소수의 단어 또는 짧은 문장으로 표현된다. 글의 주제가 뒤따르는 풍부한 내용과 상세한 설명에 의하여 구체화·입증·설득되는 것처럼 선거캠페인의 주제도 선거캠페인 과정을 통하여 유권자에게 구체화·입증·설득된다. 이러한 메시지 설득커뮤니케이션을 효과적으로 수행하기 위해 올바른 전략과 전술이 필요하게 되고, 다양한 커뮤니케이션 수단과 방법이 사용된다.

각급 각종 선거의 정치후보자는 무엇보다도 자신의 선거캠페인을 둘

러싼 선거환경을 정확하게 파악하여 선거캠페인의 성격에 부합하는 주제를 개발하는 데 깊은 관심을 기울여야 한다. 그리고 개발된 선거캠페인 주제를 간결한 단어 또는 문장으로 표현해야 한다.

2) 선거캠페인 슬로건

선거캠페인의 주제가 정해지면 그 주제를 효과적으로 표현하는 슬로건(*slogan*; 캐치프레이즈/대표구호)을 창출해야 한다. 슬로건은 주제를 담는 그릇과 같다. 천하의 산해진미라도 좋은 그릇에 담아낼 때 입맛을 돋우게 되며, 질 좋은 상품도 품위 있게 포장하여 진열할 때 소비자의 구매욕을 불러일으킬 것이다. 선거캠페인 메시지도 이와 다를 바 없다. 좋은 주제, 좋은 생각이 유권자에게 효과적으로 전달되기 위해서는 효과적 슬로건이 창출되어야 한다. 그래야 유권자에게 선거캠페인의 주제가 각인(刻印)되어 투표행위로 연결된다. 따라서 선거캠페인의 주제가 결정되면 그 주제를 효과적으로 요약하여 표현하는 슬로건을 창출하는 데 많은 노력을 기울여야 한다.

(1) 좋은 슬로건의 조건

좋은 슬로건이 되려면 다음에 제시한 다섯 가지 조건에 부합해야 한다. 그러나 한 슬로건이 모든 조건을 다 만족시키기는 어렵다. 이 중 두세 개라도 제대로 만족시킨다면 좋은 슬로건이다.

① 간결함

좋은 슬로건은 짧고 간결하다. 중언부언하거나 만연체(蔓衍體)로 늘어져서는 강한 인상을 주지 못한다. 좋은 슬로건은 보통 다섯 단어 이내에서 결정되는 경우가 많다. 아무리 좋은 내용을 담은 슬로건이라도 열 단어를 넘어가지 않도록 해야 한다.

② 단순함

좋은 슬로건은 단순하다. 난삽한 언어는 슬로건에 적합하지 않다. 애매모호한 말, 생경한 말도 피해야 한다. 세상에서 흔히 쓰는 말, 쉽고 단순한 말을 골라 써야 한다. 젊은 투표자에게 호소력을 갖기 위해서는 구어체가 효과적이다. 그러나 구어체는 무게감과 진지함이 떨어질 가능성이 있으므로 신중하게 사용해야 한다. 단순한 슬로건은 유권자에게 직접 다가가서 하고 싶은 말을 우회하지 않고 명확하게 전달하는 장점이 있다.

③ 혜택감

좋은 슬로건은 유권자에게 어떤 혜택 또는 향상에 대한 전망이 서게 하거나, 희망을 주거나, 최소한 그러한 기대라도 자극한다. 이러한 전망, 희망, 기대는 많은 경우 경제와 관련이 있다. 즉, 유권자의 생활문제, 인간답게 사는 문제, 행복의 문제, 복지의 문제에 대하여 어떤 해결책을 제시하거나 최소한 희망이나 전망이 서게 해야 한다. 그래야 투표자의 마음을 움직일 수 있다. 이런 의미에서 제 15대 대통령선거에서 사용된 "준비된 대통령"은 당해 후보자가 경제에 대해 해박한 지식을 가졌다고 알려져 있었기 때문에 유권자 사이에서 경제문제 해결에 대한 전망과 기대를 자극할 수 있었다. 또한 같은 선거에서 사용된 "깨끗한 정치, 튼튼한 경제"도 역시 경제적 측면에서 혜택감을 자극하는 데 큰 흠은 없었다. 그러나 정치후보자가 아들의 병역문제와 관련된 시비에 휘말리면서 슬로건의 설득력이 많이 손상되었다.

④ 함축성

좋은 슬로건은 간결하고, 단순하면서도 함축적이다. 일견(一見) 단순함과 함축성은 서로 상충된 개념으로 보이지만 그렇지 않다. 함축성의 반대는 단순함이 아니라 단선적이다. 함축적 슬로건은 유권자에게 쉽고 명확하게 다가가면서도 긍정적 방향으로 무한한 상상력을 발동시킨다.

예를 들어, 제 15대 대통령선거에서 사용된 "준비된 대통령"의 '준비된'은 쉽게 이해되면서도 당해 정치후보자의 긍정적 질(質; *quality*)에 대하여 유권자의 상상력을 다양하게 발동시키는 함축성을 지닌다. 선거캠페인 슬로건이 함축성을 잘 발휘하도록 하기 위해서는 은유적이고 비유적인 표현기법을 사용할 수도 있다.

⑤ 신뢰감

좋은 선거캠페인 슬로건은 투표자에게 정치후보자의 신뢰성을 전달한다. 정치후보자의 신뢰성이란 제시하는 정책의 실현 가능성, 정치후보자의 능력과 자질에 대한 믿음, 한 인간으로서의 책임감, 도덕성과 관련되어 있다. 그리고 신뢰감이란 진실과 정직을 스스로 강력히 주장하고 아름다운 수사를 사용한다고 생기는 것이 아니다. 정치후보자가 평소 신뢰성 있는 이미지를 형성했을 때 주어지는 것이다.

(2) 슬로건의 유형

슬로건은 정치후보자가 취하는 입장에 따라 크게 후보자의 강점을 부각시키는 유형과 한 후보자의 강점과 다른 후보자의 취약점을 대비하여 부각시키는 유형으로 나눌 수 있다. 그러나 효과적 슬로건들은 다른 후보자의 취약점을 언급하지 않고 자신의 강점만을 부각시키면서도 함축적으로 다른 후보자와 차별화를 이룬다.

① 후보자의 강점을 부각시키는 슬로건

이 유형의 슬로건은 상대후보자에 대한 언급 없이 자신의 강점에 집중한다. 이러한 슬로건은 주로 정치후보자의 개인적·직업적·정치적 강점, 성취, 공적, 지도력 등을 강조한다. 또한 이러한 슬로건은 지지도, 자금, 조직 등 선거캠페인의 주요 요소 면에서 단연 우위를 점하는 정치후보자, 또는 이른바 무주공산(無主空山; *running in open seats*)[1]의 선거구에서 출마한 정치후보자가 흔히 채택한다.

과거에 박정희 대통령이 사용하였던 “중단 없는 전진”은 이러한 슬로건의 한 예이다. 1984년 미국 대통령재선캠페인에서 레이건 후보가 사용한 “Leadership That's Working, Bringing America Back”(작동하고 있는 리더십으로 미국을 되살리자)은 민주당의 먼데일 후보에 대한 언급이 전혀 없이 레이건 리더십의 강점과 성취를 강조했다. 비슷한 예로 1986년 미국 아칸소 주 현직 상원의원인 데일 범퍼(Dale Bumper)가 그의 재선캠페인에서 사용한 슬로건인 “The Arkansas Advantage”(아칸소의 이익)도 상대후보자에 대한 언급 없이 자기의 강점을 집중적으로 부각시키면서 유권자에게 자신이 당선되어야 할 당위성을 설득했다.

▪ 정치후보자의 강점 또는 장점을 부각시키는 경향의 슬로건

경제대통령, 통일대통령; 준비된 대통령; 미래를 향한 희망열차; 강력한 지도력; 민족발전의 견인차; 전문성과 경험; 지역발전의 기수; 용기와 상식의 정치인; 우리의 작은 거인; 내고장 큰 머슴, 나라엔 큰 일꾼; 시민운동의 정책전문가; 대쪽정치인; 생활정치, 살림정치; 발로 뛰는 지역일꾼; 지조와 경륜의 정치인; 동대문의 마당발, 해내는 사람; 경제 암행어사; 봄바람처럼 상쾌한 남자; 마포사람; 정치와 경제를 아는 차세대 지도자; 종로의 정신, 민주승리; 우리의 이웃, 보통사람; 영등포의 명예를 지킬 사람; 친근한 대통령, 정직한 정부; 노원의 솔직한 목소리; 정치사형수; 경주 머슴아; 도덕정치; 훌륭하지만 알려지지 않은 인물; 진실의 대변자; 난세는 강력한 인물을 요구한다; 미래의 인물; 조용한 힘, 미테랑 대통령; 정의로운 길을 향하여 등

② 상대후보자와 자신을 대조시키는 슬로건

이러한 유형의 선거캠페인 슬로건은 한 후보자의 강점과 다른 후보자의 취약점을 차별적으로 부각시킨다. 이러한 슬로건은 인지도와 지

1) 두각을 나타내는 정치후보자가 없는 선거구를 말하며 흔히 재선거, 보궐선거, 신설 선거구가 이에 해당되는 경우가 많다.

지도, 자금, 조직 등에서 열세인 후보자가 지지기반이 잘 닦여져 있는 후보자와 경쟁하거나, 정치신인이 현직 정치인에게 도전하는 경우에 많이 사용된다. 이승만 대통령과 경쟁했던 신익희 선생의 "못살겠다 갈아보자"는 바로 이러한 슬로건의 전형적 예이다.

1984년 미국 민주당 대통령 예비선거에서 게리 하트가 사용한 "New Ideas"(새로운 아이디어)도 이런 유형의 슬로건이다. 게리 하트는 그의 젊음과 낮은 인지도의 긍정적인 면과 유권자가 새로운 지도력에 관심이 높다는 정확한 현실인식을 창조적으로 연계하여 효과적 선거캠페인 메시지를 개발하였다. 비록 직설적이지는 않지만 이 슬로건은 게리 하트를 참신한 아이디어의 대변자로 정의하는 반면, 먼데일이나 글렌 같은 후보자는 낡은 아이디어의 대변자로 정의함으로써 약점으로 작용하기 쉬운 그의 젊음과 낮은 인지도를 강점으로 변환시키는 지혜를 발휘했다.

▪ 한 후보자의 강점과 다른 후보자의 취약점을 비교적으로 부각시키는 경향의 슬로건

변화와 개혁; 새 시대 새 인물; 정경유착의 종언; 금권정치의 종식; 정치를 확 바꿉시다; 새 시대, 새 나라, 새 일꾼; 남들이 떠들 때 저는 실천하겠습니다; 이번만은 바꿉시다; 혼란 없는 나라발전; 우리는 보통사람 이제는 안정입니다; 신선한 정치, 깨끗한 실천; 정치권의 세대교체; 우리 강북의 운명을 바꿉시다; 열자, 새 시대를!; 정치도 역사도 공고기 바꿔내야 합니다; 가난하고 외로운 서민들의 등불이 되겠습니다; 정치기적은 여성대통령으로; 제 1야당 밀어주어 여당 횡포 저지하자; 부시는 슬로건을, 듀카키스는 해결책을; 강력한 미국; 새로운 노동당, 새로운 세금; 노동당은 일하지 않는다; 선을 위해 변화하는 영국; 다른 길, 다른 정치, 다른 대통령; 우리와 함께 새로운 독일을 건설합시다; 오랫동안 정치는 남자들의 일이었습니다; 이제는 모든 계층이 함께 발전해야 합니다; 두려움이 아니라 희망에 한 표를; 베트남, 새로운 삶을 건설하고 지켜 나가자 등

3) 효과적 광범위 메시지의 구성과 전달

효과적 광범위 메시지를 창출하여 설득력 있게 전달하기 위해서는 다음과 같은 조건들을 충족시켜야 한다.

(1) 단일성

선거캠페인의 효과성을 심각하게 손상시키는 요인 중의 하나는 광범위 메시지를 여러 개 만들어 사용하는 것이다. 다다익선(多多益善)일 것 같지만 선거캠페인에서는 이러한 상식과는 다른 원리가 적용된다는 점을 유의해야 한다. 이미 앞에서 제시했듯이 광범위 메시지는 간결하고 단순해야 할 뿐만 아니라 단일하게 만들어 사용해야 한다. 그래야 설득효과가 누적되고 강화된다. 선거캠페인에서 광범위 메시지를 여러 개 만들어 사용하면 유권자의 관심과 흥미를 유발하여 좋을 것 같지만 오히려 메시지 설득커뮤니케이션의 효과성을 감소시킨다. 또한 어떤 선거캠페인에서는 단일한 캠페인 주제에 대하여 뜻은 대동소이(大同小異)하나 표현이 다른 슬로건을 여러 개 만들어 사용하는 경우도 있는데 이것 역시 설득커뮤니케이션의 효과성을 저하시킨다.

(2) 일관성

광범위 메시지(주제와 슬로건)는 선거캠페인의 방향을 전면적으로 수정해야 하는 특별한 경우를 제외하고는 바꾸지 말고 일관되게 사용해야 한다. 비효과적 선거캠페인일수록 다양성의 미명 하에 캠페인 주제와 슬로건이 일관성 없고 산만하며 또 쉽게 바뀌는 경향이 있다. 특히 슬로건은 선거기간 중 치명적 결점이 발견되지 않는 부분적 자구(字句)조차 바꾸지 않는 것이 좋다.

2. 중범위 메시지: 정책분야별 대표 메시지

각급 각종 선거의 정치후보자들은 자신의 선거캠페인에 적합한 광범위 메시지가 만들어지면 이어서 이 광범위 메시지를 각 정책분야별 또는 정책영역별로 더 구체화시키는 중범위 메시지를 만들어야 한다. 이러한 중범위 메시지도 슬로건의 형태로 표출될 수도 있고 소수의 단어, 구 또는 간결한 문장의 형태를 취할 수도 있다. 예를 들어 어떤 대통령후보자가 “국정개혁”이라는 캠페인 주제에 대하여 “개혁 없이 미래 없다”는 슬로건을 창출해냈다고 하자. 이때 이 광범위 메시지를 정치, 경제, 사회, 문화, 교육, 환경 등 다양한 정책분야별로 더 구체화시키는 대표 메시지를 만들어야 하는데 이것이 바로 중범위 메시지이다.

가령 정치분야에서 국정개혁을 이룩하기 위한 중심생각이 후진적 정치행태를 타파하여 선진 민주정치를 정착시키는 것이라면 “선진 민주정치 구현”이라는 정치분야의 대표 메시지를 산출해낼 수 있을 것이다. 또한 경제분야에서 국정개혁을 이룩하기 위한 대표 메시지는 “시장경제의 실현”으로 설정될 수 있을 것이다. 이와 같은 방법으로 제 정책분야에서 개혁을 실현하기 위한 중심생각 또는 중심과제와 대표 메시지를 설정할 수 있는데 이것들이 중범위 메시지이다. 위에서 대통령 선거캠페인을 예로 들어 중범위 메시지를 설명하였지만 그 기본원리는 모든 선거캠페인에 공통으로 적용된다.

3. 소범위 메시지: 정책, 계획, 프로그램

선거캠페인 주제를 호소력 있게 표현하는 슬로건이 창출되고 이에 따른 정책분야별 중범위 메시지가 결정되면 중범위 메시지를 더 구체적으로 실현하기 위한 정책, 계획 또는 프로그램이 창출되어야 하는데 이것을 소범위 메시지라고 한다. 이러한 소범위 메시지는 지역적(정당적), 태도적, 인구통계학적, 필드별로 구체적 유권자그룹을 겨냥하는 메시지이다. 이것이 세부공약이다. 소범위 메시지는 광범위 메시지 및 중범위 메시지와 상충되어서는 안 되며, 상위 메시지와 일관성을 유지해야 한다.

앞에서 예로 들었던 "국정개혁"이라는 선거캠페인 주제에 따른 정치분야의 중범위 메시지는 "선진 민주정치의 구현"이었다. 이 정치분야의 중범위 메시지를 구체적으로 실현하기 위한 방안으로는 붕당정치의 척결, 선거문화의 개혁, 정당정치의 개혁, 작은 정부의 실현 등을 들 수 있는데 이러한 것이 바로 소범위 메시지이다. 이러한 소범위 메시지는 더 구체적 정책, 프로그램, 계획의 형태로 표출될 수 있다.

소범위 메시지는 투표자를 세분하여 작은 규모의 투표자를 대상으로 더 구체적이고 적절한 정보를 가지고 광범위 메시지와 중범위 메시지

〈그림 6-1〉 캠페인 메시지체계

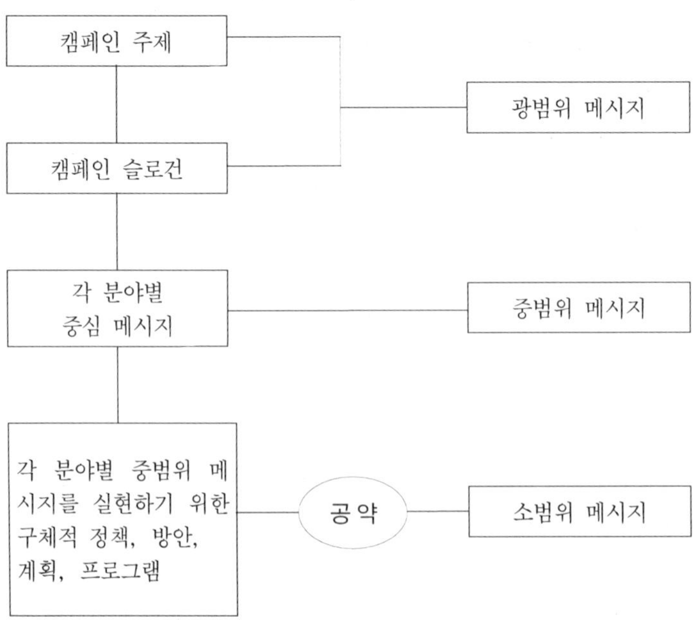

를 보완하는 메시지이다. 예를 들어, 어떤 정치후보자가 "국정개혁"이라는 선거캠페인 주제 아래 "사회복지제도 개혁"이라는 중범위 메시지를 설정하고, 구체적 실현방안의 하나로 65세 이상의 노인들에게 매달 일정액의 노인연금을 지불할 것을 약속한다면 이 정책안이 바로 노인 투표자를 구체적으로 겨냥하는 소범위 메시지이다. 만일 어떤 정치후보자가 스승의 날을 공휴일로 지정해야 한다는 것을 주장한다면 이것은 교직에 종사하는 투표자를 겨냥하는 소범위 메시지가 된다.

4. 그룹테크닉을 이용한 메시지 창출

1) 그룹테크닉에 대한 이해와 사용분야

선거캠페인 내부에서 발생하는 문제점 중의 하나는 사람간의 의견불일치, 이해상충이며 이러한 것들은 선거캠페인의 효율성과 효과성을 저해하는 중요한 요인으로 작용한다. 그룹테크닉(*small group process techniques*)은 선거캠페인 과정에서 사람들의 의견을 체계적으로 수렴하여 마찰을 극소화하고 합의구축을 극대화할 수 있는 효과적 수단이다.

그룹테크닉은 선거캠페인에서 적은 비용으로 신속하게 전략, 전술, 계획 및 의사(議事)를 설정함으로써 선거캠페인의 효율성을 향상시킬 수 있는 정성적(定性的; *qualitative*) 리서치방법이다. 미국을 포함한 서구 정치선진국에서는 선거캠페인 컨설턴트, 여론조사가, 미디어전문가 등이 그룹테크닉을 중요한 전략적 결정을 내리는 데 효과적으로 사용한다. 또한 서구에서는 기업이나 정부기관에서도 그룹테크닉을 광범위하게 활용한다.

그룹테크닉은 종종 여론조사보다 정확한 정보를 제공한다. 단순한 여론의 집합이라기보다 여론을 관류하는 지혜와 통찰력을 제공하는 데 그룹테크닉의 의의와 유용성이 있다. 여론조사가 가진 문제점 중의 하나는 반응의 문제, 즉 응답자들이 질문에 솔직하게 대답하지 않아서 정확한 정보를 얻지 못하는 경우가 발생하는 것인데, 이러한 문제점을 고려할 때 그룹테크닉은 기존의 정량적 리서치방법을 보완할 수 있다는 점에서도 대단히 유용하다. 그룹테크닉이 유용하게 사용될 수 있는 분야를 정리해보면 다음과 같다.

▪ 그룹테크닉이 유용하게 사용될 수 있는 분야

① 정치후보자의 강점과 약점에 대한 파악
② 정치후보자의 경험파악: 정치캠페인경험, 시민·이슈운동 경험, 행정경험 등
③ 이슈파악
④ 선거캠페인의 주제파악
⑤ 슬로건 개발
⑥ 중범위 및 소범위 메시지 개발
⑦ 캠페인 전략 및 계획수립
⑧ 홍보물 메시지 제작: 미디어광고 문안개발, 미디어광고의 색깔, 사진 등과 관련된 전략적 결정
⑨ 모금 및 미디어 이벤트 조직: 우선순위 결정 등과 관련된 전략적 결정
⑩ 여론조사 설문지 작성 등

그룹테크닉 중 정치분야에서 가장 잘 알려져 있는 것은 포커스 그룹 테크닉(*focus group technique*)이다. 그 외에도 NGT(*Nominal Group Technique*), Idea writing, structured Brainstorming 등이 있다.

2) NGT

그룹테크닉 중 가장 쉽고 광범위하게 사용할 수 있는 것이 바로 NGT이다. 이 그룹테크닉은 어떤 주제든 얻고자 하는 정보에 밝고 활동력이 있는 5~12명의 사람으로 구성된 소그룹을 사용하여 정보를 추출하는 데 유용하게 쓰인다. 특히 불확실성과 의견의 불일치가 비일비재한 선거캠페인에서 개인의 의견과 판단을 결집하여 문제점을 파악하고 해결책을 모색하며 활동의 우선순위를 결정하는 데 효과적으로 사용될 수 있다. 또한 이 그룹테크닉은 차이점이 많고 서로 잘 모르는 사람들로 구성된 그룹에서도 의견의 차이를 좁히는 데 유용하게 사용될 수 있다. 참가하는 인원이 12명을 넘을 때는 테크닉 사용절차를 다소 변경하거나 그룹을 분할하여 실시하는 것이 좋다.

NGT를 혼란 없이 효과적으로 사용하기 위해서는 기본적으로 다음과 같은 몇 가지 사항을 지켜야 한다.

(1) 참가자들이 NGT 운용절차와 사회자(*facilitator*)의 지침에 잘 따라야 한다.
(2) 사회자가 NGT 운용절차를 숙지하고 무리 없이 참가자들을 이끌 수 있도록 훈련되어 있어야 한다.
(3) 참가자들이 주제에 대하여 지식이 있어야 한다.
(4) 질적(정성적) 리서치방법이므로 산출된 결과를 추후에 여론조사와 같은 계량적 방법으로 검증하면 더욱 좋다.
(5) 참가자들이 비록 지식과 양식을 가진 사람들이라고 하여도 소그룹이므로 나온 결과를 경계심을 가지고 신중하게 사용하여야 한다.

3) NGT의 절차

(1) 사전준비

① 질문작성 및 테스트

질문은 짧고 쉽고 흥미로우며 원하는 정보의 수준과 깊이에 맞는 것이어야 한다. (예: 홍길동 후보 성격의 강점은 무엇이라고 생각하십니까? 또는 홍길동 후보를 가장 잘 묘사한다고 생각하는 개인적 특질들을 적어보세요) 복합적이고 긴 질문은 여론조사에서와 마찬가지로 원하는 정보를 얻어내는 데 실패할 소지가 높다. 질문이 작성되면 예비테스트를 거쳐서 확정하는 것이 안전하다. 예비테스트에 참가한 사람들이 우호적이라면 이때 그룹테크닉을 운용할 사회자를 훈련시키는 것도 적합하다.

② 공급품 준비

공급품으로는 무엇보다도 이젤(*easel*)과 같이 모조지를 묶어 사용한 후 뒤로 넘겨 보관할 수 있는 플립차트(*flip-chart*)를 준비하는 것이 좋다. 그룹테크닉을 실시하는 데 있어 백묵용 칠판을 사용하는 것은 바람직하지 않다. 이젤이 없다면 모조지를 칠판이나 벽에 테이프로 붙여 사용해도 무방하다. 이 외에 보드마커(*board marker*), 연필, 3×5인치 정도 크기의 종이를 충분히 준비해야 한다.

③ NGT 실시장소 준비

NGT를 실시할 장소로는 플립차트나 모조지를 직접 붙일 수 있는 벽이 있는 곳이 좋다. 책상은 U자 형으로 배치되면 좋으며 U자형의 트인 곳에 플립차트를 놓아 참가자들이 잘 볼 수 있도록 하는 것이 편리하다.

④ **그룹리더훈련**

사회자는 NGT의 운용절차를 숙지하여 참가자들에게 NGT를 혼란스럽지 않게 실시할 수 있도록 훈련된 상태여야 한다. 사회자훈련은 NGT를 실시해본 경험이 있는 사람의 도움을 받거나 질문 예비테스트 시간을 이용하는 것이 좋다. 사회자가 충분히 훈련되어 있어야 참가자들이 신뢰할 수 있으며 참가자들의 흥미를 지속시켜 집중력이 떨어지는 것을 막을 수 있다. 또한 NGT 실시과정에서 발생할 수 있는 어려움에 잘 대처할 수 있으며 NGT 과정의 흐름이 끊기지 않는다.

(2) NGT 과정 실시

① **회의 참가자들에게 NGT의 내용, 기본적 실시절차, 결과의 사용에 대하여 쉽고 간략하게 알린다**

② **아이디어 산출**

참가자들에게 3×5인치 종이와 연필을 나누어준 후 준비된 질문을 명확하게 읽어주고 대답을 구(句)나 간결한 문장으로 적게 한다. 이때 한사람이 여러 개의 대답을 산출할 수 있다. 참가자들은 조용히 독립적으로 신속하게 작업해야 하며, 4~8분 정도의 시간이 소요된다.

③ **아이디어 발표**

참가자들이 한 사람씩 차례로 돌아가면서 한 번에 한 개의 아이디어를 발표하고 이것을 차트에 적어 참가자들이 모두 볼 수 있도록 한다. 이때 참가자들은 다른 사람의 아이디어에 자극을 받아 새로운 아이디어를 산출해도 좋다. 만약 어떤 아이디어가 이미 발표된 다른 아이디어와 중복될 경우 선을 긋거나 지워버리도록 한다. 이 단계에서 아이디어에 대한 토론, 상술(詳述), 정당화는 불허(不許)한다.

④ 아이디어에 대한 토론

이 단계의 목적은 안출(案出)된 아이디어들을 명확하게 하고 유사한 아이디어를 통합하는 것으로 참가자들에게 이 단계의 이러한 목적을 잘 알려주는 것이 필요하다. 산출된 아이디어를 사회자가 차례대로 하나씩 크게 읽고 참가자들로 하여금 이 아이디어에 대하여 의견을 내도록 한다. 만약 참가자들이 모호하게 여기는 아이디어가 있을 때에는 안출자에게 뜻을 명확하게 하도록 요청한다.

유사한 아이디어들을 통합할 때 기존의 아이디어로 편입하거나 유사한 아이디어들을 포괄적으로 대변할 수 있는 새로운 개념을 창출하여도 좋다. 그러나 어떤 아이디어도 참가자 중 반대하는 사람이 있으면 통합될 수 없다. 또 다음 단계에서 각 아이디어에 대하여 표결하게 되므로 이 단계에서 상호간의 지나친 논쟁은 불필요하다. 각 아이디어에 대한 이해가 명확하게 되면 그때마다 더 이상의 토론은 제한한다.

⑤ 투표

참가자들은 각자 가장 중요하다고 생각하는 아이디어를 3~5개 골라 작은 종이에 적는다. 참가자들의 수에 따라 선택할 아이디어의 수를 조정할 수 있다. 다음 이 아이디어들을 중요도에 따라 서열을 매긴 후 각 아이디어를 서열에 따라 점수를 매긴다. 예를 들어 참가자들이 3개씩 아이디어를 선택했다면 가장 중요하다고 생각하는 아이디어에 3점, 두 번째 중요한 아이디어에 2점, 다음 아이디어에 1점을 배당하는 것이 좋다. 아이디어의 서열에 따라 5점, 3점, 1점을 주는 방법도 사용할 수 있다.

이 작업이 끝나면 참가자들은 투표결과가 적힌 종이를 사회자에게 제출한다. 사회자는 참가자들의 도움을 받아 이 결과를 플립차트에 기재한다. 참가자들은 나타난 투표패턴에 대하여 토론하고, 제시된 아이디어들을 더 명료하게 한 후 아이디어의 중요도를 선명하게 하기 위해 필요하다면 다시 투표한다. 이러한 단계를 통하여 그룹 아이디어를 명확하게 파악할 수 있고 그룹 내 의견일치의 유무도 알 수 있다.

4) 그룹테크닉을 이용한 메시지 개발

NGT와 Idea Writing, Structured Brainstorming 등의 그룹테크닉을 결합하여 선거캠페인의 메시지를 개발하는 데 유용하게 활용할 수 있다. 메시지 개발모임 절차는 다음과 같다.

(1) 이전 모임의 결과제공 및 설명

메시지 개발모임 서두에 이전의 모임에서 산출된 결과를 참가자들에게 제공한다. 후보자의 개인적·직업적·정치적 강점과 약점, 선거캠페인의 주제, 중요한 이슈 등을 요약하여 필요에 따라 차트나 인쇄물로 제공하는 것이 좋다. 필요에 따라서는 자기후보자와 상대후보자의 비교되는 강점을 제공하도록 한다. 두 번째 모임의 참가자들이 모두 첫 번째 모임에 참가했던 사람들이라고 볼 수 없으므로 사회자가 간략하게 첫 번째 모임의 결과에 대하여 설명하는 것이 좋다.

(2) 좋은 슬로건의 필요성과 요건 설명

참가자들에게 당해 정치후보자를 위해 효과적 슬로건이 필요하다는 것을 말한다. 필요하다면 효과적 슬로건이란 어떤 것인가를 설명한다. 이미 앞에서 살펴보았듯이 좋은 슬로건은 신뢰감을 주는 동시에 유권자에게 무엇인가 이득이 될 전망을 주는 것이어야 한다. 그리고 이러한 광범위 메시지는 다시 중범위 메시지와 소범위 메시지에 의하여 구체화되고 강화되어야 한다.

(3) 팀 형성

참가자들을 3~4개의 팀으로 나누며 각 팀의 팀장을 선정한다.

(4) 슬로건 창출

후보자에 대한 강점과 취약점, 선거캠페인의 주제, 중요한 이슈를 숙지한 상태에서 선거캠페인의 슬로건은 무엇이어야 하는지 참가자들에게 적어보도록 한다. 이때 약 15분의 시간이 주어지며 역시 신속하고 조용하게 독립적으로 작업할 것을 요청한다.

(5) 팀별 의견교환, 평가, 개량

주어진 시간이 흐른 후 각 팀별로 회동하여 참가자들은 서로 의견을 교환, 평가, 개량한다. 이때 참가자들은 서로 교환한 종이에 상대방의 아이디어에 대해 평가할 수 있고, 더 좋은 슬로건으로 개량할 가능성을 타진하여 서로 아이디어를 제공할 수 있다(예: 신뢰감부족 등).

(6) 팀별 슬로건 선정

이 과정이 끝나면 의견일치(*consensus*)의 단계로 진입한다. 이 단계에서 각 팀은 팀 내의 일반적 의사를 가장 잘 반영하는 슬로건을 소수(예: 2~4 정도) 선정한다. 이 단계에서 팀장은 팀 내의 일반적 의사를 잘 반영하는 슬로건을 순조롭게 선정하도록 의견을 조정하는 역할을 한다. 이 단계에서도 충분한 시간을 준다.

(7) 슬로건 발표

각 팀장은 팀의 의견을 모아 선정한 슬로건을 인쇄물로 정리할 책임이 있고 전체 그룹이 모였을 때 참가자들 앞에서 발표한다.

(8) 팀간 공통주제 파악

참가자들은 각 팀장에 의해 발표된 아이디어들 중 한 팀 이상에 공통된 주제를 찾고[2] 다음과 같이 아이디어들을 중요한 주제별로 재정리한다. 예를 들어 두 개의 중심이 되는 공통주제를 찾게 될 경우 하나는

---

2) 한 팀 이상의 반복되는 주제를 의미함.

후보자의 개인적 특성에 관한 것일 수 있고, 다른 하나는 후보자가 대변하는 것에 관한 것일 수 있다. 이때쯤 모임은 Idea Writing에서 Structured Brainstorming Session으로 옮겨진다. 참가자들은 이러한 과정을 통해 찾은 공통된 주제 아래 슬로건들을 기재한다.

Structured Brainstorming Session을 계속하여 이제 참가자들에게 각 주제별로 공통된 개념을 찾아내도록 한다. 이 단계를 거쳐 후보자의 개인적 특질과 관련된 주제, 예를 들어 강력한 또는 힘, 사랑, 지도자와 같은 중심개념이나 주제를 찾아낼 수 있고, 후보자가 대변하는 바와 관련하여서는 서민 또는 국민을 위한, 대변자 또는 목소리, 새로운, 미래, 비전 등의 중심어휘를 찾아낼 수 있다.

(9) 중심개념의 선택과 투표

주제별로 지속적으로 나타나는 아이디어들을 찾은 후 전체 그룹이 가지는 생각의 중요도를 가늠하기 위해 나타난 개념 또는 어휘들 중 참가자들이 가장 선호하는 아이디어에 대하여 투표한다. 보통 세 개의 어휘를 선택하여 5, 3, 1점을 매긴다. 이러한 투표를 통하여 참가자들이 관심을 지속적으로 집중할 수 있도록 한다. 이러한 다양한 노력을 통하여 얻은 중심 아이디어들을 모두 면밀하게 살펴본 후 주제 사이에 지속적으로 나타나는 아이디어를 찾는다. 이 아이디어들에 대하여 위와 같이 다시 투표한다.

(10) 메시지의 체계화와 슬로건 개발

이러한 과정을 계속적으로 하여 전체 그룹은 한두 가지의 개념, 주제 또는 어휘의 힘과 연관성에 묶이게 되는데 이것들이 결국 최종적으로 슬로건을 창출하게 하는 중심개념이 되는 것이다. 참가자들은 이것들을 중심어휘, 구 또는 짧은 문장으로 표현한다. 이 단계를 시작하기 전에 〈그림 6-2〉, 〈그림 6-3〉과 같이 간단한 메시지 커뮤니케이션 모델과 예를 제공하여 참가자들의 이해를 돕는 것이 좋다.

가장 중심이 되는 아이디어를 바탕으로 구체적 슬로건을 개발한다. 이때 다수의 슬로건을 만들어 여러 가지 방법으로 유권자의 반응을 테스트해보고 최종적으로 슬로건을 선정한다. 다시 말해서 전체 그룹은 어떤 의견일치에 도달하게 되고 이 결과에 대하여 이의가 없게 된다. 이러한 슬로건은 몇 가지의 변형된 형태와 함께 이후에 여론조사를 통하여 투표자의 반응을 가늠해볼 수 있다. 이러한 슬로건은 선거캠페인의 중심 메시지가 되며, 이것은 선거캠페인 전 과정을 통하여 설득커뮤니케이션의 핵심이 된다. 또한 이 슬로건을 구체적으로 나타내 중범위 메시지와 소범위 메시지를 개발하게 된다.

〈그림 6-2〉 메시지 커뮤니케이션 모델

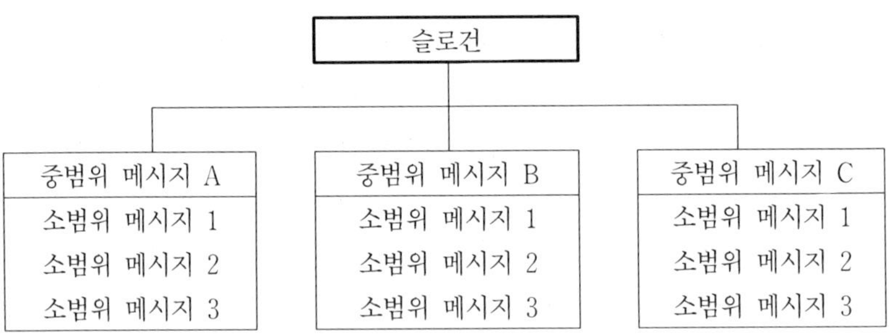

〈그림 6-3〉 메시지 커뮤니케이션의 예

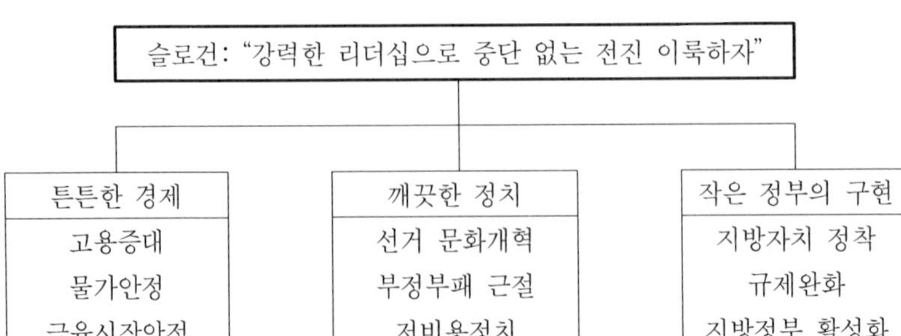

제 7 장 정치후보자의 좋은 이미지 창출

君子有三變하나니 望之儼然하고 卽之也溫하고 聽其言也厲이니라(論語)[1)]

군자는 세 가지 변화가 있다. 거리를 두고 바라보면 장엄하고 엄숙하며, 가까이서 대하면 온화하며, 그 말을 들으면 뜻이 바르고 확실하다. 《논어》

"선거에서 승리하기 위해서 정치후보자는 좋은 이미지를 가져야 한다"는 말을 많이 듣는다. 현대 선거캠페인은 점차적으로 과거와 같은 세놀이 경쟁에서 벗어나 정치후보자의 이미지 세일즈에 더 큰 비중을 두는 새로운 양상으로 변하고 있다. 정치후보자의 좋은 이미지 창출 또는 이미지메이킹(*image-making*)은 선거홍보를 구성하는 중요한 요소이다. 정치후보자는 이미지를 통해 메시지를 전달한다. 따라서 후보자의 이미지 창출도 메시지 설득커뮤니케이션이다. 이미지 창출을 통해 효과적 메시지 설득커뮤니케이션이 이루어지도록 하기 위해서는 정치후보자가 창출하는 이미지가 선거캠페인 주제와 부합해야 한다.

---

1) 이기석 외, 1997: 426, "자장편"(子張編).

1. 정치후보자의 이미지란 무엇인가?

1) 이미지의 정의

이미지를 사전에서는 상(像), 모습, 심상(心像)으로 정의했다. 많은 학자들도[2] 대체로 인간의 이미지를 외부로 표현되는 인간의 속성 또는 외부 사람들에 의해 느껴진 개성으로 이해한다. 단적으로 말해서 인간의 이미지는 외부로 투영되는 각각의 인간의 상이하고 신비한 캐릭터이다. 또한 이미지란 합리적이라기보다 감성적이고 애매한 개념이다.

2) 정치후보자 이미지의 구성요소

정치후보자의 이미지는 그의 개인적·직업적·정치적 질(質; *quality*)이 각 후보자에 따라 독특하게 결합된 것이다. 개인적 질이란 그 사람이 가진 성격, 용모, 학력에서부터 말하는 모습, 걷는 모습, 다른 사람을 대하는 태도, 옷 입는 스타일 등에 이르기까지 크고 작은 개인적 요소들이 복합적으로 표출되는 질이다. 우리가 어떤 사람을 두고 "차갑다" 또는 "따뜻하다"라고 하거나 "멋있다" 또는 "싱겁게 보인다", "잘생겼다"라고 하는 것도 다 그 사람의 개인적 질을 표현하는 말이다.

직업적 질은 한 인간의 과거와 현재의 직업이나 경력이 만들어내는 독특한 질이다. "과거에 무슨 직업에 종사했는가", "그 직업에서 성공했는가", "그 직업은 출마하고자 하는 공직과 어떤 연관이 있는가", "만일 그가 많은 재력이 있다면 그 재력은 어떠한 방법으로 쌓았는가"와 같은 것들이 직업적 질과 관계 있는 질문이다. 정치적 질은 그의 현재 소속정당, 정당 내에서의 위치나 영향력, 과거에 관련되었던 정당, 정치적 이념, 정치경험, 선거경험 등이 복합적으로 표출하는 것이다.

---

2) Nimmo and Savage, 1976: 8; Bowes and Strentz, 1978: 391.

이 세상의 수많은 사람들 중에 같은 얼굴을 가진 사람들이 없듯이 정치후보자의 이미지도 사람마다 다 다르다. 그 이유는 바로 이러한 개인적, 직업적, 정치적 질이 후보자마다 독특한 형태로 상이하게 조합(調合) 되어 있기 때문이다. 어떤 정치후보자는 그 사람의 개인적 질, 그 중에서도 인격적 특질(*personal trait or personal attributes*)이 유난히 강하게 그 사람의 이미지를 결정한다. 또 어떤 사람은 그의 신체적 특질이 그 사람의 총체적 이미지를 결정하는 요인이 될 수 있다. 마찬가지로 어떤 사람은 직업적 질이, 또 어떤 다른 사람은 정치적 질이 강하게 외부로 투영된다.

2. 정치후보자의 이미지와 미디어

1) 정치후보자의 이미지와 미디어의 영향력

미디어는 현직 정치인과 정치후보자에 대한 유권자의 인식과 평가에 상당한 영향을 미친다. 대부분의 유권자는 대통령이나 야당총재를 직접 만나본 적이 없다. 이들 정치인들에 대한 국민 또는 유권자의 인식과 평가는 많은 부분이 미디어가 전달한 정보와 이미지에 바탕을 두고 있다. 현직 정치인이나 정치후보자가 사용하는 다양한 커뮤니케이션의 수단 중에서 미디어는 이들의 이미지를 가장 강력하게 투영하는 매체라고 할 수 있다.

예를 들어, 제 3공화국 시절의 김영삼 대통령은 유신에 맞서 자유민주주의를 수호하는 투사로서 결단력과 풍부한 정치경험을 가진 지도자로 미디어에 비쳤다. 대통령에 당선된 후 재임초기까지만 해도 국민의 절대적 지지를 받았고, 개혁적 지도자로서의 좋은 이미지였다. 그러나 임기 말년에 이르러서는 권위적 정치인으로 미디어에 투영되었으며, 퇴임 후에는 IMF 경제난국을 불러온 무능력하고 아집에 찬 정치인으로 미디어에 비쳤다.

1991년 걸프전쟁에서 미국 역사상 전례가 없는 대승리를 거두고도 1992년 미국 대통령 선거캠페인에서 국가경제 문제로 재선에 실패한 부시 대통령도 미디어에 투영된 이미지가 급격하게 변화된 경우이다.

2) 정치후보자의 이미지와 미디어선거

선거환경이 어떠한가에 따라 유권자가 정치후보자를 선택하는 기준이 달라진다. 주어진 선거환경 속에서 정당, 이슈 또는 인물이 유권자의 후보선택에 더 중요한 고려사항이 된다. 이것은 여러 가지 자극 중에서 유권자의 후보선택에 더 큰 영향을 미치는 자극이 다른 자극에 우선해서 작용한다는 것을 의미한다.[3] 이런 맥락에서 이슈 또는 이미지가 유권자의 후보자 평가에 미치는 영향은 투표자가 캠페인 메시지로부터 어떤 만족감을 얻으려는가에 달려있다고 할 수 있다.[4]

그러나 일반 유권자가 다양화와 전문화를 특성으로 하는 현대사회에서 국가나 지역이 당면하는 복잡한 문제들을 해결하기 위해 정치후보자들이 제시하는 정책이나 아이디어의 내용을 정확하게 이해하고 나아가 그 결과까지 올바르게 예상한다는 것은 결코 쉬운 일이 아니다. 이러한 이유에서 유권자는 투표결정을 내릴 때 더 예측 가능하고 이해가능한 기준에 많은 관심을 보이게 된다. 다시 말해서 유권자는 선거환경에 따라 변화되는 사항보다 지속성과 안정성을 보여주는 판단기준을 추구하게 되며,[5] 이러한 기준은 현대 선거정치에서 점점 더 중요해지고 있다.

이슈의 불가지성(不可知性) 및 불확실성과 더불어 정당의 여론 분화

---

3) Romero, 1989: 417.

4) Garramone, 1985.

5) 이러한 지속성과 안정성을 와텐버그(Wattenberg, 1991: 14~15)는 "정치적 유산과 공동체"(*political heritage and community*)라는 개념으로 설명한다.

능력(分化能力) 감소도 현대 선거정치에서 유권자가 정치후보자의 인물됨됨이에 더 많은 관심을 가지게 하는 유인요소가 되고 있다. 뿐만 아니라 모든 합리적 정치후보자들은 '이슈에 대한 여론의 중위수'에 수렴하게 되므로[6] 유권자는 후보자간 이슈입장에서 결정적 상이점을 찾지 못하게 되는 경향이 있다. 이와 같은 요인들이 복합적으로 작용하여 결국 유권자는 더 이해 가능하고 직접적인 근거를 바탕으로 투표행위를 결정하게 된다.

미디어는 정치후보자의 메시지를 전달하는 역할 외에 선거정치에 능동적·적극적으로 영향력을 행사한다. 미디어는 특히 정당의 여론분화능력의 감소와 더불어 현대 선거정치에서 확연하게 드러나는 후보자중심경향과 연계되어 정치후보자의 질(質; *quality*)[7]에 관한 요소, 즉 개인적, 직업적, 정치적 특질(*traits*)을 유권자에게 전달한다. 이렇게 함으로써 미디어는 정치후보자에 대한 유권자의 인식 또는 지각된 인상, 즉 이미지형성에 영향을 미친다. 특히 TV는 현대 선거정치에서 정보전달 매체[8]로서의 역할뿐만 아니라 감성적 이미지를 전달하는 매체로서 정치후보자의 이미지 형성과 그 변화에 큰 영향을 미친다.[9]

현대 자유민주주의 선거정치에서 이미지는 이제 유권자가 정치후보자를 평가하는 주된 요인이 되고 있다.[10]

정치후보자의 좋은 이미지 만들기와 관련하여 어떻게 보이는가는 대단히 중요하다. 정치적 논쟁을 30초 이내에 전달 가능한 시감각적(視感覺的) 이미지로 압축시키는 것이 TV 정치광고의 요체이다. 정치후보자의 시감각적 이미지는 그가 입으로 이떤 이야기를 하기 전에 이미 천 마

6) 제 1장의 'Anthony Downs(1957)의 Economic Theory of Democracy' 참고.

7) 정치후보자의 개인적 특질, 직업경력, 정치경험, 가족관계, 공직에서의 성취 등을 포괄하는 개념이다.

8) Nimmo, 1970: 116.

9) Patterson and McClure, 1976; Weaver, D. H. et al., 1981.

10) 김창남, 2000: 150~152; Rouner and Perloff, 1991.

디의 말을 한다.

미국 UCLA의 커뮤니케이션 연구원인 메라비언(Albert Mehrabian) 박사는 사람들이 다른 사람들의 말을 들을 때 무엇에 의해 신뢰감을 갖게 되는가를 연구하였는데, 우리가 믿게 되는 것의 7%를 언어 메시지가, 38%를 음성 메시지가, 55%를 시각적 메시지가 차지한다는 것을 알게 되었다.[11)]

이 실증적 연구결과가 시사하듯이 어떻게 보이는가 하는 것은 중요한 의사소통 수단이다. 1960년대 초 케네디가 닉슨을 누르고 미국 대통령선거에서 승리할 수 있었던 것은 TV토론에서 케네디가 닉슨보다 훨씬 나은 시각적 이미지를 유권자에게 전달하였던 것이 중요한 요인이 되었다고 한다. TV와 같은 매체를 통한 메시지 전달에서는 정치후보자가 말하는 내용 그 자체보다 오히려 말하는 태도, 용모와 같은 시각적 이미지가 유권자에게 더 큰 영향을 미치기도 한다.

3. 정치후보자의 좋은 이미지

1) 정치후보자의 좋은 이미지를 구성하는 요소

(1) 능력과 자질

정치후보자의 좋은 이미지는 근본적으로 당선되고자 하는 직책을 잘 담당할 수 있는 능력과 자질이 있다는 것을 유권자에게 확신시키는 데서 나온다. 정치후보자의 능력이란 그 직책을 맡을 수 있는 자격이다. "후보자가 당선되면 크게는 국가와 민족을 위하여, 작게는 지역을 위해 일할 수 있는 능력이 있는가?"라는 질문에 대한 대답인 것이다. 더 구체

11) 언어 메시지(*the verbal message*)는 우리가 사용하는 어휘 · 단어 · 말을, 음성 메시지(*the vocal message: how to say it*)는 음색 · 고저 등을, 시각적 메시지(*the visual message: what your audiences see*)는 외부로 보이는 모습을 의미한다.

적으로 좋은 판단력과 집행능력을 갖추어 주어진 업무를 효과적으로 수행할 능력이 있느냐는 것이다. 자질이란 후보자의 품성을 뜻한다. 구체적으로 정치후보자가 한 인간으로서 책임감과 신뢰감이 있느냐는 것이다. 정치후보자의 좋은 이미지란 바로 유권자가 바라는 이와 같은 능력과 자질에 대한 욕구를 충족시키고 확신시키는 데서 형성된다.

(2) 함량미달과 괘씸죄

정치후보자의 좋은 이미지를 구성하는 핵심요소인 능력 및 자질과 관련하여 선거캠페인에 치명적 손상을 입히는 두 가지 부정적 이미지가 있는데 그것을 흔히 "함량미달"과 "괘씸죄"라고 부른다. "그 후보자는 똑똑해보이고, 나이도 들었고 점잖게 생겼으며, 돈도 있고 학벌과 집안도 그만하면 괜찮은데 어쩐지 '감'이 아닌 것 같아"라는 부정적 감성이미지, 즉 능력에 대한 유권자의 기대에 어쩐지 못 미치는 것을 이른바 '함량미달'이라고 한다. 이와 같이 정치후보자의 능력이 유권자의 기대욕구를 충족시키지 못하거나 무게감의 부족이 유권자 사이에 확산되면 감표의 발생을 감당할 수 없게 된다.

또한 자실 부문의 욕구에서는 "그 후보자는 고위공직도 역임하고 공부도 많이 했는데 어쩐지 차가운 것 같아서 정이 안 간다" 또는 "그 후보자는 목에 힘이 들어가고 건방지다"라는 말이 돌고, 그래서 꼭 꼬집어서 말하기는 어렵지만 별로 마음이 가지 않는다는 여론이 일기 시작하면 지지가 걷잡을 수 없이 날아가 버린다. 이와 같이 차갑고, 건방지고, 교만하다는 느낌에서 비롯되는 좋지 않은 이미지를 이른바 '괘씸죄'라고 부른다.

이러한 '함량미달'과 '괘씸죄'는 유권자의 감성적, 비이성적, 비과학적 판단에 의해 결정되는 것이지만 종종 선거캠페인을 물거품으로 만들어 정치후보자를 허탈하게 만들고, 당락에 결정적 영향을 미친다. 이러한 이유로 낙선한 후 정치후보자가 자신의 낙선 이유에 대해 자각과 분석이 부족하면 유권자를 감정적으로 대하는 데까지 발전하기도 한다. 이러한 정치후보자는 연속낙선이라는 악순환의 고리를 끊지 못하고, 결국 오랜 세월을 허비하는 결과를 빚어내기도 한다. 이것은 결코 보기 드문 일이 아니며 철저한 자기분석이 없는 정치후보자가 빚어내는 귀결이라고 할 수 있다.

'함량미달'과 '괘씸죄'는 서로 베어먹는 이율배반적 특성을 가져 이를 적절하게 조화시키기가 쉽지 않다. '함량미달'을 신경쓰다 보면 딱딱한 사람, 권위적 사람으로 보이거나 건방지고 교만한 사람으로 보여 '괘씸죄'에 걸리고, '괘씸죄'에 걸릴까봐 신경을 써 유권자에게 친근하고 부드럽게 다가가기 위해 언행을 하다보면 어느새 "그 사람은 좀 가벼워" 또는 "'감'이 아닌가봐"라는 이른바 '함량미달'이 되는 것이다.

정치후보자가 이와 같은 치명적인 부정적 이미지를 극복하기 위해서는 철저하게 여론을 파악하고 그에 맞게 세밀한 계획을 세워 활동해야 한다. 후보자의 일거수일투족에 대한 치밀한 행동계획, 이것을 연출이라고 말할 수도 있고, 정치후보자의 진솔한 모습이 아니라고 부정적으로 생각할 수도 있겠으나, 선거캠페인에서 정치후보자가 좋은 이미지를 창출하여 승리하기 위해서는 피할 수 없는 것이 현실이다. 따라서 배우가 주어진 대본에 따라 창조적 연기를 하듯이 정치후보자도 주어진 상황에 적응하여 적절한 태도와 행동을 보일 수 있는 감각과 노력이 필요하다.

2) 동양 고전 속의 지도자 이미지

동양의 고전 속에서도 현대 자유민주주의 사회의 정치후보자 또는 정치지도자가 귀감으로 삼아야 할 이미지를 찾아볼 수 있다. 《논어》의 자장편(子張編)에는 공자의 제자인 자하가 "군자는 세 가지 변화가 있다. 거리를 두고 바라보면 장엄하고 엄숙하며, 가까이서 대하면 온화하며, 그 말을 들으면 뜻이 바르고 확실하다(子夏曰, 君子有三變하나니 望之儼然하고 卽之也溫하고 聽其言也厲이니라)"[12] 라며 공자의 모습을 군자의 전형으로 삼았는데 오늘날의 선거캠페인에서도 깊이 되새겨 볼 만한 의미를 가진다.

《논어》에 제시된 군자의 모습과 마찬가지로 정치후보자는 태산과 같은 무게도 있어야 하지만 가까이 대하면 온화하고 친근하여 포용력이 있어야 할 것이다. 마치 온갖 종류의 물이 모여 바다를 이루듯이, 나라와 지역을 위해 필요한 사회적 에너지를 결집할 수 있는 포용력이 있어야 한다. 정치후보자는 또한 뜻이 바르고 분명해야 한다. 왜 출마해야 하는지, 다른 정치후보자와 차별화되는 점은 무엇인지, 왜 당선되어야 하는지, 당선된 후 성취할 바는 무엇인지, 자신의 선거캠페인의 중심사상, 즉 주제가 무엇인지 분명하게 말할 수 있어야 한다. 정치후보자는 또한 이슈에 대해서도 바른 입장을 견지하여야 한다. 유권자가 고통받는 것이 무엇인지, 필요한 것이 무엇인지, 원하는 것이 무엇인지 민첩하게 파악하고 올바른 해결방안을 제시할 수 있어야 한다.

《논어》 자장편에 묘사된 군자의 모습은 술이편(述而編)의 "자(子)는 온이려(溫而厲)하시며 위이불맹(威而不猛)하시며 공이안(恭而安)이러시다"[13]와 일맥상통한다. 즉, 군자는 온화하되 뜻이 분명하며, 위엄이 있으나 사납지 아니하며, 남을 대함에 있어 공손하고 예절을 지키되 조금도 구속됨이 없이 자연스럽다는 의미이다. 이러한 군자의 모습이야말로 현대의 정치후보자들이 추구하여야 할 이미지의 원형으로 손색이 없다.

3) 정치후보자의 좋은 이미지 창출

정치후보자의 이미지는 하루아침에 만들어지지 않고 한번 형성된 이미지는 좀처럼 바뀌지 않는다. 좋은 이미지를 형성하고 유지하기 위해서는 많은 시간과 비용 및 노력뿐만 아니라 전략과 테크닉이 필요하

12) 이기석 외, 1997: 426.

13) 이기석 외, 1997: 158.

다. 또한 정치후보자의 크고 작은 삶의 모습 모두, 살아오는 동안의 일거수일투족 모두 그의 이미지에 영향을 미친다.

좋은 이미지를 창출해내기 위해서는 계획적으로 부단히 노력해야 한다. 선출직 공직에 진출하려는 사람이라면 자신의 이미지가 피동적으로 형성되게 할 것이 아니라 지향하는 이미지의 형성을 위해 삶의 이모저모를 세심하게 다듬고 가꾸어야 한다. 이것이 좋은 이미지 형성을 위한 적극적 자세다. 이미지 메이킹은 기본적으로 정치후보자가 가진 긍정적 이미지는 유지·강화하고, 부정적 이미지는 제거·축소·완화·통제하는 것을 의미한다.

나쁜 이미지는 좋은 이미지에 비하여 쉽게 형성된다. 좋은 이미지도 방심하면 순식간에 나쁜 이미지로 바뀔 수 있다. 선거캠페인에서 이른바 흑색선전이 끼어들 수 있는 여지도 여기에서 생긴다. 그러나 나쁜 이미지를 좋은 이미지로 개선하기 위해서는 각고(刻苦)의 노력과 시간을 필요로 한다. 마치 흰옷을 검게 만들기는 쉬워도 검은 옷을 희게 만들기는 대단히 어려운 것과 같다. 나쁜 이미지로 많이 알려져 있는 것보다는 차라리 알려지지 않은 편이 낫다. 지명도가 낮고 특정한 이미지가 없다면 이미지를 새로 형성할 수 있는 가능성이라도 있다. 백지에는 무슨 그림이든 새롭게 그릴 수 있다. 그리고 장기간에 걸쳐 지속적으로 노력하여 또 다른 긍정적 이미지를 추가할 수 있다.

정치가 후진적인 나라일수록 단시간에 좋은 이미지를 대중들에게 각인시킬 수 있다. 사람들에게 강렬한 인상을 남기는 '충격요법'이 잘 먹히기 때문이다. 시대의 흐름에 맞추어 반독재투쟁, 민주화운동, 노동운동, 사상운동의 선봉에 서서 투쟁하다가 투옥되거나 박해를 받으면 단시간에 정의의 투사로 세상에 이름이 알려지는 경우도 그런 예의 하나이다.

그러나 정치가 선진화될수록 충격적 이미지 형성방법이 작동하기 어렵다. 선진적 정치문화에서 좋은 이미지를 형성하기 위해서는 많은 검증과 시간이 필요하다. 상식과 전문성을 가진 인물로서의 이미지가 유권자에게 더 큰 설득력을 가진다. 또한 검증되지 않은 루머(*rumour*)에 의해 오랫동안 쌓은 좋은 이미지가 순식간에 무너지는 경우도 드물다.

4) 정치후보자의 좋은 이미지 형성을 위한 아이디어

(1) 출마의 이유가 분명해야 한다

출마이유가 무엇인가? 출마에 확신이 있는가? 유권자가 납득하고 공감할 수 있는 출마이유를 가지고 출마에 대한 확신이 있을 때 좋은 이미지를 형성할 수 있다.

(2) 왜 당선되어야 하는지 확신이 있어야 한다

이번 선거에서 당선되어야 할 이유는 무엇인가? 출마 후보자들 모두 훌륭한 사람들인데 그중 자신이 꼭 당선되어야 할 이유가 무엇인가? 다른 후보자들과 차별화되는 강점은 무엇이며, 그것을 유권자에게 설득시킬 수 있는가? 이러한 질문들에 분명하게 답할 수 있을 때 좋은 이미지가 형성될 수 있다. 이러한 질문에 대한 대답은 정치후보자의 메시지와 밀접하게 관련되어 있다.

(3) 기존의 것을 뛰어넘는 중요한 것을 성취할 수 있다는 확신을 주어야 한다

당선이 된다면 나라와 지역을 위해 지금까지 다른 사람들이 이룬 것을 뛰어넘어 앞으로 진진하는 중요한 그 무엇을 달성할 수 있는가? 그리고 그럴 자신이 있는가? 어떠한 난관에도 굴하지 않고 성취할 수 있는 인내와 투지, 리더십을 가졌는가? 이러한 질문에 설득력 있게 답할 수 있을 때 좋은 이미지가 구축된다.

(4) 선거캠페인 초기에 주요 이슈를 선점해야 한다

정치후보자가 좋은 이미지를 형성하기 위해서는 선거캠페인 초반의 인상이 중요하다. 그러기 위해서는 주요 이슈의 바른 입장을 강하게 주장하거나 옹호하여 이슈를 선점(先占)하여야 한다. 이슈선점이란 선거구 유권자의 관심이 집중되는 주요 쟁점들을 신속하고 정확하게 파악하여 상대후보자에 앞서 바른 방향에서 정의하는 것을 의미한다. 상대후보자가 주요 이슈를 먼저 정의하도록 해서는 안 된다. 이슈를 상대방에 앞서 선점함으로써 상대방을 수세에 몰거나 상대가 자신을 뒤따라올 수밖에 없도록 하라.

이슈를 선점하기 위해서는 선거구 유권자의 관심이 집중되는 국가적 또는 지역적 이슈들에 대하여 신속하게 생각을 정리하여 명료한 견해를 가져야 한다. 그러기 위해서는 그 이슈에 관한 문헌과 참고서적은 물론 관련 당사자와 전문가의 견해, 여론조사 결과 등을 다각도로 살펴보아야 한다. 내가 지지하고 옹호할 이슈는 무엇인가? 내가 제기할 이슈는 무엇인가? 주요 이슈의 내용을 신속하고 정확하게 파악하고 있는가? 이와 같은 질문들에 대해 신속하고 명료한 답을 강구하는 과정에서 이슈를 선점할 수 있는 방안이 마련된다.

(5) 미디어를 효과적으로 이용하라

유권자의 대부분은 정치후보자와 직접 접촉한 적이 없거나, 설령 있다고 하더라도 후보자에 대해 충분한 정보를 가지고 있지 않다. 이처럼 유권자는 정치후보자의 능력과 자질에 관하여 명확히 알고 지지하거나 반대하는 것이 아니라 대부분 외부로 비치는 이미지의 영향을 받는다. 따라서 현대 선거캠페인에서는 유권자에게 좋은 이미지를 전달하기 위해 미디어를 적극적·능동적으로 활용하여 좋은 이미지를 형성하고, 유지·강화해 나가야 한다. 특히 감성적 이미지 전달의 매체인 TV는 대단히 중요하다. 또한 사이버공간을 잘 활용하면 시대의 변화에 민감하게 대응하고 향상하는 후보자로서의 이미지를 효과적으로 창출할 수 있다. 미디어를 효과적으로 활용하기 위해서는 미디어전문가의 도움을 받는 것이 좋다.

(6) 상대후보자와 차별화되는 이미지를 창출하라

상대후보자와 개인적 · 직업적 · 정치적 측면에서 차별화된 이미지를 창출하여야 유권자에게 강한 인상을 각인시킬 수 있다.

(7) 정치후보자의 이미지는 메시지에 부합해야 한다

정치후보자의 이미지 만들기도 선거홍보의 일환이다. 선거홍보의 핵심은 후보자의 메시지를 유권자에게 전달하여 설득하는 것이다. 따라서 과학적 연구 · 조사방법을 통해 올바른 메시지를 개발하여야 하며, 정치후보자의 이미지는 이 메시지에 부합해야 한다. 다시 말해서 정치후보자의 태도, 옷차림, 제스처 등 일거수일투족이 메시지와 연관하여 일관성을 가져야 한다.

(8) 정치후보자에 대한 정보를 유권자가 많이 알수록 의도적 이미지 연출은 신중하게 해야 한다

정치후보자에 대한 유권자의 정보가 적을 때에는 이미지 연출이 더욱 용이하다. 그러나 유권자가 언론 등을 통하여 정치후보자에 대한 정보를 많이 가졌을 경우 이러한 정보와 상충되는 이미지 연출은 신뢰감을 떨어뜨린다. 다시 말해, 정치후보자의 이미지는 유권자가 납득하여 받아들일 수 있는 것이어야 한다. 아무리 좋은 이미지를 목표로 한다고 하더라도 그 정치후보자에 맞지 않는 이미지라면 투표자가 받아들이지 않을 것이다.

(9) 목표 지지세력에 부합하는 이미지를 창출해야 한다

선거에서 승리하기 위해 견인해야 할 목표 지지세력의 의견, 태도, 가치, 전통, 언어, 행동에 부합하는 이미지를 창출해야 설득커뮤니케

이션이 효과적으로 이루어질 수 있다.

(10) 유권자가 관심 있는 문제를 해결할 수 있는 구체적 정책 또는 프로그램을 제시하라

정치후보자는 상대방보다 일을 더 잘할 수 있다는 이미지를 전달해야 한다. 이러한 이미지는 정책을 통해 창출할 수 있다. 다시 말해 어떤 중요한 문제에 대하여 해결방안을 제시해야 좋은 이미지가 만들어진다. 이를 위해서 유권자의 관심이 쏠리는 이슈에 초점을 둔 구체적 정책 또는 프로그램을 제시하는 것이 좋다. 그리고 자신이 제시한 정책이 미래를 위한 확고한 대안이며 그것을 실현시킬 수 있는 인물이 바로 자기 자신이라는 것을 유권자에게 납득시키고 설득시켜야 한다. 예를 들어, 경제에 관하여 많은 지식과 경험을 가진 후보자의 경우 선거기간 중 경제정책을 유권자에게 제시함으로써 경제전문가로서의 이미지를 구축할 수 있다.

정치후보자가 제시하는 정책 또는 구체적 프로그램은 메시지와 부합하여야 한다. 또한 시의적절해야 하고 유권자의 일반적 정서와 맞아야 한다. 가령 부패한 이미지를 가진 인물이 부정부패 일소를 위한 정책을 내세운다면 호소력이 있겠는가? 이럴 때에는 이미지의 방향을 바꿔야 한다. 앞에서 제시했듯이 정치후보자의 좋은 이미지란 근본적으로 정치후보자가 당선되고자 하는 직책을 성공적으로 담당할 수 있는 자격과 자질이 있다는 것을 유권자에게 확신시키는 데서 만들어진다.

(11) 유행에 지나치게 민감하지 마라

정치후보자는 유행을 민감하게 따르기보다 다소 클래식한 모습을 유지하는 것이 안전하다. 너무 값싸 보이는 옷이나 화려한 스타일 모두 바람직하지 않다. 지역구민들의 정서에 맞지 않는 옷은 피하는 것이 좋은데, 판단이 어려울 때는 대체로 보수적이고 전통적인 스타일을 선택하는 것이 무난하다.

(12) 정치후보자의 옷차림은 상황에 맞되 품위 있어야 한다

정치후보자의 옷차림은 방문하는 시간·장소·유권자에 부합해야 한다. 양복바지를 입고 구두를 신은 상태에서 정구를 치는 것은 어울리지 않을 것이다. 또한 새벽에 약수터나 체육공원을 찾을 때 정장에 넥타이를 매는 것 또한 어울리지 않을 것이다. 재래시장이나 작업장을 찾더라도 상황에 어울리면서 일정한 품위를 유지하는 옷차림이 좋다. 남성후보자의 양복은 대체로 감청색(紺青色)이 무난하다. 넥타이는 단색의 경우 짙은 빨간색 또는 짙은 황금색이 좋으며 작은 무늬는 바람직하지 않다. 스트라이프 무늬의 넥타이를 택할 경우 빨간색과 청색이 조화를 이루는 것이 좋다.

여성후보자의 경우에도 클래식한 옷차림이 안전하다. 지나치게 짧은 스커트, 가슴이 많이 파인 옷, 사치스러운 옷차림, 무늬가 너무 요란하거나 튀는 옷차림은 피하는 것이 좋다. 폭이 지나치게 좁은 치마, 요란한 장신구도 삼가는 것이 좋다. 그러나 인지도가 낮은 후보자가 단기간에 유권자나 언론의 관심을 끌기 위해 개성 있는 옷차림을 선택하는 경우도 있다.

(13) 여성후보자의 화장과 머리손질은 전문가의 조언을 듣는 것이 좋다

수수한 화장과 단정한 머리모양이 유권자에게 좋은 이미지를 준다. 천박하게 보이는 화장, 과도한 화장, 어울리지 않는 화장, 전혀 가꾸지 않은 얼굴은 유권자에게 좋은 이미지를 주지 못한다.

(14) 안경은 눈이 들여다보이는 맑은 것으로 하라

정치후보자가 유권자와 접촉하는 장소에서 어두운 색깔의 선글라스를 쓰는 것은 금물이다. 안경은 유권자가 정치후보자의 눈빛을 확인할 수 있는 것으로 해야 한다.

(15) 각종 이벤트에서 음주는 절제하라

음주가 정치후보자의 언어와 행동에 영향을 준다면 유권자에 대한 호소력이 떨어진다. 또한 자기도 모르는 사이에 이미지에 손상을 주는 실수를 범할 가능성이 있다.

(16) 건강하고 활기 있는 모습을 유지해야 한다

정치후보자는 항상 힘차고 활기 있는 모습을 보이는 것이 좋다. 이것이 어렵다면 최소한 유권자와 접촉하는 시간이라도 그렇게 해야 한다. 운동하는 모습을 미디어에 노출시키는 것도 도움이 된다. 정치후보자의 건강하고 활기 있는 모습은 직무를 감당할 수 있는 체력, 추진력, 열정이 있다는 것을 시사하는 것이다. 건강하고 활기 있는 모습을 유지하기 위해서는 식사조절, 운동, 수면, 머리손질, 가족과의 시간이 중요하다.

(17) 화목한 가정은 좋은 이미지의 기본이다

선진국의 선거홍보물에는 일반적으로 정치후보자의 화목한 가정을 보여주는 사진이나 글이 많이 들어간다. 화목한 가정을 가진 사람은 정신이 건강한 사람, 민주시민으로서의 상식이 있는 사람, 균형감각을 가진 사람으로 인정될 수 있다. "수신제가치국평천하"(修身齊家治國平天下)라는 말이 있듯이 화목한 가정을 가진 사람이 지역과 나라의 일도 잘 수행할 수 있을 것으로 생각되기 때문이다.

(18) 유권자와 접촉할 때 말을 많이 하지 말고 열심히 듣는 자세를 취하라

정치후보자들은 대개 공격적 성격의 사람들로서 어느 장소에서든 대화를 주도하려는 경향이 있다. 그러나 사람들은 누구나 말을 하고 싶어하고 다른 사람들이 그 말을 들어주기를 원하는 욕구가 있다. 정치후보자는 스스로 말을 많이 하지 말고 남의 말을 열심히 들어주는 자세를 취해야 그들에게 가까이 다가갈 수 있다. 남에게 설교하고 가르

치려 하지 마라. 적절한 때 전하려는 메시지를 정확하게 전달하되 유권자가 정치후보자에게 하고 싶어하는 이야기를 들어주도록 하라.

(19) 정치후보자 이전에 한 인간으로서 매력 있고 개성 있게 보여라

정치후보자도 사람냄새가 나야 한다. 유권자가 정치후보자를 보통 사람들과 다른 초월적 존재, 자신들과는 전혀 다른 존재로 생각하게 해서는 안 된다. 한 인간으로서 충분히 공감하는 행동을 보여야 한다. 유권자가 필요로 하는 것, 고통받는 것을 이해하고 기쁨과 슬픔을 함께 나눌 수 있는 사람으로서의 면모를 가지도록 노력해야 한다. 남성 후보자는 남성 유권자가, 여성 후보자는 여성 유권자가 매력 있고 개성 있는 존재라고 인정할 수 있어야 한다.

(20) 올바른 방법으로 악수하며 가능한 한 많은 유권자와 개인적으로 접촉하라

악수에 인색한 자는 좋은 정치후보자가 되기 힘들다. 어떤 장소에서든지 많은 사람들과 악수하도록 하라. 모임에서 잘 아는 몇몇 사람들과 오랜 시간을 보내는 것은 바람직한 태도가 아니다. 짧게 많은 사람과 악수하고 대화해야 한다

선거캠페인에서는 한 방에 상대를 제압하는 권투의 스트레이트나 훅과 같은 것은 기대하기 어렵다. 차근차근 점수를 확보하는 잽이 필요하다. 좋은 악수는 권투의 잽과 같은 효과를 낸다.

악수를 올바른 방법으로 하지 못하는 것은 감표의 요인이 된다.

미국의 클린턴 대통령은 악수의 명수로 선거캠페인 중 어떤 장소에서든 가능하면 많은 사람들과 악수했고, 기대한 만큼의 악수를 하지 못하면 좀처럼 자리를 뜨지 않았다고 한다. 그는 유권자가 있는 곳이라면 어디든지 서슴지 않고 대중 속에 파고들어 손을 잡고 어깨를 두드리며 따스한 말을 전했다고 한다. 선거 악수의 효시는 미국의 제 16대 대통령인 링컨에게 패한 스티븐 더글러스로 알려져 있으며, 정치선

진국의 성공적 정치후보자들은 모두 악수의 달인이라고 해도 과언이 아니다.

악수도 제대로 하려면 그 원리를 배우고 익혀야 한다. 악수를 잘하려면 다음 네 가지 요소가 잘 조화되어야 한다.

① 적당한 악력

손을 굳게 잡되 지나치게 강해서는 안 된다. 그러나 손을 약하게 잡으면 상대방에 대한 관심이 적거나 성의가 부족한 것으로 느껴지며, 강력한 정치후보자로서의 인상을 주기도 힘들다. 악력은 가급적 상대방에 맞추거나 조금 더 세게 한다. 나이가 많은 어른과 악수할 때 너무 세게 잡으면 무례하다는 인상을 줄 수 있다. 그러나 대부분의 사람들에게는 약한 것보다는 다소 강하게 잡는 것이 좋은 인상을 준다. 절친함이나 존경을 표시하기 위해서는 악수와 함께 가벼운 포옹도 적절하게 사용하도록 한다. 또한 잡은 손 위에 다른 손을 포개는 방법도 친밀감과 따뜻함을 표시하는 데 효과적이다. 상대가 아랫사람이라면 어깨를 툭 치거나 팔의 상부를 지긋이 잡아주는 것도 악수의 효과를 강화시키는 방법이다.

② 눈맞춤

상대방 눈의 색깔을 구별할 수 있을 정도로 똑바로 바라보는 것이 중요하다. 0.5초를 더 보고 덜 보는 것이 호감 면에서 큰 차이를 만들어낸다. 그러나 눈을 너무 장시간 똑바로 바라보면 상대를 부담스럽게 할 수 있다. 우리나라에서는 악수를 하면서 머리를 숙여 가볍게 인사하면 더 좋다. 많은 사람들이 악수할 때 저지르는 중요한 실수 중의 하나는 악수를 하면서 다른 사람에게 인사를 하거나 시선을 주는 것이다. 이러한 태도는 무성의하게 느껴지며 상대를 불쾌하게 만든다.

한 사람과 악수할 때는 그 사람에게 집중해야 한다. 악수를 올바르게 하지 못해 상대를 불쾌하게 만들면 하지 않은 것만 못하고 오히려 감표의 요인이 될 수도 있다.

③ 손을 흔드는 횟수

악수할 때 무조건 많이 흔든다고 좋은 것은 아니다. 너무 많이 흔들면 조급하고 경망스러운 인상을 줄 수 있다. 그러나 너무 적게 흔들면 성의와 박력이 없어 보인다. 손을 흔들 때는 팔꿈치만 흔들도록 한다. 비즈니스 악수는 두 번 정도, 절친한 사이에는 일곱 번 정도, 유권자를 겨냥한 악수는 이 중간이 적당하다. 악수하는 시간은 보통 2초 정도가 무난하다. 유권자일 때는 다소 길어질 수도 있다.

④ 대화와 음성

악수할 때는 묵묵히 손만 잡을 것이 아니라 대화를 해야 한다. 대화는 짧더라도 상대방에 맞는 것이어야 한다. 따라서 모임이나 이벤트를 통해 유권자를 접촉하게 될 때는 사전에 만날 사람들에 대해 연구하여 악수할 때 할 말을 준비하여야 한다.

대화는 호감과 정직성을 전달할 수 있도록 한다. 악수할 때 지나친 농담이나 칭찬은 피하도록 한다. 미국의 존슨 대통령은 악수의 달인으로 악수할 때 언제나 상대방의 유체를 입박할 정도로 패기 있게 손을 덥석 잡고 3~4회 힘차게 흔들면서 매력 있는 저음으로 말을 건넸다고 한다.

(21) 메시지 커뮤니케이션을 저해하는 요소를 제거하라

앞에서 정치후보자의 좋은 이미지를 형성하기 위한 다양한 아이디어를 살펴보았다. 이러한 다양한 아이디어를 관류하는 이미지 만들기의 기본원칙은 “메시지 설득커뮤니케이션을 저해하는 요소 제거”로 정리될 수 있다.

정치후보자가 유권자에게 전달하려는 궁극적 메시지는 “자신이 다른 후보자보다 당선되고자 하는 직책을 더 잘 수행할 수 있는 능력과 자

질이 있다"는 것이다. 그리고 이 메시지의 전달을 방해하거나 의미를 분산시키는 요인을 제거하는 것이 메시지 설득커뮤니케이션의 핵심이다. 그래야 좋은 이미지가 형성된다.

메시지의 전달을 저해하는 요인들, 메시지로부터 유권자의 관심을 이탈시키는 요인들, 후보자가 창출하고자 하는 이미지를 분산시키는 요인들을 제거해야 한다. 다시 말해서 "능력과 자질을 갖춘 후보자"라는 주된 메시지의 전달을 저해하는 언어·태도·행동·의상·생활 등을 제거하거나 약화시켜 효과적 메시지 설득커뮤니케이션이 이루어질 수 있도록 하는 것이 정치후보자 이미지 만들기의 핵심과제이다. 그리고 이것은 선거홍보, 나아가서는 선거캠페인의 궁극적 목표와 긴밀하게 연관되어 있다.

제8장
정치후보자의 인지도 제고와 지지세력화

출마를 결정한 정치후보자에게 가장 시급한 일은 유권자에게 이름을 널리 알리는 것이다. 그러나 현직 정치인처럼 평소 이름을 알릴 수 있는 기회와 자원을 많이 갖지 못했다면 어떤 후보자라도 인지도 제고에 어려움을 겪는다. 특히 정치신인들에게는 어떻게 해야 이름을 효과적으로 알릴 수 있는지 방향조차 가늠하기 힘든 경우가 많다.

인지도 제고는 출마를 결정한 정치후보자에게 선거캠페인을 본격적으로 펼치기 위한 기초가 되는 것으로서 현행 공직선거법상 많은 제약을 받고 있다. 무계획적으로 성급하게 이름을 알리면 사전 선거운동으로 고발되어 선거캠페인에 제동이 걸린다. 최악의 경우에는 천신만고 끝에 당선되어도 결국 당선무효가 되고 피선거권까지 박탈되어 다음 선거에 출마조차 하지 못하게 되는 경우도 적지 않다. 반면에 이러한 것을 두려워하여 조심스럽게 물밑활동만 하다보면 십중팔구 이름을 알리는 것에 실패하는 것이 현실적 딜레마이다.

따라서 정치후보자는 법의 테두리 내에서 유권자에게 효과적으로 이름을 알릴 수 있는 창조적 아이디어를 창출해야 한다. 정치후보자는 언론기관, 지역인사접촉, 범국가적·범사회적 캠페인, 지역봉사활동,

정당행사, 이슈 등을 다양하게 활용하여 합법적으로 인지도를 확보할 수 있을 뿐만 아니라 선거캠페인의 궁극적 목표인 당선고지 점령을 위해 지지세력도 확대·강화할 수 있다.

1. 정치후보자의 이름 인지도와 지지도

정치후보자들의 인지도(認知度)와 지지도(支持度)를 과학적으로 측정하는 가장 일반적인 방법은 여론조사라고 할 수 있다. 물론 조직을 통해서도 인지도와 지지도를 알아볼 수도 있겠으나 편향된 여론이 수집될 소지가 있으므로 주의를 필요로 한다.

또한 정치신인은 물론이고 기성정치인이라고 하여도 출마할 선거구에 잘 알려지지 않은 인물들은 여론조사에 인지도와 지지도가 저조하게 나타날 수밖에 없다. 따라서 많은 비용을 들여 실시한 여론조사가 결국 후보자에게 실망감과 좌절감만 안겨주는 경우가 허다하다. 그러나 여론조사에 나타난 인지도와 지지도가 기대에 미치지 못한다고 하여도 과민하게 반응할 필요가 없다.

여론조사에 나타난 인지도와 지지도가 저조하여 언뜻 보면 도저히 이길 수 없는 것처럼 보이는 선거라고 하더라도 선거캠페인을 효과적으로 전개함으로써 선거결과를 다르게 할 수 있다. 그리고 그것은 창조적 전략, 효과적 전략에 따른 선거캠페인의 엄밀한 실행, 현실성 있는 전술이 만들어낼 수 있는 오묘한 결과이다. 사실 선거캠페인을 비롯한 우리 인간의 삶에는, 진정한 과학적 지식에 못 미치는 불완전한 지식을 과학이란 미명 하에 천편일률적으로 적용하여 설명할 수 없는 다양성과 가능성이 잠재되어 있다.

또한 인지도가 높다고 당연히 지지도도 높아지는 것이 아니다. 아무리 인지도가 높아도 정치후보자의 이미지가 부정적이라면 지지도는 저조할 수밖에 없다. 다시 말해서 이름이 많이 알려져 있다고 해서 유권자가 그 사람을 그만큼 지지해주는 것은 아니라는 뜻이다. 이름이 많이 알려지는 것도 중요하지만 그 이름이 좋게 알려지는 것이 더 중요하다. 이름이 좋지 않게 많이 알려져 있는 것보다는 이름이 다소 덜 알려져 있더라도 좋게 알려지는 것이 더 낫다. 이런 후보자는 비록 선거캠페인 초반에 어려움이 있다 하더라도 효과적 선거캠페인을 통해 인지도를 상승시키면 지지도도 비례하여 상승한다. 그리고 결국은 역전하여 승리할 가능성도 잠재되어 있다.

2. 언론의 활용

1) 언론에 대한 이해와 우호적 관계 조성

선거출마를 결정한 후 정치후보자가 가장 먼저 해야 할 일 중의 하나는 본격적으로 인지도 구축작업에 유리한 환경을 조성하는 것이다. 언론과 우호적 관계를 형성하는 것은 이러한 환경조성을 위한 기본활동이다. 정치후보자는 또한 언론과 형성된 우호적 관계를 잘 유지·발전시켜 향후 선거캠페인에 효과적으로 활용해야 한다. 그러기 위해서는 언론과 기자의 속성에 대한 현실적 이해를 바탕으로 적극적·능동적으로 움직여야 한다. 언론과의 좋은 관계는 좋은 이미지를 구축하여 선거캠페인을 승리로 이끄는 요인이 되며 향후 정치활동을 위해서도 필요하다.

언론을 이해하고 언론과 우호적 관계를 조성하여 선거캠페인 및 장래의 정치활동에 유리한 국면을 형성하기 위해서는 기자와의 접촉이 필수적이다. 정치후보자는 직접 접촉 또는 소개를 통하여 선거캠페인이 시작되기 오래 전부터 기자들과 우호적 관계를 형성하는 것이 좋다. 언론사의 구성원인 기자와의 관계는 선거캠페인에 알게 모르게 영향을 미친다. 기자와의 우호적 관계는 정치후보자에게 중요한 자산이다.

기자와 좋은 유대관계를 가지기 위해서는 기본적으로 선거구에 있는 모든 언론사와 기자에 대하여 잘 알아야 한다. 정치후보자나 공보담당자는 또한 기자라는 직업이 갖는 속성을 파악할 필요가 있고 이것은 바로 언론을 올바르게 활용하는 첫걸음이 된다. 기자와의 좋은 유대관계는 시간을 가지고 쌓아야 하며 처음부터 어떤 도움을 요청하는 것은 바람직하지 않다. 기자와 부단히 접촉을 유지하며 공통의 관심사를 창출하여 인간적 유대를 확보하는 것이 좋다. 평소에는 아무런 접촉이 없다가 필요할 때만 찾는 식의 행동은 바람직하지 않다.

기자와 우호적 관계를 형성하기 위해서는 기자에 대한 불필요하고 확인되지 않은 선입견을 버려야 한다. 기자는 일반적으로 사회현상에 대한 정보에 밝고 주장이 강할 뿐 보통사람들과 다를 바 없는 사람들이다. 따라서 상식에 의거하여 인간적으로 신뢰관계를 형성하는 것이 중요하며, 불필요한 편견을 가지고 기자를 회피하거나 적대시하는 태도는 바람직하지 않다. 사회현상에 대해 보통사람들보다 강한 문제의식을 가지고 살아가는 동반자라는 생각으로 기자를 접촉해야 한다.

기자가 취재원(取材源)을 만나는 기본목적은 기사 때문이다. 정치후보자나 공보담당자는 이점을 유념하여 기사거리를 생산해내는 지혜를 짜내야 한다. 기자는 기사거리를 원한다. 많은 자료를 부단히 제공하자. 자료는 일목요연하게 정리되어 있어야 한다. 진부하고 장황하게 나열하는 것은 바람직하지 않다. 양이 많다고 좋은 자료는 아니다. 전달하고자 하는 메시지를 간결하게 정리하고 요지를 분명히 하자.

기사거리는 이슈화·이벤트화·차별화하여 언론의 관심을 끌어야 한다. 한마디로 기사가 되게 만들어야 한다. 기사거리를 캠페인화하자. 시민단체·시민운동과 연대하면 좋다. 기자들은 최초, 최대, 최소와 같은 말에 약하다. 기자들은 항상 특별한 의미를 찾으려고 한다. 그러나 단기적 변통을 위한 거짓말과 과장은 금물이다. 한번 깨진 신뢰는 되돌리기 어렵다.

담당기자와 먼저 접촉하자. 즉 일선기자들과의 접촉을 소홀히 해서는 안 된다. 언론사의 간부만을 상대하려는 태도는 좋지 않다. 중앙기자와 지방기자를 차별해서도 안 된다. 내가 누구의 친구인데 식의 접근방식도 낭패를 보기 쉽다. 기자를 겸손하게 대하자. 정치후보자이기 이전에 한 인간으로서의 신뢰감과 책임감을 보여주는 것이 중요하다.

기자와 만나 대화하는 것은 바로 인터뷰다. 기자의 질문을 회피한다는 인상을 주지 말고 성의 있고 명확하게 대답해야 한다. 자기의 주장을 무리하게 밀고 나간다거나 묻는 말 이외에 과도하게 설명하는 것도 좋지 않다. 진부하고 장황하게 늘어놓은 것도 바람직하지 않다. 자기의 입장을 이성적으로 성의 있게 설명하는 것이 좋다. 항상 상호간의 입장을 존중해야 한다. 불리한 기사가 실렸다고 감정적으로 대응해서는 안 된다. 인터뷰 내용의 수정을 원할 때에는 정중하게 부탁하라.

언론사들은 기자들이 수집한 정보를 국민에게 전달하는 공익실현의 기능과 함께 정보전달 활동을 통해 상업적 이익을 극대화하려는 속성을 동시에 가졌다. 종종 공익실현의 기능과 상업적 이익추구의 속성이 상충한다. 정치후보자나 공보담당자가 언론을 현실적으로 이해하기 위해서는 특히 상업적 이익추구의 속성을 철저하게 인식할 필요가 있다. 언론도, 특히 텔레비전은 그 어떤 미디어보다도 비즈니스 개념이 강하다는 사실을 알아야 한다. 지역언론도 중앙언론과 마찬가지로 성향을 파악해두어야 한다.

2) 자료집 배포

선거기간 여러 달 전부터 각종 언론은 "출마예상자"라는 제목으로, 본격적 선거전이 너무 가까워지면 "예상 격전지를 가다", "○○선거 D-○일", "선거의 이모저모" 등과 같은 제목의 특집 기획기사를 통해 "거의 확정적", "유리한 고지를 점령하다", "신인이지만 다크호스", "두려운 신인" 등 예상 입후보자의 이름 앞에 각종 수사(修辭)를 붙인다.

잠재적 출마자의 이름 앞에 이와 같은 수사들이 붙을 때 정치후보자의 인지도 구축이나 향후 선거홍보에 미치는 영향은 돈으로 환산하기 어렵다. 정치후보자는 언론기관으로부터 이러한 수사들을 이끌어내서 본인의 이름을 유권자의 마음에 심고 향후 본격적인 선거캠페인에서 유리한 분위기를 적극 조성하기 위해 후보자에 관한 종합적 자료집을 만들어 언론기관, 정보기관 등에 배포하는 것이 필요하다.

정치신인은 경험부족으로, 현직 정치인은 그 중요성을 간과(看過)하여 사전에 이러한 분위기를 조성하는 데 실패하는 경우가 많다. 인지도가 낮은 정치후보자는 처음 인지도를 형성하기 위하여, 일정한 인지도를 확보한 기성정치인은 기선을 제압하여 유리한 선거환경을 조성하기 위하여 자료집을 성의 있게 만들어 언론기관, 정보기관 등에 배포하는 것이 좋다.

종합적으로 상세하게 만들어진 자료집의 배포를 통해 정치후보자는 목표로 하는 직책에 도전할 만한 재목, '감' 또는 준비된 후보자, 단단한 기획력을 갖춘 후보자, 능력 있는 후보자로서의 이미지를 구축하여 언론기관과 정보기관뿐만 아니라 유권자까지 괄목상대하도록 한다.

(1) 자료집 표지 안내문

자료집은 〈자료집 표지 안내문의 예〉와 같은 표지 안내문과 함께 보내는 것이 좋다. 표지 안내문에는 자료집에 포함된 자료가 무엇인지 밝혀준다. 표지 안내문은 인사말, 출마결정, 자료집 배포의 의의, 출마의 의의 및 부탁의 말씀 등을 포함한다. 자료집은 자기소개서, 신상명세서, 학·경력 소개, 선거구 약도, 선거환경 분석, 투표경향(행태) 분석, 참고사진 등을 포함하는 것이 좋다. 선거구 약도는 선거구 전체를 조망할 수 있는 것으로 준비한다. 또한 자신의 선거캠페인에 손상을 주지 않는 범위 내에서 개략적 득표목표, 지지기반을 소개함으로써 언론에 당당하고 자신감 있는 인상을 줄 수 있다.

〈자료집 표지 안내문의 예〉

제 ○○대 전국동시지방선거 활빈광역시 홍길동 선생의 출마를 준비하는 모임

주 소: 활빈광역시 활빈구 승리1동 111번지 승리빌딩 201호
사무실 전화: 051-864-8725 팩 스: 051-864-8727
홈페이지: www.doctorwin.com e-mail: doctorwin@doctorwin.com

문서번호: ○○○○-제 0011호
수신: ○○신문(방송) 편집(보도국장·정치부장)
참조: 선거 및 정치관련 취재담당 기자
발신: 홍길동 선생의 출마를 준비하는 모임

제목: 제 ○○대 전국동시지방선거 및 정치관련 자료

1. 엄동설한의 겨울이 가고 따뜻한 봄볕이 춘곤증을 일으키는 이때 항상 건승하시기를 기원합니다.

2. ○○○○년 ○월의 역사적 제 ○○대 지방선거에 홍길동 선생이 ○○광역시 활빈구에서 출마를 결심하고 선거법이 허용하는 범위 내에서 출마준비를 하는 중입니다.

3. 홍길동 선생의 향후 선거 및 정치활동에 관한 참고자료를 다음과 같이 보내드리오니 취재·보도에 참고하여주시기 바랍니다.

4. 아울러, 21세기 변화를 요구하는 시대적 요청에 부응하여 선진정치, 생산정치, 민생정치를 펴 국민이 편안히 살 수 있는 국가와 지역을 만드는 데 신명을 바치려 하는 홍길동 선생의 행보에 따뜻한 관심과 지도편달을 부탁드립니다.

〈계 속〉

자기소개서

신상명세서

- 가족사항
- 주소 및 연락처
- 최종학력 및 직업
- 취미 및 가훈 등에 관한 상세한 사항

학 · 경력 소개서

▪ 학 력	▪ 정당활동	▪ 의정활동
▪ 경제활동	▪ 사회활동	▪ 체육계활동
▪ 국제활동	▪ 지역활동	▪ 요 약

선거구 약도

선거환경 분석

투표경향(행태) 분석

득표목표 분석

지지기반 분석

참고사진

- 활동에 관한 사진 ○○매
- 명함판사진(칼라 ○종, 흑백 ○종)

\- 끝 -

제 ○○대 전국동시지방선거 활빈광역시 활빈구
홍길동 선생의 출마를 준비하는 모임

〈신상명세서의 예〉

제 ○○대 전국동시지방선거 활빈광역시 활빈구
홍길동 선생의 출마를 준비하는 모임

전화번호: 051-864-8725 팩 스: 051-864-8727
홈페이지: www.doctorwin.com e-mail: doctorwin@doctorwin.com

- 성 명: 홍길동(洪吉童)
- 주민번호: ○○○○○○－○○○○○○○
- 생년월일: ○○○○년 ○○월 ○○일생(○○세, 음력 ○○월 ○○일)
- 원 직: 강원도 강릉시 교1동 1028번지
- 본 적: 강원도 강릉시 교1동 1028번지
- 주 소: 활빈광역시 활빈구 승리1동 111번지 승리빌딩 201호
- 전화번호: 자) ○○○-○○○○, 사무실) ○○○-○○○○, HP) ○○○-○○○-○○○○
- 가족사항:

부	공무원 퇴임
모	주부
처	○○세, 주부
자	고 1
자	중 2

- 최종학력: 한국대학교 문리대 사학과 졸업
- 병역사항: 의무병역 만기제대(계급 육군병장, 군번 ○○○○○○○○)
- 최종직업: 동해인터넷 사장
- 신장: 170㎝, 체중: 76㎏
- 시력: 좌 1.2, 우 1.2
- 좌우명: 성실, 애국, 봉사
- 가훈: 청렴결백
- 존경하는 인물: 이순신, 안창호, 마틴 루터 킹, 간디
- 가장 감명 깊었던 책: 칼의 노래, 현실과 구상
- 좋아하는 음식: 청국장, 된장찌개
- 좋아하는 색: 초록색(젊음의 상징)
- 좋아하는 계절: 가을(결실의 의미)
- 좋아하는 노래: 그리운 금강산, 대동강 편지, 한계령
- 취미: 등산, 독서
- 음주량: 소주 한 병 정도
- 담배: 안 피움(우리 모두의 건강을 위하여)

(2) 자기소개서와 신상명세서

자기소개서는 입사원서 제출시 작성하는 식으로 성의 있게 작성한다. 신상명세서는 가족사항, 주소, 연락처 등을 포함하여 상세하게 작성할 필요가 있다. 특히 연락처는 언제든지 궁금한 사항을 문의할 수 있도록 하기 위해 필수적이다.

(3) 학력 및 경력

학력과 경력은 언론이 쉽게 파악할 수 있도록 세밀하게 분류할 필요가 있다. 경력은 앞에서 보여주었듯이 정당, 의정, 경제, 사회, 체육, 국제, 지역기여활동 등의 영역별로 세밀하게 분류한다. 학력과 경력은 10여 가지 정도로 쓰고, 우선적으로 강조하고 싶은 것에 표시함으로써 주요 학력과 경력이 간과되거나 왜곡되는 것을 방지하여야 한다.

(4) 선거환경 분석, 과거 투표경향(행태) 분석, 득표목표 분석, 지지기반 분석[1)]

(5) 참고사진

사진을 적절하게 사용하는 것은 성공적 선거캠페인을 위하여 대단히 중요하다. 사진은 여러 장(수십 장에서 수백 장까지)을 스튜디오 또는 각종 현장에서 찍어 좋은 것으로 선택한다. 현장사진은 정치후보자의 활동상황을 알리고 언론과 유권자의 관심을 끄는 좋은 수단이다. 필요에 따라 슬라이드 필름, 네거티브 필름 또는 디지털 카메라로 사진을 찍어 사용하도록 한다. 선거사무실에는 후보자의 인물사진이나 활동을 보여주는 사진을 거는 것이 좋다. 사진을 찍을 때 화장은 필수이며 안경은 빛이 반사되지 않도록 안경알을 빼고 찍는 것이 좋다. 사진을 포함하여 선거홍보물을 잘 만들기 위해서는 창조적 감각이 있어야 하며 전문가의 자문을 구하는 것이 바람직하다.

---

1) 선거환경 분석, 투표경향(행태) 분석, 득표목표 분석, 지지기반 분석은 제5장에서 상세하게 논의하였으므로 이를 참고하기 바람.

(6) 자료집의 배포

자료집은 다음과 같은 기관들에 한 군데도 빠트리지 말고 전부 보내는 것이 좋다.

> 중앙신문사, 통신사, 중앙 및 지역TV·라디오방송국, 인터넷 언론사, 지방신문사, 지역 케이블TV, 주요 월간전문지, 주요 월간여성지, 주요 주간지, 각 정당 중앙기자실 및 지방기자실, 구청 또는 시청 기자실, 경찰서 기자실 및 정보과, 국정원(지방분실), 정당 기자실, 지방자치단체 기자실, 경찰서 기자실 등

〈학·경력 소개서의 예〉

학 력

- ○○년 ○월 강릉초등학교 졸업
- ○○년 ○월 강릉경포중학교 졸업
- ○○년 ○월 한국고등학교 졸업
- **○○년 ○월 한국대학교 사회학과 졸업(○○학번)**

정당활동

- 활빈당 청년국장
- 활빈당 정책평가위원
- 활빈당 환경분과위원장
- 활빈당 한일정치연구회 회장
- **활빈당 활빈광역시 활빈구갑 지구당 위원장**

… (중략) …

지역활동

- ○○구정(區政) 자문위원회 부위원장
- 활빈장학회 회장(1989년부터 중학생 ○○○명, 고교생 ○○명, 대학생 ○○명)
- **무료 법률상담소 운영(7년 3,764건 상담) 등**

이와 같이 기자가 많은 곳에는 자료집을 충분히 제공해야 한다.

자료집은 배포할 곳이 워낙 많기 때문에 대부분 우송하는 것이 편리하나 직접 방문하여 전달할 곳도 있다. 주요 중앙지와 지방지, TV방송사 지방총국, 지역신문 그리고 지방자치단체의 기자실, 경찰서 정보과 등은 직접 방문하는 것이 좋다. 방문할 때에는 당해 기관에 방문했던 차에 잠시 들려 인사를 하는 식으로 친근감 있게 접근하는 것이 처음부터 의도적으로 방문하여 전달하고 협력을 구하는 것보다 좋다.

3. 출마관련 행사조직

정치후보자의 인지도 구축에 유리한 환경을 조성하기 위해 이미 언론기관 등에 자료집을 충분히 배포하였다면 이러한 환경을 강화시키기 위해 출마선언행사, 기자간담회, 성명(聲明)행사, 출판기념회 등 출마관련 이벤트를 조직하는 것이 좋다. 현직 정치인이라도 이런 행사를 통해 자신의 의사를 분명히 하는 것이 좋으며, 처음 출마하는 인사인 경우에는 더더욱 중요하다. 출마관련 행사는 유권자와 언론이 출마예정자의 목표, 계획, 이슈입장 등에 대한 긍정적 지식을 축적할 수 있는 기회가 된다.

1) 행사 안내인사장 발송

행사를 알리는 것은 물론 이미 배포한 자료집을 상기시키는 의미에서 행사 전에 성의 있는 안내인사장을 언론기관 등에 발송하는 것이 좋다. 또한 개인적 인맥을 총동원하여 주요 언론사, 군소 언론사 가릴 것 없이 기자들이 행사에 참석하도록 노력하는 것이 좋다. 그러나 안내인사장을 발송하였다고 언론사에서 꼭 와주는 것도, 또 언론사에서 참석하였다고 기사를 꼭 쓰는 것도 아니다. 설사 기대에 미치지 못하더라도 실망할 필요는 없다. 어차피 정치에 입문하려고 마음먹은 이상 당장 만족할 만한 결과가 나오지 않는다 하더라도 후일을 위해 투자한다는 생각으로 활동해야 한다. 투자 없는 결실은 없다. 씨를 뿌려야 싹이 트는 것이 아닌가.

한편 일반인들에게 안내인사장을 보낼 경우에는 현행 공직선거법에 저촉되지 않도록 유의해야 한다.

2) 취재요청

정치신인이 출마선언행사, 기자간담회, 성명행사 등 이벤트에 기자들을 참석시키는 것은 여간 어려운 일이 아니다. 사전에 각 언론사에 자료를 제공하여 입후보 예정자의 준비가 얼마나 단단한지 보여준 바 있으므로 이와 연계하여 행사 4~5일 전에 정식으로 취재를 요청하는 것이 좋다. 이렇게 지속적으로 언론과 접촉함으로써 언론의 관심을 끌도록 노력한다.

3) 보도자료

정치신인은 물론 기성정치인의 경우에도 선거기간 전 활동상황에 대한 홍보를 간과하는 경우가 많다. 어떤 행사를 추진할 경우 최소한행사 전날까지는 받을 수 있도록 보도자료를 내어, 언론사 중 단 한 곳이 단 한 줄이라도 보도하도록 최선을 다해야 한다.

보도자료를 작성할 때에는 종이 한 면만을 사용하도록 하며, 반드시 조직의 명칭과 주소를 포함해야 한다. 이와 함께 의문사항이 있거나 더 상세한 자료를 필요로 할 경우 연락을 취할 수 있는 담당자의 성명과 연락처를 꼭 기재하도록 한다. 보도자료의 첫 페이지 상단에는 당해 조직의 로고 또는 심벌이 일관성 있게 나타나게 함으로써 보도자료를 받는 사람들이 그 로고나 심벌만 보아도 어디에서 발송된 것인지금방 알아차릴 수 있도록 한다.

보도자료의 제목은 첫 페이지 상단에 오도록 하여 읽는 사람이 홍보자료가 무엇에 관한 것인지 한눈에 파악할 수 있도록 한다. 모든 페이지에는 적당한 여백을 주어 읽기 쉽게 해야 한다. 또한 각 페이지에는 '-11-'과 같은 페이지 표시와 함께 '계속' 또는 '끝'이란 말을 넣어 그 다음에 페이지가 계속되는지 또는 끝나는지 알 수 있도록 한다.

보도자료의 내용은 간결하게 요약해서 작성하되 주제목이나 보조제목으로 사용할 수 있는 재미있고 톡톡 튀는 문장으로 표현하는 것이 좋다. 항상 핵심내용을 앞에 내세우고 그 다음에 구체적 내용이 이어지게 하며, 이해하기 쉽고 적절하면서도 생동감 있는 어휘와 문장을 사용하여야 한다.

아울러 상세한 내용과 후보자의 활동상황을 보여주는 사진 등 관련 자료들을 빠트리지 않고 첨부하여 필요할 때 사용할 수 있도록 한다. 이미 앞에서 언급한 바 있듯이 사진을 효과적으로 사용하는 것은 선거캠페인에서 대단히 중요하다. 사진은 대중매체 편집자들의 주의를 끌 뿐만 아니라 선거구민들에 대한 호소력을 높인다. 정치후보자의 활동상황을 알리는 좋은 사진은 선거캠페인의 효과성을 높이는 훌륭한 보조수단이다.

일반적으로 웃고 있는 사진이 그렇지 않은 사진보다 좋다. 그러나 그것도 상황에 맞아야 한다. 예를 들어, 정부의 실정이나 부정부패를 비판하는 기사에 정치후보자가 웃고 있는 사진을 사용하는 것은 부적절하다. 뉴스의 내용과 사진의 표정이 일치하지 않기 때문이다. 정치후보자의 언어와 행동에 조화를 이루는 좋은 사진은 후보자의 활동상황을 더 효과적으로 알리는 훌륭한 선거캠페인 수단이다.

〈보도자료의 예〉

홍길동선생의 출마를 준비하는 모임

로 고	보도자료	제공일자: ○○○○년 월 일 제공부서: 홍보실 전화번호: 02-○○○-○○○○

주 소: 활빈광역시 활빈구 승리1동 111번지 승리빌딩 201호

제목: 홍길동선생 출마선언행사

▪ ○○○○년 ○월의 역사적 제 ○○대 전국동시지방선거에 홍길동 선생이 활빈광역시 활빈구에서 출마를 결정하고 선거법이 허용하는 범위 내에서 다음과 같이 출마선언행사를 갖고자 합니다.

▪

▪

▪

- 일시:
- 장소:
-
- 문의처: 공보담당관 정약용

사무실 전화: 051-864-8725 팩 스: 051-864-8727
홈페이지: www.doctorwin.com e-mail: doctorwin@doctorwin.com

4) 본 행사의 조직

본 행사의 내용이 부실하거나 참석인원이 적으면 행사를 방문했던 기자들이 기사를 쓰지 않을 가능성이 높다. 또한 사전에 배포한 자료가 과장되거나 거짓이라는 인상을 줄 가능성도 있다. 따라서 사람들이 최대한 참석하도록 하여 초반 세를 과시할 필요가 있다.

언론사 사람이든 일반인이든 큰 기대를 하지 않고 왔다가 "대단하구만", "벌써 많은 지지자들을 확보했군 …"하고 생각이 들어 괄목상대하도록 해야 한다. 그래야 초반에 대단한 인물 또는 '감'으로서의 이미지를 형성하고 지역을 위해 선출직 공직을 맡기에 마땅한 인물이라는 인식을 심어주며, 선거구에서 인지도를 형성하고, 초반 분위기를 잡는 계기를 마련할 수 있다.

이와 같은 기획력과 조직력은 언론기관, 정보기관, 여론조사기관의 인지도·지지도와 관련된 사전조사에서 상당한 효과를 거둘 수 있다. 또한 선거조직 구성에 사용하거나 이후 선거캠페인 과정에서 직접 도움받을 수 있는 지역의 유능한 지지자들을 사전에 흡수할 수 있다. 이는 또한 지역의 영향력 있는 인사들에게 가능성을 확신시키고 인정받는 일이 될 수 있다. 정치후보자는 이와 같은 자연스러운 준비행위를 통해 결국 경쟁자보다 앞설 수 있는 발판을 구축하게 된다.

출마선언행사의 경우 출마예정자 또는 행사 진행요원은 참석자들에게 지지를 호소하거나, 음식물 또는 선물을 제공해서는 안 된다. 또한 이력서 등 출마예정자를 소개하는 인쇄물을 배포해도 안 된다. 이러한 행위는 모두 공직선거법에 저촉되어 심각한 결과를 가져올 수 있다. 출마 예정자는 참석자들에게 출마의지나 출마예정 사실만을 간략하게 피력하도록 하며, 필요한 경우 간단한 다과 정도는 제공할 수 있다.

5) 감사의 인사

행사를 성공리에 마쳤다고 할 일이 다 끝난 것은 아니다. 정치후보자는 언론사나 일반 행사 참석자들에게 행사에 관심을 가져준 데 대해 반드시 감사의 뜻을 전해야 한다. 이를 위해서는 행사 참석자들이 주소와 연락처 등을 꼭 남기도록 해야 하며 일일이 감사장을 보낸다. 필요하다면 전화나 방문을 통하여 감사의 인사를 전한다. 이와 같이 끈기 있게 이어지는 포괄적 선거캠페인 행위는 그 효과가 누적되어 시간이 갈수록 선거캠페인에서 더 큰 효과를 내게 된다.

4. 지지세력화

정치후보자가 출마를 결심한 이후 전개한 일련의 기본활동 및 준비활동이 제대로 효과를 발휘했다면 이미 상당한 인지도가 형성되었을 것이다. 그러나 인지도가 높다고 해서 또는 높아지고 있다고 해서 지지도가 반드시 이에 비례하여 높거나 높아진다고 말할 수는 없다. 인지도가 아무리 높아도 이것을 지지도로 변환시키는 노력 없이는 득표로 연결되지 않는다.

전국적으로 이름이 알려진 인사 또는 3선·4선의 중진 정치인이 선거에서 의외로 낙선하는 경우를 볼 수 있는데, 이러한 현상은 그 인물들의 높은 인지도가 지지도로 알뜰하게 연결되지 않았을 때 발생한다. 인지도가 아무리 하늘을 찌를 듯이 높아도 정치후보자의 이름이 유권자에게 좋게 알려져 있지 않거나 인지도를 지지도로 전환시키는 견인작업이 미약하면 절대 득표로 연결되지 않는다.

정치후보자는 본인이 가진 인적·물적·사회적·환경적 자원을 활용하여 인지도를 지지도로 변환시켜 표로 견인하는 작업을 적극적으로 해야 한다. 이와 같이 정치후보자의 인지도를 지지도로 변환시켜 표로 연결시키는 작업을 '지지세력화'라고 한다. 이런 노력 없이는 절대 선거에서 승리할 수 없다.

나를 아는 사람들이 모두 나를 안다는 사실 하나만으로 선거일에 나에게 표를 주는 것은 아니다. 동기(同氣)간이나 오래된 친구 사이라도 선거 때 "홍부야, 이번에 나를 위해 정말 힘을 좀 써 다오", "형님, 이번 선거에서 이 부족한 아우를 위해 꼭 힘을 써주십시오", "여보게 친구, 자네 도움 없이는 이번 선거에서 절대 당선될 수 없네. 꼭 좀 날 도와주게"라고 당부해야 한다. 그렇지 않으면 한편으로는 서운해서 또 다른 한편으로는 "자기 힘만으로 다 되는 수가 있나봐"라고 안일하게 생각해서 가까운 사람들이라 할지라도 반드시 자신이 기대한 대로 따라주는 것은 아니다.

이러한 현상은 선거 전에는 절실하게 인식하지 못하는 경우가 많은데, 나중에 선거결과를 보면 뼈저리게 느끼게 되는 선거정치의 피할 수 없는 현실이다. 부모나 부부 사이를 떠나 형제, 자매 사이에도 우애가 특별하지 않을 경우 투표행사를 반드시 자신에게 하는 것은 아니라는 사실을 직시해야 한다. 투표는 남이 지켜보는 데서 하는 것이 아니다. 장막 속에서 그야말로 속마음을 털어놓는 작업이다. 따라서 정치후보자는 표를 가진 사람의 마음을 진정으로 움직일 수 있도록 노력해야 한다.

5. 지역인사 접촉

인지도를 지지도로 변환하는 방법 중에서 대표적인 것이 지역의 주요 인사들과 접촉하는 일이다. 지역에서 여론을 형성하고 공·사조직에 복합적으로 연계된 지역의 주요 인사들을 자신의 편으로 끌어들이거나, 최소한 중립 또는 어느 한 편에 서지 않고 자신의 자유의사대로 투표권을 행사하도록 하기 위해서는 이들을 접촉하여 적극적으로 지지세력화하는 일이 대단히 중요하다. 이러한 접촉활동은 치밀한 계획에 의해 조직적이고 세심하게 이루어져야 한다.

1) 지역인사 접촉의 기능

여론주도층 인사들과의 접촉을 통해 정치후보자는 자연스럽게 자신의 출마이유와 이슈에 대한 입장을 표출할 기회를 갖는다. 이러한 과정에서 정치후보자는 자신의 출마가 지역주민에게 호소력을 가지는지, 특히 어떤 사람들에게 호소력이 있는지 파악할 수 있다. 또한 지역인사들을 접촉하는 빈도가 늘어남에 따라 자신의 출마이유와 이슈입장이 더 분명하게 정리되고, 구체화·정교화되어 출마에 대한 확신과 잠재적 유권자에 대한 긍정적 이미지를 강화할 수 있다.

2) 지역인사들의 특성

도시나 지방이나 대동소이하게 지역의 여론주도층에 포함된 주요 인사들은 지역의 유지로서의 체면을 중요하게 생각하고 대우받기를 좋아하는 경우가 많다.

"어, 이 사람이 나를 몰라봐. 동녘골 김 회장은 일찍부터 찾아가고 나는 무시해"와 같은 생각은 선거 때 유난히 강하게 발동하기 마련이고 일단 이러한 마음이 들면 직·간접 또는 소극·적극적으로 선거에 부정적 영향력을 행사하게 되며, 결국 선거에서 감표를 유발하게 된다. 따라서 지역유지들의 마음이 상하지 않도록 마음을 써야 한다. 또한 누구를 먼저 만나 어떠한 이야기를 하는가는 중요한 일이다. 지역 여론주도층 접촉을 성공적으로 하기 위해서는 이에 대한 철저한 연구와 준비가 필요하다.

이것은 특정 지역에 대대로 살아온 정치신인이나, 3선·4선의 기성 정치인이나, 공·사직에서 출세했으나 지역기여도가 없는 출향인사(出鄕人士)이거나, 지역을 잘 모르는 인사가 낙하산을 타고 내려와 지역을 대할 때나 모두 마찬가지다.

3) 지역인사 접촉활동 준비

(1) 명단확보

각종 단체, 모임의 명단, 과거의 선거조직 명단, 인명록을 입수하거나 지역인사들의 추천 등을 통해 지역의 여론을 주도하는 선거구 내 주요 인사들의 명단 및 신상에 관한 사항을 확보한다.

(2) 성향분석 및 분류

다양한 경로를 통해 입수한 정보를 바탕으로 여론주도층에 포함된 인사들의 성향을 분석하고 주요 특성 또는 우선순위에 따라 분류한다. 접촉대상에 포함되는 주요 인사들은 일반적으로 다음과 같다.

① 덕망이 높아 주위의 존경을 많이 받는 인물
② 공사조직의 장: 시장, 군수, 면장, 농·축·수산협조합장, 신용협동조합 및 새마을금고 이사장, 라이온스 및 로터리클럽 회장, 종친회장 등 각종 단체의 장
③ 주요 공·사직 경험자: 지방자치단체, 언론기관, 국영기업, 농·축·수산 협동조합 등의 출신 인사

④ 청·장년회 임원
⑤ 말이 많은 사람
⑥ 눈에 띄지는 않으나 영향력 있는 인사
⑦ 이른바 선거전문가 또는 선거꾼: 선거사무장, 조직부장, 여성부장, 읍·면·동 책임자 출신
⑧ 문화·체육·예술·종교계 인사: 화가, 문인, 서예가, 체육인, 향토사학자, 동호인회 회원, 종교계의 인사 등

4) 접촉활동시 바람직한 자세

접촉할 인사들의 명단과 우선순위가 결정되면 접촉활동에 들어가는데 이때 접촉하는 태도나 방법이 좋지 않으면 차라리 접촉하지 않는 것보다 못한 결과를 낳을 수 있다. 따라서 다음을 유념하는 것이 좋다.

① 무조건 겸손하게 상대의 말을 경청한다.
② 상대의 의견에 조용히 동조한다.
③ 적당한 때에 자신의 포부와 의견을 간결하고 확실하게 표현한다.
④ 의견이 상충될 때에는 조용히 물러선다. 결코 의견대립을 해서는 안 된다.
⑤ 상대의 성향이나 성품을 주의 깊게 파악한다.

5) 방문일지 또는 방문소견서 작성

지역인사 접촉 후 방문일지 또는 방문소견서를 일목요연하게 정리하면 선거캠페인에 도움이 된다. 방문소견서에는 만난 사람들의 주소, 연락처, 성향이나 성격, 호의적 태도 여부, 향후 선거캠페인에서의 활용 등에 대한 의견을 간략하게 남기는 것이 좋다.

6) 여론주도층의 활용

접촉을 통하여 직접 만나본 여론주도층 인사들을 향후 어떻게 활용할 것인지 분류한다. 지역의 여론주도층 접촉활동은 조직구축을 위한 포석으로 활용할 수 있다. 조직을 잘 구축하기 위해서는 예산확보도 중요하지만 그 기본은 무엇보다도 인적 자원이다. 지역의 여론을 주도하는 주요 인사들의 접촉을 통해 얻은 인적 자원은 정치신인에게는 새로 구축해야 할 조직의 근간이 되고, 기성정치인에게는 조직을 재정비하고 확대, 강화하는 소중한 자원이 된다.

7) 행사와 연계된 지역인사 재방문 및 초대장 배포

정치후보자는 정치행사를 비롯하여 그가 주최, 주관 또는 관여하는 각종 행사 또는 이벤트에 지역의 주요 인사들을 초청하기 위하여 그들을 재방문하거나 초대장을 보낸다. 정치후보자는 지역인사 재방문, 초대장 발송, 지역 정치행사 개최 등과 같은 일련의 과정을 통해 인지도를 향상시키고 유권자를 지지세력화한다. 특히 초대장은 정치후보자가 직접 방문하지 못하는 인사들에게 꼭 전달하여 한 사람이라도 초대받지 않아 서운한 마음이 들지 않도록 세심하게 신경을 쓴다.

이와 같이 지속적으로 노력하여 그동안의 접촉활동으로 형성된 우호적 관계를 유지, 강화하고 유권자를 지지세력화하도록 한다. 그러나 정치후보자와 관련된 각종 이벤트는 공직선거법에 저촉될 위험성이 있으므로 치밀하게 기획하고 지혜롭게 실행해야 한다.

6. 범국민적 · 범사회적 캠페인의 활용

정치후보자의 인지도와 긍정적 이미지를 제고하기 위하여 각종 범국민적 · 범사회적 캠페인을 지혜롭게 활용할 수 있다. 이것은 사전 선거운동의 위험부담을 덜고, 비교적 단기간에 인지도와 긍정적 이미지를 제고할 수 있다는 강점이 있다. 예를 들어 지난 1995년 6 · 27 지방선거의 전년도에는 "수돗물을 먹을 수 있는가, 없는가"하는 수질 · 환경문제로 사회가 떠들썩했고, 급기야 각 언론사가 앞다투어 주도한 샛강살리기운동, 샛강SOS운동이 불같이 일었다. 이때 언론사의 샛강살리기 조사단 각 시도지부 캠페인에 참가접수를 하여 지역의 학교, 사회단체, 시민단체 등과 우호적 관계를 형성하고, 조직을 활성화 · 양성화시키는 한편, 향후 선거를 위해 이름을 알리고 긍정적 이미지를 구축함으로써 일찍부터 유리한 고지를 점령하는 예비후보자들이 있었다.

경기도 동두천의 한 인사는 "샛강살리기 동두천지부 지부장 ○○○"이라는 명함을 사용하며 그동안 구축한 물밑조직을 수면 위로 부상(浮上)시켰다. 남강 대천교를 기점으로 위 100m는 생연1동 지회가 환경감시 및 오염측정을 맡고, 100m～200m 사이는 생연2동 지회, 200m～300m 사이는 생연3동 지회 등으로 할당하여 활동하도록 했다. 이로써 조직의 활성화, 시대와 사회환경에 부응하는 환경전문가로서의 이미지 구축, 인지도와 지역기여도 제고에 성공하였다. 또한 타 시민단체들과의 연대활동(連帶活動)을 통해 우호적 관계를 형성함으로써 끌어들이기에도 상당한 효과를 거두어 조직을 확대 · 강화할 수 있었다.

범사회적, 범국민적 캠페인을 통해 정치후보자의 인지도 제고에 성공한 또 다른 사례로 1996년 제15대 총선 전에 범국민적으로 전개된 월드컵유치운동을 활용한 인천의 한 정치후보자를 들 수 있다. 1996년 4 · 11총선 전 국가 전체는 대한축구협회를 중심으로 2002년 월드컵 경기를 한국에서 유치하기 위해 총력전을 펼쳤다. 그러나 이러한 범국민적 캠페인에도 불구하고 시민운동은 잠잠하였다. 이때 인천의 한 예비

정치후보자는 민첩하게 '2002년 월드컵유치 인천광역시 범시민운동본부'를 인천시에 등록하고 조기축구대회, 가두서명운동 등을 통하여 2002년월드컵유치운동을 활발하게 전개하였다. 유동인구가 많은 거리 곳곳에 당당히 소형 현수막을 내거는가 하면 어깨띠를 두르고 시민에게 서명을 권유하였으며, 서명한 시민에게는 추후 본부장 이름으로 감사인사장을 보냈다.

이러한 과정에서 예비정치후보자의 얼굴과 이름이 시민에게 널리 알려지고, 조직의 구성원은 보람을 느끼며 예비후보자와 결속을 다졌으며, 경쟁후보자는 발만 동동 구르며 안타까워하는 진풍경이 벌어졌다. 이때 축구를 사랑하는 많은 시민이 '2002년월드컵유치 인천광역시 범시민운동본부'에 활발히 가입하여 이 예비후보자는 선거구에 자신의 얼굴을 급속히 알릴 수 있었다. 또한 이 예비후보자는 시민과의 격의 없는 토론을 통해 지역발전에 대한 자신의 심중을 토로하며 단기간에 긍정적 이미지를 구축했으며, 능력과 자질을 적극적으로 보여주어 시민들이 하나 둘 지지세력으로 쌓였다.

경쟁후보자는 이들의 활동이 분명히 향후 선거에 영향을 미칠 것을 알면서도 사전 선거운동으로 신고하거나 말리거나 훼방 놓을 수 없었다. 시민단체의 설립은 관할 시도나 시·군·구청에 신고만 하면 되며, 일단 설립되면 타인이 이와 유사한 단체를 신고하거나 유사한 활동을 할 수 없기 때문이다. 또한 상대후보자는 범국가적·범사회적 캠페인의 일환으로 전개되는 활동에 찬물을 끼얹을 수도 없었다. 만약 방해할 경우 경쟁후보자는 유권자 사이에 오히려 더 부정적 이미지가 형성되어 선거에 큰 타격을 입기 때문에 더욱 그렇다.

▪ 범국민적·범사회적 캠페인의 예

새마을운동, 샛강살리기운동, 월드컵유치운동, 밝은사회운동, 세계를 깨끗이 한국을 깨끗이운동, 자연·하천회복운동, 한강물살리기운동, 한국병퇴치운동, 유권자다짐천만인서명운동, 에너지절약캠페인, 사랑의 집짓기운동, 새천년운동, 중국교포에게 도서보내기운동, 한 줄 서기운동, 금모으기캠페인, 달러모으기캠페인, 사랑의 헌혈캠페인, 신용사회운동, 교통실서캠페인, 사랑의 도서기증캠페인, 금연캠페인, 난치병어린이를 돕기 위한 생명전화캠페인, 아동학대예방캠페인, 산불예방캠페인 등

범사회적, 범국민적 캠페인이 없는 경우에도 예비정치후보자는 스스로 시민의 관심을 불러일으킬 수 있는 범국민적·범사회적 이슈거리 또는 캠페인거리를 적극적으로 창출하는 지혜가 있어야 한다. 그러기 위해서는 항상 언론에 보도되는 이슈와 정보에 관심을 기울여 보통 사람들이 대수롭지 않게 흘려버리는 단편적 지식에서도 신선한 아이디어를 이끌어내도록 연구하여야 한다.

예를 들어 1995년 6·27지방선거 전에 서울의 한 예비 지방선거입후보자는 인도네시아 반둥시의 독립영웅묘지에 한 한국인이 일본 국적과 일본 이름으로 된 묘비 아래 묻혀 있다는 소식이 언론에 떠도는 것을 포착하였다. 그는 이러한 사실에 주목하여 "인도네시아독립영웅한국인양칠성국적이름찾아주기서울시민운동본부"[2]를 창립하고 직접 활동에 돌입하였다.

이 캠페인이 전개되자 많은 시민과 시민단체들이 호응하고 참여하였으며, 구청장, 지역 선거관리위원장, 경찰서장 등 공직자들을 고문으로 위촉하여 좋은 유대관계를 형성하고 업무협조도 받는 등 여러 가지 유리한 국면을 창출하였다. 또한 방송출연, 신문인터뷰 등 언론을 통한 호소로 단기간에 인지도와 좋은 이미지를 형성하는 데 대성공을 거두었다. 이러한 과정에서 조직의 결속력은 단단해지고 좋은 일을 위해 봉사하는 훌륭한 지역인사로서 칭송을 들을 수 있었다.

급기야 그는 인도네시아 정부의 초청과 우리나라 외무부의 허가를 받아 그해 8월 인도네시아 독립기념일에 한국이름과 국적이 새겨진 대

---

2) 비슷한 예로 '홍범도장군유해봉헌추진위원회'를 들 수 있다.

리석 묘비를 제작하여 핵심조직원 11명과 인도네시아를 방문하였다. 인도네시아 방문 중 그들은 인도네시아 육군의 열병과 사열을 받고 묘비제막식을 거행하는 등의 화려한 귀빈대접을 받기도 하였다. 이와 같은 사회캠페인 활동을 통해 구축된 저력과 분위기를 바탕으로 이 인사는 향후 선거에서 확실하게 당선되었다.

7. 지역봉사활동

범국민적·범사회적 캠페인 참여가 인지도와 좋은 이미지를 제고하는 데 속전속결로 도움을 받을 수 있는 것이라면 지역봉사활동은 잠재적 정치후보자가 지역에 대한 비교적 장기간의 기여와 봉사를 통해 지역구를 관리하고 인지도와 긍정적 이미지를 구축할 수 있는 방법이다. 물론 지역봉사활동도 각종 범국민적·범사회적 캠페인의 일환으로 전개할 수 있다. 지역봉사활동은 범국민적·범사회적 캠페인과 마찬가지로 사회와 지역에 도움이 되는 봉사활동을 통해 인지도를 제고하고 좋은 이미지를 구축하는 것이므로 기본적으로 공직선거법에 저촉되지 않는 특성이 있다.

선거캠페인에서 톡톡 튀는 아이디어로 유권자의 마음을 사로잡아 득표로 연결하기 위해서는 평소에 꾸준히 지역을 위해 일하는 사람이라는 좋은 이미지와 공신력이 바탕이 되어야 한다. 지역봉사활동이야말로 지역에 대한 기여도를 높임으로써 인지도와 좋은 이미지를 제고할 수 있는 훌륭한 방법이다. 과거 독재 대(對) 반독재, 민주 대 반민주, 문민정권 대 군사정권과 같이 이분법적 구도로 대결하던 시절에는 투사로서의 인기와 명성으로 본 선거에서 단숨에 목표를 달성하였다. 그러나 이러한 이분법적 대결구도가 퇴색된 현실에서는 정치후보자가 평소 신뢰성과 좋은 이미지를 쌓지 않으면 선거캠페인에서 유리한 고지를 점령하기 어려워졌다.

더구나 오늘날같이 여야 할 것 없이 정치인이 한꺼번에 혐오와 비난의 대상이 되는 사회일수록 평소에 차곡차곡 쌓은 신뢰성을 기반으로 구축된 인지도와 좋은 이미지 없이 반짝하는 인기만으로 당선을 바라는 것은 무리이다. 과거와는 양상이 달라졌지만 현대사회가 직면하는 문제는 수없이 많다. 생태파괴, 수질오염과 같이 지구 전체의 환경문제부터 청소년범죄, 마약, 노인문제, 성폭력과 같은 사회문제에 이르기까지 날로 심각해지는 인간의 삶과 관련된 문제를 해결하기 위한 지속적 지역봉사활동은 정치후보자 등록 전에 대중기반을 조성하고 인지도와 지역기여도를 구축하는 데 대단히 중요하다.

과거 1950년대에서 1970년대 사이 근대화를 목표로 전개하던 상록수운동, 문맹퇴치운동, 4H클럽활동, 새마을운동, 농촌계몽운동, 농활야학 등의 캠페인이 퇴조한 오늘날의 새로운 환경에서는 우리 사회의 당면과제인 선진화와 세계화를 달성하기 위한 캠페인이 요청된다. 신지식과 신사고를 확산하기 위한 캠페인, 선진사회를 도래케 하기 위한 캠페인은 잠재적 정치후보자들이 적극적으로 참여를 고려해야 할 캠페인 테마이며, 노력에 따라서 우리 주변에서 지역봉사활동의 주제로 삼을 수 있는 아이디어는 무궁무진하다.

8. 각종 이슈 활용

앞에서 논의한 범국민적 · 범사회적 캠페인과 지역봉사활동은 정치후보자가 초반에 인지도와 좋은 이미지를 형성하고 조직을 구축하는 데 활용할 수 있는 좋은 방법이었다. 이와 함께 각종 국가적 · 지역적 이슈는 특정 정치후보자와 관련이 없거나 정치후보자에 대한 인지도가 전반적으로 미약한 유권자 사이에 인지도를 향상시키고 좋은 이미지를 형성하는 데 직접적으로 활용할 수 있는 방법이다. 또한 후보자 주변을 추스르고, 나아가서는 잘 알지 못하는 일반 지역유권자를 기간조직과 배후 지지세력으로 견인하는 데에도 유리하게 사용할 수 있다.

각종 이슈 중에서 특히 지역적 이슈는 지역주민들의 민원과 직·간접적으로 연계되어 있다. 따라서 지역적 이슈와 함께 동전의 양면을 이루는 각종 민원문제에 대해 잠재적 정치후보자가 어떤 입장을 갖고, 어떤 활동을 하느냐는 선거캠페인에 큰 영향을 미칠 수 있는 변수이다. 집단민원의 선봉에 서서 지도적 역할을 하거나 배후에서 정보제공, 전략과 전술상의 조언, 행동방향 제시, 경제적 지원, 정신적 지지 등 민원의 내용, 민원의 주체, 정치후보자의 능력에 따라 역할을 달리 할 수 있다. 그러나 대규모의 집단민원이나 소지역간에 이익이 상충하는 민원의 경우에는 득과 실이 예리하게 교차하므로 관여 여부, 관련 시 역할의 정도를 깊이 생각하여 신중하게 처신해야 한다.

▪ 이슈 또는 민원문제의 예

농지·산야·하천·호수·바다 등에 환경문제를 일으키는 골프장, 공해산업시설(예: 피혁공장, 화학물질 제조공장, 식품공장 등), 쓰레기매립장, 발전소 등의 건설; 주거지의 환경과 경제에 영향을 주는 골프연습장, 쇼핑센터 등의 건설; 공공시설(예: 공원, 공중화장실, 공중전화 등)의 유지·관리와 관련된 문제; 수몰지구 문제; 농·어·축산가 소득문제; 주택인허가문제; 그린벨트문제; 노점상문제; 시민 운동장·각종 경기장 건립 요구문제 등

9. 정당경선

정당경선이란 각급·각종 선거에서 경쟁할 정당 공천자를 결정하는 정당 내부의 선거과정이다. 경선방법은 정당마다 다소 상이하며, 한 정당 내에서도 선거의 급(級)과 종류(種類)에 따라 차이가 있다. 정당의 지지세력을 확대하기 위해 호주식 선호투표제를 대통령후보자 경선에 활용하여 전국의 주요 지역을 순회하며 경선을 이벤트화한 정당이

있는가 하면, 일정한 기간 이상 당비를 납부한 진성당원에게만 투표권을 부여한 폐쇄식 경선, 인터넷 등을 통해 모집된 일반 유권자도 광범위하게 참여할 수 있도록 하는 개방식 경선, 또는 당내 면접토론을 통해 후보자를 선정하는 경선 등 다양한 방식이 사용된다.

경선이 진정한 상향식으로 공정하게 운용된다면 자유민주주의의 발전을 위해 긍정적으로 평가할 만하다. 그러나 현실적으로 많은 정치후보자들은 경선과정에서 야기되는 부작용과 경선 후의 부정적 영향 때문에 경선을 탐탁지 않게 여기는 경향이 있다. 정당 내 식구끼리 본선 출전권을 따기 위해 본선보다 더 어려운 싸움을 벌여야 할 때도 있다. 경선에 지나치게 힘을 쏟은 나머지 본선을 치르기도 전에 체력적·심리적·재성적으로 한계상황에 직면하는 경우도 있다. 또한 경선경쟁자 상호간 취약점을 들춰내고 비난과 비방을 절제하지 못하여 결국 다른 정당의 후보자들이 본선에서 유리하게 공격할 수 있는 빌미를 제공하는 경우도 드물지 않다.

정당 내 경선이 이와 같이 미흡한 측면을 가진다고 하더라도 하향식 공천의 문제점을 개선하기 위해 현실적으로 광범위하게 채택되는 후보자결정 방식이라면 정치후보자는 이를 선거캠페인에 적극적으로 활용해야 할 것이다.

1) 지지세력의 유지·강화·확대

정당내부의 경선캠페인 과정에서 정치후보자는 기존의 지지세력을 유지·강화하는 동시에 새로운 지지세력을 견인할 수 있다. 정치후보자가 기대하는 투표행위가 지지세력으로부터 산출되려면 평소 결속력을 꾸준히 유지·강화시켜야 한다. 이를 위해서는 적당한 자극과 동원이 필요한데 정치후보자는 자신의 전통적 지지세력을 정당 내 경선과정에 적극 참여시킴으로써 조직력을 유지·강화할 수 있다. 이것은 군인이 유사시 맡은 바 임무를 성공적으로 수행하기 위해 평소 교육·훈련을 게을리하지 말아야 하는 것과 같다. 전투가 없다고 평소 교육·훈련을 등한시한 군대는 결정적 순간에 본연의 임무를 제대로 수행하지 못할 것이다. 정당 내 경선과정에서 정치후보자를 위해 기존의 지지세력이 참여할 수 있는 캠페인 활동은 모금, 구전홍보, 전화홍보, 사이버홍보, 각종 집회·모임·이벤트 참여, 인쇄물 발송작업 등 다양하다.

정치후보자는 정당 내 경선과정에서 기존의 지지세력을 직접적 대인 커뮤니케이션을 통해서도 유지·강화할 수 있다. 정당 내 경선은 정치후보자와 유권자가 소그룹모임을 통해 개인적으로 직접 접촉할 수 있는 좋은 기회이므로 정치후보자는 이를 적극 활용해야 한다. 또한 정당 내 경선과정에 대한 매스미디어의 활발한 보도는 지지세력의 유지·강화를 촉진시키는 동시에 정치에 적극적으로 참여하지 않던 유권자의 관심을 유발하거나 유권자의 마음을 변화시켜 신규 지지세력으로 끌어들이는 데 도움이 된다.

2) 선거캠페인 전략에 대한 점검과 수정

정당 내 경선은 정치후보자들이 본선에 대비하여 자신의 선거캠페인에 대한 유권자의 반응을 관찰할 수 있는 기회를 제공한다. 이러한 과정에서 취약점은 보완하거나 수정하고 강점은 유지·강화할 수 있다. "조직은 적절하게 구성되었으며, 제대로 작동하는가?", "선거참모들은 주어진 업무를 성공적으로 수행할 능력이 있는가?", "이슈에 대한 입장은 유권자에게 설득력이 있는가?", "정치후보자의 이미지는 유권자에게 호의적으로 받아들여지는가?"와 같은 질문을 염두에 두고 정치후보자와 선거캠페인에 대한 유권자의 반응과 평가를 예리하게 관찰하고 분석하는 과정에서 취약점이 발견되면 선거캠페인 전략을 보완 또는 수정해야 한다.

10. 예비후보자 활동

현행 공직선거법[3]은 예비후보자 제도를 두어 선거기간 전이라도 법에 명시된 방법으로 선거캠페인을 전개할 수 있도록 하고 있다. 비록 제한적이기는 하지만 상당부분 선거캠페인을 전개할 수 있기 때문에 정치후보자는 예비후보자의 지위를 인지도 제고와 지지세력화에 최대한 활용해야 한다. 선거의 급(級)과 종(種)에 따라 예비후보자로서의 활동기간이 다르지만 공통적으로 선거사무소 설치, 선거사무소에 간판·현판 또는 현수막 설치·게시, 성명·사진·전화번호·학력[4]·경력 및 기타 홍보에 필요한 사항을 게재한 길이 9㎝, 너비 5㎝ 이내의 명함을 직접 주면서 지지를 호소하는 행위, 전자우편을 이용하여 메시지[5]를 전달하는 행위, 선거구 안에 있는 세대수의 10분의 1 이내에 해당하는 수[6]의 인쇄물을 우편으로 발송하는 행위가 허용된다. 특히 정치후보자는 예비후보자 활동기간에 그가 지정한 1인 및 배우자[7]와 발로 뛰면서 유권자에게 최대한 명함을 많이 배포하는 것이 중요하다. 도시지역을 선거구로 가진 정치후보자의 경우, 하루에 천 장 이상의 명함을 배포한다는 각오로 뛰어야 한다.

---

3) 예비후보자 제도는 2005년 8월 4일에 신설되었음.
4) 정규학력과 이에 준하는 외국의 교육과정을 이수한 학력에 한정한다.
5) 문자·음성·화상 또는 동영상 기타의 정보를 의미함.
6) 그 수는 2만을 초과할 수 없다.
7) 배우자 대신 예비후보자가 그의 직계존·비속 중에서 신고한 1인으로 할 수 있다.

11. 각종 정치행사

1) 과거 정치행사 활용상의 문제점

우리나라의 각종 정당행사는 지금까지 많은 경우 일일용, 일회용, 그 시간 대용인 요식행사로 치러졌다. 현직 정치인의 필승결의대회, 정치신인의 지구당개편대회, 신설선거구의 지구당창당대회 등이 중앙당이나 시도지부의 정치일정에 따라 무계획적으로 치러진 경우가 많았다. 더구나 중앙당이나 시도지부 요원들은 업무의 신속한 처리를 위해 지역구 상황에 우선하여 집회를 재촉하기 일쑤였다. 조직책내정자나 입후보자도 지역구에서 하루빨리 명함을 돌리며 이름을 알리기 위해 하루라도 먼저 행사를 치르려고 지구당사무국을 채근했던 것이 사실이다.

과거에는 이와 같이 중앙당이나 시도지부나 선거를 앞둔 정치후보자를 막론하고 각종 정치행사를 선거캠페인에 효과적으로 연계시키는 전략적 사고가 부족하였다. 그러나 모든 정당행사는 정치후보자가 사전 대중기반 조성에 활용할 수 있는 귀중한 자원이므로 인지도 제고, 지지세력화, 조직의 확대·강화 등에 충분히 활용되도록 조직되고 실행되어야 한다.

정치후보자는 누구나 최대한 사전 선거운동을 하여 다른 후보자들보다 한발 앞서 기선제압을 하고 싶은 욕구를 가지게 마련이나 공직선거법이라는 현실적 장벽에 부딪히게 된다. 정당에 소속된 예비후보자는 선거법의 제약을 받는 사전 선거운동에 대한 해법을 활용하기에 따라서는 종종 정당법의 테두리 내에서 찾는 것이 우리의 현실이다. 지역정치행사를 정치후보자의 인지도 제고, 지지세력화, 조직의 확대·강화에 지혜롭게 연계하는 것도 이러한 범주에서 이해할 수 있다.

2) 사전 · 사후 홍보기간 설정 및 시의적절한 행사일시 선정

○○○○년 ○월 ○일 ○시라는 지금까지의 지역구 정치행사는 그 날, 그 시간 중심의 행사였고, 사실 정치행사를 아무리 성대하게 마쳤다 하더라도 지역주민은 거의 알지도 못하는 경우가 많았다. 안내책자를 화려하게 만들어 배포하고 행사장에서 아무리 화려한 행사를 했다고 하더라도 역시 주민들의 인지는 태부족이었다. 심지어는 행사장 이웃의 주민들도 어느 정당의 행사인지, 누가 위원장에 선출되었는지 잘 알지 못하는 경우가 허다했다. 따라서 위원장이 지역에 나가 명함을 건네며 주민에게 인사를 하여도 누구인지 몰라서 뜨악한 표정을 지으면서 당혹함을 감추지 못하는 경우가 적지 않았다. "제가 이번에 선출된 ○○○당 당원협의회 ○○○위원장입니다"라고 말을 건네면 눈만 깜박이며 "언제요?" 또는 "뭐라고요?" 하는 표정을 짓는 것이 다반사였다. 이는 일회용 자축행사가 준 당연한 결과로 조금도 놀라울 것이 없다.

지금은 정당 지구당이 없어져서 과거와 같은 정치행사가 많이 없어졌지만 현직 정치인이나 예비정치후보자가 불가피하게 정치행사를 개최해야 할 경우 이를 인지도 제고와 지지세력화에 효과적으로 연계할 수 있어야 귀중한 자원을 낭비하지 않고 목표달성에 도움이 되도록 활용할 수 있다.

그렇다면 각종 정치행사를 어떻게 선거에 최대한 활용할 수 있을까? 정치행사를 효과적으로 활용하기 위해서는 먼저 행사당일을 전후로 각각 일정한 기간(보통 1주일에서 1개월 정도)을 행사주산으로 설정하여 치밀하게 홍보계획을 세우는 것이 좋다. 또한 선제 선거캠페인의 큰 틀 안에서 일정을 역산(逆算)하여 단계적이고 유기적인 계획의 일환으로 정치행사의 시기를 잡아야 한다. 정치행사의 세부계획은 지역의 행사 또는 주민의 생활과 직접적으로 연계된 절기 및 분위기를 찾아 의미 있고 조화롭게 연계시켜 이벤트화하는 창조적 지혜가 필요하다. 예를 들면 단오, 운동회, 김장시장의 개설시기, 중요 특산물 출하 등은 물론이고 앞에서 언급한 각종 범국민적·범사회적 캠페인과 연계하여 행사를 조직하거나 기존의 행사를 활용한다.

- 각종 이벤트성행사의 예

자원봉사축제, 축구대회·마라톤대회 등 각종 운동경기대회, 등산대회, 씨름·그네타기 등 각종 민속놀이대회, 지방사투리경연, 풍물놀이공연, 국악놀이마당, 가면극공연, 경로잔치, 고부갈등해소 한마음잔치, 모범고부가정표창, 소년소녀가장위로행사, 학술세미나, 민속예술전, 퀴즈대회, 어린이 그림그리기대회, 주부백일장, 시낭송대회, 웅변대회, 노래자랑, PC게임대회, 멀티비전쇼, 젊은이한마당, 의견수렴을 위한 시민의 전화설치, 컴퓨터통신대화방설치, 녹색장터(재활용품 전시), 불우이웃돕기알뜰매장, 벼룩시장, 김장시장장터개설, 먹거리장터운영, 바자회, 일일찻집, 마스코트제작·배포, 출판기념회, 막국수축제, 찰옥수수축제, 전통음식경연대회, 전통음식재연, 요리경연, 지역농특산물전, 전통술시음장운영, 김치전시회, 사랑의 김치담그기, 각종 음식빨리먹기대회, 해돋이행사, 모심기돕기, 벼베기돕기, 각종 미인대회, 거북이방생기원제, 산상기도회, 천년수 주목식재, 생명의 나무심기, 미래의 숲가꾸기, 평화의 문 건립, 트레일러투어(*tour*), 버스투어, 경운기유세, 자전거유세 등

3) 홍보용으로 활용할 초대장

초대장은 발송대상자에 따라 몇 가지로 나누어 인쇄하고 계획적으로 사용하면 좋다. 점잖은 인사들에게 보낼 초대장은 예비후보자의 점잖은 사진을 넣어 튀지 않게 만들며 직접 방문하여 전달하거나 우송한다. 일반 당원 및 조직원들에게 보낼 초대장에는 역동적이고 신선한 사진을 초대장뿐만 아니라 봉투의 앞뒷면에까지 동일하게 넣어 인쇄한다. 초대장은 우송할 것 외에 조직 및 자원봉사자들에게 충분한 양을 할당하여 일반 유권자를 향한 홍보용으로도 활용할 수 있도록 치밀하게 기획하여 만들어야 한다.

제 9 장 선거정치커뮤니케이션의 원리와 전략

선거캠페인은 커뮤니케이션으로 시작하여 커뮤니케이션으로 진행되고 커뮤니케이션으로 끝난다고 말할 수 있다. 정치후보자의 출마선언도, 방송토론 · PR · 정치광고 · 선거홍보물 · 거리연설회 등을 통한 지지호소도 모두 커뮤니케이션이다. 정치후보자의 패배인정 연설도, 상대후보자의 승리를 축하하는 것도 커뮤니케이션이요, 선거의 종결을 알리기 위해 선전벽보를 떼어내고 현수막을 철거하는 것도 역시 커뮤니케이션이다.

이와 같이 다양한 방법과 수단을 통해 이루어지는 선거정치커뮤니케이션[1]은 선거캠페인의 궁극적 목표, 즉 승리에 필요한 지지획득을 위해 '유권자에게 메시지를 전달하여 설득하는 과정'[2]으로 정의할 수 있으며, 이 행위의 효과가 사실상 선거캠페인의 승패를 좌우한다. 이러한 이유에서 선거캠페인 전략은 캠페인 메시지 전달의 효과성에 주된 관심을 집중한다. 출마결정부터 선거캠페인 연구 · 조사, 전략기획, 메시지구성, 선거자원 확보, 조직구성 등에 이르기까지의 일련의 과정은

---

1) 선거(정치)홍보라고도 부른다.

2) 제 2장 참고.

선거정치커뮤니케이션을 성공적으로 수행하기 위한 준비행위이다.

선거캠페인에서의 정치커뮤니케이션은 크게 직접적 방법과 간접적 방법으로 나눌 수 있다. 직접적 커뮤니케이션은 문자 그대로 후보자, 참모, 조직 등 사람이 유권자에게 직접적으로 메시지를 전달하는 것을 말한다. 반면에 간접적 커뮤니케이션은 어떤 매개체를 통해 메시지를 전달하는 것을 뜻한다. 그러나 선거캠페인 커뮤니케이션 방법 중에는 직접적 성격과 간접적 성격이 경합하는 것들도 있다. 선거캠페인 커뮤니케이션과 관련하여 논의할 사항들의 분량이 많기 때문에 제 9장에서는 효과적 메시지 전달의 기본원리와 선거캠페인에서 사용되는 간접 커뮤니케이션의 방법 · 수단 · 전략에 대해 살펴보고,[3] 직접 커뮤니케이션과 관련된 사항들은 제 10장에서 논의한다.

1. 효과적 선거정치커뮤니케이션의 원리[4]

선거캠페인에서 효과적 커뮤니케이션 활동을 전개하여 가능한 한 많은 유권자를 정치후보자가 원하는 방향으로 설득하기 위해서는 다음과 같은 몇 가지 선거정치커뮤니케이션의 원리, 즉 효과적 메시지 전달의 원리를 이해하고 따라야 한다.

1) 단순화와 반복점강(反復漸强)[5]

라벨(Ravel)이 작곡한 유명한 음악 볼레로(*Boléro*)는 똑같은 화음을 반복함으로써 독특한 특징을 나타낸다. 이 곡에서 화음은 시간이 흐름

---

3) 직 · 간접적 성격이 경합하는 정치커뮤니케이션의 방법과 수단 중에서 간접적 성격이 강한 것도 이 장에서 살펴본다.

4) 효과적 메시지 전달의 원리이다.

5) 반복하면서 점점 강화시켜 나가는 것을 뜻함.

에 따라 곡 전체에 걸쳐 강화되다가 마지막 절정의 순간에 이른다. 작곡가 라벨의 음악 볼레로는 효과적 선거캠페인에 대한 더없이 좋은 비유가 된다.

효과적 선거캠페인은 라벨의 볼레로와 같이 단순하고 동일한 메시지[6]를 유권자에게 반복하여 전달한다. 그리고 이러한 행위는 투표일이 가까워올수록 더 자주 실행하고, 더욱 강화해야 한다. 그리하여 선거캠페인이 끝나갈 무렵에는 유권자가 선거캠페인 메시지에 귀가 멀 정도가 되어 메시지 전달의 주체가 누구이며, 그의 출마가 투표자에게 의미하는 바가 무엇인지 분명하게 이해하고 있도록 해야 한다. 다시 말해 유권자가 정치후보자의 이름과 광범위 메시지를 또렷하게 기억하게 해야 한다.

어떤 정치후보자의 선거캠페인이든 공통적으로 당면하게 되는 최대 과제는 "어떻게 하면 사람, 돈, 시간을 효과적으로 사용하여 투표일에 유권자에게 결정적으로 영향력을 발휘할 수 있도록 하는가"이다.

원칙적으로 선거일이 다가올수록 선거캠페인이 절정에 이르도록 메시지 설득커뮤니케이션을 강화해야 한다. 또한 투표일이 가까워질수록 후보자에게 중요한 유권자, 즉 후보자를 지지할 가능성이 높은 유권자가 메시지를 더 많이 전달받아야 한다. 그러나 이러한 목표를 달성하는 일은 결코 쉽지 않다. 선거캠페인이 이러한 목표를 달성하기 위해서는 투표일이 가까워질수록 결정적이고 전폭적인 메시지 설득커뮤니케이션을 실행할 수 있는 대중기반이 사전에 잘 구축되어 있어야 한다.[7]

2) 선거캠페인 메시지의 일관성

효과적 선거정치커뮤니케이션이 이루어지려면 캠페인 메시지가 일관성이 있어야 한다. 이 말이 내포하는 의미는 다음과 같다.

---

6) 제6장의 '좋은 슬로건의 조건' 참고.

7) 제8장 참고.

첫째, 광범위 메시지가 단일해야 한다.[8] 광범위 메시지란 선거캠페인의 주제와 슬로건을 말하고 이것들은 단일하게 만들어 사용해야 한다. 그래야 메시지 전달이 효과적으로 이루어진다. 광범위 메시지를 다양하게 만들어 사용하면 좋을 것 같지만 선거캠페인의 효과가 누적되지 않는다. 따라서 투표일이 가까워져도 메시지 설득커뮤니케이션이 강화되지 않고, 유권자는 후보자의 이름, 출마의 의미, 광범위 메시지를 분명하게 이해하지 못하거나 기억하지 못할 소지가 높아진다.

둘째, 다양한 정치커뮤니케이션의 방법[9]과 수단[10]이 동일한 광범위 메시지를 전달하여 정치커뮤니케이션이나 홍보활동을 강화시켜야 한다. 선거캠페인을 효과적으로 전개하기 위해서는 정치커뮤니케이션(또는 선거홍보)의 방법과 수단을 다양하게 사용하는 것이 좋다. 그러나 어떤 방법과 수단을 사용하더라도 각각의 방법과 수단이 서로 커뮤니케이션 효과를 보완하고 강화하도록 해야 한다. 그러기 위해서는 사용되는 방법과 수단이 단일한 주제, 단일한 슬로건을 반복하여 전달해야 한다. 다시 말해 다양한 정치커뮤니케이션의 방법과 수단 사이에 메시지 전달의 일관성이 있어야 한다.

광범위한 선거구를 대상으로 메시지를 전달해야 하는 선거캠페인의 경우 이러한 일관성을 유지하기 위해서는 정치커뮤니케이션의 전체 흐름을 장악하고 통제·조율할 수 있는 커뮤니케이션 코디네이터(*coordinator*) 또는 커뮤니케이션 컨설턴트가 필요하다.

---

8) 제6장 참고.

9) 크게 간접 정치커뮤니케이션과 직접 정치커뮤니케이션으로 나눌 수 있다. 더 구체적으로 공보, 광고, 선전, 정치후보자 토론, 유권자 접촉 등을 일컫는다.

10) TV, 라디오, 신문, 잡지, 선거공보, 선전벽보, 현수막, 각종 홍보보조물, 전화 등의 매체를 의미한다.

2. 설득커뮤니케이션으로서의 선거캠페인과 미디어

설득커뮤니케이션이란 커뮤니케이션 분야에서 연구하는 설득적 행위를 말하며, “한 개인이나 집단이 다른 개인이나 집단으로부터 어떤 원하는 의견,11) 태도,12) 행동을 끌어내기 위해 언어 또는 비언어적 메시지를 전달하는 과정”으로 정의할 수 있다.

커뮤니케이션(*communication*)이 사람들 사이에 이해(理解) 또는 의사소통을 실현하는 것임을 감안할 때 선거캠페인에서의 커뮤니케이션도 정치후보자와 유권자 사이에 발생하는 의사소통의 과정으로 이해할 수 있으며, 정치후보자의 좋은 이미지 만들기, 인지도 구축활동, 인지도의 지지세력화, 유권자 접촉 등을 포함하는 내단히 포괄적 개념이다. 선거캠페인에서 커뮤니케이션이 효과적으로 이루어지기 위해서는 다양한 방법과 수단을 통해 전달되는 메시지들이 선거캠페인 주제에 부합해야 한다. 그래야만 설득효과가 강화된다.

현대 민주주의 사회의 선거캠페인에서 메시지 설득커뮤니케이션이 효과적으로 이루어지게 하기 위해서는 미디어가 선거정치에 미치는 영향력을 이해해야만 한다. 선거정치에 대한 미디어 영향력의 주요 근원은 다음과 같다.

첫째, 미디어는 선거캠페인에서 광범위한 토론의 초점이 되는 주요 문제들을 설정하는 데 중요한 역할을 한다.13) 미디어가 선거캠페인에서 중요하다고 판단하여 많이 보도하는 화제는 유권자가 중요한 문제로 받아들일 가능성이 높다. 이러한 화제는 국가적, 사회적 문제 자체일 수도 있고, 그러한 문제를 해결하기 위해 정당이나 정치후보자가

---

11) 비교적 언어화하기 쉽고 외면적 성질이 강하다. 그러나 행위에 대한 동기부여력이 약하다.

12) 인간의 개성에 더 깊이 뿌리박혀서 비교적 언어화하기 어렵다. 의견보다 안정적이고 행동에 대한 동기부여력이 강하다.

13) 미디어의 의제설정(*agenda-setting*)기능을 의미함(McCombs and Shaw, 1972).

제시하는 정책이나 아이디어일 수도 있다.

만약 미디어가 선거캠페인과 관련하여 어떤 문제나 아이디어를 보도할 만한 가치가 있는 것으로 판단한다면 그것을 집중적으로 보도하여 이슈화할 것이다. 이러한 맥락에서 선거캠페인에서 광범위한 토론을 불러일으키는 이슈는 단순히 유권자가 관심을 많이 가지기 때문이라기보다 사실상 미디어의 보도가 많은 영향을 미쳤다고 볼 수 있다. 따라서 선거캠페인에서 미디어의 관심을 받지 못하는 정당과 후보자는 유권자에게 강한 호소력을 발휘하기 어렵다.

선거캠페인에서 미디어는 특정 정치후보자가 유권자의 주목을 받느냐 못 받느냐 또는 가능성 있는 경쟁자로 받아들여지느냐 그렇지 못하느냐에 많은 영향을 미친다.

둘째, 선거정치에 대한 미디어의 영향력은 사건이나 언동(言動)을 해석하고 평가하는 행위로부터 나온다. 미디어가 어떤 사건이나 언동의 정치적 의미와 결과를 해석하고 평가하는 방법은 여론에 많은 영향을 미친다. 예를 들어, 미디어가 특정 정당의 타당(他黨)의원 영입을 유권자의 의사를 인위적으로 변경하는 반민주주의적 공작정치로 규정할 것인가 아니면 상대당의 발목잡기를 극복하여 국정을 효과적으로 운영하기 위한 적극적 대처방법으로 평가할 것인가는 유권자의 현실인식에 적지 않은 차이를 만들어낼 것이다.

셋째, 미디어는 정치후보자에 대한 정보와 이미지를 전달하여 정치후보자에 대한 유권자의 인식과 평가에 상당한 영향을 미친다. 물론 정치후보자도 다양한 정치커뮤니케이션 방법을 사용하여 유권자 사이에 긍정적 이미지를 구축하기 위해 노력한다. 그러나 미디어는 정치후보자의 이미지를 선택·통제·확대·축소함으로써 정치후보자의 이미지가 유권자에게 어떻게 투영되는가에 많은 영향을 준다.

위에서 살펴본 바와 같이 미디어는 단순한 정보전달자로서의 역할 외에 능동적·적극적으로 현대 선거정치에 영향력을 행사한다. 또한 미디어는 정치광고, 후보자 방송연설과 같은 수동적 방법으로도 선거캠페인에 영향을 미친다. 미디어에 의한 정치후보자 토론은 미디어가 토론회를 조직한다는 측면에서는 능동적이지만, 미디어가 토론자들의 메시지를 유권자에게 전달하는 경로로 사용된다는 측면에서는 수동적 성격이 강하다.

3. 간접적 선거정치커뮤니케이션의 특징

간접적 선거정치커뮤니케이션의 방법과 수단도 사실은 직접적 성격을 가지는 경우가 많다. 예를 들어 선전활동은 주로 대중매체를 통해 이루어지지만 대중집회 등의 직접적 유권자 접촉을 통해서도 가능하다. 정치후보자 토론의 경우에도 토론이 TV, 라디오, 신문 등의 대중매체를 통하여 유권자에게 전달될 때는 간접 정치커뮤니케이션이지만 토론회장에 참석한 청중의 입장에서는 직접 정치커뮤니케이션이다.

간접 정치커뮤니케이션의 방법과 수단을 통해서 메시지를 전달하면 일반적으로 어떤 정치적 기준에 따라 특정 유권자그룹을 겨냥하여 메시지를 전달하기 어렵다. 따라서 간접 정치커뮤니케이션의 방법과 수단은 대체로 광범위 메시지나 중범위 메시지를 전달하는 데 적절하다. 그러나 케이블TV, 전문잡지 등의 특성을 잘 파악하여 사용하면 유권자를 세분하여 겨냥할 수 있다. 단 우리나라의 경우 선거캠페인에서의 매체사용에 법적 제한이 많이 가해지므로 이를 잘 파악해야 한다.

간접 정치커뮤니케이션을 사용하면 일반적으로 비용이 많이 든다.[14] 그러나 짧은 시간 안에 광범위한 유권자에게 메시지를 전달할 수 있는 장점이 있다. 특히 텔레비전, 라디오, 중앙 일간신문을 통한 메시지 전달은 포괄적이다.

14) 미국의 경우, 주 전체를 선거구로 하는 선거캠페인의 전체비용 중 50% 이상이 전자 대중매체를 통한 광고에 소요된다.

〈표 9-1〉 간접 선거정치커뮤니케이션 매체

전자매체	공중파 · 케이블 · 위성 텔레비전, 라디오, 인터넷, 비디오, 핸드폰, PDA, DMB
인쇄매체	신문, 잡지, 선전벽보, 책자형 선거공보, 전단형 선거공보(*leaflet, fly*), 브로슈어, 명함 등
캠페인 보조물(시설물, 소품, *collateral*)	광고게시판(돌출간판, *billboards*), 현수막, 옥외 입표지판(*yard signs*), 표지판, 수기, 표찰, 완장, 어깨띠, 마스코트, 버스광고(*bus signs*), 택시광고(*taxi signs*), 범퍼 스티커(*bumper stickers*), 버튼(*button*), 볼펜, 배지, 손톱줄(*emery boards*), 냉장고 부착용 자석(*refrigerator magnets*), 바느질 세트(*sewing kits*), 모자(*hats*), 풍선(*balloons*), 종이성냥갑(*matchbooks*) 등

현대 선거캠페인에서 정치후보자와 정치캠페인 컨설턴트들은 일반적으로 미디어를 통한 간접 정치커뮤니케이션을 가장 효과적 메시지 설득커뮤니케이션 방법으로 간주하는 경향이 있다. 그러나 성공적 선거정치커뮤니케이션을 하기 위해서는 간접적 정치커뮤니케이션과 직접적 정치커뮤니케이션을 적절하게 결합하거나 병행해야 한다.

간접 정치커뮤니케이션에 사용되는 매체들로는 〈표 9-1〉과 같은 것이 있다. 이들 중 상당수, 특히 선거캠페인 보조물[15]은 우리나라에서 일반화되지 않았거나 공직선거법에 의하여 사용이 금지되어 있다.

4. 공보

정보원(情報源)인 정치후보자나 참모진이 미디어에 정보를 능동적 또는 수동적으로 제공함으로써 이루어지는 정치커뮤니케이션의 방법이다. 선거캠페인에서 능동적 공보(公報, 廣報; *publicity*) 활동을 펼치기 위해서는 본격적으로 선거캠페인이 시작되기 전에 언론기관 리스트작

15) 현행 공직선거법에는 '시설물'이라고 부른다.

성, 담당기자 관련사항 파악 등의 구체적이고 치밀한 계획을 세워야 한다. 수동적 공보란 미디어의 취재요청이 있을 때 이에 부응하는 행위이다. 현대 선거캠페인에서 전개하는 대부분의 공보활동은 능동적이고 적극적인 공보가 주를 이루며, 효과적 선거캠페인을 위해서 수동적 공보보다 더 바람직하다.

공보는 그것이 능동적이건 수동적이건 제공된 정보의 가치를 미디어가 평가하여 선택하므로 유권자에 대한 정보전달이 쉽지 않다. 그러나 메시지 전달에 직접적으로 비용이 들지 않으며 일단 이 방법으로 유권자에게 메시지가 전달되면 어떤 다른 방법보다도 긍정적 이미지를 효과적으로 형성할 수 있다. 왜냐하면 유권자는 미디어가 정보를 평가하여 취사선택한 후 전달할 만한 가치가 있다고 판단하여 자신에게 제공한다고 믿기 때문이다. 이러한 정보에 대한 믿음은 정보를 전달하는 미디어가 평소에 쌓은 공신력에 의해 많은 영향을 받는다.

미디어를 통한 공보 중에서도 가장 중요한 것이 뉴스를 통한 보도다. 텔레비전, 라디오, 신문의 뉴스에 선거캠페인 활동, 특히 후보자 활동의 긍정적 측면이 많이 실리도록 노력해야 한다. 정치선진국의 정치캠페인 전략가들은 일반적으로 상위선거[16] 득표의 4분의 1 정도는 텔레비전, 라디오, 신문에 실리는 선거캠페인 뉴스에 의해 영향을 받는다고 지적한다. 특히 정치후보자의 활동은 선거캠페인의 핵심으로 방송뉴스의 관심을 집중시킬 수 있는 좋은 홍보소재다. 각종 미디어의 뉴스와 논설에 가장 많은 영향을 받는 사람들은 부동층, 즉 어떤 정당에도 깊게 연관되어 있지 않은 독립적 유권자이다. 따라서 부동층 유권자는 언론매체를 통한 선거캠페인 홍보의 주요 대상이다.

앞에서 언급했듯이 다양한 대중매체를 통한 홍보에서 반드시 유념해야 할 점은 메시지가 일관성을 유지할 수 있도록 조율되어야 한다는

---

16) 예를 들면, 미국의 연방 상원의원선거, 주지사선거, 대통령선거와 같이 광범위한 선거구를 대상으로 하는 선거를 의미한다.

것이다. 그래야 선거캠페인이 무르익을수록 메시지 설득커뮤니케이션이 강화되고 설득효과의 상승작용을 기대할 수 있다. 일관성이 결여된 메시지를 상이한 매체를 통하여 전달하면 메시지 사이에 상호 저해작용이 일어나고 혼동을 불러일으켜서 유권자에 대한 충분한 설득효과를 기대할 수 없다.

공보방법으로는 프레스 릴리스(*press release, news release, release*), 기자회견, 기자간담회, 기자발표, 현장방문, 단독회견, 성명서발표 등이 있다. 효과적 공보를 위해서 이러한 공보방법을 필요에 따라 적절하게 배합하여 병행한다. 공보의 주된 수단(매체)은 신문, 텔레비전, 라디오, 잡지 등이다.

1) 프레스 릴리스

정치후보자나 공보담당자 또는 다른 주요 참모가 선거캠페인에 관한 정보를 언론기관에 제공하는 것이다. 이것은 원칙적으로 뉴스가치가 있는 소재를 제공하는 것이지 기사 자체를 제공하는 것은 아니다. 프레스 릴리스는 선거캠페인 공보방법 중에서 가장 일반적인 것이다.

선거정치커뮤니케이션(선거홍보)이 효과적으로 이루어지려면 공보담당자가 캠페인 활동, 특히 후보자 활동 중에서 관심을 끌 수 있는 소재를 끊임없이 발굴하여 언론기관에 제공하여야 한다. 다시 말해서 언론기관에서 기사화하든지, 하지 않든지 뉴스거리를 끊임없이 개발하여 제공하는 것을 체질화해야 한다. 마치 낚시꾼이 대어를 낚기 위해 떡밥을 계속 던져야 하는 것과 같다. 이러한 노력에 의하여 단 한 줄이라도 캠페인 소식이 언론매체에 실리면 그 효과는 돈으로 계산할 수 없을 만큼 크다.

프레스 릴리스를 작성할 때 유의할 점을 살펴보면 다음과 같다.

(1) 간결하고 명료해야 한다. 프레스 릴리스의 내용이 빈약하다는 인상을 주는 것도 좋지 않지만 불요불급(不要不急)한 사항을 늘어놓거나 과장해서는 안 된다. 5W1H(*who, where, when, why, what, how*)의 원칙에 따라 간결하고 명료하게 작성하도록 한다.
(2) 공보담당자의 이름과 연락처를 밝힌다. 제공한 정보에 대한 추후 의문점을 풀어주기 위해 필요하다.
(3) 프레스 릴리스의 내용을 보완·강화해주는 시각적 자료를 곁들이는 것이 좋다.
(4) 매체의 특성에 맞아야 한다. 프레스 릴리스 제공의 대상이 전자매체인가 인쇄매체인가? 인쇄매체라면 신문인가 잡지인가? 또 신문이라면 중앙지인가 지방지인가 업계지인가? 이러한 매체의 특성에 따라 정보를 재단하여 제공하는 것이 좋다.
(5) 시의적절(時宜適切)해야 한다. 뉴스로서의 가치가 극대화되는 시점에 맞춰 기민하고 순발력 있게 제공되어야 한다.

2) 기자회견, 기자간담회, 기자발표

기자회견(*press conference, news conference*)은 정치후보자나 공보담당자가 긴급하거나 중요한 정보를 기자에게 직접 발표하는 것이다. 반면에 기자간담회는 정치후보자나 공보담당자가 당해 선거캠페인으로서는 중요하지만 국가적·사회적 측면에서는 뉴스가치가 비교적 약한 정보를 기자들에게 제공하여 정치후보자의 열의와 의도를 납득시키고자 하는 것이다. 기자발표는 일반적으로 공보책임자가 중요한 정보를 기자들에게 구두(口頭)나 문서로 전달하는 것이다.

이 세 가지 공보방법의 공통점은 정치후보자나 공보담당자가 발표현장에서 기자들과 직접적으로 질의·응답을 통해 제공한 정보에 대해 충분히 설명할 수 있다는 것이다. 이러한 공보방법을 사용할 때는 대개 발표할 내용에 대한 이해를 돕거나 내용을 보완하는 보도자료를 함께 배포한다. 보도자료는 숫자, 도표, 사진, 사례 등을 포함하는 것이 좋으며 발표내용을 간결하고 명료하게 나타내야 한다.

기자회견은 중요한 내용이 있을 시기를 잘 가려서 하는 것이 좋다. 사회적 뉴스가치가 없는 것을 가지고 기자회견을 하면 언론에 신뢰감을 줄 수 없다. 또한 기자의 질문에 응답을 하거나 인터뷰를 할 때에는 자연스럽게 신뢰감을 주도록 하며 열을 올리는 것은 좋지 않다. 또한 구체적 이슈, 특히 논란이 되는 이슈에 대하여 지나치게 많이 이야기하는 것은 바람직하지 않다. 왜냐하면 불필요한 말을 하여 유권자를 멀어지게 하면 득보다 실이 많을 수 있기 때문이다.

3) 현장방문

기자들을 각종 선거캠페인 현장이나 이벤트에 초치(招致)하여 실제 캠페인 활동을 관찰하게 함으로써 당해 선거캠페인의 장점, 전망, 상대방 캠페인과의 차이, 실제 활동사항 등을 상세하게 알려주는 방법이다.

4) 기타방법

위에서 구체적으로 언급한 방법 이외에도 선거캠페인의 진전상황에 따라 다양한 방법을 겸용할 수 있다. 예를 들어 어떤 논쟁이 되는 문제에 대해 당해 선거캠페인의 입장을 강하게 천명하는 방법으로 성명서 발표를 사용할 수 있다. 또한 때에 따라서는 특정 언론과 단독회견을 할 수도 있다. 이때에는 그 언론의 특강점이나 표방·대표하는 바가 발표내용과 어떤 긴밀한 연관성이 있어야 유리하다.

5. 광 고

광고(*advertisement*)란 선거캠페인의 주체가 유료(有料)로 원하는 메시지를 원하는 시간에 각종 대중매체를 통해 유권자에게 전달하는 방법이다. 정당의 투표자 흡인력 감소, 유권자수의 증가에 따른 효과적 선거정치커뮤니케이션 수단의 필요성과 미디어의 영향력 증대, 세 과시를 위한 운동원 동원이나 득표를 위한 불법 기부행위의 차단, 합동연설회·정당연설회와 같은 대중집회의 폐지 등 선거환경의 변화가 오늘날 선거캠페인에서 정치광고가 더 많이 사용되고 중요해지는 이유이다.

선거캠페인에서 사용되는 정치광고는 인지적 측면에서 정치후보자의 능력, 자질, 정책, 이슈입상 등에 대한 정보를 전달할 뿐만 아니라 당해 선거캠페인에서 무엇이 가장 중요한 문제인가를 정해주는 의제설정의 기능을 가진다. 또한 감성적 측면에서는 정치후보자에 대한 호의적 느낌을 조성하는 기능을 가지며, 행동적 측면에서는 유권자를 설득하여 투표행위로 연결시키는 효과를 가질 수 있다.

정치광고의 주체가 투표자로부터 기대하는 투표행위를 이끌어내기 위해서는 인지적 측면과 감성적 측면의 효과가 누적되어 투표행위를 유발할 수 있는 설득효과에 이를 수 있도록 적절한 수준의 반복성을 가지고 유권자에게 광고를 노출시켜야 한다. 이때 과소한 정치광고는 바람직하지 않지만, 과도한 정치광고도 오히려 역효과를 낼 수 있다는 점을 유념해야 한다.

광고는 일반적으로 공보에 비해 유권자에게 주는 신뢰성이 떨어진다. 왜냐하면 광고는 공신력 있는 제3자가 취사선택한 정보가 아닌 선거캠페인 주체의 목소리라는 것을 유권자가 알기 때문이다.

광고를 선거캠페인에 효과적으로 사용하기 위해서는 다른 선거홍보의 수단·방법을 사용할 때와 마찬가지로 일관성 있는 메시지를 지속적으로 전달해야 한다. 또한 다양한 광고매체 사이에 메시지가 일관성을 유지하여야 한다. 그래야 메시지 설득커뮤니케이션의 효과가 누적되고 강화된다.

현실적으로 우리나라는 선거법에 의하여 선거정치광고에 많은 제한이 가해지고 있다. 따라서 대통령선거나 광역단체장선거와 같이 광범위한 선거구를 대상으로 하는 경우를 제외하고는 광고를 사용할 수 있는 여지가 대단히 좁다. 미국의 경우 선거구가 주 규모인 선거캠페인에서 전자 대중매체를 통한 광고에 사용되는 비용은 대체로 전체 선거예산의 50% 이상을 차지한다. 이것은 정치선진국의 선거캠페인이 조직에 의존하지 않고 미디어를 통한 홍보에 치중한다는 것을 보여주는 좋은 증거다.

원하는 시간 또는 원하는 지면에 정치광고를 싣기 위해서는 선거캠페인이 시작되기 오래전에 광고계획을 세워야 한다. 광고계획은 확보 가능한 예산, 광고제작자, 광고를 전달할 매체, 광고의 시기·시간·지면 등을 상세하게 포함해야 한다. 사전에 이러한 계획이 서야 대중매체로부터 원하는 시간 또는 원하는 지면을 미리 확보할 수 있다. 또한 필요할 경우 광고전문가에게 광고제작을 미리 의뢰하여 충분한 시간을 줌으로써 졸속광고를 피할 수 있다.

정치광고의 유형은 대체로 긍정적(*positive*) 광고, 부정적(*negative*) 광고, 대조적(*contrastive*) 광고, 대응(*responsive*)광고로 분류할 수 있다.

① 긍정적 광고: 능력, 자질, 정책, 이슈입장 등의 측면에서 정치후보자의 강점을 알리는 광고이다.

② 부정적 광고: 능력, 자질, 정책, 이슈입장 등의 측면에서 상대후보자의 취약점을 부각시키거나 공격하기 위한 광고이다.

③ 대조적 광고: 후보자 피아간(彼我間)의 차이점을 아측(我側) 후보자에게 유리하게 알리기 위한 광고이다.

④ 대응광고: 상대후보의 부정적 광고에 대응하여 피해를 최소화하기 위한 광고이다.

정치광고는 선거전략에 따른 하위의 커뮤니케이션 수단이기 때문에 선거전략의 방향과 공조할 때 메시지 설득커뮤니케이션의 효과가 누적될 수 있다. 또한 정치광고의 유형도 앞에서 서술한 바와 같이 확연하게 구별하기 어렵거나 복수의 유형이 혼재된 경우도 있다.

1) 텔레비전 광고

(1) 텔레비전 광고의 특성

우리나라의 TV 정치광고는 1992년 대통령선거에서 사상 처음 시작되었다. 텔레비전이 일반 시민의 일상적 삶에서 뗄 수 없는 부분으로 자리잡혀 있는 시대에 텔레비전을 통한 정치광고는 군중집회의 바람몰이, 직접적·개인적 유권자 접촉에 의존하는 조직선거와 흑색선전을 퇴색시키는 신선한 시도로 받아들여지고 있다. 특히 텔레비전 정치광고는 정치에 무관심한 신세대 유권자에게 호소력을 발휘할 수 있는 정치홍보수단이 된다. 그러나 우리나라의 TV 정치광고는 초보적 단계에 머물러 있고 아직 유인력이 미약하다. 또한 편당 억대의 제작비, 방송시간의 확보 등의 문제점으로 인해 조직력과 금력을 가진 대규모 정당에 유리한 정치홍보의 수단이기 때문에 소수당이나 무소속의 목소리를 싣기에는 장애요소가 많다는 지적이 있다.

(2) 텔레비전 광고의 기법

선거캠페인의 주제를 실은 30초 또는 60초 텔레비선 광고는 대단한 위력을 발휘한다. 이 짧은 시간 동안 내보내는 텔레비전 정치광고에 사용되는 기법은 제작자의 창의성과 테크닉의 정도에 따라 매우 다양하다. 그러나 다음과 같이 크게 다섯 가지 정도의 기본적 형태로 분류할 수 있다. 대부분의 정치광고들은 이러한 형태를 창조적으로 변용시킨 것으로 볼 수 있다. 또한 이러한 기본적 기법은 라디오, 신문 등 상이한 대중매체들의 성격에 맞게 응용하여 사용할 수 있다.

① Talking Head

정치후보자가 TV 카메라를 똑바로 보면서 직접 메시지를 전달하는 형태의 정치광고 기법이다. 이때 정치후보자는 자신의 출마이유, 출마의의, 정치철학, 자신의 선거캠페인이 가진 독특한 성격과 상대방 선거캠페인과의 차이점, 당선되면 성취하고자 하는 목표 등을 유권자에게 본인의 육성으로 전달한다. 이러한 정치광고는 선거캠페인 초기에 정치후보자가 유권자에게 처음으로 자신을 알리고 인사하는 한편 앞으로 전개할 선거캠페인의 방향을 알리는 데 사용하는 것이 적절하다.

② Demonstration

정치후보자의 리더십을 실제 활동을 통해 보여주는 형태의 정치광고이다. 예를 들어 어떤 정치후보자가 환경운동가의 이미지를 구축할 필요가 있다면 실제 현장에서 쓰레기를 치우는 모습이라든지 거리에서 환경캠페인을 벌이는 모습 등을 보여주는 정치광고를 사용할 수 있다.

③ Video Crawl

영화가 처음 시작될 때 전개될 내용과 관련된 과거의 역사 또는 그간의 상황을 천천히 이동하는 자막과 해설자의 목소리를 통해 전달하는 것을 볼 수 있다. 이러한 기법을 사용하여 정치후보자의 능력과 자질에 관한 내용을 천천히 이동하는 TV화면을 통해 전달하면서 해설자가 음성을 통해 메시지 전달효과를 강화하는 형태의 정치광고가 바로 Video Crawl이다.

④ Slice of Life

유권자들이 정치후보자의 능력과 자질을 나타내는 긍정적 요소나 후보자의 이슈입장 등을 다른 유권자들에게 말해주는 형식의 정치광고이다.

⑤ Testimonials

이것은 일반 유권자들의 증언을 통해서 정치후보자의 장점, 긍정적 이슈입장, 철학과 이념, 정책 등을 나타내는 형태의 정치광고이다. 이러한 정치광고는 대개 선거캠페인이 무르익어 막바지에 도달할 때 사용한다. 이때에는 더 이상 Talking Head와 같이 정치후보자가 홀로 유권자를 향해 자기 자신의 신뢰성, 장점, 입장 등을 주장하는 형태의 정치광고는 바람직하지 않다. 그보다는 많은 일반 유권자가 이미 정치후보자의 출마이유, 신뢰성, 장점, 향후 목표, 이념 등을 받아들이고 더 광범위한 유권자에게 그 정치후보자를 천거하는 형태의 정치광고 또는 정치커뮤니케이션이 바람직하다. 이러한 형태의 정치광고는 유권자가 정치후보자에 대한 지지를 결정함에 있어 다른 유권자들의 유용한 의견을 참고한다는 것을 전제로 한다.

2) 신문광고

일반적으로 한 번의 신문광고는 선거캠페인과 관련된 하나의 개념이나 상대방에 대한 한 가지의 비판내용을 극적으로 나타내는 것이 좋다. 한꺼번에 여러 가지 개념을 담으면 유권자의 주의를 분산시켜 어떤 개념도 유권자에게 호소력 있게 다가가게 하기 어렵다. 신문을 통한 정치광고도 다른 홍보방법 및 매체를 통한 커뮤니케이션 활동과의 공조(共助) 속에서 단순하고 일관성 있는 메시지를 유권자에게 전달하도록 해야 한다. 그래야 메시지 설득커뮤니케이션의 효과를 누적·강화시킬 수 있다. 또한 앞에서 살펴본 TV광고의 기법들을 신문의 성격에 맞추어 활용하는 것도 좋다.

신문광고는 많은 돈을 들이는 대형광고도 필요할 때가 있겠지만 한 신문의 상이한 면에 일련의 Bullet Ads[17]를 게재하여 상이한 유권자층

17) 영문 그대로 해석하면 총알광고이나, 토막광고 또는 돌출광고를 의미한다.

을 겨냥하는 방법도 적절하게 구사하는 것이 좋다. 이때에도 한 개의 광고는 하나의 개념을 부각시키는 것이어야 한다. 그리고 광고게재면은 전달하는 메시지의 내용에 부합하여야 한다.

신문을 통한 정치광고에는 전달하는 메시지를 강화시킬 수 있는 사진 등의 시각적 요소를 곁들이는 것이 바람직하다.

3) 전문잡지 및 유료 인쇄물 광고

각종 전문잡지 및 유료 인쇄물에 싣는 정치광고의 사용법도 그 기본원리는 신문광고와 같다. 무엇보다도 각 전문잡지 및 유료 인쇄물의 독자층을 정확하게 파악하여 당해 정치후보자의 메시지를 전달하는 데 적합한 매체를 선택하는 일이 중요하다. 적합한 매체가 선정되면 독자층의 성격과 성향에 맞는 구체적이고 세밀한 소범위 메시지를 전달하도록 한다. 이때 필요하다면 메시지를 전술적으로 독자층에 맞게 재단하는 것도 좋다. 예를 들어 신세대들을 독자층으로 하는 전문잡지를 통해 메시지를 전달할 경우 그들에게 맞는 시각적 이미지 또는 어휘 등을 곁들이면 더 효과적이다.

우리나라에서는 현재 전문잡지 및 기타 유료 인쇄물에 의한 정치광고가 선거법에 의해 제한되므로 선거캠페인에 창조적으로 활용할 여지가 별로 없다. 그러므로 이러한 매체에도 적극적이고 능동적인 공보활동을 전개하는 지혜를 짜내는 것이 필요하다.

6. 선 전

효과적 선거캠페인의 커뮤니케이션은 선전(宣傳; *propaganda*)적 성격이 강하다. 선거정치커뮤니케이션에 응용되는 선전적 요소를 살펴보면 다음과 같다.

1) 통제된 메시지의 일방적 전달

선전이란 불특정 다수의 대중에게 통제된 정보[18]를 전파하여 그들의 감정, 견해, 태도, 행동에 영향을 미치거나 지배하려는 행위이다. 선전은 대체로 메시지 전달의 주체에게 유리한 정보만을 객체에게 일방적으로 전달한다. 선거캠페인의 커뮤니케이션도 정치후보자의 출마이유, 출마의 의의, 능력과 자질, 상대후보자와의 차이점, 당선되어야 할 이유 등 주로 정치후보자에게 유리한 정보만을 일방적으로 유권자에게 전달하여 납득시키고 득표로 연결시키고자 노력한다.

2) 단순화와 반복

선전은 또한 단순한 메시지를 장기간에 걸쳐 반복하여 전달하는 특징이 있다. 앞에서 설명했듯이 효과적 선거정치커뮤니케이션을 위해서는 메시지를 단순화하여 일관성 있게 반복하여 전달하는 것이 좋다.[19] 특히 광범위 메시지는 이런 방법으로 전달되어야 하며 다양한 전달방법과 수단 사이에 일관성이 유지되도록 조율되어야 한다. 그래야 메시지 전달의 효과가 누적되어 설득커뮤니케이션이 강화된다. 또한 이런 바탕 위에서 설득커뮤니케이션이 상승작용을 일으켜 짧은 선거기간 중에 지지율이 비약적으로 향상될 수도 있다.

3) 상징의 사용

선전은 일반적으로 상징을 사용한다. 또한 그림, 음악, 시위, 제스처와 같이 선전효과를 높일 수 있는 보조수단을 사용한다. 선거캠페인

---

18) 사상, 감정, 사실, 판단, 관심 등을 말함.

19) 이 장의 '효과적 선거정치커뮤니케이션의 원리'에서 예로 든 라벨의 음악 볼레로를 참고.

도 이와 마찬가지다. 선거캠페인을 대표할 수 있는 상징을 사용하며 로고송과 그림을 비롯하여 후보자의 얼굴이 새겨진 버튼, 표지판, 표찰, 수기(手旗), 완장, 어깨띠, 마스코트[20] 등의 선거보조물(소품)을 사용하며 이벤트를 조직하여 설득커뮤니케이션의 효과를 증대시키기 위해 노력한다.

4) 상대방에 대한 공격

선전은 자기의 장점을 부각시키는 동시에 상대방의 약점을 들추어내는 경우가 많다. 선거캠페인도 본인 또는 자기 정치후보자의 장점을 집중적으로 부각시키면서 상대방의 약점은 들추어내어 차별화시킨다. 특히 열세를 면하지 못하는 정치신인이나 뒤처진 후보자는 이러한 차별화와 공격을 사용할 소지가 높다.

7. 방송연설

제14대 대통령선거 때부터 대규모의 군중집회가 쇠퇴하고 방송연설, 특히 TV연설(TV유세라고도 부른다)이 많이 사용되고 있다. 선거법은 대통령선거, 비례대표 국회의원선거 및 비례대표 시·도의원선거, 지역구국회의원선거 및 지방자치단체장의 선거에서 방송연설을 허용하고 있다.

정치후보자의 방송연설은 대규모 정치집회 중심의 금권선거 풍조로 인해 그간 선거 때마다 과도한 선거비용을 사용한 현실에 비추어볼 때 바람직한 정치홍보의 수단이다. 특히 TV연설(유세)은 TV매체가 가진 광범위한 영향력을 통해 집회에 참석하기 어려운 유권자가 가정에서

---

20) 마스코트의 예: 1992년 대선의 "YS 곰돌이", "DJ 거북이·토끼", "CY 호돌이".

차분하게 정치후보자들의 능력과 자질, 정책, 이슈입장 등을 비교할 수 있는 기회를 가진다는 점에서 긍정적으로 평가할 수 있다.

그러나 방송사들이 TV연설을 일종의 정치광고로 간주, 20분 1회 연설에 수천만 원에서 억대에 이르는 채널사용료를 받기 때문에 자금력이 약한 정치후보자들에게는 이 역시 무거운 부담이 된다. 또한 TV연설의 내용이 정치후보자들의 일방적 자기홍보가 많아 유권자에게 신뢰감을 주지 못하고 관심도 기대만큼 끌지 못한다는 것이 문제점으로 제기되고 있다. 반면, 방송시설주관 후보자연설은 방송비용을 당해 방송시설이 부담하기 때문에 적극적 활성화가 기대된다.

8. 선거홍보용 인쇄물: 선전벽보, 선거공보, 명함 등

선거공보 및 선전벽보는 인쇄물에 실린 선거캠페인 메시지를 선거관리위원회가 일괄하여 일반 유권자 및 부재자투표자에게 배포하거나 유동인구가 많은 곳에 첩부(貼付)한다는 점에서 간접 정치커뮤니케이션의 성격이 강하다. 그러나 선거홍보용 인쇄물들을 정치후보자, 참모, 조직원, 자원봉사자 등이 직접 유권자에게 배포한다면 직접 정치커뮤니케이션의 범주에 넣어야 할 것이다.

우리나라에서는 이러한 홍보수단의 사용이 공직선거법에 의해 강력하게 제한되기 때문에 선거캠페인에 창조적으로 활용할 수 있는 여지가 많지 않다. 이렇게 된 데는 과거 선거에서 홍보용 인쇄물[21]이 무분별하게 남발되었을 뿐만 아니라 이를 배포하는 과정에서 돈과 조직이 동원되어 공명선거를 해치는 중요한 요인이 되었기 때문이다.

현재 우리나라 선거에서는 선거관리위원회가 일괄하여 책자형 선거공보를 매 세내와 부재자 신고인에게 우편으로 송부하고, 선전벽보는

21) 선거공보, 책자형 소형인쇄물, 전단(*leaflet*, *fly*) 등이 사용되었다.

가두에 첨부하여야 한다. 미국과 같은 나라에서는 DM(*Direct Mail*)이 자유롭고 광범위하게 사용되어 선거캠페인의 메시지 설득커뮤니케이션에서 차지하는 비중이 높다.

DM은 선거구가 광범위하지 않은 하위선거에 텔레비전이나 라디오 같은 방송매체, 중앙일간지 같은 인쇄매체에 비하여 비용이 적게 소요되므로 효과적으로 사용될 수 있다. 또한 대통령선거나 광역자치단체장선거와 같은 상위선거에서도 잘 만든 DM은 텔레비전이나 라디오와 같은 전자매체를 통한 메시지 전달을 보완해주는 좋은 수단이 된다.

DM은 앞에서 언급한 이점(利點)들 외에도 원래 유권자그룹을 세분하여 특정 유권자그룹을 겨냥할 수 있다는 장점이 있다. 따라서 광범위 메시지와 중범위 메시지는 물론이고, 특히 소범위 메시지를 전달하는 데 효과적으로 사용할 수 있다.

우리나라의 경우 선거구 세대수의 10분의 1 이내에 해당하는 수(그 수는 2만을 초과할 수 없다)에게 후보자등록기간 개시일 전일까지 1회에 한하여 우편으로 예비후보자 인쇄물을 발송할 수 있는데, 이렇게 함으로써 구체적 유권자 그룹을 겨냥할 수 있다.[22] 또한 DM은 상대후보자의 취약점을 공격하는 데에도 효과적으로 사용될 수 있다. 유권자에 대한 정보가 잘 축적되어 있는 미국의 경우 선거캠페인 예산의 약 10~30% 정도가 DM을 통한 소범위 메시지 전달에 사용된다.

1) 선거홍보용 인쇄물 제작시 유의할 사항

정치후보자들은 일반적으로 선거공보에 지나치게 많은 정보를 실으려 하는 경향이 있다. 무엇보다도 선거캠페인을 전개하는 사람들은 크지 않은 지면에 깨알같이 박혀 있는 정보를 유쾌하게 읽을 유권자가

---

22) 그러나 책자형 선거공보는 선거관리위원회가 선거기간 중에 유권자에게 일괄하여 발송하기 때문에 구체적 유권자를 겨냥할 수 없는 실정이다.

그리 많지 않다는 사실을 인식해야 한다.

우리나라는 현재 선거법의 제한으로 선거홍보용 인쇄물 사용에 창의성을 발휘할 수 있는 여지가 크지 않다. 그러나 앞으로 법에 의한 강제적 규제가 완화되면 정치후보자가 인쇄물의 종류, 모양, 매수, 크기, 색도 등을 자유롭게 결정하여 선거캠페인에 더 적극적으로 활용할 수 있을 것이며, 제작비용도 노력 여하에 따라 상당히 절감할 수 있을 것이다.

선거홍보용 인쇄물, 그 중에서도 처음 보내는 한 장의 홍보물은 당해 정치후보자의 경쟁력을 보여주는 단서가 되고 선거캠페인의 품격을 정해준다고 해도 과언이 아니다. 마치 사람의 첫인상이 중요한 것과 같다. 따라서 인쇄물을 제작할 때 비용을 절약하려는 생각은 좋지만 지나치게 싸구려로 보이게 하거나 품위 없게 만들어서는 안 된다. 왜냐하면 싸구려나 품위 없어 보이는 인쇄물을 사용하게 되면 당초에 의도했던 홍보효과를 거두지 못하거나 정치후보자 또는 선거캠페인 자체가 품위 없게 보일 가능성이 있기 때문이다.

인쇄물의 품위는 반드시 비싼 종이에 다양한 색깔로 인쇄될 때 생기는 것은 아니다. 흔히 사용되는 용지에 흑백으로 인쇄하더라도 유권자의 흥미를 유발할 수 있는 충실한 내용, 짜임새 있는 구성, 시각적 요소의 사용 등이 중요하다. 정치후보자의 화목한 가정을 보여주는 밝은 사진 한 장, 소외받고 힘없는 사람이나 신체장애자를 위해 봉사하는 현장 활동사진 한 장이 정치후보자에 대해 유권자가 가진 좋지 않은 선입견을 바꾸거나 완화시킬 수 있다는 것을 유념해야 한다.

2) 선거홍보용 인쇄물의 내용별 유형

인쇄물에 실을 수 있는 내용을 중심으로 그 유형을 몇 가지로 대별하여보면 다음과 같다.

(1) 정치후보자의 개인적 사항을 부각시키는 유형

이 유형의 인쇄물은 선거캠페인 메시지를 전달하기 위한 것이라기보다 유권자에게 정치후보자를 소개하기 위한 것이다. 따라서 이런 인쇄물은 정치후보자의 혈연적 뿌리(가계보), 교육, 지위, 성취, 사업, 업무관계의 내력 등 주로 정치후보자의 배경에 관한 정보를 전달한다. 이러한 내용을 전달함으로써 당해 정치후보자가 목표로 하는 선거직 공직을 맡을 자격이 있거나 지역구의 이익이나 비전을 잘 대변할 수 있음을 설득한다.

(2) 유권자와 공유하는 가치를 나타내는 유형

정치후보자와 선거구민이 공유하는 가치들을 부각시킴으로써 출마의 당위성 또는 지역구에 대한 대표성을 나타내는 타입의 인쇄물이다. 이런 인쇄물에 흔히 실리는 내용으로는 국기(國旗), 종교적 가치, 문화가치, 지역의 전통, 지역의 농산물이나 특산물과의 연관성, 지역원로들과의 연관성, 지역 어린이들에 대한 관심, 사랑, 봉사 등을 들 수 있다.

(3) 지지세력을 나타내는 유형

지지세력을 나타내는 유형의 인쇄물은 다시 다음 세 가지로 세분할 수 있다.

첫째, 정치후보자와 고위직 선거당선자들과의 친밀도를 나타내는 타입이다. 중요한 선거직 공직자들이 당해 정치후보자를 능력과 자질을 갖춘 강력한 경쟁자로 인정하면 지지를 확산시키는 데 도움이 된다. 그러나 정치후보자와의 친밀도를 부각시킨 선거직 공직자들이 무능력, 정실(情實), 편파주의 등으로 지탄의 대상이 될 경우 오히려 감표의 요인이 될 수 있으므로 친밀도를 나타낼 선거직 공직자들의 선택에 신중을 기해야 한다.

둘째, 노동조합, 환경단체, 시민단체, 노인단체, 여성단체 등과 같은 단체가 지지한다는 것을 부각하는 타입의 인쇄물이다. 이러한 단체가 지지한다는 것을 부각시킴으로써 일차적으로 그 단체의 조직구성원들의 지지를 끌어낼 수 있을 뿐만 아니라 이차적으로는 일반 유권자의 정치후보자에 대한 인식에 파급효과를 미칠 수 있다.

셋째, 특정 계급·직업·그룹의 특성을 가진 사람들의 지지를 부각시키는 타입의 인쇄물이다. 이러한 타입의 인쇄물은 해당 그룹의 구성원들을 겨냥하여 메시지를 보낼 수 있다. 달동네 주민들, 각종 공장 근로자들, 신체장애자들을 예로 들 수 있다.

9. 인터넷, 팩스, 핸드폰, PDA, DMB

우리나라에서 인터넷을 이용한 선거캠페인은 14대 국회의원선거 때부터 민주당이 "소중한 주권행사, 포기하지 맙시다"라는 전자편지를 이용자들에게 보내면서 시작되었다. 선거운동원을 동원한 세몰이 대중집회와 조직선거가 점차 힘을 잃는 시대에 인터넷을 통한 홍보는 20~30대의 젊은 세대의 부동층 유권자를 겨냥하는 데 효과적으로 사용되고 있다. 특히 인터넷은 선거홍보와 유권자의 여론을 수렴할 수 있는 쌍방 커뮤니케이션 수단이라는 장점이 있다. 14대 대선부터는 각 정당이 인터넷을 통해 정치후보자의 프로필·선거공약·정책 등을 홍보하고 있다.

인터넷은 사용자가 급격히 늘어남에 따라 점차 선거캠페인에서 광범위 메시지[23]를 전달할 수 있는 매체로 발돋움할 가능성이 있다. 그러나 아직까지는 인터넷 사용자의 인구통계학적 특성으로 볼 때, 중범위 메시지[24]나 소범위 메시지[25]를 전달하는 데 더 적합하다고 말할 수 있

23) 주제 또는 수제를 담은 슬로건을 말함(김정남, 2000, 제 5장).
24) 광범위 메시지를 영역별로 구체화시킨 영역별 슬로건(*Ibid.*, 제 5장).

다. 특히 현실 선거정치에서는 구체적 유권자그룹을 겨냥하는 네거티브 캠페인의 수단으로 사용되는 경향이 있다.

선거정치홍보에 사용되는 인터넷 사용환경은 다음과 같다.

첫째, 홈페이지(*homepage*)를 들 수 있는데, 현직 정치인·정치후보자·정치기관 등이 자기의 정보를 시간과 공간의 제약을 뛰어넘어 신속하게 인터넷 사용자에게 제공할 수 있으며, 우리나라에서도 광범위하게 사용되고 있다.

둘째, 정치인, 정치후보자, 정치기관 등이 전자우편(*e-mail*)의 점 대 점(*point vs point*), 점 대 다점(*point vs multipoint*), 또는 다점 대 다점(*multipoint vs multipoint*) 형태의 다양한 기능을 활용하여 시간과 공간을 초월하여 신속하게 최신정보를 제공하거나 정보를 교환함으로써 정치홍보에 사용한다. 전자우편은 앞으로 정치홍보를 위한 의사소통의 수단으로 더욱 널리 사용될 것이다.

셋째, 게시판을 통해 일정한 주제 또는 이슈에 대하여 여러 명의 인터넷 사용자가 접속하여 커다란 의견의 집합을 이룰 수 있다. 일반적 여론조사에서는 여론의 방향은 파악하나 구체적 내용이 묻혀버릴 소지가 높다. 그러나 게시판을 통해서는 구체적 의견들의 큰 집합이 형성될 수 있다. 또한 정치인, 정치후보자, 정치기관 등이 게시판을 통해 일정한 방향성을 가지고 토론을 촉발하고 가열시켜 적극적으로 여론을 형성할 수 있다.

넷째, 사이버공간에서 실시간에 문자로 의견을 교환할 수 있다. 실시간 대화(*chatting*)를 통해 시민 또는 유권자가 정치인, 정치후보자 등을 사이버공간에서 직접 만나 대화를 나눌 수 있는 직접적 성격이 강한 정치커뮤니케이션 방법이며, 정치홍보를 위한 이벤트가 가능하다.

1998년 11월 미국 미네소타 주지사 선거에 출마하여 당선되었던 프

---

25) 구체적 정책, 계획, 프로그램, 공약 등을 말하며, 구체적 유권자그룹을 겨냥하는 메시지이다. 동일한 주제와 슬로건에 바탕을 둔 소범위 메시지라도 때로 상충될 수 있다(*Ibid.*, 제5장).

로레슬러 출신의 제시 벤추라(Jesse Ventura)의 선거캠페인은 인터넷을 성공적으로 활용한 사례로 볼 수 있다. 양당제가 정립되어 있는 미국에서 제3당인 개혁당의 후보인 제시 벤추라는 선거일 전날까지의 여론조사에서 3위였으며, 그의 당선은 당시 최대의 이변으로 꼽혔다(신보영, 2006).

벤추라는 투표일 3일 전부터 인터넷을 적극 활용하여 선거캠페인을 펼쳤다. 주 전역에서 자신의 지지결의대회를 동시다발적으로 개최하였는데, 벤추라는 이 행사를 위해 자신의 웹사이트(www.jesseventura.org)를 통해 조직한 '하이테크 신경망' "JesseNet"을 가동하였다. 벤추라는 하이테크 신경망을 통해 확보한 3천여 명의 지지자들에게 이메일을 보내 결의대회 개최소식을 전했다. 이러한 활동이 지역언론의 큰 주목을 끌어 선거종반 3일 동안 유권자의 관심을 집중적으로 유인하여 불과 1만 달러를 가지고 출마한 외로운 선거전에서 대역전극을 이루어냈다. 승리를 엮어낸 주무기인 웹사이트에 지출된 비용은 불과 600달러에 불과하였다. 또한 벤추라는 웹사이트를 통해 벤추라 인형을 판매하여 하루 평균 1500달러를 모금하였으며, 이러한 경로를 유권자와 의견을 교환하는 메시지 설득커뮤니케이션의 수단으로 활용하였다.

근래의 미국 대통령선거에서는 인터넷이 정치홍보에 적극적으로 사용되며, 심지어 일부 주에서는 전자투표제를 시행한다.[26] 미국의 경우 1996년에 이미 대통령선거에서 유권자의 10% 이상이 정치 웹사이트에 접속하였던 것으로 나타났다.[27]

우리나라에서는 1997년 대선에서 각 후보진영이 다양한 네티즌을 대상으로 하여 인터넷 홍보를 시도하였다. 1999년 12월 4일에는 동아일보가 '대선후보 사이버토론'을 개최하여 우리나라 사이버정치에 새로운 장을 열기도 하였다. 21세기 한국은 바야흐로 인터넷을 통한 정치사회

26) 미국 루이지애나 주의 공화당은 2000년에 시행된 주지사 지명에 당원들의 인터넷 투표를 허용하였다(Morris, 이형진·문성숙 역, 2000: 47).

27) 박기태, 1999: 332.

적 변혁을 겪고 있다. 2000년의 제16대 국회의원선거에서 총선시민연대(www.ngokorea.org)의 인터넷을 통한 낙선운동은 정치후보자의 당락에 적지 않은 영향을 주었다. 총선시민연대의 인터넷 게시판은 선거에 즈음하여 방문자들이 90만 명에 이르렀고, 사이버공간에서 토론이 활발하게 전개되었다. 세계에서 가장 많은 인터넷 가입자를 가진 한국은 2002년에 이미 인터넷의 강점을 활용한 선거전이 활발하게 전개되어 노무현 정부가 탄생되었다. 개인주의적이고 정치적으로 결집력이 약한 세대로 보였던 2030세대는 인터넷이라는 뉴미디어를 통해 선거정치에 일대 변혁을 일구어냈다.

앞에서 언급했듯이 뉴미디어인 인터넷의 강점은 기존의 대중매체들에서 찾기 힘든 쌍방향 의사소통이 커뮤니케이션의 주체와 객체의 구별 없이 수평적으로 또한 같은 굵기로 이루어질 수 있다는 점이다. 또한 인터넷은 사진은 물론 음성, 동영상까지 구현할 수 있어 후보자와 정당을 효과적으로 홍보할 수 있다는 다양성이 있다.

인터넷을 통한 사이버정치는 정당에도 적지 않은 영향을 준다. 각국의 정당과 정치지도자들은 인터넷을 통해 다양한 활동을 전개하며 사이버 민심잡기에 깊은 관심을 보인다.

우리나라에서는 2000년 4월의 제16대 국회의원 선거를 앞두고 세계 최초로 인터넷정당의 창당 움직임이 있어 정치권과 유권자들이 신선한 충격을 받았다.

그러나 우리나라의 기존 정당들은 인터넷을 주로 유권자 또는 당원에 대한 일방적 커뮤니케이션의 수단으로 사용하는 실정이다. 인터넷이 유권자와 당원의 의견을 수렴하는 채널로 사용되기보다는 주로 정당 또는 정당총재의 입장을 일방적으로 전달하는 데 초점이 맞춰지고 있다. 인터넷의 특강점인 쌍방향적 의사소통의 기능이 축소된 일방적 메시지 전달은 엄밀하게 말해 인터넷이 정치홍보의 수단이라기보다는 정치선전의 도구로 사용되고 있다고 할 수 있다. 또한 국내에서는 인터넷이 가진 다양성도 정당에 의해 제대로 활용되지 못하는 실정이다.

인터넷은 아직까지 우리나라에서는 사용자들의 제한된 인구통계학적 특성으로 인해 선거캠페인에서 광범위 메시지 전달의 수단으로보다는 기본적으로 구체적 유권자그룹을 겨냥하는 소범위 메시지 설득커뮤니케이션에 적합하다고 볼 수 있다. 또한 다양한 미디어가 선거캠페인에서 메시지 설득커뮤니케이션의 수단으로 사용되지만 투표결정을 위해 유권자가 가장 우선적으로 접하는 매체는 여전히 TV이며 인터넷은 유권자 전체의 미디어사용 실태로 볼 때 아직 미약한 상태에 있는 것이 확인되었다.[28] 인터넷은 20대와 30대 젊은 층에 의해 압도적으로 이용됨으로써 사용자의 연령별 특성에서도 아직 편향되어 있다.

팩스(*fax*), 핸드폰, PDA, DMB도 선거캠페인에서 커뮤니케이션 수단으로 사용될 수 있다. 모두 구체적 유권자를 겨냥하여 메시지를 전달할 수 있는 장점이 있으나 불특정 다수의 유권자에게 사용할 수 없도록 선거법에 규정되어 있어 사용에 제약점으로 작용한다.

10. 로비

로비(*lobbying*)활동은 흔히 개인이나 집단의 이기적 목적을 위하여 벌이는 이면공작(裏面工作)으로 알려져 있으나 자유민주주의 국가에서 시민이나 단체가 정부에 평화적으로 건의하거나 진정(陳情)하는 것은 헌법적 권리이다. 선거캠페인도 범사회적·범국가적 이슈와 관련하여 시민·사회·노동단체와 연계된 간접적 로비활동(*indirect lobbying*)을 통해 메시지 설득커뮤니케이션의 효과성을 높일 수 있다.

정치신진국의 간접적 로비는 컴퓨터통신을 사용하거나 유권자가 편지공세를 대량으로 전개하여 메시지 전달의 효과성을 강화시키는 방법

28) 한국언론재단(양승찬, 2003: 70)의 조사에 의하면 응답자의 71.6%는 TV를, 20.6%는 신문을 선거에 관한 주 정보원으로 꼽는 데 비해 인터넷에 의존하는 응답자는 겨우 4.8%에 불과했다.

을 많이 사용한다. 또한 노인이나 주부 등 특정 유권자그룹에게 주요 이슈에 대한 설득력 있는 정보를 제공하여 이들이 정부에 개인적 또는 집단적으로 건의하거나 진정하도록 동기를 부여하는 풀뿌리로비(*grass roots lobbying*)도 많이 사용된다. 선거캠페인은 이와 같은 간접적 로비를 지혜롭게 활용하여 메시지 설득커뮤니케이션을 강화시킬 수 있는 환경을 조성할 수 있다. 이러한 활동을 효과적으로 펼치기 위해서는 관련 당사자들 사이의 복잡한 이해관계를 파악하는 한편 실정법의 테두리 내에서 활동하는 데 관련되는 법률을 이해하는 것이 필요하다.

11. 정치후보자 토론

자유민주주의 국가의 선거캠페인에서 정치후보자 토론은 가장 중요한 선거정치커뮤니케이션 방법 중의 하나이다. 정당의 유권자 흡인력이 감소하고 미디어의 영향력이 증대하는 경향과 맞물려 정치후보자 방송토론, 특히 TV와 같은 영상매체를 통한 토론이 효과적 선거정치커뮤니케이션의 수단으로 자리를 굳혀가고 있다.

TV토론은 유권자가 정치후보자들의 능력, 자질, 정책, 이슈입장 등을 파악하고 비교할 수 있는 기회를 제공한다. 또한 선거캠페인에서 가장 관심을 두어야 할 이슈 또는 중요하게 여겨지는 이슈에 대한 정보를 제공하는 의제설정의 역할도 수행한다. 반면에 감성적 이미지 전달에 효과적 매체로서 TV가 가진 기본적 특성으로 인해 정치후보자의 외모, 복장, 표정, 제스처, 순발력, 언어감각 등과 관련된 피상적 이미지가 투표자의 후보자 평가에 중요하게 작용할 가능성이 있다.

현실적으로 토론에서 능력과 자질을 가진 후보자로서 좋은 이미지를 유권자에게 각인(刻印)시키면 승리에 누구보다도 가까이 다가갈 수 있다. 선진 자유민주주의를 구가(謳歌)하는 서구국가들을 보면 정치후보자 토론뿐만 아니라 일상생활에서 각종 이슈와 관련된 시민의 토론이 일상화되어 있다.

우리나라도 정치의 고비용 저효율 구조를 개선하여 선진적 선거문화를 일구어내려는 노력의 일환으로 1995년 지방선거에서 정치후보자 TV토론이 처음 실시된 이래 정치후보자 토론이 급속히 활성화되고 있다. 각종 정치집회에서 행하는 정치후보자의 연설이 유권자에게 일방적으로 메시지를 전달하는 방법이기 때문에 유권자의 관심사나 궁금한 점을 해결하지 못할 가능성이 높은 데 비하여 TV토론은 정치후보자들의 능력과 자질에 관해 섬세한 부분까지 안방에서 판단할 수 있도록 편리하게 자료를 제공한다.

그러나 정치후보자 토론을 반드시 TV, 라디오, 신문과 같은 대중매체와 연결시켜 생각할 필요는 없다. 서구의 선진 자유민주주의국가들의 경우, 인구가 수천 명밖에 안 되는 작은 지방도시에서도 학교강당이나 공회당과 같은 곳에 유권자를 불러모으고, 지방의원 후보자나 지방자치단체장 후보자 등 선거직 공직에 출마한 후보자들이 열띤 토론을 벌인다.

정치선진국의 후보자 토론형식은 그 나라의 정치문화, 언론과 시민단체의 상호관계 및 위상 등을 반영한다. 우리나라의 정치후보자 토론은 외국의 토론방식을 필요에 따라 절충한 형태로서 아직 정부, 언론, 유권자 사이에 절대적 공감대를 형성한 토론형식을 도출하지 못한 실정이다. 또한 정치후보자 토론이 전체 공직자선거에 확산되어 있지도 않다. 그러나 정치후보자 토론이 급속히 활성화되는 추세이므로 가까운 장래에 우리나라에 맞는 토론형식이 창출되고 기초의원이나 광역의원선거에도 그 사용이 확산될 것으로 예상된다.

이런 맥락에서 정치후보자 토론의 기본형이라고 할 수 있는 선진 자유민주주의 국가의 대통령선거 후보자 TV토론을 중심으로 정치후보자 토론의 주요 유형 및 특징, 토론준비에 필요한 사항, 성공적 토론을 위한 일반적 전략 등을 살펴보도록 한다. 이러한 논의를 통해 우리나라의 선거에 맞는 정치후보자 토론의 형식을 창출하는 데 의미 있는 시사점을 얻을 수 있을 것이다.

1) 토론의 주요 유형별 특징

(1) 표준 아카데미 토론

표준 아카데미 토론(*standard academic debate*)은 주로 교육기관에서 학생들을 대상으로 교육적 목적으로 이루어지는 유형이다. 그러나 일반 사회에서도 표준 아카데미 토론의 형식을 다양하게 응용하여 사용할 수 있다. 근래에 우리나라의 TV방송국을 중심으로 사회적 주요 쟁점에 대한 토론 프로그램을 다양하게 선보였는데 이러한 토론들도 대부분 표준 아카데미 토론을 다소 변형시킨 형태들이다. 또한 시민·사회단체의 토론, 법정토론, 의회토론, 각종 특별토론 등도 표준 아카데미 토론을 응용한 것들로 토론 당사자 사이에 합의된 규칙 아래 진행되는 토론이다.

표준 아카데미 토론에서 토론자들은 논란이 되는 화제에 대하여 그들의 찬반의견을 분명하게 제시한다. 한쪽 토론자가 어떤 의견을 내놓으면 다른 쪽의 토론자는 이와 반대되는 의견을 발표한다. 양편의 각 토론자가 자기측 주장에 대한 입론, 상대편 주장에 대한 교차조사, 상대편 주장에 대한 반박을 정해진 순서에 따라 교대로 진행하며 토론이 이루어진다. 이와 같이 양편이 상대편의 주장에 대하여 교차질문과 반박할 기회가 주어지지만 정형화된 순서와 틀에 의하여 토론이 진행되기 때문에 비교적 감정적 대립을 노출할 틈이 주어지지 않는다.

표준 아카데미 토론은 정책이나 이슈에 대한 양편의 주장 사이에 뚜렷한 차별성을 부각시킬 수 있으며 유권자에게 깊이 있는 정보를 제공할 수 있다. 따라서 정책의 신뢰성, 실현 가능성, 우월성 등을 비교적 용이하게 파악할 수 있는 형식의 토론이다. 그러나 주어진 논제가 경합하는 부분이 많아 진위(眞僞)나 차별성이 뚜렷하게 부각되지 않는 성격일 경우 명확한 판단을 내릴 수 없는 결과를 빚어낼 가능성이 높다.

또한 토론자 쌍방간에 직접적 질문과 이에 따른 반박이 이어지지 않기 때문에 흥미와 역동성이 떨어지고 무미건조한 토론으로 흐르기 쉽다.

(2) 링컨-더글러스식 토론

미국의 16대 대통령이 된 링컨과 더글러스는 상원의원 자리를 놓고 1858년 미국의 프리포트(Free Port)에서 토론을 벌였다. 이 토론은 한 후보가 먼저 1시간 연설하고 이어서 상대후보가 1시간 30분 연설한 후 다시 처음 후보가 30분 동안 연설하는 식의 토론으로 진행되었다.

링컨-더글러스식 토론(*Lincoln-Douglas debate*)의 형식은 연설토론식으로 진행되며 토론자 사이에 동등하게 시간이 분배되어 시간적 공정성을 기할 수 있다. 또한 토론자 상호간에 깊이 있는 의견개진과 논쟁이 이루어지므로 상호간 차이점을 뚜렷하게 부각시킬 수 있다. 따라서 유권자가 토론자들의 능력과 자질, 논증능력, 정치철학 등을 비교하는 것이 용이하다.

반면에 각 후보자에게 의견을 개진할 수 있는 충분한 시간이 주어지므로 토론자가 2~3인을 넘어가면 운영상의 어려움이 있다. 그리고 이 토론은 연설토론식으로 진행되므로 수사학적 기교를 남발할 가능성이 있다. 또한 한 쟁점에 대하여 지나치게 깊이 있는 토론을 하다보면 청중을 지루하게 만드는 한편, 다른 중요한 쟁점들을 간과하게 될 가능성이 있다. 오늘날과 같이 전문화되고 복잡다단한 문제가 많은 사회에서는 중요한 쟁점이 여러 가시일 가능성이 높기 때문에 이 방식은 별로 쓰이지 않는다.

(3) 공동기자회견식 토론

공동기자회견식 토론은 20세기 후반부터 현대에 이르기까지 미국 대통령후보자 토론에서 가장 많이 사용된 토론형식이며 미국 대통령후보자 TV토론식이라고도 불린다. 이것은 1960년 케네디 닉슨의 토론을 기본으로 하여 변형되어온 토론형식이다.

이 토론은 보통 정상급 언론인이 사회[29]를 맡아 토론의 전체 운영을 담당하며 대개 언론기관의 노련한 기자들로 구성된 패널리스트들이 사회자의 요청에 따라 돌아가면서 각 후보자들에게 질문을 던지고 후보자가 이에 대답하는 형식으로 이루어진다. 후보자들은 대개 몸이 가려지지 않도록 간편하게 만들어진 연단 뒤에 서서 토론한다. 패널리스트들의 자리는 대개 후보자와 마주 보고 앉도록 배치된다. 토론의 진행, 패널리스트의 구성 등 토론의 운영과 관련된 세부적 사항은 각 정치후보자 진영의 대표와 시민단체의 대표 등으로 구성된 대통령후보자 토론준비위원회에서 정해진다.

토론은 각 정치후보자가 보통 미리 정해진 차례에 의하여 짧은 모두(冒頭)연설과 마무리연설을 하도록 구성된다. 대부분의 질의와 응답은 짧게 진행되며 간혹 중간에 한 후보자가 다른 후보자를 향해 직접 질문을 던지거나 대답과 반박을 하는 경우도 있다. 사회자는 정치후보자가 매 질문마다 답변할 수 있는 시간을 제한하여 알려준다.

이 토론형식은 정치후보자의 깊이 있는 견해보다 다양한 이슈에 대한 입장을 파악하는 데 적합하다. 또한 정치후보자가 토론 중에 유권자에게 전달하는 시각적 이미지가 대단히 중요하다. 어떠한 질문에도 당황하지 않는 침착하고 자연스러운 태도, 얼굴표정, 음성, 의복, 제스처 같은 것들을 통해서 후보자의 인간적 특질[30]이 전달된다. 따라서 이 토론형식에서는 순발력 있는 후보자, 연기력 있는 후보자가 유리한 것은 당연한 일이다.

이 토론형식은 잘못하면 언론인 중심의 단답식 질문에 대한 도식적 대답으로 일관될 소지가 있다. 또한 정치후보자 상호간에 직접적 질문과 논박이 가급적 통제되기 때문에 흥미와 역동성이 부족하고 언론인

29) 사회자를 중재자(*moderator*)라고 부르며 한 예로 미국 PBS의 저녁뉴스 앵커 존 레러(John Lehrer)를 들 수 있다.

30) 외모, 음성, 침착성, 믿음직함, 독립성, 정직성, 결단력, 카리스마, 따뜻함, 성실함, 유머감각과 같은 것을 일컫는다.

주도로 시민참여, 즉 민주성이 떨어질 가능성이 있다.

근년에는 공동기자회견식 토론의 단점을 보완하고 개선하기 위해 노력했다. 예를 들어, 1996년 미국 대통령후보자들의 모든 합동토론[31]은 패널 없이 사회자만으로 진행하는 형식으로 치러졌다. 이와 같은 토론에서는 후보자들이 직접 논쟁을 벌일 기회가 많아져 역동성이 높아진다. 1992년 미국 대통령선거의 부통령후보자 토론과 세 번째 대통령후보자 토론의 전반부는 이런 형식으로 진행되었다. 1997년 12월에 있었던 우리나라의 제 15대 대통령선거 후보자 TV 합동토론회에서도 이와 같은 형식이 사용되었다. 이 토론회에서 후보자들은 사회자를 통해 상대방에게 무엇이든 질문할 수 있으나 질문자를 공개해 수준미달의 질문이 주는 피해는 당사자에게 돌아가게 하였다.

(4) 후보자 직접 대결식 토론

질문자 패널 없이 사회자가 토론의 흐름을 이끌어가면서 각 정치후보자가 직접 대결하여 토론하는 형식이다. 이러한 방식은 프랑스 대통령 후보자 토론에서 사용하는 형식으로 1974년 5월에 있었던 지스카르데스탱 후보와 미테랑 후보 사이의 대통령후보 TV토론을 예로 들 수 있다.

이 형식의 토론에서 사회자는 발언시간을 보장하는 등 운영을 담당하고 토론의 흐름은 후보자간의 직접적 질문과 대답, 반박으로 자연스럽게 이어진다. 따라서 역동성이 높고 유권자의 흥미를 불러일으키기 좋다. 또한 후보자들의 지적 능력, 정책의 우열, 이슈에 대한 견해 등을 파악하고 비교하기에 적합한 토론형식이다.

그러나 이 토론형식이 잘못 운영되면 유권자가 관심을 가진 주제에서 벗어나 후보자 자신들의 관심거리에 토론이 집중되어 전반적으로 내용이 빈약해질 소지가 있다. 또한 후보자간에 상호비방으로 인한 감

31) 이 토론은 빌 클린턴(Bill Clinton)과 밥 돌(Bob Dole) 사이에 이루어졌다.

정대립의 가능성이 있고, 말하는 내용에 대한 진실성을 검증하기 어렵다는 약점이 있다. 이러한 부족한 점을 보완하기 위해서 사회자가 질문을 하고 토론 마지막에 후보자가 짧은 마무리연설을 할 수 있도록 변형된 형태를 취하는 경우도 있다.

(5) 타운홀식 토론

시민회의식 토론이라고도 불리는 타운홀식 토론(*town hall debate*)은 1992년 미국 대통령선거의 두 번째 TV토론이 원형이며, 1996년의 미국 대통령후보자 토론회 시리즈의 두 번째 토론회도 이 형식으로 진행되었다.

이 형식의 토론회에서는 패널 없이 한 명의 사회자가 전체적으로 토론회를 진행시키면서 다양한 시민이 후보자들에게 직접 질문을 던지고 후보자는 이에 대답한다. 이 토론회에 참가하는 시민은 질문의 공정성을 위해 여론조사기관에 의해 선정된 부동층 유권자였다. 미국 대통령 빌 클린턴은 그의 타고난 유머감각과 자연스러운 태도와 언변 덕분에 이러한 형식의 토론에서 항상 우위를 차지하였다.

이 토론회에서 정치후보자는 청중으로부터 질문을 받고 이동하면서 답변을 할 수 있다는 점에서 토크쇼와 유사하기 때문에 토크쇼식 토론으로 불리기도 한다.

타운홀식 토론회는 일반 시민이 참여하여 자유롭게 질문하고 후보자가 이동하면서 자유로운 분위기 속에서 대답하고 토론한다는 점에서 역동성과 흥미 그리고 민주성이 돋보인다. 그러나 중요한 이슈와 정책에 대한 깊이 있는 토론이 되기보다는 하찮은 질문에 시간을 허비하는 단점이 있다. 또한 토론회에 참가한 유권자가 전체 유권자를 대표할 수 있느냐는 대표성의 문제가 제기될 수 있으며, 참가자들이 자기들의 질문에 대답한 후보자를 지목하게 되어 있으므로 후보자간에 공정한 발언기회가 주어지지 않을 가능성이 있다.

2) 토론전략

(1) 토론이란 무엇인가

정치후보자가 토론을 잘하기 위해서는 먼저 토론이란 행위가 무엇인지 그 기본적 성격을 분명하게 이해해야 한다. 토론이란 토론주제에 대한 자신의 견해 또는 토론의 대상이 되는 문제에 대한 자신의 해결책을 상대방과 제3자에게 납득시키려는 설득커뮤니케이션이다. 이러한 설득커뮤니케이션이 성공적으로 이루어지기 위해서는 자신의 견해 또는 해결책이 '정당하다' 또는 '가장 좋다'는 것을 올바른 정보를 바탕으로 하여 과학적 · 논리적으로 증명하거나 표현해야 한다.

토론은 자신의 견해 또는 자신의 해결책을 다른 사람들에게 설득하는 커뮤니케이션 행위이기 때문에 주어진 문제에 대한 해결책을 찾아내는 토의와는 기본적으로 성격이 다르다. 이러한 면에서 토론은 토의를 통해 도출된 결과로부터 비롯된다고 할 수 있다. 또한 자신의 견해 또는 해결책이 '정당하다' 또는 '가장 좋다'는 것을 설득하는 과정에서 상대방과의 의견대립을 수반한다. 이러한 토론과정이 이성적이고 합리적으로 전개되도록 하기 위해서는 일정한 규칙 · 절차 · 방법 등이 필요하다.

토론의 대상이 되는 주제 또는 문제는 과거 · 현재 · 미래의 어떤 현상에 대한 사실관계 또는 그러한 사실관계에 대한 가치판단이 될 수 있다. 사실관계 자체에 대한 토론은 그 사실관계에 대한 확실한 정보가 없거나 불확실할 때 성립될 수 있다. 가치판단을 논제로 하는 토론은 토론자 주관성의 개입을 수반하나 이러한 토론 역시 상대방과 제3자를 납득시키기 위해서는 자신의 주장을 논리적으로 증명해야 한다. 또한 사실관계와 그러한 사실관계에 대한 가치판단을 바탕으로 장래에 실행할 구체적 행동, 즉 정책이 논제가 될 수 있는데 이것이 바로 정책논제이다.

정치후보자 토론 중에서 가장 선호되는 TV토론을 효과적으로 하기 위해서는 먼저 정치후보자나 참모진이 방송저널리즘의 다소 모순적 특성을 이해해야 한다. 방송저널리즘은 유권자에게 깊이 있고 유용한 정보를 제공하려는 공익적 목적과 함께 유권자의 흥미와 관심에 민감하게 부응함으로써 상업적 이익을 극대화하려는 성격을 동시에 가졌다. 특히 TV매체는 순간적이고 감성적인 이미지를 부각시키는 특성이 있다. 성공적 TV토론을 위해서는 우리 사회의 방송저널리즘의 전통, 참석 토론자들의 지적 수준, 커뮤니케이션 능력 등을 미리 잘 파악해야 한다. 또한 믿을 수 있는 사람이라는 이미지를 평소 유권자 사이에 쌓아두어야 한다.

(2) 토론준비

① 정치후보자 토론 준비팀의 구성

정치후보자 토론, 특히 TV토론을 성공적으로 준비하기 위해서는 토론과 관련된 각 분야 전문가로 준비팀을 구성하여 토론조건의 협상, 가상토론, 실행 등 토론의 전 과정에 도움을 받으면 안전하다. 정치후보자 TV토론 준비팀은 당해 정치후보자의 상황 또는 선거캠페인 규모에 맞게 구성한다. 일반적으로 TV토론 준비팀은 다음과 같은 인적자원으로 구성한다.

ㄱ. 정책전문가

각종 이슈, 정책에 대하여 폭넓은 이해를 가지고 토론내용에 대하여 조언한다. 필요하다면 상대편 후보에 대한 강점, 약점 등에 대하여 정보를 줄 수 있는 사람을 추가하는 것도 좋다.

ㄴ. 미디어 컨설턴트

TV, 라디오 등 대중매체의 속성을 파악하여 효과적 의사전달을 위해 구체적 사항에 관해 조언한다. 정당 내부의 정치커뮤니케이션 정보에 정통한 홍보담당자와 옷차림, 화장 등에 대해 조언할 수 있는 코디네이터를 별도로 포함하는 것도 좋다.

ㄷ. 스피치 · 토론 전문가

스피치 · 토론에 관한 과학적 이론과 실제 경험을 바탕으로 효과적 스피치 · 토론기법에 대하여 조언할 수 있어야 한다.

ㄹ. 연설문 작성자

토론의 모두(冒頭)에 사용할 입론(立論)이나 마무리연설, 세부적 이슈 또는 정책에 대한 답변을 구체적 표현으로 준비한다. 연설문은 쉽고 간결한 문장으로 표현하는 것이 좋다.

ㅁ. 선거캠페인 컨설턴트

TV토론 준비상태를 전체적으로 파악하여 균형을 이루게 하고 문제점을 지적 · 보완한다. TV토론을 전반적 선거캠페인 전략과 조화되도록 조율하는 역할을 담당한다. 제대로 된 선거캠페인을 전개하기 위해서는 선거캠페인을 종합적으로 조율하고 방향을 제시할 수 있는 지식 · 경험 · 창의력을 갖춘 선거캠페인 컨설턴트가 필요하다.

② 토론 참가 여부 결정

정치후보자의 토론참여가 제도화되어 의무적으로 이행해야 할 상황이 아니라면 토론에 반드시 참여할 필요는 없다. 토론의 참가와 불참의 이해득실을 엄밀하게 따져보아야 한다. 지지도에서 앞선 상태의 후보자의 경우 상대방이 토론에 능하거나 인지도가 약한 정치신인이라면 일반적으로 함께 토론하지 않는 것이 유리하다. 그러나 자신이 뒤처진 상황이라면 부동층을 변화시켜 지지세력으로 견인하거나 상대방 지지세력을 중화시켜 이탈시키기 위해 토론에 적극적으로 임해야 한다.

③ 토론의 주제 및 이슈에 대한 지식과 입장정리

정치후보자는 필요할 경우 언제든 토론에 참가하여 성공적으로 토론할 수 있도록 만반의 준비를 갖추어야 한다. 정치후보자 토론은 대개 단일한 논제에 국한되지 않고 중요한 책임과 권한이 따르는 직책의 수행과 관련된 다양한 주제와 이슈를 논제로 삼게 된다.

정치후보자는 치밀하고 실증적인 연구·조사를 통해 논제로 등장할 가능성이 있는 주제와 이슈의 내용, 의미, 개념 등에 대해 정확한 지식과 정리된 입장을 가지도록 해야 한다. 주요 주제 또는 이슈에 대한 막연한 생각이나 진술이 아니라 증거를 수반한 사실과 구체적 예가 중요하다. 핵심적 통계나 사례 중에서 복잡하지 않은 것은 가급적 암기하였다가 토론 중에 자료를 보지 않고 자연스럽게 증거로 제시하거나 예로 들면 능력 있는 후보의 이미지를 구축하는 데 도움이 된다.

④ 토론의 줄거리 구성

정치후보자는 토론주제로 등장할 잠재력을 가진 다양한 주제 또는 이슈에 대한 자신의 입장을 논리적으로 증명하기 위해 토론의 줄거리를 짜임새 있게 구성해야 한다. 토론의 줄거리는 보통 다음과 같은 사항들을 포함한다.

▪ 토론 줄거리에 포함되는 사항

특정 논제에 대한 토론의 필요성 및 목적, 논제에 대한 정치후보자의 입장, 논제의 내용, 논제와 관련된 개념들의 의미 또는 정의, 논제의 기본전제·배경·상황·역사, 논제의 실상(實狀) 및 문제점, 문제점의 원인 및 영향·중요성·긴급성, 문제해결을 위한 정책·대안·계획·해결책 및 실행 가능성·전제조건, 정책·대안·계획·해결책의 예상되는 효과 및 그 이유, 제기될 수 있는 새로운 문제점, 상대방의 잠재적 반론에 대한 대응책, 결론

정치후보자는 이러한 사항들 중에서 가장 중요하고 호소력이 있다고 판단되는 부분을 중심으로 토론의 줄거리를 구성하고 토론을 그 부분부터 시작하는 것도 좋다. 이와 같은 토론의 줄거리가 구성되어 있어야 정치후보자가 자신감을 가지고 토론에 임할 수 있으며, 상대방의 공격에도 효과적으로 대처할 수 있다.

⑤ 가상토론

상대방이 어떤 주장을 할 것인가, 어떤 질문을 던질 것인가를 예상하여 그에 대해 적절한 대답을 마련하여야 한다. 또한 예상질문에 대한 대답을 시간제한에 맞게 대답할 수 있도록 미리 재단하고 충분히 연습하여 대비해야 한다. 토론하기 전에 토론을 잘하는 사람들과 실제 토론을 방불케 하는 가상토론을 하는 것이 좋다. 또한 가상토론을 다른 사람들이 보게 하여 그들의 비판을 듣고 부족한 점을 보완하여야 한다. 필요하다면 이러한 가상토론을 반복한다.

(3) 토론방법

논제에 대한 견해 또는 해결책을 설득력 있게 전달하려면 다음과 같은 요소로 토론이 구성되어야 한다.

첫째, 주장할 논거(論據)가 신뢰할 수 있는 것이어야 한다. 이를 위해서는 논거가 객관적이고 과학적인 자료에 바탕을 두어야 한다. 자료에 포함된 사실, 통계, 인용, 경험은 객관적인가? 자료는 과학적 조사방법을 통해 수집된 것인가? 자료의 출처는 어디인가? 자료는 최근의 것인가? 조사방법이 윤리적으로 정당한가? 자료조사를 수행한 사람은 믿을 수 있는가? 자료는 논거의 바탕으로 타당한가? 이러한 질문들을 던져보고 답을 하는 과정에서 문제점이 발견된다면 논거를 신뢰할 수 없을 것이다.

상대방이 주장하는 논거도 이러한 점에서 문제점을 드러낸다면 반증을 제시하여 공격할 수 있다. 만약 상대방이 이와 같은 방법으로 자료의 신뢰성을 문제 삼아 공격하면 자료의 신뢰성을 재증명하거나 상대방의 반박자료를 부정하도록 한다. 이를 위해서는 자료의 정확성, 자료 수집가의 전문가적 권위, 자료의 객관성 및 과학적 엄밀성, 자료에 대한 타 전문가의 견해 및 평가 등을 제시할 필요가 있다.

둘째, 자료의 분석 또는 해석이 올바르게 되어야 한다. 자료의 분석 또는 해석이 잘못되면 설득력 있는 논거를 수립할 수 없다. 논거란 자료에 대한 분석과 해석을 통해 도출되는 것이기 때문에 객관적이고 과학적인 자료를 수집하였다고 해도 분석과 해석에서 오류를 빚으면 좋은 논거를 수립할 수 없다. 또한 동일한 자료를 사용한다고 해도 분석과 해석은 토론자의 가치관에 따라 달라질 수 있다. 이러한 이유로 인해 자료에 대한 분석과 해석은 논쟁을 유발하거나 공격받을 가능성을 내포한다. 상대방의 논거를 공격하려면 자료의 분석과 해석에서 발견되는 오류를 지적해야 한다. 즉, '자료에 대한 해석이 틀렸다', '자료에 대한 다른 해석이 성립된다', '자료가 논거의 바탕으로 충분하지 않다', '자료의 해석이 과장 또는 축소되었다'와 같이 문제를 제기해야 한다.

셋째, 주장을 올바른 표현방법으로 전달해야 한다. 주장이란 논거에 따른 논리적 결론이기 때문에 올바른 논거가 수립되었다면 주장도 맞을 것이다. 그러나 아무리 훌륭한 주장이 있더라도 이것을 전달하는 방법이 좋지 않으면 설득력을 발휘할 수 없다.

따라서 주장이 설득력을 가지려면 전달방법도 효과적이어야 한다. 전달의 효과성은 언어적, 음성적, 시각적인 면에서 적절한 방법과 수단을 사용할 때 이루어진다. 전달하려는 의미를 잘 나타내는 어휘와 내용, 정확한 발음과 메시지에 부합하는 음성, 적절한 표정, 제스처 등이 요구되는 이유가 여기에 있다. 상대방의 주장을 무력화시키기 위해서는 상대방과 다른 자료를 사용하거나, 같은 자료를 사용하더라도 상대방과 다른 분석 또는 해석을 하여 새로운 논거를 수립한 후 상대방 주장에 반론을 제기해야 한다.

▪ 상이한 자료에 의한 대립적 주장의 예

- 정몽주는 고려의 충신이다(자료) → 고려충신 정몽주를 죽인 것은 정당하지 않다(논거) → 정몽주를 죽인 이방원의 행위는 부당하다(주장)
- 정몽주는 조선건국에 반대했다(자료) → 조선건국을 반대한 정몽주를 죽인 것은 정당하다(논거) → 정몽주를 죽인 이방원의 행위는 정당하다(주장)

▪ 동일한 자료에 의한 대립적 주장의 예

- 이순신장군은 임금의 명이 있어도 때로 왜군을 공격하지 않았다(자료) → 이것은 이순신장군의 용기 있는 전략적 결정이었다(논거) → 이순신장군은 뛰어난 지략가였다(주장)
- 이순신장군은 임금의 명이 있어도 때로 왜군을 공격하지 않았다(자료) → 이것은 이순신장군이 겁이 많았기 때문이다(논거) → 이순신장군은 비겁한 군인이었다(주장)

(4) 성공적 토론을 위해 유념할 사항

① 확신에 찬 태도

정치후보자는 견해를 피력할 때 확신에 찬 매너로 해야 한다. 향후 정책안이나 계획도 명확하고 설득적으로 강조해야 한다. "… 지도 모르겠습니다", "… 할 것 같습니다"와 같은 불분명한 표현을 남발하면 확신 없는 후보자로 보인다. 장황하고 복잡하게 말하는 것보다 짧고 간결한 표현으로 말하도록 한다.

② 자연스러운 태도

정치후보자는 토론에서 침착하고 자연스럽게 행동하도록 한다. 상대방이 감정을 건드리고 자극하여도 절대 자제력을 잃어서는 안 된다. 그러나 흥분하지 않으려고 자제하다가 딱딱하고 무미건조하게 보이거나 거만하고 건방진 인상을 주지 않도록 조심해야 한다. 특히 자신의 입장을 옹호하기 위해 상대방을 비웃는 듯한 태도를 보이는 것은 좋지 않다. 또한 성급하게 보이거나 모든 사물을 지나치게 당파적 관점에서 바라보거나 불공정하다는 인상을 주면 부정적 이미지가 형성된다.

음성을 의식적으로 크게 내는 것도 자연스럽지 않다. 평소와 달리 이야기를 모양새 있게 꾸미려 하면 혀가 잘 돌지 않고 할 말이 생각나지 않을 수 있다. 텔레비전 카메라는 부자연스럽고 부조화적인 것, 무엇이든지 문제될 만한 것을 확대하여 보여주는 경향이 있기 때문에 유의해야 한다.

③ 건강한 모습 유지

토론에 참가할 때 최상의 신체적 상태를 유지하도록 한다. 토론 전에 짧게 잠을 자두는 것도 좋다. 청중 또는 시청자들은 정치후보자가 무엇을 얘기하는가에 관심이 있지만 보이는 면에 의해서도 크게 영향을 받기 때문에 건강하고 활기찬 모습을 보여주어야 한다. 따라서 미디어를 통해 평소에 운동하는 모습을 유권자에게 보이는 것은 이미지를 좋게 만드는 데 도움이 된다.

④ 말하는 주제에 맞는 태도

말하는 태도, 제스처, 안색, 스타일 등 토론회에서의 모든 것이 후보자의 이미지를 형성한다. 심각하고 무게 있는 주제를 다룰 때 가볍게 웃거나, 온화하고 따뜻하게 얘기해야 할 주제에서 표정이 굳어있거나 심각하게 보이는 것은 좋지 않다. 상황에 어울리지 않는 미소나 웃음은 부정적 평가의 요인이 될 수 있다.

또한 미소나 웃음은 청중이나 시청자들이 맑고 밝고 기분 좋은 것으로 받아들일 수 있어야 한다. 음흉하게 보이거나 비웃는 것처럼 보이는 미소나 웃음은 피해야 한다.

표현방법이나 태도는 논제와 상황에 어울려야 한다. 부정부패, 공직자의 윤리적 해이, 매국행위, 성도덕의 타락 등 마땅히 분노를 표시할 문제에 대해서는 지나치지 않은 범위 내에서 분노를 표시하는 것이 좋다. 몸을 탁자 위로 구부리는 것은 좋지 않다. 토론에서의 태도, 표정, 어휘의 선택과 같은 것들이 말하는 내용보다 오히려 토론결과에 더 중요한 영향을 미칠 수 있다.

⑤ 구체적 증거로 상대방을 수세에 놓도록 하라

상대방의 현실로 드러나 있는 구체적 기록, 성과, 경력 등을 공격하여 상대방으로 하여금 수세적 입장에서 토론하도록 하면 좋다. 일단 상대방을 수세에 몰고 공격할 때는 끈질기게 몰아붙여야 한다. 상대방이 자신에게 불리한 문제를 회피하면 재공격하면서 회피하는 행동을 지적한다. 상대방이 예화를 들어 자료를 반박하거나 비유법을 사용하여 논거를 공격하면 적절치 않거나 어울리지 않는 부분을 적시하는 것이 좋다.

⑥ 적절한 시선처리

토론장에서 의견을 피력할 때 정치후보자는 상대방 쪽으로 시선을 둘 것이 아니라 청중이나 시청자를 정면으로 보도록 한다. 자신의 견해를 말할 때에는 바르게 정면을 보아야 하며 아래쪽을 보는 것은 좋지 않다.

⑦ 말을 시작할 때는 즉각적으로

토론장에서 말할 차례가 되었을 때는 시작에 뜸을 들이거나 머뭇거리지 말고 즉각적으로 말을 시작하도록 해야 한다. 일단 말을 시작하고 약간의 뜸을 들이는 것이 차라리 낫다. 말을 하기 전에 '마', '음', '저기' 등 불필요한 소리는 내지 말아야 한다.

⑧ 한꺼번에 여러 개의 관점을 피력하지 마라

의견을 피력할 때 여러 관점을 한꺼번에 피력하려고 하지 마라. 가장 기본적이고 중요한 이슈를 얘기하라. 유권자에게 호소력이 강한 이슈나 주제, 유권자가 가장 많은 관심을 가지고 있는 주제에 집중하라. 한꺼번에 너무 많은 포인트를 다 말하려고 하면 혼란스럽고 장황하여 강렬한 맛이 떨어진다.

12. 효과적 선거정치커뮤니케이션 전략

선거정치커뮤니케이션이 효과적으로 이루어지게 하려면 선거캠페인에서 사용할 수 있는 커뮤니케이션 방법과 수단에 대한 이해가 필요하다. 구체적으로 공보, 광고, 선전 등 선거(정치)커뮤니케이션의 방법과 메시지 전달에 사용되는 대중매체의 다양하고 복잡한 속성을 파악하는 것이 필요하다. 또한 이러한 방법과 수단을 효과적으로 사용하는 기교에 대한 기본지식이 있어야 한다.

효과적 선거정치커뮤니케이션을 위해서는 또한 정치후보자의 강·약점과 선거환경을 정확히 파악해야 한다. 선거환경이란 선거캠페인에 영향을 미칠 수 있는 제 요소, 이를테면 각종 이슈를 비롯하여 정치, 경제, 사회, 문화 등에 대한 폭넓은 이해를 포함한다. 또한 다음과 같은 사항들을 유의해야 한다.

첫째, 정치커뮤니케이션에 사용되는 메시지가 유권자의 욕구와 성향에 부합하도록 구성해야 한다. 선거캠페인의 각종 메시지는 유권자가 선유(先有)하는 집단적 욕구, 집단의식, 집단성향에 상응하도록 구성해야 유권자가 잘 받아들일 수 있다. 이것을 메시지 설득커뮤니케이션의 효과성을 높인다고 바꾸어 말할 수 있다. 여기서 말하는 집단의식이란 유권자의 집단적 규범, 전통, 관습, 습관, 신념 등을 포괄하는 개념이다.

둘째, 메시지 전달의 주체가 신뢰감을 주어야 한다. 일상생활에서도 어떤 말을 믿고 안 믿고는 상당부분 말하는 사람의 신뢰성에 달려 있다고 할 수 있다. 마찬가지로 선거캠페인에서도 메시지를 전파하는 수체, 즉 정치후보자가 어떤 사람인가 하는 것이 유권자에게 그 메시지가 얼마나 효과적으로 수용되느냐 하는 데에 큰 영향을 미친다. 정치후보자가 능력과 자질이 있는 후보자, 신뢰할 수 있는 후보자라는 이미지를 잘 구축한다면 유권자에게 그가 전달하는 메시지가 잘 받아들여질 것은 두말할 필요가 없다.

셋째, 효과적 메시지 전달을 위해서는 일관성 있는 메시지를 다양한 정치커뮤니케이션의 방법과 수단의 공조를 통해 전달해야 한다. 이미 앞에서 강조했듯이 단일한 방법으로 메시지를 전달하는 것보다는 메시지의 일관성을 유지하는 가운데 다양한 메시지 설득커뮤니케이션의 방법과 수단을 사용해야 설득효과가 높아진다.

넷째, 메시지 설득커뮤니케이션 활동을 단계별 목표에 따라 치밀한 계획을 세워 수행해야 한다. 선거캠페인 초기에는 인지도 구축에 중점을 두고, 다음으로 신뢰성 향상, 상대방과의 차별화, 공격, 밴드왜건 및 지지기반 굳히기의 순서로 메시지 설득커뮤니케이션 활동을 진행하는 것이 효과적이다.[32]

다섯째, 전략에 따른 세부적 전술은 융통성 있게 적용하여야 한다. 유권자가 우호적일 때에는 단순한 메시지를 분명하게 전달하는 것이 일반적 방법이지만, 유권자가 우호적이라는 확신이 들지 않은 상태에서 유권자가 상대후보자의 메시지에 설득될 가능성이 높을 경우 본인 메시지의 강점과 상대편 메시지의 취약점을 부각시켜 차별화하는 것이 설득커뮤니케이션의 효과를 증대시킨다.

---

32) 제 3장의 '정치후보자의 타이밍전략' 참고.

제 10 장
유권자 접촉

정치후보자의 활동은 유권자와 언론의 관심을 집중시킬 수 있는 선거 캠페인의 꽃이다.

선거캠페인의 중심목표는 유권자에게 메시지를 전달하여 납득시키고 설득하여 투표일에 정치후보자를 지지하도록 하는 것이다. 이때 가장 이상적인 것은 지지해줄 가능성이 높은 유권자를 찾아내 가장 효과 있는 방법으로 메시지를 전달함으로써 승리의 가능성을 극대화하는 것이다. 유권자 접촉(*voter contact*)도 선거정치커뮤니케이션의 한 방법이다. 유권자 접촉을 좁은 의미로 보면 정치후보자, 참모, 조직원, 자원봉사자 등 사람들이 유권자에게 직접 메시지를 전달하는 것을 의미하나 넓은 의미의 유권자 접촉은 방법과 수단에 관계없이 유권자에게 메시지를 전달하는 행위 그 자체를 의미한다고 볼 수 있다. 제 10장에서는 주로 좁은 의미의 유권자 접촉, 즉 직접적 선거정치커뮤니케이션의 방법과 수단에 대하여 살펴보도록 하겠다.

1. 효과적 유권자 접촉과 보조수단의 사용

효과적 선거정치커뮤니케이션(선거정치홍보)의 원리는 단순하고 일관성 있는 메시지를 유권자에게 반복하여 전달하는 것이다. 특히 선거캠페인의 마지막 2~3주 동안은 승리에 필요한 유권자에게 다양한 커뮤니케이션의 방법과 수단을 사용하여 최소한 5회 이상 메시지를 전달해야 한다.

많은 선거캠페인이 실패하는 중요한 요인 중의 하나는 이러한 기본원리를 모르거나 그 중요성을 간과하여 선거캠페인이 올바른 궤도를 이탈하기 때문이다.

또한 유권자 접촉, 즉 직접 정치커뮤니케이션이 효과적으로 이루어지기 위해서는 간접 정치커뮤니케이션이 적절히 병행되어야 한다. 예를 들어 공개장소에서의 연설·대담,[1] 지역인사 접촉, 구전홍보, 커피모임과 같은 직접 정치커뮤니케이션 활동이 텔레비전, 라디오, 신문을 통한 홍보와 조화롭게 배합되거나 선거공보, 현수막, 선전벽보 등이 선거환경에 맞게 보조적으로 사용될 때 메시지 설득커뮤니케이션의 효과성을 극대화할 수 있다.

유권자 접촉이 효과적으로 이루어지게 하려면 다음과 같은 사항들을 유의해야 한다.

1) 유권자 파악

방문지역에서 접촉할 유권자에 대하여 파악하라. 이때 설득될 가능성이 높은 유권자, 즉 지지 가능성이 높은 유권자를 찾아내는 것이 중요하다.

---

1) 공직선거법 제79조는 공개장소에서의 연설·대담에 의한 선거운동을 허용하는데, 보통 거리연설회 또는 개인연설회로 불린다. 합동연설회, 정당·후보자연설회는 폐지되었다.

2) 조직과의 연계

정치후보자가 기존에 가진 조직과 긴밀하게 연계하라. 개인적으로 형성된 조직을 비롯해, 지역활동을 통해 형성한 조직들과 연계하는 것이 필수적이다. 특히 각 분야(필드)별 조직체에는 능력과 신뢰성이 있는 책임자를 두어 유권자 접촉시 협조가 되도록 평소에 네트워크를 형성해놓는 것이 필요하다.

3) 방문계획 홍보

방문계획[2]을 유권자에게 미리 알린다. 방문계획을 라디오, 지역 케이블TV, 지역신문과 같은 대중매체들을 통해 일반 유권자에게 알려지도록 한다. 대중매체들이 방문계획을 실어주도록 하기 위해서는 유권자 접촉을 이슈화·이벤트화하는 것이 좋다.

우리나라에서는 대중매체를 통한 선거홍보가 선거법으로 강력하게 제한되기 때문에 실정법의 테두리 내에서 공보활동을 하는 것이 유리하다. 조직과 연계된 구전홍보도 유권자 접촉계획을 알릴 수 있는 좋은 방법이다. 미국과 같은 나라에서는 방송매체, 특히 라디오를 유권자 접촉을 위한 방문계획을 알리는 데 많이 사용한다.

또한 정치후보자의 유권자 접촉계획을 홍보하는 데 우편엽서를 사용하면 좋다. 이때 우편엽서는 알고 지내는 개개인에게 사적으로 보내야 한다. 불특정 다수에게 정치후보자를 소개하는 엽서를 보내는 것은 선거법에 위배되므로 각별히 조심해야 한다. 그러나 정당행사에 관한 초대장을 당원들에게 보내는 것은 정당법 차원에서 허용되는 일이므로 정당에 소속된 정치후보자는 이를 적극적으로 활용할 수 있다.

---

2) 방문계획과 관련하여 알릴 내용은 방문일시, 방문이유, 모임장소 등이다.

4) 홍보물 사용

유권자를 접촉할 때 후보자와 출마이유, 다음 방문지와 모임장소 등을 소개하는 홍보물을 남기면 좋다. 그러나 우리나라에서는 이 방법도 공직선거법에 의해 원천적으로 봉쇄되어 있다. 선거법에 저촉되지 않는 범위에서 할 수 있는 방법은 예비후보자 등록 전의 현직만 표기된 명함을 돌리는 방법과, 예비후보자 등록 후 정규학력 및 경력 등 자신을 홍보하는 내용이 기재된 명함을 돌리는 방법이다.

이 외에도 예비후보자는 선거운동 기간 전, 선거구 내 세대수의 10분의 1 이내에 해당하는 수의 인쇄물 발송이 가능하고, 선거구민 누구에게나 전자우편을 이용하여 문자, 음성, 화상, 동영상 메일 등의 정보전송이 가능하므로 이러한 홍보방법을 최대한 활용해야 한다.

5) 방문소견서 작성

유권자 접촉 후에는 정치후보자 또는 참모들이 반드시 방문소견서를 작성하도록 한다. 방문소견서에는 지지 가능성이 높은 유권자에 대한 특기사항을 적는다. 방문소견서는 유권자를 캠페인조직에 끌어들이거나 각종 정치행사 또는 캠페인 마지막 단계에서의 지지다지기 등 본격적 선거캠페인 활동에 활용하기 위하여 재접촉하는 데 유용하게 사용할 수 있다. 재접촉방법으로는 정치후보자나 조직에 의한 단순·직접접촉, 정치후보자나 조직이 초청장 등의 인쇄물을 직접 전달하거나 우송하는 방법이 있다.

6) 감사표시

접촉한 유권자 개개인에 맞춰 특성화된 편지, 카드, 엽서 같은 것을 보내 감사의 표시를 한다. 이러한 우편물과 함께 유권자 접촉시 받은 질문에 관한 답변이나 이슈입장 등을 포함하면 좋다. 특히 주택, 자녀, 애완동물 등 유권자 개개인에 관한 특기사항을 언급하는 것도 좋은 아이디어이다. 이러한 우편물도 선거법에 위배되지 않도록 각별히 유의해야 한다.

7) 정보수집

각종 모임, 개인적 유권자 접촉, 집단적 유권자 접촉 등을 통해 선거캠페인 진행상황에 대한 여론, 유권자의 성향 등 필요한 정보를 수집한다. 이러한 정보는 선거캠페인의 전반적 전략의 큰 틀 속에서 전술적 융통성을 발휘하는 데 도움을 준다.

2. 공개장소에서의 연설 · 대담

통상 거리연설회라고 불리는 '공개장소에서의 연설 · 대담'은 정치후보자나 그 배우자, 연설원이 도로변, 광장, 공터, 주민회관, 시장, 점포, 공원, 운동장, 주차장, 선착장, 방파제, 대합실, 경로당 등 일반 유권자가 오갈 수 있는 공개된 장소를 방문하여 지지를 호소하는 연설을 하거나 청중의 질문에 대답하는 방식의 유권자 접촉이다. 미국의 클린턴 대통령이 대선후보 시절 중소도시를 찾아가 하루 4~5회씩 유권자와 어울려 연설회를 벌이던 이른바 '소매상 유세'와 유사하다.

1) 공개장소에서의 연설 · 대담의 주요 특징

(1) 무제한적으로 사용 가능

선거정치의 고비용 · 저효율 구조를 개선하기 위해 '돈은 묶고 입은 푼다'는 취지의 현행 공직선거법 하에서 공개장소에서의 연설 · 대담(이하 거리연설회라 부름)은 모든 정치후보자에게 무제한적으로 허용된 효과적 선거정치커뮤니케이션의 수단이다.

(2) 은폐된 유권자에 대한 효과적 메시지 전달

거리연설회의 주된 메시지 전달대상은 연설회장에 모인 사람들이라기보다 아파트, 주택가, 상가, 사무실, 집단부락 등의 건물 내부에 있는 유권자이다. 즉, 거리연설회는 연설회장에서 직접 눈으로 볼 수는 없으나 확성기로 메시지 전달이 가능한 유권자를 대상으로 하는 효과적 설득커뮤니케이션 수단이다. 거리연설회의 이러한 근본적 성격을 인식하고 올바른 방법으로 사용할 때 거리연설회는 선거캠페인에서 핵무기와 같은 위력을 발휘할 수 있다.

(3) 하위선거에 적합한 메시지 전달수단

거리연설회는 대통령선거나 광역자치단체장선거와 같이 광범위한 선거구를 대상으로 하는 선거캠페인에서보다 국회의원선거, 기초자치단체장선거, 광역 및 기초의원선거와 같이 비교적 선거구가 소범위인 선거캠페인에 적합한 커뮤니케이션 수단이다. 광범위한 선거구에서는 선거구 전체를 세밀하게 겨냥하여 거리연설회를 실행하는 것이 불가능하지만 선거구 내의 의미 있는 지역에서 이벤트화된 거리연설회를 조직함으로써 언론의 관심을 끌 수 있다.

(4) 조직을 강화

거리연설회를 지역의 조직과 연계하여 실행하면 조직활성화에 탄력을 받을 수 있다. 현행 공직선거법 하에서는 선거공보를 선거관리위원회가 유권자에게 일괄하여 발송하는데, 합동연설회와 정당연설회도 폐지되었기 때문에 조직의 역할이 과거에 비해 대폭 축소되는 실정이다.

또한 지역조직원 및 자원봉사자들이 선거 운동기간 내내 날마다 24시간 동안 정치후보자를 지원할 수 없는 상황에서 일정이 정확하게 잡한 거리연설회의 사전홍보 및 실행에 일정한 시간을 참여하게 함으로써 지역조직원 및 자원봉사자들의 시간과 노력의 소요를 줄이면서 조직의 결속력을 강화할 수 있다.

거리연설회에서 유권자의 호응을 이끌어내는 효과 외에도 조직이 기동성을 갖게 한다는 점에서 거리연설회를 조직과 연계하는 것은 효과적이다. 이러한 결속력을 바탕으로 앙양된 조직의 사기는 지지세력 확보에 큰 도움이 된다.

(5) 유권자의 관심을 유인하는 효과적 메시지 전달수단

거리연설회에 수반되는 유세차량, 확성기, 선전벽보, 현수막, 로고송, 영상물, 사회자와 후보자의 연설 등을, 유권자의 관심을 유인할 수 있도록 조직하면 효과적 메시지 전달의 수단으로 사용할 수 있다. 유세 운송수단으로는 차량 이외에도 자전거나 인라인 스케이트를 사용할 수 있다. 특히 2002년 지방선거에서 많이 활용되었는데, 자전거나 인라인 스케이트를 활용한 선거운동은 유권자의 관심을 모을 수 있고, 신선한 이미지를 주어 참신한 이미지와 함께 메시지 전달의 효과를 배가시킬 수 있다.

2) 거리연설회의 효과적 사용법

(1) 장소선정

선거캠페인 수단으로서 거리연설회의 효과성을 극대화하기 위해서는 거리연설회를 실행하기에 적합한 장소를 미리 물색해야 한다. 선거구 지리에 밝은 사람들을 통해 장소물색을 하되 선거캠프 내에서 캠페인 계획을 통할하는 자가 직접 물색된 장소를 답사하여 그 적합성 여부를 확인해야 한다.

(2) 치밀한 사전계획

거리연설회에 적합한 장소가 파악되면 간단히 약도를 그리도록 한다. 약도에는 유세차량을 세울 위치와 확성기 나발이 향해야 하는 방향을 구체적으로 표시한다. 그래야 선거 운동기간에 돌입하여 거리연설회를 실행할 때 불필요한 시간낭비를 막을 수 있다.

또한 거리연설회의 세부일정도 선거 운동기간에 돌입하기 전에 미리 준비해야 한다. 이때 선거구 전체를 조망할 수 있는 지도에 거리연설회 장소를 표시하고 계획을 짜면 거리연설회를 특정 지역에 편중하지 않고 균형적으로 실행하는 데 도움이 된다.

(3) 선거구를 대각선으로 이동하면서 실시

거리연설회를 통해 메시지 설득커뮤니케이션 효과를 누적시켜 나가기 위해서는 선거캠페인 전략의 큰 틀 속에서 결정된 세부일정에 따라 선거구 전체를 크게 보며 대각선으로 이동하는 방식이 효과적이다. 즉, 〈그림 10-1〉과 같이 선거구 전체를 ☆표 형식의 동선(動線)을 그리며 이동하는 것이 좋다.

〈그림 10-1〉 대각선 이동방식

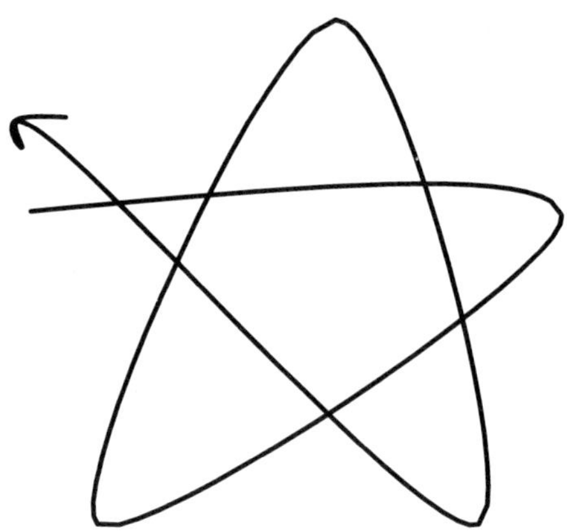

(4) 5~10분 정도의 이동거리 안에서 활동

한 연설회장에서 다음 연설회장까지의 거리는 자동차로 5~10분 거리가 적당하며 이보다 더 먼 장소로의 이동은 바람직하지 않다. 이동시간은 최대한으로 줄이고 연설과 악수를 통한 유권자 접촉, 즉 메시지 설득커뮤니케이션에 가능한 많은 시간을 투자해야 한다.

(5) 상가 및 사무실 방문과 유권자 접촉

한 연설회장에서 다음 연설회장으로 이동할 때 정치후보자는 다음 연설회장 인근지역에 하차하여 상가 및 사무실을 방문하거나 길거리에서 만나는 유권자와 접촉하며 나아가도록 한다. 이때 정치후보자를 수행하는 운동원들은 정치후보자에 앞서 상점, 사무실 등을 방문하여 선무활동(宣撫活動)을 함으로써 정치후보자의 유권자 접촉이 순조롭게 진행될 수 있도록 한다. 또한 정치후보자의 밀착수행원은 정치후보자가 접촉한 유권자의 이름, 주소, 연락처와 특기사항, 정치후보자에 대한 호감도 등을 가능한 방문소견서에 기재하여 향후 유권자를 재접촉하는데 활용할 수 있도록 한다.

정치후보자의 유권자 접촉활동시 때로 과도하게 칭찬하거나, 술, 떡, 과자 등을 대접하려고 하는 사람들을 보게 된다. 그러나 듣기 좋은 칭찬은 후보자의 마음을 해이하게 하거나 후보자를 자만심에 빠지게 하는 무서운 적임을 명심해야 한다. 그리고 음식은 가급적 정중하게 사양하는 것이 좋다. 왜냐하면 일분일초도 아끼며 집중적으로 선거캠페인을 진개해야 하는 선거 운동기간 동안 불필요하게 시간을 소비하고 심신(心身)을 해이하게 만드는 것이야말로 승리의 가장 큰 걸림돌이 될 수 있기 때문이다.

거리, 자연부락 입구, 아파트단지 입구 등에서 악수를 통해 유권자 접촉을 할 때 정치후보자와 선거운동원들은 겸손하면서도 적극적인 자세로 최대한 많은 유권자와 접촉하도록 노력해야 한다.

(6) 거리연설회장에서의 준비

정치후보자가 도보로 유권자 접촉을 하면서 다음 연설회장으로 이동하는 동안 연설회장에 먼저 도착한 거리연설회 담당자들은 유세차량을 예정된 장소에 예정된 방향으로 주차하고 연설회를 준비하도록 한다. 현행 공직선거법에 의하면 기초의원 후보자는 휴대용 확성기를, 광역의원 후보자 이상은 유세차량에 부착된 확성기를 사용해야 한다. 거리연설회는 주로 아파트, 상가, 사무실 등 건물 내부에 있는 은폐된 유권자에게 메시지를 전달하는 커뮤니케이션 수단이므로 성능이 우수한 확성기가 필수다.

(7) 사회자의 안내 및 마무리연설

누가 유권자를 찾아왔는지 알릴 수 있도록 2~3분 로고송을 튼 후 사회자는 거리연설회에 대한 안내와 후보자를 소개하는 연설을 2~3분 정도 한다. 또한 정치후보자의 연설이 끝난 후에도 사회자는 2~3분가량 다음 방문계획 등 필요한 사항을 알리고 귀를 기울여준 유권자에게 감사를 표시하는 마무리연설을 하도록 한다. 사회자는 연설시 불필요한 수사를 장황하게 늘어놓지 말고 필요한 메시지를 절제된 표현과 명확한 발음으로 전달하는 것이 바람직하다.

사회자는 소개연설에서 거리연설회가 공직선거법에 의해 무제한으로 허용된 합법적 선거캠페인 방법이라는 것을 명확하게 밝히는 것이 좋다. 또한 사회자는 정치후보자의 기호, 정당, 이름, 출마의 이유 등 가장 중요하고 기본적인 메시지를 유권자에게 간결하게 반복하여 전달함으로써 이러한 정보를 유권자의 뇌리에 각인시켜야 한다. 사회자는 한 단락 정도의 짧은 연설 레퍼토리를 여러 개 준비하여 충분하게 숙지한 후 각 거리연설회의 상황에 맞게 조합하여 사용하는 것이 편리하다.

사회자는 연설훈련이 잘 되어 있는 사람으로 선택해야 유권자에게 선거캠페인이 잘 조직되어 있다는 인상을 준다. 그래야 준비된 후보자, 승리하는 선거캠페인의 이미지를 구축할 수 있다. 이러한 이미지는 능력과 자질을 갖춘 후보자, 믿고 맡길 수 있는 후보자의 이미지로 연결된다.

선거캠페인의 승패는 크고 웅장한 것에 의해 단숨에 결정되는 것이 아니라 이와 같이 선거캠페인의 작은 부분들을 얼마나 세밀하게 준비하고 조직하느냐에 따라 결정된다.

▪ 사회자 연설의 예

"존경하는 목민1동 11통 주민 여러분, 안녕하십니까? 잠시 후 여러분께서 성원해주시는 기호 1번 정약용, 경제전문가, 기호 1번 정약용 한국활빈당 후보의 목민1동 11통 주민 여러분을 위한 연설회를 시작하겠습니다."

"존경하는 유권자 여러분, 지금 무엇을 하고 계십니까? 무슨 일을 하고 계시든 일손을 멈추지 마시고, 다만 창문과 귀를 활짝 열어주시면 감사하겠습니다."

"돈은 묶고 입은 푼 이번 선거에서는 나라의 주인이신 유권자 여러분을 후보자가 직접 찾아뵙고, 자신의 정견을 말씀드리는 거리연설회를 무제한 허용하고 있습니다."

"사랑하는 유권자 여러분, 가정(시장 또는 일터)에서 하시던 일을 계속하시면서 귀만 활짝 열고, 기호 1번 정약용, 실물경제전문가 기호 1번 정약용 한국활빈당 후보의 연설을 경청해주시면 감사하겠습니다."

"목민시의 발전을 원하는 유권자 여러분, 기호 1번 정약용 한국활빈당 후보, 기호 1번 정약용 후보의 목민시 발전에 대한 연설에 앞서, 기호 1번 정약용 한국활빈당 후보의 학력과 경력을 소개하겠습니다."

"기호 1번 정약용 후보는 40대의 젊은 경제전문가입니다. 기호 1번 정약용 한국활빈당 후보는 목민시를 누구보다도 잘 아는 목민시 전문가입니다. 기호 1번 정약용 후보는 끈질긴 집념과 박력이 있는 사람입니다. 하고자 하는 일은 기필코 성사시키고야 마는 강한 추진력을 가졌습니다."

"기호 1번 정약용 후보는 독립운동가 ○○○ 선생의 친손자로 태어났습니다. 기호 1번 정약용 한국활빈당 후보는 목민활빈대학교 경영학과를 우수한 성적으로 졸업했습니다. 기호 1번 정약용 후보는 국민의 4대 의무 중의 하나인 국방의 의무를 충실히 이행하고 육군병장으로 제대했습니다. 기호 1번 정약용 한국활빈당 후보는《목민경제개발의 길》을 쓴 저자입니다."

"기호 1번 정약용 후보는 경제가 살아야 나라가 산다는 소신으로 경제를 살리기 위해 산업현장을 누비고 다녔습니다. 기호 1번 정약용 후보는 기업활동 중 1년의 반 이상을 아프리카, 중동, 남미, 중국 등 시장 불모지에 뛰어들어 우리나라의 수출시장을 개척한 수출개척자, 수출전사입니다."

"기호 1번 정약용 후보는 말단사원에서 시작해 15년 만에 사장이 된 신화를 만들어낸 입지전적 인물입니다. 기호 1번 정약용 후보는 힘없는 사람, 가난한 사람들의 이웃입니다. 기호 1번 정약용 후보는 대한활빈회를 조직하여 10년째 구호사업을 해왔습니다."

"지금 세계는 급변하고 있습니다. 우리 목민시도 무한경쟁시대에서 뒤처질 수 없습니다. 우리도 뛰어야 합니다. 발전해야 합니다. 목민시의 경제를 살려야 합니다. 목민시의 경제를 살리기 위해서는 경제전문가가 필요합니다. 기호 1번 정약용 후보는 그런 일을 할 수 있는 능력과 자질이 있습니다."

"여당 야당 왜 따집니까? 기성정치인들의 권력싸움, 이합집산이 무슨 소용이 있습니까? 공천 장사하는 정치인, 붕당을 만드는 정치인이 목민시에 무슨 이익을 줍니까? 우리 목민시에 지금 필요한 것은 경제발전입니다. 개발입니다."

"정치가 무엇입니까? 정치란 국민을 잘살게 하는 것입니다. 정치란 국민을 편하게 살 수 있게 하는 것입니다. 정치란 국민을 자유롭게 살 수 있도록 하는 것입니다. 그러기 위해 지역을 발전시킬 수 있는 주민의 참다운 대변자를 뽑아야 합니다. 실물 경제전문가를 뽑아야 합니다."

"○○○○년에는 대통령선거가 있습니다. 이번 목민시의 선거가 정권싸움, 대권싸움의 대리전이 되어서는 안 됩니다. 이제 낡고 병든 정치인의 권력싸움에 신물나지 않습니까? 이러한 아귀다툼을 정치라고 한다면 분명 종식시켜야 합니다. 지난 50년간 지속된 이런 썩은 정치에 이제 더 이상 매달리지 맙시다."

"생산성 있는 정치, 국민에게 이익을 주는 정치, 국민과 함께 하는 정치, 목민시를 개발하고 발전시키는 정치가 있어야 합니다. 이러한 일은 실물경제를 아는 사람만이 해낼 수 있습니다. 경제를 아는 사람, 서민대중의 살림살이를 아는 사람, 기호 1번 정약용 후보가 그런 사람입니다."

"창문을 열고, 귀를 열고, 마음을 열고, 기호 1번 정약용 후보의 연설을 경청해주십시오."

"그러면 지금부터 기호 1번 정약용 후보의 목민1동 11동 주민 여러분을 위한 연설회를 시작하겠습니다."

(8) 후보자의 연설과 유권자 접촉활동

거리연설회에서의 정치후보자 연설은 5~7분이 적당하다. 정치후보자는 거리연설회를 통해 꼭 필요한 메시지를 간결하고 명확하게 전달해야 한다.

정치후보자는 거리연설회에서 간략한 자기소개와 함께 당해 선거의 의의 또는 자신의 선거캠페인이 가지는 의미, 출마이유, 당선되어야 할 이유, 상대후보자와의 차이점, 비전이나 정책 등을 간결하게 밝힌다. 정치후보자는 번지르르하게 말을 잘하는 것보다 다소 어눌하더라도 전달하는 메시지에 믿음이 담겨 있어야 한다. 경박하게 말재주를 부리는 것보다 준비한 원고를 또박또박 읽는 것이 오히려 더 신뢰감을 줄 수도 있다. 연설을 마친 정치후보자는 필요할 경우 연설회장의 유권자와 접촉활동을 하도록 한다.

▪ 후보자연설의 예

"목민시의 발전을 원하는 유권자 여러분! 기호 1번 정약용이 여러분께 인사올립니다."

"오늘은 4월 18일, 이제 선거는 3일 앞으로 다가왔습니다. 그동안 어떤 후보자가 우리 목민시의 발전을 위해 필요한 사람인지 충분히 판단하셨으리라 믿습니다만, 이제 남은 3일간 더욱 깊이 생각하셔서, 진정 우리 목민시의 발전을 위해 필요한 인물을, 올바르게 선택해주시기를 요청하는 바입니다."

"저는 지난 2주 동안 매일 20여 회, 총 250여 회가 넘는 거리연설회를 통해 목민시 발전에 대한 저의 정견을 말씀드리며, 우리 지역의 구석구석을 샅샅이 누비고 다녔습니다."

"사랑하는 시민 여러분! 이제 모레 4월 21일은 우리 목민시가 21세기 발전된 도시로 도약하느냐 아니면 낙후되느냐 하는 대단히 중요한 선택의 날입니다."

"이번 지방선거는 지금 전국적으로 내년 대통령선거를 의식하는 정권싸움의 대리전 같은 양상으로 전개되고 있습니다. 우리 목민시에서도 지금 이러한 현상을 곳곳에서 확인할 수 있습니다. 정책과 비전은 없고 오직 상대후보자를 비방과 비난, 흑색선전으로 흠집을 내면서 정치적 쟁점에만 골몰하는 후보자가 있습니다."

"올바른 정치란 국민을 잘살게 하는 것입니다. 올바른 정치는 지역을 개발하고 경제를 소생시키는 것입니다. 그러나 자신이 당선되면 지역을 어떻게 개발하고 경제를 어떻게 살릴 것인지에 대한 정책과 비전 없이, 정치적 쟁점과 상대후보자에 대한 비방과 인신공격만을 가지고 선거를 치르고 있습니다."

"정치적 쟁점에 대한 논의가 속은 시원하게 만들지 모르지만, 지역발전에는 조금도 도움이 되지 않습니다. 우리 목민시의 개발과 경제회생에는 아무런 보탬도 되지 않습니다. 이제 이번 선거에서 이런 썩은 정치, 썩은 정치인을 몰아내야 합니다."

"저, 기호 1번 정약용은 다른 후보자들을 끝까지 비방하지 않겠습니다. 공명정대한 경쟁을 통해 유권자 여러분의 심판을 받겠습니다. 선거법을 철저히 지키고 깨끗하게 경쟁하면서도 당선될 수 있다는 전통을 세우겠습니다. 정치적 쟁점에 얽매이지 않고 지역발전에 대한 대안, 정책과 비전을 가지고 승리하겠습니다."

"목민시를 사랑하는 유권자 여러분! 저는 국제 경제시장을 누비고 살아온 전문경영인으로서 무한경쟁시대의 현실을 온몸으로 느끼고 있습니다. 이제 새로운 시대는 이념경쟁의 시대도, 군사경쟁의 시대도 아닙니다. 치열한 경제경쟁시대입니다. 우리는 여기에 대비하고 준비해야 합니다."

"경제경쟁시대의 정치는 지역개발을 통해 지역경제를 소생시켜서 자신을 지지해준 시민이 질 높은 삶을 누릴 수 있게 하는 것입니다. 이것이 올바른 정치이며 새로운 시대의 새로운 정치입니다. 제가 구현하고 싶은 정치도 바로 생산성 있는 정치, 건설하는 정치, 시민과 함께 동고동락하는 정치, 목민경제에 이익이 되는 경제정치입니다."

“목민시의 경제발전을 원하시는 시민 여러분! 기호 1번 저 정약용은 세계경제시장에서 잔뼈가 굵은 전문경영인으로서 오늘 약속을 기필코 실현하겠습니다. 목민시의 경제개발, 목민시의 발전을 위해 저의 모든 것을 바치겠습니다.”

“존경하는 시민 여러분! 저는 그동안 우리 목민시의 골목골목을 누비면서 시민이 진정 바라는 것이 무엇인지 확인할 수 있었습니다. 시민의 한결같은 말씀은 ‘목민시가 발전해야 한다’는 것이었습니다. ‘목민시의 개발은 시급하다’는 것이었습니다.”

“사랑하는 유권자 여러분! 저에게는 죽을 각오로 적자생존의 세계경제 현장을 헤쳐온 풍부한 경험과 산지식이 있습니다. 뿐만 아니라 다양한 분야의 많은 전문가들이 저를 돕고 있습니다. 경제현장의 경험, 전문가들의 협력 그리고 치밀한 경영 분석을 토대로 저는 이미 500페이지가 넘는 목민시 발전을 위한 10년, 15년의 중장기종합계획과 3천억 원이 넘는 재원확보방안을 비롯하여 이것을 실행할 우수한 인력자원 수급계획도 모두 마련했습니다.”

“대안 없이 말로만 외치는 정치인, 당선만을 위해 실현 가능성도 없는 공약(空約)을 남발하는 후보자들은 이번 선거에서 절대로 뽑아서는 안 됩니다. 이제부터 지난 반년 동안 준비한 저의 목민시 발전 중장기종합계획의 주요 내용을 여러분께 말씀드리고 앞으로 하나하나 실천하도록 하겠습니다.”

“목민시 경제개발 종합계획은 적어도 10년, 15년이면 인구 150만 명이 넘을 목민구 전체와 다산구까지를 포함하여 앞을 내다보고 대비하였습니다. 다시 말해 거시적 안목으로 수립하였습니다. 동부 생활권인 ‘청송-일송권’과 서부 생활권인 ‘금산-학산권’ 그리고 북부 생활권인 ‘북풍-한설권’, 이렇게 3개 권역으로 묶어 대규모로 개발해야 합니다.”

“전체 종합계획은 지난번 연설회에서 이미 말씀드렸기 때문에 오늘은

이 자리에서는 '청송-일송권'에 대해서만 다시 말씀 올리겠습니다. '청송-일송권'은 개발 가능성이 큰 곳입니다. 아직 논밭으로 있는 50여만 평의 택지개발시구는 보물입니다. 버려진 곳 같았던 이 땅에 가족 중심적 도시관광을 할 수 있는 복합 체육-위락타운을 건설하려 합니다. 수용인원 5만 명 규모의 축구장과 디즈니랜드 같은 어린이대공원과 청송가족공원, 일송 동식물원 등 복합 체육-위락단지의 꿈을 이룩할 것입니다.
그렇게 되면, 관동 전역과 인근의 다산시, 활빈시 등의 시민이 찾아와 이용하게 되며, 무공해 도시관광 위락상권이 자연스럽게 형성되어 그야말로 '청송-일송권'은 관동지구 전역의 중심도시가 될 것입니다."

"수출공단에 '청송-일송 산업지원단지'를 만들어 운영하여 전자 제조업 중심의 특화 산업단지로 육성하겠습니다. 이곳에 중소기업을 위한 산업정보센터를 세우겠습니다. 여기서 각 중소기업의 세무, 회계, 법률 등 경영자문과 하청상담 및 공동구매, 고용정보 및 기술지원, 업종변경과 공장혁신을 위한 새로운 모델을 제시하고 지도하겠습니다.
일부 준공업지역의 유휴지역은 생산지원 공간으로 육성·발전시키겠으며, 대기업과 연계하여 안정된 생산과 영업활동을 위해 지속적으로 지원하겠습니다."

"도시전철 11호선 청송역 부근에는 공단 근로자 및 시민의 종합복지를 위한 공단 복합 복지타운을 건립하겠습니다. 이 복지타운의 지하층에는 대규모의 주차시설을 마련하여 고질적 주차난을 일거에 해소하겠습니다. 또한 하층부에는 관내 기업상품의 공동판매장, 종일 탁아보육시설, 산재의료시설 등을 유치하여 사회활동을 희망하는 주부들이 아이양육과 가사노동에서 해방될 수 있는 환경을 조성하겠습니다.
상층부에는 문화센터, 도서관 등을 건립하여 청송동, 일송동 주민들을 위한 복합 복지시설 지원을 반드시 해내겠습니다."

"또 초, 중, 고등학교를 종합적으로 신설하여 우리의 사랑하는 자녀들을 과밀교실에서 해방시키고, 21세기 첨단화된 새로운 환경 속에서 교육받게 하도록 만들겠습니다. 뿐만 아니라 목민시의 경제회생을 위한 지역경제 활성화 협의회를 구성하여, 시장상인, 노점상, 영세자영업자, 중소기업 등에 법률, 세금, 행정규제, 경영컨설팅, 자금 등과 관련된 지원을 하여 실질적 해결책을 마련하겠습니다.
변변한 개봉관 하나 없는 목민시에 시민이 세대를 뛰어넘어 함께할 수 있는 영상문화 공간인 '목민 시네마하우스' 건설을 당장 금년부터 추진하겠습니다."

"목민시를 아끼는 유권자 여러분! 저, 기호 1번 정약용은 오늘의 약속을 기필코 지켜 목민시를 21세기 새로운 도시로 탈바꿈시키겠습니다. 재삼 말씀드리지만, 이번 선거는 목민시의 경제개발, 21세기 목민시의 장래를 좌우하는 중요한 선거입니다. 내년의 대권싸움을 위한 싸움꾼, 당리당략을 위한 전사를 뽑아서는 절대로 안 됩니다."

"우리 목민시의 개발과 발전을 위해 여러분의 깨끗한 한 표 한 표를, 4월 21일 저, 기호 1번 정약용에게 행사해주시기를 간곡히 부탁드립니다."

"존경하는 목민시민 여러분! 저는 이번 선거에서 기필코 승리할 것입니다. 저는 이번 선거에서 기필코 승리해서 목민시의 발전을 원하는 여러분의 기대에 부응할 것입니다. 저의 연설을 경청해주신 유권자 여러분! 여러분의 가정에 행복이 가득하기를 축원드립니다. 대단히 감사합니다. 다시 만나뵐 때까지 안녕히 계십시오."

거리연설회에서의 후보자연설도 기본 레퍼토리를 여러 개 만들어 숙지하고 상황에 맞게 변형하거나 조합하여 사용한다.

3. 합동연설회와 정당 · 후보자연설회

합동연설회와 정당 · 후보자연설회도 정치후보자가 유권자에게 직접적으로 메시지를 전달할 수 있는 수단이다. 그러나 연설회의 사용방법 및 선거환경에 따라 효과성에 많은 차이가 있다. 합동연설회와 정당 · 후보자연설회는 2004년 3월 12일의 선거법 개정 때 폐지되었다. 그러나 이러한 연설회의 기본적 성격과 사용방법은 알고 있는 것이 좋다.

1) 합동연설회

과거 우리나라의 합동연설회는 후진적 선거문화의 집합체라고 할 정도로 문제점이 많았다. 합동연설회는 정치후보자의 효과적 메시지 설득커뮤니케이션 방법이었다기보다 청중동원과 수사적(修辭的) 연설을 통해 세를 과시하기 위한 심리전의 수단으로 사용되었다. 따라서 정치후보자는 합동연설회장에서 다른 후보자의 세에 밀리지 않기 위해 가능한 모든 자원을 동원할 수밖에 없었다. 이것은 선거캠페인 조직의 내부단속과 사기진작을 위해서도 필요했다.

현행 선거법 하에서는 정치후보자가 유권자에게 자기를 알릴 기회가 많지 않다는 이유를 들면서 합동연설회를 부활시켜야 한다는 의견이 있는데 청중동원을 위한 금품수수, 음성적 선거비용의 지출, 후보자간 상호비방 등 과거 합동연설회에 결부되었던 문제점들을 상기한다면 합동연설회의 현실적 폐해를 간과하는 발상이라고 할 수 있다. 선거문화의 선진화가 전제되지 않은 한 합동연설회의 부활은 바람직하지 않다. 서구의 정치선진국에도 과거 우리나라의 합동연설회와 같은 관(官) 주도의 획일화되고 실효성 없는 정치행사는 존재하지 않는다.

2) 정당 및 후보자연설회

과거 정당연설회는 통상 지구당 내부용 정치행사였다고 할 수 있다. 정당연설회를 유권자에 대한 메시지 설득커뮤니케이션 효과를 누적시키는 수단으로 충분히 활용하기 위해서는 선거캠페인 전략의 큰 틀과 긴밀하게 연계하여 조직해야 한다. 과거 무소속 정치후보자를 위한 '후보자연설회'도 그 효과적 활용의 기본원리는 정당연설회와 다르지 않다. 다른 정당행사와 마찬가지로 정당 및 후보자연설회도 행사전후의 일정한 기간을 홍보기간으로 설정하고 지역의 각종 행사, 사회적 이슈, 또는 범국민적이고 범사회적인 캠페인과 연계하여 이벤트화함으로써 메시지 전달의 효과를 극대화해야 한다.[3]

정당연설회는 사전에 행사계획을 각종 공보활동을 통해 언론기관 등에 충분히 알리는 한편 지역인사 접촉 등을 통해 파악된 인사를 초청함으로써 인지도 제고 및 지지세력화에 도움이 되도록 한다. 정치후보자는 또한 연설회 전후의 일정한 기간(보통 연설회 전 3일과 연설회 후 3일 정도) 동안 정당활동 차원에서 연설회 장소 인근의 상가, 사업체 등을 방문하여 행사계획을 홍보하도록 한다.[4] 정당연설회를 얼마나 성공적으로 치러내는가 하는 것 역시 조직의 결속력과 사기를 높이는 데 중요하다.

---

3) 제 8장의 제 11절 '각종 정치행사(의 활용)' 참고.

4) 현행 선거법은 정치후보자의 유권자 호별 방문을 금지한다.

4. 선거연설방법

각종 연설회의 성격 및 효과적 사용방법에 대해서는 이미 앞에서 논의하였기 때문에 여기에서는 일반적으로 효과적 선거연설을 위해 유념해야 할 사항을 살펴본다.

1) 이름 알리기의 중요성

정치후보자는 연설회에서 항상 자신의 이름을 알리기 위해 많은 노력을 해야 한다. 아무리 훌륭한 연설을 했다고 하더라도 유권자가 연설자가 누구였는지 기억하지 못한다면 아무런 소용이 없다. 따라서 선거연설을 할 때에는 틈틈이 연설자의 이름과 기호를 언급해야 한다. 연설의 내용은 기억하지 못하더라도 연설자가 누구였는지는 기억하도록 만들어야 한다.

연설회도 정치후보자가 메시지를 전달하는 정치커뮤니케이션 또는 정치홍보의 수단이다. 따라서 다른 정치커뮤니케이션의 방법 및 수단과 마찬가지로 전체 홍보전략과 조화를 이루어야 한다. 또한 가급적 메시지를 단순화하여 반복적으로 전달함으로써 설득효과가 강화 또는 누적되도록 해야 한다. 정치후보자의 이름을 유권자에게 쉽게 각인시키기 위해서 후보자의 특징을 나타내는 심벌 또는 별명[5]을 사용하여 상대후보자와 차별화하는 것도 좋다.

2) 유권자에 맞는 연설

미국의 낚시꾼에 관한 일화로 다음과 같은 것이 있다.

> 내가 제일 좋아하는 것은 딸기지만 내가 제일 싫어하는 지렁이로 고기를 잡는다.

---

5) 서울 포청천, 작은 거인, 태백산 호랑이, 인동초, 시골 머슴 등이 그 예다.

이와 같이 정치후보자는 자신이 좋아하는 것이나 자신의 기분에 따라 말할 것이 아니라 유권자의 성향, 유권자가 좋아하는 것, 바라는 것에 부합하는 연설을 해야 한다.

또한 우리나라 사람들은 감정이 풍부하고 인정이 많기 때문에 때로 감정에 호소하는 것도 필요하다. 힘없고 소외된 사람들을 위해 봉사한 이야기, 부모를 어려서 여의고 홀로 온갖 난관을 극복하고 자수성가한 이야기, 민주주의를 위해 살신성인(殺身成仁)한 이야기와 같이 가슴 뭉클한 예화나 유권자를 정의감이나 분노, 실망 등으로 분기(奮起)시킬 수 있는 자극이 되는 이야기도 적절하게 사용하는 것이 좋다.

3) 당당하고 침착한 자세

연단에 선 연설자는 바른 자세로 당당하게 보이도록 해야 한다. 그러기 위해서는 먼저 복장이 단정하고 안정감이 있어 보여야 한다. 감색(紺色)이나 검은색 계통의 양복에 희거나 엷은 색의 셔츠, 붉은색 또는 노란색 계통의 밝은 넥타이가 무난하다.

대군중(對群衆)공포증으로 인해 연설할 때 온몸을 벌벌 떠는 '사시나무형', '피고형' 또는 말할 내용을 순간적으로 잊어버리는 '건망증형', '횡설수설형'의 정치후보자는 본인에게 맞는 요령을 익혀 극복하도록 한다. 이러한 요령 중 하나는 연설을 시작하기 전에 허리띠를 부담스럽지 않을 정도로 단단히 맨 후 아랫배에 힘을 주고 호흡을 잠시 멈추었다가 힘을 서서히 빼는 것이다. 이 외에도 손과 팔에 힘을 강하게 준 상태에서 마음속으로 하나에서 열까지 천천히 센 후 긴장을 푸는 방법, 얼굴을 힘껏 찡그리면서 머리를 뒤로 끝까지 젖히고 하나에서 열까지 천천히 센 후 힘을 빼는 방법, 엉덩이와 넓적다리에 힘을 주며 다리와 발을 앞으로 뻗었다가 힘을 빼는 방법 등이 있는데 연설장에서는 유권자의 시선을 염두에 두고 품위를 상하게 하지 않을 방법을 택해야 한다.

연설할 때 흥분하는 것은 좋은 태도가 아니다. 상대후보자의 감정적 자극이나 상대후보자의 운동원 또는 청중의 야유에 말려들어 흥분해서는 안 된다. 또한 연설 도중에 할 말이 생각나지 않을 때는 "다시 한번 강조해서 말하자면…"과 같은 도입부를 사용하여 앞에서 이야기했던 것을 부연하면서 침착하게 다음에 할 말을 생각하는 것도 요령이다.

무엇보다도 당당하고 침착한 연설자세를 유지할 수 있는 가장 큰 무기는 충분한 준비이다. 연설할 내용을 먼저 충분히 이해한 다음 필요한 부분을 암기하여야 한다. 혼자 연습할 때에는 거울 앞에서 본인의 연설하는 모습을 보면서 하는 것도 도움이 된다. 최종리허설은 참모, 가족 등 주변사람들을 모아놓은 장소에서 하는 것이 좋다.

연단 아래에서 연설차례를 기다릴 때에도 정치후보자는 바른 자세로 앉아 있어야 한다. 엉덩이를 의자 뒤쪽으로 가까이 대고 하체에 힘을 주되 상체는 힘을 빼야 당당하면서도 딱딱하지 않게 보인다. 앉아 있을 때 시선은 멀리 두는 것이 좋으며 청중의 뒤쪽을 바라보는 것도 좋다. 옆에 있는 사람과 대화를 나눌 때에도 자세가 흐트러지지 않도록 한다.

4) 자연스러운 태도와 목소리

연단 위에 섰을 때에는 이야기를 시작하면서 가능하면 청중들을 웃겨 부드러운 분위기를 만드는 것도 좋다. 진부한 농담을 하여 억지로 웃음을 유도하거나 경박하게 웃기려는 것보다는 연사 자신의 작은 흠을 밝히며 약간 비하시킴으로써 작은 웃음을 자아내게 하는 것이 청중이 연사에게 가진 막연한 서부감과 거리감을 해소하는 데 도움이 된다. 또한 청중 속에서 호감 가는 사람의 얼굴을 찾아 잠시 동안 그를 바라보는 상태에서 연설을 시작하는 것도 하나의 방법이다.

연설할 때 목에 힘을 넣고 말하는 것은 좋지 않다. 많은 청중을 대상으로 연설할 때는 목을 완전히 열고 약간 목소리를 높여 또렷하게 발음해야 한다. 연설자는 기본적으로 밝고 온화한 표정을 가지는 것이 좋다. 그러나 말하는 주제에 따라서는 심각하고 진지한 표정을 지어야 한다. 죽음이 수반하는 슬픔, 투쟁과 분노, 부정부패 척결의 의지, 장애인, 소년소녀가장, 이재민들의 어려움 등 심각한 주제에 관하여 말할 때 미소 짓는 것은 적절하지 못하다.

5) 변화와 제스처

영화나 TV드라마, 소설에도 기승전결(起承轉結)이 있듯이 연설에도 이와 같은 변화가 있어야 한다. 또한 연설에도 강약과 클라이맥스가 있어야 한다. 하나의 작은 클라이맥스를 향하여 목소리를 고조시키다가 다시 제자리로 돌아와 부드럽게 이완시키고 다시 다음 클라이맥스를 향하여 나가는 식으로 연설한다.

여러 개의 작은 클라이맥스는 연설 전체의 클라이맥스를 향하여 나아가는 과정이다. 한 개의 문장 안에도 필요에 따라 강약과 고저를 조절해서 말해야 메시지가 효과적으로 전달된다.

연설의 고저와 강약에 익숙지 않은 연설자는 원고에 표시하여 연습하는 것이 좋다. 연설 도중 갑자기 목소리를 낮추면서 몇 초 동안의 휴지(休止)를 사용함으로써 청중에게 다음 말에 대한 기대감과 작은 긴장감을 주어 연설에 변화를 주고 청중의 관심을 유도할 수 있다.

효과적으로 사용하는 제스처는 연설의 효과를 높인다. 제스처는 품위와 무게를 가져야 한다. 발작적으로 사용하는 제스처, 손가락으로 청중을 도전적으로 찌르거나 손바닥을 청중 쪽으로 보이면서 밀어내는 제스처는 아주 특별한 경우를 제외하고는 피해야 한다.

똑같은 제스처를 자주 반복하는 것도 좋지 않다. 제스처의 크기는 청중의 크기에 따라 조절하는 것이 기본이다. 그러나 일반적으로 제스처는 크게 쓰는 것이 좋다. 작은 제스처는 연설자를 왜소하게 보이도록 한다. 또한 제스처는 균형적으로 사용해야 한다. 한쪽 손을 사용하였으면 다음에는 다른 쪽 손을 사용하는 것이 좋다. 제스처를 일단 사용한 후에는 몸을 완전히 원위치시켰다가 다시 다음 제스처를 사용해야 한다. 제스처를 사용하여 일그러진 모습을 계속 유지하면 안 된다.

타운홀식 연설회[6]에서는 회화(會話)형의 연설이 효과적이다. 유권자를 일대일로 만나 대화하듯이 부드럽고 자연스러운 목소리로 연설하는 것은 세계적 추세다. 첨단의 확성장치를 사용할 수 있는 현대사회에서 그리스의 아크로폴리스 광장에서나 볼 듯한 웅변형, 발악형의 연설은 설 땅을 잃었다. 그러나 연설자가 느슨하고 성의 없게 연설하라는 것은 아니다. 연설자는 언제나 힘을 다해 열성적으로 메시지를 전달해야 한다.

6) 쉽고 흥미 있는 연설

연설은 무엇보다도 이해하기 쉬워야 한다. 문어식(文語式) 표현, 이해하기 어려운 고사성어, 지나치게 현란한 미사여구는 가급적 피해야 한다.

청중이 이해하기 쉽고 흥미 있는 연설을 하기 위해서는 예화(例話)를 사용하는 것이 좋다. 유권자가 공감할 수 있는 내용의 연설을 하기 위해서는 연설하는 대상이 어떤 사람인지 그 특성을 잘 파악해야 한다. 또한 일방적 강의식의 연설보다 적당한 질문을 던져 그에 대한 답변을 유도하면 청중의 관심이 이탈되는 것을 막을 수 있다.

좋은 연설은 유머가 있다. 유머감각이 있는 연설을 하기 위해서는 평소에 연설에 사용할 수 있는 소재들을 발견할 때마다 잘 정리해두면 필요할 때 유용하게 사용할 수 있다.

---

6) 제 9장의 '정치후보자 토론' 참고.

5. 유권자 접촉법

정치후보자는 각종 연설회의 전후, 정당행사의 전후, 각종 모임, 개인적 접촉 등 다양한 상황에서 유권자와 접촉하게 된다. 이때 어떤 태도로 무슨 얘기를 어떻게 하느냐에 따라 접촉한 유권자가 지지자로 되기도 하고 감표행위의 요인이 되기도 한다. 따라서 정치후보자는 사전에 올바른 유권자 접촉방법을 알아두어야 할 필요가 있다.

유권자 접촉시 올바른 대화법, 태도, 행위는 다음과 같다.

1) 올바른 악수와 자기소개

유권자 접촉시 일반적으로 대화는 악수와 좋은 인상을 주는 자기소개로 시작된다. 악수할 때는 악수를 구성하는 4요소인 악력(握力), 눈맞춤, 손을 흔드는 횟수, 대화와 관련하여 올바른 방법으로 하도록 한다.[7] 악수할 때에는 밝은 표정으로 악수하는 사람에게 마음과 시선을 집중해야 한다. 모임 또는 행사장에서는 가능한 많은 사람들과 악수를 통해 개인적 접촉을 하는 것이 좋다.

2) 유권자의 관심사에 대한 대화

대화를 시작할 때 사용하는 화제로는 사는 곳, 가족, 현실적 이슈(신문이나 방송의 헤드라인), 정치후보자와 유권자 사이의 공통점 등 유권자가 관심을 가지거나 자연스럽게 인지할 가능성이 높은 소재를 선택하는 것이 좋다. 대화하기에 적당한 화젯거리를 찾아내기 위해서는 접촉대상에 대한 사전연구가 필요하다. 직업이나 자녀에 관한 사항도 대화의 소재가 될 수 있으나 상대방이 말하기 꺼려할 경우도 있으므로 유의한다.

---

7) 제 7장의 올바른 악수법에 대한 내용 참고.

3) 적게 말하고 많이 들을 것

정치후보자에게 있어 좋은 대화법이란 많이 듣고 적게 말하는 것이다. 정치후보자들이나 현직 정치인 중에는 어떤 장소, 어떤 모임에서든 좌중을 압도하여 대화를 주도하려는 사람들이 많다. 이러한 설교형은 그렇게 해야 유권자에게 아는 것이 많은 사람, 능력 있는 사람으로 보일 것이라고 생각하는 경향이 있다. 하지만 이러한 자세는 바람직하지 않다. 처음 만난 사람에게 본인에 관한 이야기를 많이 함으로써 좋은 인상을 주려 하지 말고 그 사람이 가장 흥미롭게 생각하는 주제 또는 그 사람에 관하여 대화하도록 한다.

유권자도 말하고 싶은 욕구를 가졌다. 자신의 말을 잘 듣는 사람, 자신의 고충을 이해하는 사람을 필요로 한다. 따라서 정치후보자는 자기 위주의 대화를 할 것이 아니라 유권자가 기꺼이 속내를 털어놓을 수 있도록 대화를 이끄는 것이 바람직하다.

그러나 정치후보자는 단순히 유권자의 말을 듣기만 하는 것이 아니라 본인이 그들의 문제에 얼마나 관심이 있는지 표현해야 한다. 또한 유권자가 말하는 것이 자신의 정책, 프로그램, 비전과 어떻게 연결되어 있는지 간결하고 알기 쉽게 설명해야 한다.

4) 선거캠페인 내부의 이야기를 들려주라

유권자는 선거캠페인 내부의 이야기를 알고 싶어한다. 특히 정치후보자나 다른 내부자의 입을 통해 선거캠페인의 진행상황을 듣고 싶어한다. 이런 대화를 통해서 정치후보자나 참모 등은 당해 출마의 당위성, 당선 가능성, 다른 후보자와의 차이점, 당선되어야 할 이유, 당선 후 성취할 것 등 선거캠페인의 긍정적 측면을 홍보해야 한다. 또한 이런 대화를 통해서 정치후보자는 새로운 자원봉사자나 후원자를 얻을 수 있다.

5) 정치후보자에 대한 에피소드를 소개하라

정치후보자도 유권자와 똑같은 사람이라는 것을 느끼게 하는 에피소드를 소개하는 것은 좋은 대화방법이다. 홀어머니 밑에서 자라 독립성이 강한 사람으로 자랐다든지 사업에 실패하여 자살까지 생각하였으나 다시 재기하였다든지 신체적 장애를 극복하고 당당한 사회구성원으로 적응했다든지 하는 등의 에피소드가 그 예이다.

6) 다른 사람의 이름을 거론하지 마라

유권자와 대화하는 짧은 시간에 다른 사람들의 이름을 많이 들먹거리는 것은 좋은 인상을 주지 못한다. 그렇게 하면 진실해보이지 않을 뿐만 아니라 정치후보자 자신의 주체성, 정체성이 약해보인다.

7) 비과학적 여론조사를 하라

좋은 대화법의 하나는 본인이 승리하기 위해 유권자의 여론을 파악하고 싶다는 것을 밝히고 그들의 의견을 듣는 것이다. 당해 선거캠페인에서 유권자가 생각하는 가장 중요한 이슈, 다른(바람직하기로는 다른 지역구의) 후보자들에 관한 사항, 당선되었을 때 그들을 위해 할 일에 대하여 묻는다. 그러나 당해 정치후보자의 선거캠페인에 대한 충고나 비판은 요구하지 않는 것이 좋다. 왜냐하면 그런 충고란 어디에서나 얻을 수 있고 누구나 할 수 있을 뿐만 아니라 별로 도움이 되지 못한다.

8) 말을 단순하고 쉽게 하라

주장하는 바를 분명히 밝혀 오해의 소지가 없도록 하는 것이 좋다. 화려하고 현란한 언어, 법률적 용어는 피하는 것이 좋다. 추상적이고 지적인 추론도 가급적 피해야 한다. 또한 유권자가 이해하지 못하는 생경한 어휘를 사용하는 것보다 일상적 언어를 사용하는 것이 더 효과적이다.

9) 유권자를 분기시켜라

사람들은 무엇인가를 위하여 투표하기보다 오히려 무엇인가에 반대하여 투표하기 쉽다. 따라서 유권자를 분기(奮起)시킬 수 있는 정의로운 분노를 표출하는 것을 주저하지 마라. 공직자의 부정부패, 도덕의 타락, 고비용 저효율의 정치, 붕당정치, 정치권의 이합집산, 환경문제에 대한 행정기관의 무관심, 북한의 무력증강, 농·어민 부채문제, 수해대책의 미흡 등은 정의로운 분노를 표출할 수 있는 소재이다.

분노는 짧고 감정적 호소를 통하여 하는 것이 효과적이다. 중언부언하면 강렬한 맛이 떨어진다. 정의로운 분노를 유권자의 마음속에 각인시키기 위해서는 간결하면서도 관심을 끌 만한 슬로건을 사용하는 것이 좋다.

10) 만나는 사람들의 얼굴을 기억하라

만나는 사람들의 이름을 다 기억할 수 있다면 좋은 일이나 현실적으로 쉬운 일이 아니다. 따라서 최소한 그 사람을 어디에서 만났는지 얼굴이라도 기억할 수 있도록 노력해야 한다.

11) 같은 말을 바로 반복하지 마라

다중(多衆)을 접촉하다보면 의례적이고 상투적인 말을 다른 사람들에게 반복하기 쉽다. 유권자에게 차별성이 없는 말을 상투적이고 습관적으로 반복하는 것은 좋은 대화법이 아니다.

6. 매스미디어를 통한 선거홍보와 후보자 활동

1) 효과적 매스미디어 홍보를 위한 후보자 활동의 원리

(1) 장소의 다양함
정치후보자의 일정에 맞춰 중복되지 않은 장소를 사전에 선정한다.

(2) 유권자와 장소에 맞는 대화
상황에 맞는 대화, 조크, 유머를 통해 유권자가 웃거나 감동하게 한다.

(3) 상황에 맞는 다양한 제스처
포옹, 어깨동무, 어깨 두드림, 뽀뽀, 생선을 높이 듦, 사과를 바지에 쓱쓱 닦아 와작와작 먹음, 배추·무 등을 옮김, 운동하는 유권자와 어울림, 팔씨름 등의 제스처를 상황에 맞추어 적절하게 사용한다.

(4) 상징적 기념품
볼펜, 만년필, 샤프펜슬, 손수건, 운동모 등을 미리 준비하여 항시 가지고 다니던 것처럼 하며 가벼운 조크와 함께 준다.

"아 참, 뭘 기념으로 좀 주고 싶은데…"
(손수건을 내밀면서) "아, 이거 한번 밖에 안 썼어요."

(5) 현장감 있는 공약
상황에 맞추어 현장감 있는 공약을 밝힌다.

"길이 너무 좁군요, 이건 제가 기필코 해결하겠어요."
"이 쓰레기 더미, 도대체 구청은 뭘 하나요. 쓰레기 문제는 제가 책임지고 해결하겠습니다."

〈그림 10-2〉 매스미디어 홍보를 위한 후보자 활동원리

장소의 다양함 + 상황에 맞는 대화 + 상황에 맞는 다양한 제스처 + 상징적 기념품 + 현장감 있는 공약	⇒	▪ 매스미디어의 보도 ▪ 돈 안들인 자연스러운 선거홍보	⇒	당선 가능성 극대화

2) 미디어 뉴스를 통한 선거홍보와 후보자 활동

미디어의 뉴스에 정치후보자의 활동이 많이 보도되도록 하는 것은 좋은 홍보방법이다. 특히 TV뉴스를 활용한 정치홍보는 효과적으로 유권자의 마음을 사로잡는 최고의 메시지 설득커뮤니케이션이다. 미디어의 뉴스를 통해 정치후보자의 활동이 많이 보도되도록 하기 위해서는 정치후보자의 활동을 뉴스에 실릴 만한 가치가 있는 것으로 만들어야 한다.

미디어는 한편으로 공익을 추구하면서도 다른 한편으로는 상업적 이익을 극대화하려는 경향이 있으므로 정치후보자의 활동이 미디어의 뉴스에 실리게 하기 위해서는 이러한 뉴스미디어의 특성을 이해해야 할 필요가 있다.

정치후보자의 활동이 미디어의 뉴스를 통해 홍보하는 데 핵심이 되는 아이디어는 다음과 같다.

(1) 정치후보자의 활동이 공익과 관련하여 뉴스거리가 될 만한 의미가 있거나 많은 시민의 흥미와 관심을 끌 수 있어야 한다.
(2) 같은 메시지를 전달하더라도 정치후보자의 활동과 관련하여 시간, 장소, 활동모양, 접촉대상, 제스처 등에 변화를 준다. 그래야 언론의 관심을 끌 수 있다. 정치후보자의 활동에 변화가 있고 볼거리가 많아질 때 보도될 가능성이 높아진다.

(3) 정치후보자는 항상 볼펜, 만년필, 손수건, 샤프펜슬 등의 작고 기념이 될 만한 물건을 소지하고 다니다가 유권자 접촉시 한 사람에게 자연스럽게 주어 선물을 받는 당사자는 물론이고 주변 사람들이 정치후보자를 인상 깊게 기억할 상징적 단초를 제공한다. 이때 소지하는 물건은 사전에 치밀하게 준비하여 시간, 장소, 대상에 따라 상이한 것을 사용하는 것이 좋다. 이러한 행위는 동일직종, 동일계층 유권자의 마음을 사로잡는 동시에 미디어의 관심을 끄는 데도 도움이 된다.

(4) 이와 같은 활동과 함께 상황[8]에 맞는 소범위 메시지를 전달한다. 다시 말해서 정치후보자는 현장감을 충분히 활용하여 현실적으로 피부에 와 닿는 정책, 프로그램, 공약 등을 제시한다.

3) 효과적 매스미디어 홍보를 위한 후보자 활동의 예

(1) 방문지: 청과물 수산시장

- 액션: - 악수, 포옹
  - 생선을 높이 들며
  - 사과를 직접 쓱쓱 닦아 먹으며
  - 배추를 함께 던져 나르며
- 대화: - 이렇게 큰 놈을 잡으려면 힘이 들지요?
  - 충청도 살 때 과수원에 들르면 늘 아저씨가 사과를 이렇게 닦아서 먹었지요.
  - 사과는 우리 것이 제일 맛있어요.
  - 야! 이 배추 축구공만 하네.
  - 줄 것이 마땅치 않네. 참, 이거 내가 쓰던 것인데 기념으로 드릴까요?

---

8) 시간, 장소, 접촉할 유권자의 특성을 뜻한다.

(2) 방문지: 어린이집

- 액션: - 악수, 포옹, 뽀뽀
  - 놀이터에서 회전무대를 함께 타며 파안대소한다.
  - 함께 그림을 그린다.
  - 함께 식사를 한다.
- 대화: - 안녕하세요?
  - 내가 누군지 알아요? 정약용 아저씨예요.
  - 유아교육 정책은 국가의 앞날을 좌우하는 대단히 중요한 것입니다.
  - 이 정약용 아저씨는 어릴 때 가난해서 이렇게 어린이집에 다니지는 못했지만….

(3) 방문지: 양로원

- 액션: - 할머니 할아버지의 손을 양손으로 따뜻하게 잡는다.
- 대화: - 어머니 오래 사세요.
  - 우리 어머니가 살아 계셨으면 많이 격려해주실 텐데….
  (측은지심을 발동시킨다)
  - 할머니, 참 잘 잡수시네요. 근력도 좋으시고.

(4) 방문지: 아기방

- 액션: - 포옹, 뽀뽀
  - 번쩍 들어서 안는다.
  - 머리를 쓰다듬거나 등을 가볍게 두드린다.
  - 과자나 장난감을 준다.
- 대화: - 아기가 참 예쁘네요.
  - 아기들은 천사예요. 잘 자랄 수 있도록 함께 노력합시다
  - 아가야, 자 과자, 과자 받아요.
  - 자, 악수 악수. 옳지, 아 그녀석 잘 생겼다.

- 자, 뽀뽀, 오! 그래 그래. 하하하.

(5) 방문지: 광산 막장

▪ 액션: - 곡괭이로 직접 일을 한다.
- 삽으로 퍼 담는다.

▪ 대화: - 아, 힘드네요.
- 이렇게 피땀 흘리는 것이 반드시 보람으로 돌아올 수 있도록 하겠습니다. 열심히 일해주셔서 고맙습니다.
- 신지식인이 별다른 게 아닙니다. 각자가 자신이 있는 자리에서 최선을 다하는 것입니다.

(6) 방문지: 사과 과수원

▪ 액션: - 사과를 쓱쓱 닦아 와작와작 씹어 먹는다.
- 옆에 있는 사람에게 사과를 건넨다.

▪ 대화: - 아, 사과가 꿀맛이네요.
- 이렇게 풍성한 수확을 하느라 얼마나 수고하셨을까요?
- 떠나가는 농촌이 아니라 살고 싶어 돌아오는 농촌으로 꼭 만들어드리겠습니다.

(7) 방문지: 재래시장

▪ 액션: - 양파를 치켜든다.

▪ 대화: - (후보자의 키가 작을 때) 양파도 작은 게 좋아요. 맞아요. 고추도 작은 게 맵잖아요. (다같이 하하하)
- 이 어려운 경제, 제가 살리겠습니다.

7. 출정식

잘 조직된 출정식(出征式)을 실행하는 것은 선거캠페인을 효과적으로 전개하기 위한 좋은 수단이다. 기본적으로 출정식은 선거캠페인 내부행사의 성격이 강하지만 올바른 방법으로 사용하면 효과적 유권자 접촉의 수단이 된다. 그러나 아직 출정식을 올바르게 실행하는 방법은 물론이고 출정식의 의미를 모르는 경우도 많다. 또한 출정식을 선거캠페인 내부행사로만 생각하고 그 효과성을 의심하기도 한다. 그러므로 효과적 선거캠페인을 위해 출정식의 의미를 제대로 알고 효과적으로 실행하는 것이 필요하다.

출정식은 일상적 출정식과 특별 출정식으로 나눌 수 있다.

1) 일상적 출정식

일상적 출정식은 대개 소규모로 매일 일정한 시간(대개 아침 9시 전후)에 한다. 일상적 출정식은 길게 할 필요가 없으며 보통 10~15분 정도면 충분하다. 비록 소규모라고 하더라도 매일 일정한 시간에 실행하는 출정식은 선거캠페인 내부를 단합시키고 사기를 앙양하여 일일 선거캠페인 활동을 독려하는 역할을 한다.

일상적 출정식에는 정치후보자의 가족, 친지, 친구를 비롯하여 참모, 조직원, 운동원 그리고 선거사무실 주변상가의 유권자 등의 사람들을 잠시 참여시키도록 한다.

출정식을 위해서는 먼저 확성기 시설이 장착된 유세차량을 선거사무실 앞 가로에 잠시 정차시킨 상태에서 정치후보자가 연단 위에 올라가 참가자들을 향해 5분 이내의 짧은 연설을 한다. 그날그날 당면한 중요 이슈에 대한 언급과 함께 하루의 선거캠페인 활동을 독려하고 사기를 앙양시키는 요지의 연설을 하면 참여자들이 이에 화답하는 구호를 외치고 끝낸다.

출정식을 하는 동안 확성기 나발의 방향은 거리 쪽을 향하게 하여 출정식을 진행하는 시간대에 선거사무실 앞을 지나가는 차에 승차한 유권자가 듣도록 해야 한다. 비록 그들 모두가 당해 선거구의 유권자가 아니더라도 매일 정해진 시간에 어김없이 실시하는 출정식은 직·간접적으로 선거캠페인에 도움이 된다. 출정식을 통해 선거캠페인의 조직력과 열성을 보여줌으로써 당해 선거구의 유권자에게는 직접적 설득커뮤니케이션으로 작용하고 다른 선거구의 유권자에게도 좋은 이미지를 형성하여 우회적으로 지지확산에 도움이 된다.

출정식에서도 거리연설회에서의 경우와 마찬가지로 고성능의 확성기를 사용하여야 한다. 그래야 차 속에 있는 유권자에게 메시지가 효과적으로 전달된다. 또한 거리연설회에서와 마찬가지로 정치후보자는 연설의 매 문장마다 기호, 이름 등을 언급함으로써 단 몇 초 동안 스쳐 지나가는 사람들이라도 최소한 어떤 후보자의 출정식인지, 어떤 후보자가 연설을 하는지 기억할 수 있도록 만들어야 한다. 비록 짧은 시간의 메시지 커뮤니케이션이지만 이러한 행위가 선거운동 기간 동안 매일 일정한 시간에 꾸준히 반복될 때 설득효과를 누적시킬 수 있다.

앞에서도 언급했듯이 선거캠페인의 메시지 설득커뮤니케이션은 권투의 잽과 같다. 작은 펀치들이 쌓여 결국 상대방을 KO로 몰고 가는 것이다. 또한 선거캠페인에서의 득표활동은 백사장에서 사금을 줍는 것과 같다. 작은 노력 하나하나가 쌓여 큰 것을 만들어낸다. 따라서 작은 것을 세밀하고 치밀하게 조직할 때 선거캠페인을 승리로 이끌 수 있다.

2) 특별 출정식

선거운동 기간 중 선거캠페인은 세 차례 정도 대규모 출정식을 조직하는 것이 좋다. 정치후보자의 후보자등록 직후 본격적으로 선거캠페인을 시작할 때 한 번, 선거기간의 중간쯤에 한 번 그리고 투표일 직전에 한 번 하는 것이 좋다. 특별 출정식의 실시요령도 기본적으로 일상적 출정식과 다를 것이 없으나 정치후보자가 보유하는 물적, 인적, 사회적, 환경적 자원을 가능한 총동원하여 세를 과시할 필요가 있다. 특히 선거일 직전에 하는 대규모의 출정식은 당해 정치후보자의 당선 가능성을 보여줌으로써 아직 지지후보자를 결정하지 못한 유권자에게 영향을 줄 수 있다.

8. 전화를 통한 메시지 설득커뮤니케이션

전화를 통한 메시지 전달은 직·간접 정치커뮤니케이션의 성격을 공유하는 선거캠페인의 수단이다. 전화라는 매체를 사용한다는 점, 특히 자동전화시스템(*automatic response services*)을 사용하는 경우에는 간접 정치커뮤니케이션이라고 보는 것이 타당하나 정치후보자, 참모, 조직원, 운동원, 자원봉사자 등이 직접 전화를 걸어 메시지를 전달할 경우에는 직접적 유권자 접촉활동의 성격이 강하다.

전화캠페인은 일반적으로 전화를 거는 사람이 기존에 아는 유권자에게 전화를 걸어 지지를 호소하는 방식으로 실행된다. 그러나 전문 전화통화원을 두어 광범위한 유권자에게 메시지를 전달하는 경우도 있다. 어떤 선거캠페인에서는 전화여론조사를 가장하여 정치후보자의 인지도를 향상시키는 방법을 사용하기도 한다.

전화를 통한 커뮤니케이션은 빠른 시간 안에 적은 비용으로 광범위한 유권자에게 메시지를 전달할 수 있다는 점에서 현대 선거캠페인에서 유용하게 사용된다. 전화를 사용하여 메시지를 전달하면 어떤 정치적 관련성이 있는 특성에 따라 유권자를 구체적으로 겨냥하여 소범위 메시지를 전달할 수 있는 이점이 있다. 또한 전화를 사용하여 유권자를 접촉하면 특정 정치후보자에 대한 유권자의 선호상태를 감지할 수도 있다. 그러나 전화를 통한 비조직적·무계획적 캠페인은 오히려 역효과를 낳을 수 있다.

전화를 통한 캠페인을 효과적으로 전개하려면 메시지를 전화매체의 특성에 맞게 잘 구성하고 재단해야 한다. 간결하고 인상적이며 유권자의 흥미를 자극하는 언어를 사용해야 한다. 또한 호감 가는 목소리, 정중한 태도, 메시지의 일관성 등은 효과적 전화캠페인을 위해 필수적 요소다. 전화캠페인도 전체 선거캠페인 전략의 큰 틀 속에서 다른 정치커뮤니케이션의 방법 및 수단과 조화를 이뤄 사용될 때 메시지 설득 커뮤니케이션을 강화시킨다.

자동전화시스템을 사용하는 선거캠페인은 덕망 있는 정치인이나 인기인 또는 사회적으로 존경받는 인사 등의 목소리를 사용하여 메시지를 전달하기도 한다. 그러나 현행 공직선거법은 여론조사를 가장하여 불특정 다수의 유권자에게 메시지를 전달하는 것을 금지하므로 유의해야 한다.

9. 구전홍보

구전홍보도 유권자를 직접 접촉하여 메시지를 전달하는 효과적 수단이다. 구전홍보는 정치후보자의 장점을 홍보하는 데도 사용되지만 동시에 부정적인 면을 부각시키는 수단으로도 많이 사용된다. 구전홍보를 효과적 정치커뮤니케이션의 수단으로 사용하기 위해서는 먼저 유권자가 관심을 많이 보이는 이슈, 정책 등에 관해 쉽고 간결하며 흥미 있는 말로 구전홍보자료를 구성하여 배포하여야 한다.

구전홍보를 담당할 사람들은 효과적 구전홍보방법에 대한 교육과 훈련이 필요하다. 정치후보자의 장점과 주요 정책 등을 정확히 인지하고 쉽게 지역주민에게 다가갈 수 있는 홍보방법을 고민해야 한다. 구전홍보를 담당하는 사람은 가급적 유권자에게 구전홍보요원이라는 것을 노출하지 않는 것이 좋다. 왜냐하면 객관적 입장에서 자연스럽게 이루어지는 구전홍보가 더 효과적이기 때문이다. 유권자도 정치후보자에 대해 정보를 안다고 생각할 수 있으므로 억지로 설득하기보다는 유권자가 스스로 납득하고 받아들일 수 있도록 해야 한다. 지나치게 열을 올리면서 얘기하거나 당해 정치후보자를 위해 당연히 호의적으로 말할 사람이라고 인지되면 구전홍보의 효과가 반감된다.

〈구전홍보자료의 예〉

구전홍보자료 표지

당원교육용 홍보자료
이렇게 말하세요

쭉 읽어보신 후
생각나는 대로 가까운
친구, 선후배, 이웃에게
말씀하세요

가까운
이웃에게
이렇게 말하세요
쉽게
편히게

한국합빈당 홍보기획실
정약용 후보

〈구전홍보자료의 예〉 계속

목민시 발전을 위한 최선의 선택

정치적 소신은 "정약용", 인간적 신의도 "정약용".

충절예향의 고장 목민의 토박이인 정약용 후보는 "그래도 이 나라를 이끌어갈 정치지도자는 ○○○뿐이다. 지지율이 좀 낮아지고 어려움에 처해 있다고 의리를 저버릴 수는 없지 않은가?"라는 정치소신과 인간적 신의를 가진 요즘 세태에는 보기 드문 정치지도자입니다.

다른 후보가 당선된들 우리 목민시에 무슨 도움이 됩니까?

자, 보세요. 온 국민이 물난리를 겪는 판에 ○○○과 같이 호화판 생일잔치나 벌이는 사람이 우리 목민에 무슨 도움이 되겠습니까? 초선에 당을 세 번씩이나 옮긴 ○○○와 같은 정치신의가 없는 사람을 뽑아줘야 하겠습니까? ○○○가 출마하기 전까지 우리 목민에서 오줌이라도 한번 누어본 적 있습니까?

다른 후보의 당선을 위해 뛴들 목민시 발전에 무슨 도움이 됩니까?

각자 개인적 연고, 개인적 이해관계 때문에 능력과 자질이 없는 후보를 위해 뛰는 분들 다시 한번 생각해 봅시다. 그렇지 않아도 낙후된 우리고장 목민의 21세기 번영을 위해 우리 함께 뜁시다. 다른 후보를 위해 뛴들 무슨 소용이 있겠습니까? 능력과 신의를 가진 정약용 후보를 위해 함께 뜁시다.

정약용의 당선은 21세기 목민의 발전을 크게 앞당깁니다.

정약용은 강력한 추진력이 있는 사람입니다. 정약용이 당선되면 지난 세월동안 그 누구도 엄두조차 내지 못했던 활빈산 국내 최장의 터널건설, 청송~일송간 고속도로의 완공으로 목민 고속도로시대의 개막, 학산교~금산 사거리 사이 시가지 관통 도로확·포장 등 의욕에 찬 지역 건설사업을 일으켜 21세기 목민시의 번영과 발전에 박차를 가할 것입니다. 정약용의 당선은 21세기 목민발전의 견인차가 될 것이 확실합니다.

정약용을 당선시켜 선진목민 실현하자.
정약용을 당선시켜 목민경제 살려보자.
정약용을 당선시켜 목민발전 앞당기자.

한국활빈당 홍보기획실

제 11 장
선거비용의 사용과 모금

선거캠페인의 성공 여부는 선거자원의 확보능력과 밀접하게 관련되어 있다. 선거캠페인을 전개할 수 있는 시간은 충분한가? 재능 있는 참모를 확보하고 있는가? 창의력 있고 치밀한 전문가의 도움을 받고 있는가? 자원봉사자는 얼마나 되는가? 선거자금은 필요한 만큼 확보되어 있는가? 바로 이러한 질문들이 성공적 선거캠페인에 필요한 선거자원과 관련되어 있다.

선거자원이 충분히 확보되어 있다면 분명히 선거캠페인의 승리를 위해 유리한 고지를 점령했다고 말할 수 있다. 특히 현대 선거캠페인에서 자금력은 대단히 중요한 성공의 조건이다. 따라서 선거전략가들은 선거비용의 확보라는 문제와 끊임없이 씨름한다. 그러나 선거비용의 확보 그 자체가 바로 승리를 보장하는 것은 아니다. 선거비용을 충분히 확보하는 것도 중요하지만 그것을 어떻게 사용하는가 하는 것도 대단히 중요하다.

제 11장에서는 선거캠페인에서 선거비용이 차지하는 중요성에 주목하여, 첫째, 선거비용의 법적 의미, 둘째, 선거캠페인 주체의 입장에서 본 선거비용과 효과적 사용법, 셋째, 선거비용의 구체적 항목과 사용법, 넷째, 모금방법에 대하여 살펴보기로 한다.

1. 선거비용의 법적 의미

선거비용제도는 1960년 7월 29일에 있었던 제5대 국회의원선거에서 처음 채택되었다. 대통령선거는 1963년 10월 15일에 있었던 제5대 선거 때부터 직접선거제도에서만 선거비용제도가 채택되었다. 현행 공직선거법(119조)는 선거비용을 "당해 선거에서 선거운동을 위하여 소요되는 금전·물품 및 채무 기타 모든 재산상의 가치가 있는 것으로서 당해 후보자가 부담하는 비용"이라고 규정하고 있다.

1) 행위적 측면에서 본 선거비용

선거비용은 적법(適法)한 선거운동행위와 위법(違法)한 선거운동행위 및 기부행위제한규정 위반행위 모두에 관련된 비용이다.

특별히 위법한 선거운동행위와 관련된 선거비용을 적시(摘示)하면 다음과 같다.

(1) 위법한 선거운동행위에 실제 소요된 비용 전액.

(2) 적법한 선거운동행위에 수반된 일부분의 행위만이 선거법 위반행위에 이른 경우에는 그 일부의 위반행위에 소요된 비용이, 그 위반행위로 인하여 당해 행위의 전부가 위반행위라고 판단될 때에는 그 모든 비용이 위법선거비용이 된다.

(3) 위법선거비용과 관련된 선거법 위반사범에 대한 재판결과 인정된 비용 전액은 당해 후보자의 위법선거비용으로 합산 처리된다.

(4) 위법선거비용의 산정은 객관적 자료에 의하며 관련자료의 확보가 불가능하여 정확한 금액을 산정할 수 없는 경우에는 관할 선거관리위원회가 조사한 금액으로 한다.

2) 행위자의 측면에서 본 선거비용

행위자의 측면에서 본 선거비용은 다음 사람들의 적법한 선거운동행위와 위법한 선거운동행위 및 기부행위제한규정 위반행위 모두에 관련된 비용이다.

(1) 정치후보자(후보자가 되고자 하는 자를 포함)
(2) 정당(비례대표 국회의원선거 및 비례대표 지방의회의원선거의 경우)
(3) 정당선거사무소의 소장, 선거사무장, 선거연락소장, 회계책임자
(4) 제 3자가 위 ①, ②, ③의 자와 통모(通謀)하여 당해 후보자의 선거운동을 위하여 지출한 비용 및 기부행위제한규정을 위반하여 비용을 지출하였을 경우

3) 선거비용의 '수입'과 '지출'의 의미

수입이라 함은 선거비용의 충당을 위한 금전 및 금전으로 환가(換價)할 수 있는 물품 기타 재산상의 이익을 받거나 받기로 한 약속을 말한다. 지출이라 함은 선거비용의 제공·교부 또는 그 약속을 말한다.

4) 선거운동을 위한 비용 중 선거비용으로 보지 아니하는 비용(공직선거법 120조)

(1) 후보자등록 전에 선거운동을 위한 준비행위에 소요되는 비용
(2) 선거와 관련된 정당활동에 소요되는 비용
(3) 선거에 관하여 국가·지방자치단체 또는 선거관리위원회에 납부하는 기탁금과 모든 납부금 및 수수료
(4) 선거사무소와 선거연락소의 설치·유지비용
(5) 정당, 후보자 및 선거사무관계자가 승용하는 자동차[선전물 첩

부용 차량·선박(공직선거법 91조) 포함]의 운영비용

(6) 제 3자가 후보자 측과 통모함이 없이 독자적으로 특정 후보자의 선거운동을 위하여 지출한 전신료 등의 비용

(7) 기부행위로 보지 않는 의례적·직무상 행위에 소요되는 비용

(8) 선거일 후에 지출원인이 발생한 잔무정리비용

* 선거비용인 것과 아닌 것의 구체적 예시는 공직선거법 119조와 120조를 참고.

2. 선거캠페인 주체의 입장에서 본 선거비용과 효과적 사용법

1) 선거비용 수입

〈표 11-1〉 총 선거비용 수입

순 선거비용 수입(실현 선거비용 수입)	기타 수입(미실현 선거비용 수입)
정치후보자 개인지변능력으로 확보된 수입 + 후원금 + 중앙당 등의 지원금	후보자 개인의 기대수입 + 예상 후원금 + 중앙당 등의 예상 지원금 등

2) 선거비용 지출

〈표 11-2〉 총 선거비용 지출

적법한 선거운동행위와 위법한 선거운동행위 및 기부행위제한규정 위반행위 모두에 관련된 비용으로 회계보고되는 비용	선거기간이 시작되기 전에 대중기반 조성을 위해 사용한 비용과 선거기간 및 선거기간 이후에 사용한 특별비용으로 비회계보고되는 비용

3) 선거비용의 효과적 사용법

〈표 11-3〉 순 선거비용 수입

고정비(사무실 임대료, 장비 및 비품비, 각종 사용료 등)	직 · 간접 메시지 전달비	예비비(20%)

주: 하위선거일수록 20% 정도의 예비비를 반드시 계상(計上)해놓는 것이 바람직함.

〈표 11-4〉 직 · 간접 메시지 전달비

제 1단계 (6분의 1 투입)	제 2단계 (6분의 2 투입)	제 3단계 (6분의 3 투입)	
▪ 인지도 형성 ▪ 자원 접촉	▪ 조직 구성 ▪ 인지도 향상 ▪ 지지세력화	▪ 조직 가동 ▪ 지지세력화 D-5일	
			D-3일

〈표 11-5〉 D-5일에 해야 할 일

① 당락 점검 ② 순 선거비용 수입의 예비비와 총 선거비용 수입의 기타 수입을 최종적 GOTV[1] 를 위한 투입 여부를 결정
▪ 당선 확신 → 투입 보류, 선거 후 관리 및 향후 정치활동비용으로 사용
▪ 약간 우세(당선 불확실), 백중, 약간 열세 → D-3일부터 선변석 투입
▪ 낙선 확실 → 투입 보류, 낙선 후 관리 및 향후 정치활동비용으로 사용

주: 1) 예상득표획득에 성공하는 것을 GOTV(*Get Out the Vote*)라고 한다.

3. 선거캠페인 주체의 입장에서 본 선거비용의 항목과 사용법

1) 후보자 등록 전 선거비용

〈표 11-6〉 후보자 등록 전 선거비용 항목 및 사용법

<table>
<tr><th>선거비용의 큰 항목</th><th>선거비용의 작은 항목</th><th colspan="2">세부 사용법</th></tr>
<tr><td rowspan="4">후보자 및 배우자 활동</td><td>경조사비</td><td colspan="2">사회정서상 불가피하게 지출해야 할 경우 그 등급과 한계를 분명히 해둘 것. 결혼식, 장례식, 개업식 등 참석(조의금, 축의금 등)</td></tr>
<tr><td>선물비</td><td colspan="2">경조사비의 경우와 동일</td></tr>
<tr><td>식사비</td><td colspan="2">기부행위금지조항에 위반되지 않는 범위 내에서 인원 및 대상에 대한 등급을 미리 구분하고, 가급적이면 일정한 금액이나 음식으로 통일하여 차별대우를 받는 기분을 차단할 것. 적절한 음식과 음식점에 대한 사전조사가 필요</td></tr>
<tr><td>조직원 격려금</td><td colspan="2">부정기적 부정액(不定額)으로 공손하게 성의를 표시</td></tr>
<tr><td rowspan="2">조직활동</td><td>핵심조직(지역책임자급)</td><td colspan="2">활동비와 개인수당 또는 격려금을 분리하여 지급</td></tr>
<tr><td>일반조직(개인운동원급)</td><td colspan="2">활동비를 지급해도 임무를 완수했을 때는 특별급이 있음을 표시</td></tr>
<tr><td rowspan="6">사무소 운영</td><td>임대료</td><td colspan="2">보증금, 월세, 관리비</td></tr>
<tr><td>운영비</td><td colspan="2">공공요금, 소모품비, 식비</td></tr>
<tr><td rowspan="4">인건비</td><td>참모</td><td>기획실장, 선거대책본부장 등</td></tr>
<tr><td>사무원</td><td>선거행정사무요원</td></tr>
<tr><td>노무원</td><td>기사 등</td></tr>
<tr><td>일용급</td><td>현수막 및 차량 관리원, 페인트공 등</td></tr>
<tr><td rowspan="2">정당행사</td><td>당원 단합대회</td><td colspan="2">홍보비, 인원동원</td></tr>
<tr><td>필승결의대회 및 추대대회</td><td colspan="2">홍보비, 인원동원</td></tr>
</table>

〈표 11-6〉 계속

선거비용의 큰 항목	선거비용의 작은 항목	세부 사용법
의정보고	의정보고서 제작 (기획, 제작, 배포)	▪ 기획, 제작비용과 배포비 또는 우송료가 비슷하게 소요됨을 미리 염두에 두고 계획 ▪ 의정보고용과 일반 배포용 수량을 배분
	의정보고회	▪ 가정, 소규모 옥내집회, 대규모 옥내집회로 구분하여 서로 조화시켜 일정 수립 ▪ 비디오테이프 제작, CD롬 제작, TV 설치, 스크린 설치 등 장소·인원에 맞춰 예산과 계획을 수립
	장 비	임대 및 구입비, 담당자 인건비
여론조사	▪ 벤치마크조사 ▪ 속행조사 ▪ 추적조사	조사 결과를 선거전략과 연계하여 사용할 수 있는 참모가 없으면 불필요
전략기획서		기초자료 수집·분석, 전략기획
홍보물제작	각종 인쇄물	법정홍보물, 조직원 수첩(설득 논리), 포스터, 명함, 정당용 인쇄물 등
	현수막 로고송 등	기존의 노래 중에서 로고송을 택하는 경우 상대방에게 선점당하지 않도록 미리 확보
언론관리	자료집 배부 기자 접촉 기자간담회 등	중앙지, 지방지, 지역신문, 월간지, 주간지 등
미디어 홍보준비	TV 정치광고	자료수집비, 기획비, 제작비 등
	신문광고	자료수집, 기획비 등
	사진촬영	스튜디오 준비, 출상
	전화홍보	장소, 시설물, 시나리오, 홍보요원 교육 등
	PC통신홍보	PC통신 설치, 홍보 시나리오
교육·훈련 비용		정치후보자, 부인, 가족, 참모, 수행원, 사무원, 자원봉사자 등
예비비		

주: 후보자 및 배우자 활동비, 조직 활동비는 특히 기부행위금지조항에 위배되지 않도록 유의.

2) 후보자 등록 후 선거비용

〈표 11-7〉 후보자등록 후 선거비용 항목과 사용법

선거비용의 큰 항목	선거비용의 작은 항목	세부 사용법
후보자 및 배우자 활동 (선거기간 중에는 배우자가 각종 경조사나 사랑방 모임에 후보자를 대신하여 적극적으로 참여할 것)	경조사비	사회정서상 불가피하게 지출해야 할 경우 그 등급과 한계를 분명히 할 것
	선물비	경조사비의 경우와 동일
	식사비	기부행위금지조항에 위반되지 않는 범위 내에서 인원 및 대상에 대한 등급을 미리 구분하고, 가급적이면 일정한 금액이나 음식으로 통일을 하여 차별대우 받는 기분을 차단
	조직원격려금	부정기적 부정액으로 공손하게 성의를 표시
조직가동비	핵심조직 (지역책임자급)	후보자 등록 전과 동일한 요령
	일반 조직 (개인운동원급)	후보자 등록 전과 동일한 요령
거리연설회 (공개장소에서의 연설 · 대담)	소 · 중 · 대규모의 연설회	전략기획서, 연설문, 연설용 차량 제작(확성기 부착), 수행원 · 사회자 · 유세요원 식비 및 인원 관리비, 예비비
정당연설회 (*폐지)	이벤트	소품제작, 연예인 등
	단상제작	단상제작, 장비 등
	진 행	인건비, 홍보비 등
	인원관리	조직관리, 참석자관리
토론 및 대담	전략 및 요지	초청토론, 초청대담 등
미디어홍보	TV 정치광고	자료수집비, 기획비, 제작비, 광고료 등
	신문광고	자료수집비, 기획비, 제작비, 광고료 등
	사진촬영	출장비 등
	전화홍보	운영비 등
	사이버홍보	운영비 등
기탁금		
예비비		

4. 모금(*Fundraising*)

정치와 돈, 특히 선거와 돈은 불가분의 관계를 가진다. 선거자금을 충분히 확보했다는 사실이 그대로 선거에서의 승리를 담보해주는 것은 아니지만 승리로 다가가기 위해 유리한 고지를 점령한다는 점은 부인할 수 없다. 문제는 이와 같이 선거캠페인에 지대한 영향을 미치는 선거자금을 어떻게 확보하느냐 하는 것이다.

선거자금을 확보하는 방법에는 여러 가지가 있을 수 있다. 정치후보자 자신의 재산으로 충당할 수 있고 소수의 후원자로부터 고액의 후원금을 지원받을 수도 있을 것이다. 그러나 선진 자유민주주의가 뿌리내리기 위해서는 유권자로부터 모금된 소액다수의 후원금이 쌓여 선거자금의 대부분을 충당하는 선거풍토가 정착되어야 한다. 우리나라의 모금제도와 모금방법은 아직도 개선되어야 할 부분이 있지만 현실적으로 실정법의 테두리 내에서 선거캠페인을 위한 모금을 해야 하기 때문에 모금과 관련된 정치자금법을 유념할 필요가 있다. 아울러 올바른 모금문화를 정착시키기 위해서는 선진국의 모금방법을 살펴볼 필요가 있다.

1) 정치자금법과 모금

(1) 후원회

우리나라의 정치자금에관한법률(이하 '정치자금법'이라고 표기한다)은 1965년 2월 9일에 제정되어 2006년 8월 4일 현재까지 16차례의 개정이 있었다. 정치자금법이 제정될 당시에는 기탁금에 대해서만 규정하였다가 그동안 정치자금의 모금과 지출 등에까지 영역을 확대했다.

정치자금법은 1980년 12월 31일 제3차 전문개정시 정당법에서 규정하던 후원회제도를 도입하는 등 오늘날 정치자금법의 기본바탕이 마련되었다. 1989년 12월 30일 제4차 개정에서는 후원회를 정당의 시도지부, 원내교섭단체를 구성한 정당의 지구당과 국회의원 또는 국회의원

입후보등록을 한 자도 둘 수 있도록 하였다.

그 이후에도 정치자금법이 여러 차례 개정되었으며, 1997년 11월 14일에 개정·공포된 정치자금법은 지정기탁금제도를 폐지하고 음성적 정치자금수수에 관한 처벌규정을 두는 한편 후원회의 연간 기부한도를 상향조정하고 후원회에 정치자금의 조달을 용이하도록 하였다.

현행 정치자금법(제 3조 제 7호)은 후원회를 "정치자금의 기부를 목적으로 설립·운영되는 단체로서 관할 선거관리위원회에 등록된 단체"라고 규정하고 있다.

(2) 후원회의 회원이 될 수 없는 자

현행 정치자금법(제 8조)은 누구든지 자유의사로 하나 또는 둘 이상의 후원회의 회원이 될 수 있으나 다만 정치자금법(제 31조)에 의해 기부할 수 없는 자와 정당법(제 22조)에 의해 정당의 당원이 될 수 없는 자는 후원회의 회원이 될 수 없다고 규정하고 있다.

① 정치자금기부제한자(정치자금법 제 31조)

가) 외국인, 국내·외의 법인 또는 단체

나) 누구든지 국내·외의 법인 또는 단체와 관련된 자금으로 정치자금을 기부하려는 자

② 정당의 당원이 될 수 없는 자(정당법 제 22조)

가) 국가공무원법 제 2조 및 지방공무원법 제 2조에 규정된 공무원[1)]

* 단, 대통령, 국무총리, 국무위원, 국회의원, 지방의회의원, 선거에 의하여 취임하는 지방자치단체의 장, 국회의원의 보좌관·비서관·비서 및 국회교섭단체의 정책연구위원과 고등교육법 제 14조 제 1항·제 2항의 규정에 의한 총장, 학장, 교수, 부교수, 조교수, 전임강사를 제외한다.

---

1) 각급 선거관리위원회 위원은 정당에 가입하거나 정치에 관여할 수 없으므로 후원회의 회원이 될 수 없음(중앙선거관리위원회 선거연수원, 1999: 531).

나) 총장, 학장, 교수, 부교수, 조교수, 전임강사를 제외한 사립학교의 교원

다) 기타 법령의 규정에 의하여 공무원의 신분을 가진 자

라) 대한민국의 국민이 아닌 자

③ 후원인의 연간 납입 및 기부한도(정치자금법 제11조)

가) 후원인이 후원회에 기부할 수 있는 후원금은 연간 2천만 원을 초과할 수 없다.

나) 후원인이 하나의 후원회에 연간(대통령선거 경선후보자, 당대표경선후보자, 국회의원 후보자 등 및 시·도지사 후보자의 후원회의 경우에는 당해 후원회를 둘 수 있는 기간 동안) 중앙당 및 대통령선거 경선후보자의 후원회에는 각각 1천만 원, 그 이외의 후원회에는 각각 500만 원(후원회 지정권자가 동일인인 국회의원 후보자 등 후원회와 국회의원 후원회는 합하여 500만 원)을 기부할 수 있다.

다) 후원인은 1회 10만 원 이하, 연간 120만 원 이하의 후원금은 이를 익명으로 기부할 수 있다.

라) 후원회의 회계책임자는 다) 항의 익명기부한도액을 초과하거나 타인의 명의 또는 가명으로 후원금을 기부받은 경우 그 초과분 또는 타인의 명의나 가명으로 기부받은 금액은 국고에 귀속시켜야 한다.

마) 후원회의 회원은 연간 1만 원 또는 그에 상당하는 가액 이상의 후원금을 기부하여야 한다.

우리나라에서 후원인이 후원회에 납입할 수 있는 한도액이나 익명으로 기부할 수 있는 후원금 액수는 정치선진국에 비해 상당히 높은 편이다.[2] 이러한 현상은 아직 소액다수의 모금이 어려운 후진적 정치문화를 반영하는 것이다.

④ 후원회의 연간 기부한도 및 모금한도

후원회가 연간 모금할 수 있는 한도액(전년도 이월금을 포함)은 다음과 같다. 다만, 부득이한 경우 신용카드, 예금계좌, 전화 또는 인터넷 전자결제시스템 등에 의한 모금으로 연간 모금한도액을 초과할 수 있으나 그 이후에는 후원금을 모금할 수 없다.

가) 중앙당후원회는 중앙당창당준비위원회가 모금한 후원금을 합하여 50억 원

나) 시·도당 후원회는 5억 원

다) 대통령선거 경선후보자 후원회는 선거비용 제한액의 100분의 5에 해당하는 금액

라) 국회의원, 국회의원후보자 등 및 당대표 경선후보자의 후원회는 각각 1억 5천만 원

마) 시·도지사 후보자 후원회는 선거비용 제한액의 100분의 50에 해당하는 금액

후원회가 당해 후원회 지정권자에게 연간 기부할 수 있는 한도액은 위 각 호의 규정에 의한 연간 모금한도액과 같은 금액이다. 또한 후원회가 모금한 후원금이 연간 기부한도액을 초과하는 때에는 다음 연도에 이월하여 기부할 수 있다. 후원회가 해산된 경우에는 후원회 해산 후 후원회 지정권자가 같은 종류의 새로운 후원회를 두는 경우 그 새로운 후원회가 모금·기부할 수 있는 후원금은 당해 후원회의 연간 모금·기부한도액에서 종전의 후원회가 모금·기부한 후원금을 공제한 금액이다.

---

2) 미국의 경우 어떤 개인도 어느 한 선거에서 한 정치후보자에게 천 달러 이상, 한 중앙당에는 2만 달러 이상의 헌금이 불가능하며, 한해 통산 정치후보자들에게 헌금할 수 있는 액수는 2만 5천 달러로 제한되어 있다. 또한 100 달러 이상의 헌금은 공개해야 하며, 정치후보자는 100 달러 이상의 현금헌금은 접수하지 못하게 되어있다(O'Connor and Sabato, 1995: 557).

2) 모금방법

선거캠페인에서 모금은 선거비용과 지지세력을 동시에 확보하는 것을 의미한다. 선거문화가 선진화될수록 조직에 명운(命運)을 걸고 선거법을 어겨가면서 무차별적으로 조직에 선거자금을 투하하는 형태의 선거캠페인을 벗어나 미디어를 통한 홍보를 중시하는 선거캠페인으로 바뀔 것이다. 이 경우에도 선거자금의 확보는 효과적 선거캠페인을 위해 절실하게 필요하다.

많은 양의 선거자금을 법의 테두리 안에서 모금한다는 것은 결코 쉬운 일이 아니며, 모금은 고도의 전문적 테크닉과 시간 그리고 설득력과 인내심을 필요로 하는 작업이다.

정치선진국에서 사용하는 단계별 모금방법은 다음과 같다.

(1) 잠재적 후원인 대상자 물색

모금을 위해 가장 먼저 해야 할 일은 후원해줄 가능성이 있는 사람, 즉 잠재적 모금대상자를 찾는 일이다. 후원인이 될 잠재력이 높은 사람들과 그러한 사람들을 발굴할 수 있는 정보원(情報源)은 다음과 같다.

- 잠재적 모금대상자

  정치후보자의 가족 · 친척 · 친구 · 친지 · 사업동료 · 동호인, 기업, 단체, 조직, 그룹, 모임, 일반 유권자 등

- 모금대상자 정보원

  정치후보자의 주소록 · 경조사명부 · 크리스마스 카드 및 연하장 발송명부 · 사업 고객명부, 정치후보자가 관련된 단체 · 조직 · 모임(동창회, 산악회, 향우회, 조기축구회, 직장 등)의 명부, 이전 선거캠페인의 후원인명부, 정당원명부, 전화번호부 등

누구보다도 먼저 후원인이 되어야 할 사람은 정치후보자 주변의 가까운 사람들이다. 특히 정치후보자의 가족은 후원인 제0순위라고 할 수 있다. 정치후보자의 가장 가까운 사람들이 후원하지 않는다면 누구에게 후원을 요청할 수 있을 것인가? 모금대상자가 발견되면 그 사람이 현행 정치자금법상 후원인이 될 수 있는지 없는지 확인해야 한다.

(2) 후원인 대상자와 친밀감 형성

다양한 경로를 통해 후원인이 될 가능성이 있는 사람이 발굴되면 다음으로 모금할 수 있는 분위기를 조성하기 위해 친밀감을 형성하는 것이 좋다. 이전부터 아는 사람이거나 만난 적이 있는 사람이라면 그동안의 소식을 나누는 것도 좋다. 또한 정치후보자와 모금대상자와의 사이에 형성된 공감대를 상기시키거나 자극하는 것도 하나의 방법이 될 수 있다. 이전에 만난 적이 없는 사람이라면 인사를 나누고 좋은 인상을 줄 수 있는 소개를 하는 것이 바람직하다. 이때 처음부터 지나치게 장황한 소개를 늘어놓는 것은 좋은 방법이 아니다.

(3) 출마이유와 후원의 의의 설명

모금대상자와 우호적 분위기가 형성되면 다음으로 정치후보자의 출마이유와 모금대상자가 후원해야 할 의의를 분명하게 설명한다. 이 부분은 당해 정치후보자의 선거캠페인이 유권자에게 전달하고자 하는 메시지에 바탕을 두는 것으로 잠재적 후원인이 후원을 결정하도록 하는 중요한 계기가 될 수 있다는 점에서 각별히 마음을 써야 한다.

만약 모금대상자가 이전에 당해 정치후보자에게 후원한 적이 없는 사람이라면 중요한 이슈에 대한 정치후보자의 견해와 배경에 대하여 간략하게 설명하는 것이 좋다. 또한 이러한 정보를 이해하기 쉽고 간편한 인쇄물(*campaign news tips*)로 준비해놓는 것도 좋은 아이디어다.

(4) 당해 선거캠페인의 특징을 설명

정치후보자의 출마이유 및 후원의 의의와 더불어 당해 선거캠페인이 가진 독특한 성격을 모금대상자에게 이해시키도록 한다. 이 부분은 당해 선거캠페인의 효과성, 다시 말해서 승리 가능성을 설명하는 것이다.

정치후보자나 모금담당자는 선거캠페인에 대한 후원자도 일반 사업에서와 마찬가지로 일종의 투자가라는 사실을 인식하고 당해 선거캠페인이 투자가치가 있다는 것을 설득해야 한다. 따라서 정치후보자나 모금담당자는 선거에서 어떻게 승리할 것인지 또한 선거캠페인이 어떻게 진행되는지 당해 선거캠페인에 깊이 관여하는 내부자(內部者)의 입장에서 모금대상자에게 설명해줘야 한다.

자신들의 선거캠페인이 이길 수밖에 없는 독특한 강점 또는 특징, 내부자가 아니면 알려줄 수 없는 독점적 정보를 털어놓을 때 모금대상자의 마음을 움직일 수 있다. 최근의 여론조사 결과, 승리하기 위한 전략적 계획과 전술, 정치후보자를 지지하는 중요한 지지세력, 모금목표 등이 그러한 정보에 포함될 수 있다.

(5) 구체적 헌금액수를 요청

개별적 모금액수는 잠재적 후원인이 낼 수 있다고 생각되는 금액을 약간 상회하는 구체적 액수를 솔직하고 단도직입적으로 요청하는 것이 좋다. 예를 들어 '10만 원 이상' 또는 '5만 원 이상'과 같이 말하는 것이 효과적이다. 따라서 사전에 모금대상자의 후원할 수 있는 능력 정도를 파악하면 유리하다는 것은 두말할 필요가 없다. 가능하다면 과거의 후원경력도 알아보도록 한다. 후원을 한 경험이 있는 사람이 다시 후원할 가능성이 높다.

(6) 후원금의 용도를 설명

후원금이 왜 필요한지 설명한다. 다시 말해 후원자들의 돈이 어디에 쓰이는지, 어떤 용도로 쓰이는지 알려주는 것이 좋다. 또한 후원자들에게 그들의 후원금이 얼마나 선거캠페인에 긴요한지 구체적으로 말해줘야 한다. 몇 일 후 또는 내주(來週)에 당해 선거캠페인이 지불해야 할 비용명세서를 준비하는 것도 좋다.

후원자들은 그들의 돈이 직접적 효과를 볼 수 있는 곳에 쓰이기를 원하는 경향이 있다. 후원금이 쓰이는 항목에 대한 구체적 비용을 제시하고 후원금을 요구하거나 비용이 큰 항목에는 비용의 일부를 부담하도록 한다. 예를 들어 신문광고를 하는 데 소요되는 전체 비용이 2,500만 원이라면 그 일부인 10만 원을 부담하도록 하거나 또는 소규모의 인쇄물을 제작하는 데 15만 5,300원이 든다면 그것을 전액 부담하도록 하는 것과 같은 방법을 사용한다.

그러나 인건비, 사무실 유지비, 전화비와 같은 것을 부담하는 것은 후원자들에게 그다지 매력적이지 못하다는 사실을 인식해야 한다. 후원자들은 자신의 후원금이 그러한 비용보다 효과가 가시적으로 드러나는 곳에 쓰이기를 원한다. 현수막, 수기, 표찰, 연설장비 등이 그러한 예다.

(7) 약속한 헌금은 철저하게 수금

후원약속을 받아낸 후에는 신속하게 그 약속에 대하여 감사를 표시하고 그 후원금에 대하여 후원자가 가지게 될 보람(주로 정신적 경우가 많음) 또는 이익에 대해 말해준다. 비록 그것이 정신적이고 심리적인 경우라 하더라도 후원자들은 선거캠페인에 대한 투자자라는 사실을 잊으면 안 된다. 후원약속자의 이름은 명단에 올리고 정기적으로 그에 관한 정보를 갱신하도록 한다.

동시에 약속한 후원금에 대해서 수금의 긴급성을 알리고 신속하고 철저하게 수금하도록 한다. 후원자가 약속한 후원금을 자진해서 보내주지 않으면 직접 찾아가 수금하거나 사람을 보내 수금할 수 있다는 것을 제의한다.

이상과 같은 방법으로도 수금이 안 되면 전화에 이어 신속하게 간략한 감사의 편지를 보내어 잠재적 후원자와의 관계가 지속되도록 한다. 감사장에는 약속한 후원금 액수와 그 돈의 긴급성을 다시 언급한다. 이때 은행입금에 필요한 정보가 같이 동봉되어야 함은 물론이다.

(8) 잠재적 후원자가 후원을 거절할 경우

모금대상자가 후원할 여력이 없다는 등의 이유를 들어 후원을 거절할 때 취할 수 있는 첫 번째 조치는 당초에 요청했던 금액보다 더 작은 금액을 요청하는 것이다. 그리고 현재 선거캠페인에 필요한 예산의 양과 모금이 얼마나 절실하게 필요한가를 반복하여 설명한다. 그리고 한꺼번에 수금이 어렵다면 할부후원을 요청하도록 한다(후원의 편의를 위해 신용카드로도 후원금을 받도록 한다).

그래도 후원을 거절하면 당해 선거캠페인의 모금활동을 도와줄 것을 요청한다. 또한 당해 선거캠페인을 위해 후원할 가능성이 있는 친구나 동료 등 주변사람들을 셋 정도 추천해줄 것을 요청한다. 또한 후원을 거절하는 잠재적 헌금자들에게는 선거캠페인에 자원봉사자로 참여해줄 것을 요청하거나 장비 또는 문구류와 같은 물품으로 도와줄 것을 요청한다. 이런 모든 노력이 실패하면 그 사람에게 선거캠페인에 대한 조언을 요청한다. 그리고 향후 연락할 가능성을 타진한다.

이상과 같은 잠재적 후원자와의 접촉에서 무엇보다 중요한 것은 서로 기분이 상하지 않도록 하는 것이다. 모금이 성사되건 되지 않건 모금자와 모금대상자는 상호간의 접촉을 통해 양측이 모두 승리하는 것이 되어야 한다.

선거캠페인에서 모금이 성공할 때마다 선거캠페인에 참여하는 사람들은 다음에 할 일에 더욱 자신이 생기게 되고 일이 한층 수월해진다. 성공적 모금을 위해서는 실패를 통해서 얻는 경험이 매우 중요하다.

(9) 후원자와의 관계 유지

선거캠페인 중에는 후원약속자의 이름을 후원자 명단에 올리고 정기적으로 그에 대한 정보를 갱신하는 동시에 선거캠페인에 관한 소식을 선거법이 허용하는 방법을 통해 정기적으로 알려주도록 한다. 수금이 끝났더라도 마찬가지다. 선거캠페인이 끝난 후에도 선거의 승패에 관계없이 후원자에 관한 정보를 정기적으로 갱신하고 소식지, 의정보고서, 후원회보 등을 주기적으로 송부하여 후원자와의 관계를 돈독하게 지속시켜 장래에 대비하도록 한다.

▪ 모금 테크닉

직접모금, 칵테일파티, 커피 · 차모임, 디너 · 런치모임, 전화모금, DM을 통한 모금, 경매, 바자회, 신문 · 라디오 · TV모금, 스포츠행사모금, 음료수판매, 음식판매, 세차, 지역적 · 계절적 특성을 살린 각종 이벤트를 통한 모금 등 창의적으로 다양한 아이디어를 사용하여 모금활동이 가능.[3]

---

3) 각종 이벤트의 예는 제8장 참고.

제 12 장
선거캠페인 조직

선거캠페인 조직이란 정치후보자와 함께 선거캠페인을 실행하는 인적(人的) 시스템이다. 인간의 신체에서 지체(肢體)와 장기(臟器)부터 손가락 발가락에 이르기까지 어느 것 하나 중요하지 않은 것이 없듯이 선거캠페인의 구성요소도 서로 유기적으로 연결되어 있어 그 어느 것도 성공적 선거캠페인을 위해 긴요하지 않은 것이 없다. 그 중에서도 특히 조직은 넓은 의미에서 선거캠페인을 실행하는 주체라는 점에서 그 중요성이 각별하다.

전쟁에서 아무리 훌륭한 첨단의 무기와 전략·전술을 사용한다고 하더라도 최후에 승리의 깃발을 꽂는 것은 결국 사람의 몫일 수밖에 없다. 이와 마찬가지로 선거캠페인에서도 첨단의 전략·전술, 테크닉을 현장에서 실행하는 주체는 정치후보자와 조직이다.

선거캠페인 조직이 선거캠페인을 성공적으로 실행하기 위해서는 조직을 구성하는 인적 요소가 전략적 계획의 틀 속에서 각자 맡은 역할이 무엇이며 그 역할들이 어떻게 상호 유기적으로 연관되어 있는지 뚜렷하게 인식하여야 한다. 그래야만 각자에게 맡겨진 역할이 전체 캠페인 전략과 조화를 이루면서 전술적 융통성을 발휘할 수 있다.

제 12장에서는 선거캠페인을 실행하는 인적 시스템인 조직에 초점을 맞춰, 첫째, 선거캠페인 조직의 특성, 둘째, 조직과 자금의 관계, 셋째, 선거캠페인에 참여하는 인적자원의 종류와 자격·자질·역할, 넷째, 선거캠페인 조직의 구성방법, 다섯째, 선거캠페인 조직의 운영, 여섯째, 선거캠페인 조직의 형태에 관하여 살펴본다.

1. 선거캠페인 조직의 특성

선거캠페인 조직은 각 선거캠페인이 처한 선거환경과 전략적 접근방법에 따라 다소간의 차이가 있으나 대개 외형적으로 스키빈스(Skibbins, 1974)가 제시한 다섯 가지[1] 조직형태 중 이른바 피라미드형(Starling, 1982: 303~312) 조직과 가장 유사한 형태를 취한다. 그러나 조직 내부의 구조와 운용을 살펴보면 관료조직[2]과 같은 전형적 피라미드형 조직과는 상이한 점이 많이 있다.

우리나라 선거캠페인 조직의 일반적 특징을 간략하게 살펴보면 다음과 같다.

1) 업무분장

대부분의 선거캠페인 조직은 비교적 업무분장이 잘 되어 있다. 특히 참모조직은 보통 기능적 업무분장이 잘 되어 있다고 볼 수 있다. 그러나 지역조직과 직능조직에서는 기능적 업무분장이 잘 이루어지지 않는

---

1) 스키빈스(Skibbins, 1974)가 제시한 다섯 가지의 조직형태는 leader/follower type, mosaic type, pyramidal type, conglomerate type, organic type이다.

2) 전형적 피라미드형 조직인 관료조직의 특성을 상세히 설명한 사람으로는 막스 베버(Max Weber)를 들 수 있다(Gerth and Mills, 1946: 196~198).

경향이 있다. 그 이유는 대개 업무분장의 필요성을 절실하게 느끼지 못할 뿐만 아니라 선거비용 문제가 결부되어 있기 때문이다.

기능적 업무분장은 광범위한 선거구를 대상으로 하는 선거캠페인 조직으로 올라갈수록 더욱 정교해지는 경향이 있다. 대통령 선거캠페인과 같이 방대한 규모의 조직을 필요로 하는 경우에는 지역조직과 직능조직까지도 상당한 수준의 기능적 분화가 이루어졌다.

2) 권한과 명령계통

조직에서 권한이란 일반적으로 상사(上司)의 허락 없이 의사결정을 내릴 수 있는 일정한 권리로 조직에 의하여 주어지는 것으로 정의된다(Donnelly et al., 1987: 162). 또한 조직에서의 권한에는 언제나 책임이 함께 따른다. 선거캠페인 조직에서의 권한도 전형적 피라미드형 조직과 마찬가지로 보통 위계(位階)에 맞추어 주어진다.

그러나 이러한 위계에 따른 권한의 부여가 곧 관료조직에서 보는 것과 같은 체계적이고 실효성 있는 명령계통을 의미하는 것은 아니다. 왜냐하면 선거캠페인 조직에서 상부조직이 하부조직을 통제할 수 있는 힘은 직위 그 자체에서 나오는 것이 아니라 일반적으로 정치후보자의 이미지, 정치후보자의 당선 가능성, 유·무형적 보상(報償)에 대한 기대 같은 것과 개별적 또는 복합적으로 연계되어 있기 때문이다. 따라서 이와 같은 유·무형의 통제수단이 어느 정도의 힘을 발휘하느냐에 따라 선거캠페인 조직의 가동 정도가 결정된다.

3) 의사결정

선거캠페인 조직의 의사결정구조는 대체로 중앙집중식이다. 개개의 선거캠페인이 처한 상황에 따라 차이는 있지만 대부분의 선거캠페인에서는 정치후보자 또는 소수의 참모들이 중요한 의사결정을 독점하는 경향이 있다. 이러한 이유로 상부 참모조직에서는 비교적 창의성을 발휘할 수 있으나 하부조직에서는 상부의 지시, 요청 또는 부탁을 피동적으로 받아들이는 경향이 있다. 일반적으로 선거캠페인 조직은 창의적이라기보다 수동적이며, 통제 또는 보상의 수단에 따라 그 가동성이 결정된다고 할 수 있다. 이러한 경향은 하부조직으로 내려갈수록 더욱 강하다.

4) 조직 내의 의사소통과 인간관계

선거캠페인 조직은 앞에서 언급했듯이 유·무형의 유인물(誘因物)이 주어지는 대신 지시, 요청, 부탁이 위에서 아래로 전달되는 성격이 강하다. 따라서 수직적 의사소통의 통로는 비교적 잘 열려있으나 수평적 의사소통은 제한적이다. 특히 돈과 조직에 의존하는 선거캠페인일수록 지역조직과 직능조직의 수평적 의사소통은 제한적이다.

선거캠페인은 또한 잘 진행되는 동안에도 조직에 엄청난 압박을 가한다. 인간의 열정과 선거캠페인이 가하는 압박 그리고 인간 사이에 발생하는 이익의 상충으로 인하여 선거캠페인 조직에서 인간관계가 첨예하게 되어 항시 충돌의 가능성이 존재한다. 특히 조직에게 주어지는 유·무형의 유인책(誘因策)이 부족하거나 선거캠페인 내부의 갈등을 조정·완화할 수 있는 기능이 미약하면 수직적·수평적 인간관계에 긴장과 갈등이 고조되고, 최악의 경우에는 선거캠페인이 와해될 가능성까지 있다.

5) 인사

일반 공·사의 조직에서는 조직구성원의 업무실적이나 업무에 대한 적합성에 따라 비교적 용이하게 승진, 감봉, 보직변경, 퇴임 등의 인사조치를 취할 수 있다. 그러나 선거캠페인 조직은 감표행위에 대한 위험성 때문에 구성원의 자리를 박탈하거나 변경하는 것이 어렵다. 또한 실적 우수자에 대한 포상도 비공개로 하는 경우가 많다. 왜냐하면 아무리 공정하게 일을 처리해도 내부에 불만이 생길 가능성이 존재하며, 이것은 결국 선거캠페인의 효과를 떨어뜨리기 때문이다.

2. 조직과 자금

선거캠페인에서 조직과 자금은 밀접하게 연관되어 있다. 방대한 조직이 구성되어 있다고 반드시 유리한 것만은 아니나. 그 조직을 원활하게 운용할 수 있는 자금이 받쳐주어야 조직이 제구실을 한다. 자금이 수반되지 않는 방대한 조직은 오히려 선거캠페인에 감표를 발생시키는 원인이 된다.

차라리 건드리지 않고 그대로 두었으면 정치후보자의 이미지, 전통적 투표성향, 이념, 혈연, 지연, 학연 등에 따라 지지해줄 가능성이 있는 유권자를 입당원서를 받고 조직에 끌어들였으나 제대로 관리하지 않으면 오히려 이반(離反)현상을 빚어낼 가능성이 있다.

자금도 제대로 확보되어 있지 않으면서 큰 조직을 유지하려고 하는 것은 기초생활비를 충당하기에도 빠듯한 수입으로 고급 승용차를 굴리려는 것과 다를 바 없다. 선거캠페인도 마찬가지다. 분수에 맞지 않게 조직만 크게 구성해놓고 관리하지 않으면 오히려 감표만 발생시키는 결과를 빚어낸다.

승용차란 기본적으로 사람이 사용하는 교통수단이다. 따라서 수입이 많지 않은 사람이 고급승용차를 고집해야 할 이유가 없다. 소형 승용차나 오토바이를 사용하더라도 목적지에 잘 도달할 수만 있으면 된다. 이와 마찬가지로 가장 알맞은 규모의 조직이란 바로 자금력과 직결되어 있다. 또한 자금이 제한적이라면 조직을 일찍 구성할 필요가 없나.

3. 선거캠페인 인적자원의 종류와 자격 · 자질 · 역할

1) 선거캠페인 인적자원의 종류

선거캠페인에 참여하는 인적자원은 기본적으로 다음과 같이 다섯 가지로 분류할 수 있다.

(1) 참모: 전략기획팀의 구성원
선거캠페인 컨설턴트, 기획실장, 전략기획팀원 등

(2) 사무원: 기본적으로 사무실에 근거를 두고 선거캠페인을 돕는 사람들
상황실장, 조직부장, 총무부장, 홍보부장, 사무실 여직원, 수행비서 등

(3) 조직원: 지역 및 직능조직의 구성원
읍 · 면 · 동 책임자, 읍 · 면 · 동 여성회장, 청년회장, 투표구 책임자, 지역장, 통 · 반 책임자 등

(4) 운동원: 정치후보자를 도와 현장에서 선거캠페인을 전개하는 사람들
정치후보자 수행원, 연설회 지원반원, 정당행사 지원반원, 홍보물 배포자(현행 선거법 불허, 과거엔 일당 지급) 등

(5) 노무원: 선거캠페인에 직접적으로 관여하지 않는 보조인력
운전기사, 식당 조리사, 현수막 관리인 등(정액보수 지급)

2) 주요 선거캠페인 인적자원의 자격 · 자질 · 역할

(1) 선거대책본부장

- 정치후보자에게 충성심이 있는 사람으로 정치, 행정경험이 있으면 적격
- 선거캠페인 전반을 총괄할 수 있는 능력이 필요
- 정치후보자를 대행하여 선거를 기획, 통제, 감독
- 선거캠페인 일일활동을 점검하고 책임질 수 있어야 하며 정치후보자와 함께 전략적 문제를 처리

* 다른 참모들과의 마찰을 피하기 위해서는 선거대책본부장(또는 선거사무장)의 책임과 권한을 선거캠페인 초기에 분명하게 해야 함

(2) 선거대책수석부본부장

- 약간명의 선거대책부본부장을 대표하며, 정치후보자와 본부장을 보좌
- 본부장 유고시 대행

(3) 선거대책부본부장

- 정치후보자와 본부장을 보좌하며, 본부장 유고시 대행

(4) 상황실장

- 정치후보자와 선거대책본부장의 명을 받아 선거사무소를 총괄 · 통제 · 지휘하며 실질적으로 선거캠페인을 실행

(5) 선거사무장

- 상황실장의 지휘를 받아 법정 선거사무행정을 담당
- 대(對) 선거관리위원회 관계 담당

- 상황실장이 없는 선거조직에서는 정치후보자와 선거대책본부장의 명을 받아 선거사무소의 업무를 총괄·지휘하며 실질적으로 선거캠페인을 실행
- 선거대책본부장이 없는 선거조직에서는 선거대책본부장의 역할을 담당

(6) 상황실 간사
- 상황실장의 업무를 보조

(7) 회계책임자
- 회계에 대한 실무지식과 경험이 필요
- 정치후보자가 신뢰할 수 있는 사람으로 정직성이 필요
- 법정 선거비용에 대한 회계처리 및 장부관리

(8) 기획실장(전략기획팀장)
- 각종 리서치 결과를 바탕으로 전략적으로 계획을 수립할 수 있는 능력 필요
- 치밀하고 창의적이라야 함

* 잡무(雜務)와는 거리를 두도록 해야 함

(9) 공보담당자
- 뉴스기사를 써본 경험이 있으면 좋으며, 여성도 가능
- 언론과 우호적 관계이면 유리
- 중요이슈에 대한 정치후보자의 입장이나 주장 등 선거캠페인에 유리한 사항을 언론을 통해 유권자에게 신속·명확하고 효과적으로 알리는 역할 담당
- 정치후보자의 이미지 창출과 깊은 관련이 있는 업무를 담당

* 공보활동을 통해 메시지를 전달하면 적은 비용으로 신뢰감 있는 홍보 가능

(10) 스케줄 담당자(일정 담당자)
- 상식에 의거한 합리적 판단능력 필요
- 예정된 스케줄을 상대의 기분을 상하지 않게 변경할 수 있는 화술과 매너 필요
- 치밀하고 조직적인 성품의 소유자가 적격
- 선거캠페인을 위해 옳은 일은 비판을 무릅쓰고 관철시킬 수 있는 성품 필요
- 선거캠페인 계획을 세세하게 점검하고, 정치후보자에게 일정을 미리 알려주어 착오가 없도록 하는 역할 담당
- 공·사조직의 후보자 참여일정을 효율적으로 계획
- 정치후보자와 배우자의 동반일정 조정
- 상황에 따라 변경사항이 있을 때 후보자, 선거대책본부장(또는 선거사무장) 등과 긴밀하게 협의하여 스케줄을 바람직한 방향으로 신속하게 수정하여 알리는 역할 담당

(11) 선거대책위원장
- 선거구민들에게 좋은 이미지, 덕망, 영향력을 가진 사람이 적합
- 단순한 간판이 아니라 중요회의에 참석하고 경험과 전문지식을 사용하여 선거캠페인을 실질적으로 지원할 수 있어야 함
- 전략적 마인드를 가지고 선거캠페인 업무를 조정 자문

(12) 선거대책부위원장
- 지역의 유능하고 덕망 있는 인사로 선거대책위원장을 보좌
- 선거캠페인 업무를 조정 자문

(13) 선거대책위원

- 지역에서 드러내놓고 캠페인을 전개하기 거북한 점잖은 사람들을 포함
- 지역에서 예우해야 할 사람들(예: 지역유지, 전직 공사직〔公私職〕의 책임자, 지역원로) 포함
- 정당조직에 편입시키기에 애매한 인사나, 본인이 유입되기를 원하지 않는 인사

(14) 소속정당후보조정자

- 소속정당 내에서 신뢰와 두터운 인간관계를 필요
- 균형 있는 사리판단 능력 필요
- 같은 정당 정치후보자들의 선거캠페인 사이에 지원, 협력, 조정

(15) 선거캠페인 컨설턴트[3)]

- 선거캠페인의 이론과 실제를 겸비해야 함
- 선거캠페인 전체의 전략적 큰 그림을 그리는 동시에 구체적 전술과 테크닉에도 밝아야 함
- 인간문제의 이치와 정치의 흐름을 꿰뚫어보는 통찰력과 번뜩이는 창의력을 필요로 함
- 좋은 정치후보자감을 발굴하고 다듬어 당선 가능성을 극대화

---

3) 심심산골에 좋은 재목감이 있다고 하여도 사람에게 발견되어 쓸모 있게 다듬어져야 그 효용을 다한다. 세상의 많은 재목감이 산골짝의 나무 또는 평범한 길 옆의 나무로 지내다가 고사(枯死)하거나, 기껏 오두막의 서까래나 아궁이의 장작이 되고 마는 것은 바로 그 가치를 제대로 알고 가공해줄 좋은 목수를 만나지 못했기 때문이다. 아무리 좋은 재목감이 있다고 하여도 그것을 대궐의 대들보감으로 다듬어 상량식을 하도록 만드는 것은 바로 대목수의 안목과 능력에 달려있다고 할 수 있다. 국회의원 후보든 대통령 후보든 재목감이 발견되면 그 효용가치가 다 발휘되도록 잘 다듬어져야 한다. 선거캠페인 컨설턴트란 바로 그런 역할을 하는 사람이다.

(16) 조직부장

- 선거대책본부장 또는 상황실장 또는 선거사무장의 지휘를 받아 일선조직 관련업무 담당
- 조직원의 전반적 활동 관리 및 운영
- 읍·면·동 책임자, 투표구 책임자, 통·반 책임자 등의 지역 하부조직 책임자 관리(회의 주재)

(17) 조직1차장

- 조직부장의 지휘를 받아 통상 일선조직의 회의시간, 모임 조정 등의 업무 담당

(18) 조직2차장

- 조직부장의 지휘를 받아 통상 일선조직과의 연락 등의 업무 담당

(19) 총무부장

- 상황실장 또는 선거사무장의 지휘를 받아 선거사무소의 관리, 영선업무, 의전업무, 행정사무를 담당

(20) 민원실장

- 민원업무 담당
- 지방정부, 각 관공서 등과의 관계업무 담당

(21) 여성부장

- 여성관련 업무를 통제·지휘하며 동 여성회를 감독·지원

(22) 청년부장

- 전체 청년관련 업무를 통제·지원하며 동 청년회를 감독·지원

(23) 종합기획실

- 선거캠페인의 상황과 조직의 규모에 따라 기획부, 자료분석부, 정보수집부, 교육지원부, 장비지원부, 여론조사부, 사이버 커뮤니케이션부, 선거기상도부 등을 둘 수 있음
- 종합기획실의 하부에 전화홍보반, 구전홍보반, 특수홍보반, 사신작성반(현행 선거법 불허) 등을 둘 수 있음

(24) 정치후보자 지원부

- 정치후보자의 유권자 접촉활동을 수행하며 세부 활동사항에 대해서는 기획실장의 지도를 받음
- 거리연설회의 장소 선정·답사, 현수막의 게시, 고지벽보 부착, 차량의 위치 선정 등의 준비업무 담당
- 거리연설회시 차량 앞 도열 등 후보자를 지원하며 분위기 조성
- 거리연설회시 소개·찬조·마무리연설 담당
- 거리연설회 후 현수막 철거, 주위 청소 등 담당

(25) 정치후보자의 배우자 지원부

- 배우자 지원업무를 총괄하고 수행 및 일정관리
- 배우자 활동과 관련된 제반문제에 대해서 기획실장의 지도를 받음
- 정치후보자와 함께 하는 일정에 대해서는 스케줄 담당자의 지휘·조정을 받음
- 배우자가 여성일 경우 여성부장과 협의

(26) 당원협의회 동·면·리·투표구 등의 책임자

- 협의회 단위별 당원 및 유권자 현황·성향 파악·보고
- 협의회 단위별 조직관리 및 활동계획 수립·실행
- 필요시 연락사무소 운영
- 협의회 단위별 관련기관·단체·모임과의 친목강화 및 정보수집

▪ 협의회 단위별 경조사 파악 · 보고
▪ 지역인사 견인 및 당원영입

(27) 당원협의회 단위별 조직의 총무
▪ 협의회 단위별 조직 책임자 보좌
▪ 협의회 단위별 비상연락망 구성 및 관리
▪ 협의회 단위별 조직의 활동점검

(28) 당원협의회 단위별 조직의 청년회장 및 여성회장
▪ 청년회원 · 여성회원의 견인
▪ 각종 청년 · 여성조직의 현황파악 및 관리
▪ 불법선거 감시
▪ 협의회 단위별 자원봉사대 구성 및 관리

4. 선거캠페인 조직의 구성

조직은 성급하지 않게 시간을 가지고 신중하게 구성하도록 한다. 예전부터 안면이 있는 사람, 다른 사람이 추천하는 사람, 스스로 찾아오는 사람 등 정치후보자의 주변에는 사람이 많은 것 같으나 막상 사람을 골라서 쓰려고 하면 실제로 마땅한 사람은 그리 많지 않은 것이 보통이다.

조직의 일원이 될 대상자들은 가능하면 여러 가지 경로를 통해 복수로 물색하는 것이 좋다. 일단 대상자가 물색되면 조직의 구성원으로 일해줄 것을 요청하기 전에 개인적 접촉, 신상에 관한 리서치 등의 방법을 통해 그 사람의 능력과 자질에 대하여 세심하게 검토하도록 한다.

대상자가 경합되어 선택이 어려울 때는 결정을 유보하고 신중하게 생각하여야 한다. 조직도표를 그려놓고 공란에 대상자를 연필로 써 넣어보면서 확신이 설 때까지 신중하게 고려하는 것도 한 방법이다.

처음에는 조직도표의 공란이 채워지지 않는 경우가 있으나, 지우고 쓰는 과정을 몇 차례 반복하는 가운데 대부분의 자리는 주어진 상황 속에서 선택할 수 있는 최선의 인물들로 채워질 것이다.

선거캠페인 조직의 구성원들을 결정함에 있어 극히 신중해야 하는 이유는 선거캠페인 조직이 가지는 특이성과 밀접한 관련이 있다. 일반 공·사의 조직은 구성원의 업무실적에 의하여 비교적 용이하게 승진, 감봉, 보직변경, 퇴임 등 적절한 조치를 취할 수 있지만 선거캠페인 조직은 각 구성원의 실적과 적합성에 의하여 함부로 자리를 박탈하거나 변경할 수가 없다. 그렇게 하다가는 불만을 가진 조직원에 의한 감표행위를 피할 수 없기 때문이다.

선거캠페인에서는 득표활동도 중요하지만 감표활동을 막는 것도 대단히 중요하다. 아무리 표를 많이 확보하여도 그 표를 지키지 못한다면 아무런 소용이 없다. 표 하나를 얻기 위해서 열 번, 스무 번이라도 절을 해야 하는 것이 정치후보자다. 그러나 이렇게 애써 확보한 표를 100표, 200표 까먹기는 순식간이다. 그만큼 감표활동이 득표활동보다 용이하다는 말이다.

조직이 잘못 구성되어도 감표행위가 두려워 과감하게 잘라내지 못하고 '울며 겨자 먹기' 식으로 이중의 조직을 유지할 수밖에 없는 경우를 맞게 된다. 그러면 비용이 이중으로 들게 되며 조직 내부의 인화와 단결도 깨질 가능성이 높다. 따라서 정치후보자는 조직을 구성함에 있어 대상자에 대한 충분한 연구·조사를 해야 하며 올바른 분별력으로 신중하게 최종결정을 해야 한다.

이러한 과정을 거치면서 정치후보자는 조직도표를 보지 않아도 각 지역별 조직원들[4]을 소상히 파악할 수 있게 되며 이것이 조직 장악의 지름길이다. 특히 핵심조직만은 정치후보자가 반드시 장악해야 한

4) 읍·면·동 협의회장, 여성회장, 청년회장, 지역장, 투표구책, 동책, 반책 등을 뜻함.

다.[5] 조직부장은 정치후보자의 대리라는 생각으로 조직을 관리하도록 한다. 정치후보자가 조직의 구성을 모르면서 조직부장에게 전적으로 의존할 경우 조직부장의 유고(이탈 포함)시 선거캠페인에 심각한 문제가 발생할 가능성이 있다.

5. 선거캠페인 조직의 운영

1) 선거캠페인 조직운영의 기본방향

(1) 효율의 극대화

선거캠페인 조직은 최소의 비용으로 최대의 효과를 올리도록 운영되어야 한다. 선거조직은 보통 짧은 기간에 구성되기 때문에 조직원 사이에 마찰과 갈등, 업무의 중복 및 미분화, 협조체제 미흡 등으로 인해 효율성이 떨어지는 경우가 많다. 따라서 조직의 효율성을 높이기 위해서는 먼저 업무분장이 체계적으로 이루어져야 한다. 또한 업무에 따른 책임과 권한의 소재를 분명하게 해야 한다. 책임의 소재가 분명해야 활동효과에 대한 평가가 이루어질 수 있으며, 부족한 점을 수정・보완할 수 있다. 업무분장에 따른 책임과 권한은 조직원들에게 사전에 충분히 교육해야 한다.

---

5) 대통령선거나 광역단체장선거와 같이 광범위한 선거구를 대상으로 캠페인을 전개하는 경우 정치후보자의 조직장악 범위에 물리적으로 한계가 따를 수밖에 없다. 따라서 선거구의 크기에 따라서 정치후보자가 파악할 수 있는 핵심조직의 범위와 크기가 날라진다. 그러나 중요한 것은 어떤 선거든 선거구의 성격에 맞추어 정치후보자가 기간조직(基幹組織)을 스스로 파악하여 장악해야 한다는 것이다.

(2) 유기적 선거캠페인 수행

선거캠페인 조직이 메시지 설득커뮤니케이션을 효과적으로 수행하기 위해서는 조직의 각 구성요소가 사람의 지체(肢體)와 같이 유기적으로 활동하여야 한다. 이를 위해서는 조직의 구성요소 상호간에 협조체제가 수립되어야 한다. 그래야 메시지 설득커뮤니케이션이 일관성 있게 이루어지고 그 효과가 누적된다. 또한 조직이 유기적으로 작동해야 선거캠페인 과정에서 발생하는 크고 작은 문제에 효과적으로 대처할 수 있다.

(3) 조정 · 통제기능의 활성화

조직이 유기적으로 움직이기 위해서는 업무에 따른 책임과 권한 그리고 활동에 대한 평가 · 수정 · 보완조치에 수반되는 마찰 · 갈등 · 충돌을 통제 · 완화 · 조정할 수 있는 기능이 효과적으로 작동해야 한다. 이러한 조정기능은 선거캠페인 컨설턴트가 담당하는 것이 바람직하나 유능한 컨설턴트를 사용할 수 없는 선거캠페인의 경우에는 정치후보자가 직접 이 역할을 담당할 수도 있다. 또한 선거캠페인의 규모나 처해 있는 상황에 따라 선거대책본부장, 상황실장 또는 선거사무장이 이 기능을 수행할 수도 있다.

2) 선거캠페인 회의

(1) 선거캠페인 회의의 기능

회의는 선거캠페인에 참여하는 인적 요소 사이에 의사소통을 이루어내는 효과적 수단이다. 회의를 통해 의견을 전달하면 문서, 메모 또는 전화를 사용하는 것보다 훨씬 확실하며 이해도 빠르다. 또한 얼굴을 맞대고 직접적으로 의사소통을 하게 되므로 구성원 상호간에 협조적 분위기를 조성하고 인간적 신뢰감을 형성하는 데 도움이 된다.

또한 선거캠페인에서 회의는 조직의 구성요소별 선거캠페인 진행상

〈표 12-1〉 선거캠페인 회의의 구성

소규모회의의 구성	정치후보자, 선거대책본부장, 선거대책위원장, 상황실장, 사무국장 또는 사무장, 기획실장, 회계담당자, 공보담당자, 일정담당자(스케줄 담당자), 후원회장
대규모회의의 구성	정치후보자, 선거대책본부장, 선거대책부본부장, 선거대책위원장, 주요 분야(필드)별 책임자(동문회·종친회·친목회책임자, 자문위원회 책임자, 각종 단체 책임자, 고문단, 주요 직능별 조직 책임자 등), 상황실장, 사무국장 또는 사무장, 기획실장, 회계담당자, 공보담당자, 일정담당자, 소속정당후보조정자, 중앙당파견인, 후원회장, 사무국 부서장(조직, 홍보, 총무, 민원, 여성, 청년 등), 지역조직 책임자

황을 점검하고 조직원들이 정보를 공유하도록 한다. 이런 과정을 통해서 창의적 아이디어를 도출시킬 수 있을 뿐만 아니라 선거캠페인에 발생하는 문제점에 대하여 공동으로 해결책을 모색할 수 있다. 해결책이 만장일치로 결정되지 못하고 다수결투표로 결정된다고 해도 회의 참여자들이 그러한 결론에 이르게 된 상황을 이해하게 되므로 결정된 해결책에 대해 책임감과 참여의식을 높일 수 있다.

회의를 잘못 운영하면 불필요한 의견대립과 토론으로 시간만 허비하는 결과를 빚어낼 수 있다. 따라서 회의를 잘 운영할 수 있는 지도자가 필요하다.

(2) 선거캠페인 회의의 구성과 활용

① 선거대책 확대회의, 전체 참모회의, 종합 전략회의
- 공·사조직의 핵심자로 구성
- 전체 전략의 수정·보완책 마련
- 선거캠페인의 주요 문제점에 대한 전략적 대책 준비

② 실무자회의
- 공 · 사조직의 실무자만으로 구성
- 전체 전략의 현장실행을 위한 전술을 결정하는 회의
- 선거캠페인의 문제점에 대한 수정 · 보완책 마련

③ 개별회의
- 조직 내 개별분야(선거구 당원협의회 또는 사조직)의 요원으로 구성
- 개별 구성분야별 전략의 수정 · 보완책 마련
- 개별 구성분야별 문제점을 해결하기 위한 전략적 대책을 현장에서 실행하기 위한 전술적 실행안 마련

3) 선거캠페인에서 조심해야 할 사람

앞에서 언급한 바 있듯이 정치후보자의 주변에는 사람이 많은 것 같으나 도움되지 않는 인물도 많다. 다음에 제시한 세 가지 유형은 성공적 선거캠페인을 위해 조심하거나 피해야 할 사람들이다.

① 큰 조직이 있다고 명단을 과시하면서 금전을 요구하는 사람
② 선거캠페인의 협력자로 자처하면서 본인은 바라지 않지만 누구누구를 끌어들이기 위해 필요하다면서 크든 작든 금전을 요구하는 사람
③ 평범한 지식으로 선거전문가를 자처하면서 이래라저래라 선거캠페인 전략을 뒤흔들려고 하는 사람들(선거캠페인의 전략적 계획은 충분한 리서치를 바탕으로 심사숙고하여 결정해야 하며, 일단 결정된 전략은 특별한 상황이 없는 한 바꾸지 말아야 함)

4) 선거캠페인 교육

훈련받은 병사와 훈련받지 못한 병사가 전장에서 전투를 수행하는 능력은 엄청난 차이가 있다. 선거캠페인에서도 마찬가지다. 정치후보자를 비롯해서 정치후보자의 배우자, 부모·자식, 형제·자매, 친구, 선거보좌진, 조직원 등 선거캠페인에 관련된 사람들은 모두 성공적 선거캠페인을 위해 바람직한 태도와 행동에 대한 교육이 필요하다. 선거캠페인과 관련된 인적 구성원들에게 교육해야 할 중요사항은 다음과 같다.

(1) 정치후보자 교육사항

① 좋은 이미지 구축법

- 함량미달과 괘씸죄에 걸리지 않는 태도와 행동: 가볍게 행동하는 것도 좋지 않지만 지나치게 무게를 잡아 거부감을 주는 것도 피해야 한다.
- 지역인사 접촉법
- 일반 유권자 접촉법
- 올바른 인사 및 악수법
- 바람직한 옷차림·화장 등
- 편견·자만·나태 탈피

② 조직관리법

- 조직의 사기를 저하시키는 태도와 행동 금지

선거캠페인 과정에서 사무원, 조직원, 운동원 등의 활동에 부족함이 있더라도 감정적으로 대하거나 일반 유권자 앞에서 문책하면 캠페인 진영 내부에 불만이 생기고 사기가 저하되어 선거캠페인에 도움이 되지 않는다. 부족한 점은 객관적이고 이성적으로 지적하고 수정·보완하는 것이 필요하며 수고에 대해서는 따뜻한 격려가 있어야 한다. 선거전이 가열되면 긴장, 초조, 불안 등이 발생하지만 정치후보자는 참모나 조직원들 앞에서 가급적 이러한 모습을 보이지 않도록 노력하고 꿋꿋하고 의연한 모습을 견지하는 것이 바람직하다. 후보자 자신이 흔들리면 조직의 사기에 악영향을 미치기 때문에 후보자 자신 및 간부의 사치·낭비·과도한 유흥도 피해야 한다.

▪ 선거캠페인 전략회의 주재법

각종 문서·정보·자료의 유출을 방지하고 보안을 유지하도록 한다. 또한 효과적으로 합의를 이끌어내는 법을 습득해야 한다.

* 선거캠페인은 정열적 활동인 동시에 여러 가지 스트레스로 인하여 사람들간에 충돌, 마찰, 감정대립이 발생할 가능성이 높다. 이때 선거캠페인 내부에서 이러한 문제들을 조정할 사람이 필요하다. 선대본부장, 선대위원장, 선거캠페인 컨설턴트 또는 정치후보자 자신이 이를 담당해야 한다.

③ 전략적 계획에 따른 효과적 시간관리

▪ 시간관리의 필요성 인식
▪ 스케줄 준수의 중요성
▪ 컨설턴트·기획실장·선거대책본부장 등 핵심참모의 조언 수용

④ 효과적 연설·대화·토론법

⑤ 중상·비방에 대한 효과적 대응법

⑥ 위기관리법

(2) 정치후보자의 배우자 교육사항

① 좋은 이미지 구축법(괘씸죄에 걸리지 않는 태도 · 행동 · 대화법)

- 후보자에 대한 노골적 칭찬을 가급적 자제하고 묵묵히 내조 또는 외조하는 자세를 취한다. 또한 후보자를 돕기 위해 분주하게 설치는 인상을 주는 것은 좋지 않다. 가급적 소리 나지 않게 품위를 지키며 후보자를 지원하는 것이 좋다.
- 후보자를 위한 의욕이 지나치면 불필요한 행동을 하게 되고 이것이 무리와 실수를 빚어내 돕는다는 것이 오히려 역효과를 내는 경우가 많다. 또한 정치후보자의 배우자는 선거사무실에 자주 나타나지 않는 것이 바람직하며 선거사무실 차량도 가급적 사용하지 않는 것이 좋다.
- 올바른 인사 및 악수법: 정중하고 겸손하게 한다.
- 바람직한 옷차림 · 화장 등: 얼굴화장, 머리손질, 옷차림은 수수한 것이 무난하다.

② 상대방 요원의 고의적 망신주기 · 시비 걸기 · 중상 · 비방에 대한 효과적 대처법

- 어떠한 경우라도 대중 앞에서 감정적으로 응대하지 말아야 한다. 상대방이 고의로 시비를 걸어도 흥분하여 감정적으로 응대하지 말고 겸손하게 "죄송합니다", "미안합니다"라고 말하는 것이 좋다.
- 상대방이 잘못을 뒤집어씌우며 극심하게 비난 · 비방하더라도 주변 사람들의 지지와 공감을 끌어낼 수 있도록 겸손하고 이성적 행동으로 대응해야 한다.

  예: (주위 사람들을 둘러보며) "여러분, 제가 그런 것이 아니라는 것을 아시지요? 이해해주셔서 정말 고맙습니다."

- 신속하게 상황을 탈출: 불필요한 논쟁 · 잘잘못 가리기 · 실랑이질을 하면 할수록 이미지가 훼손되며 도움될 것이 없다. 신속하게

현장을 탈출하는 것이 상책이다.

(3) 정치후보자의 가족 및 친·인척 교육사항

① 가족 및 친·인척은 기본적으로 선거사무실 출입을 삼가거나 조심스럽게

- 상주하거나 출입이 잦으면 내·외부인사에 의한 금전요구 등 곤란한 일을 당할 가능성이 높아지며 어떻게 대응하더라도 문제가 발생할 소지가 있다.

② 유권자와 조직원들에 대해 괘씸죄에 걸리지 않도록 겸손하고 조용한 태도와 행동으로 정치후보자를 지원

(4) 정치후보자의 친구 교육사항

① 정치후보자를 돋보이게 하는 태도와 행동

- 정치후보자에 대한 불필요한 개인정보(예: 학교성적 및 품행, 성격적 결함, 이성관계, 금전관계, 평소 습관 등) 누출 방지
- 조직원들에게 함량미달과 괘씸죄에 걸리지 않는 태도와 행동: 친구들이 못나보이거나 잘난 척하는 모습으로 보이는 것 모두 결국 후보자의 좋은 이미지 구축에 저해요소로 작용한다.

(5) 선거캠페인 보좌진 교육사항

① 후보자 수행 및 보좌법

- 단정한 옷차림·머리·구두
- 유권자 앞에서 누구와도(상대방 운동원과도) 언쟁이나 무례한 행동 삼가: 공손하고 부드러운 태도와 행동을 유지한다.
- 정치후보자의 각종 유권자 접촉시 행동요령(제 11장 참고)
- 유권자가 정치후보자를 맞을 수 있는 마음의 준비를 하도록 방문

을 알리고, 접촉 완료 후 마무리 인사("감사합니다", "안녕히 계세요", "이번에 꼭 부탁드립니다" 등)

- 정보수집: 접촉유권자의 전화, 주소, 직업, 연령, 후보자에 대한 호의 정도, 향후 활용에 대한 소견, 기타 특이사항 메모

② 보안유지

③ 조직원들과의 인화단결

④ 효과적 캠페인의 기본원리 및 방법(이 책 전반 참고)

(6) 조직원 교육사항

① 정치후보자에 대한 지지호소 방법: 우리 후보자의 강점과 상대후보자의 취약점을 숙지시킴(해학적 자료 제공)

- 전화홍보방법
- 구전홍보방법
- 엽서홍보방법
- 지역활동방법

② 각종 연설회 및 정당행사 지원방법

③ 선거관리위원회가 발송한 홍보문 재활용방법

④ 정보수집 및 보고방법

- 상대후보자의 취약점
- 상대방 선거캠페인의 진행상황
- 우리측 후보자에 대한 중상, 비방 등의 정도

⑤ 우리측 후보자에 대한 상대방의 공격 방어법

6. 선거캠페인 조직의 형태

1) 소규모 조직

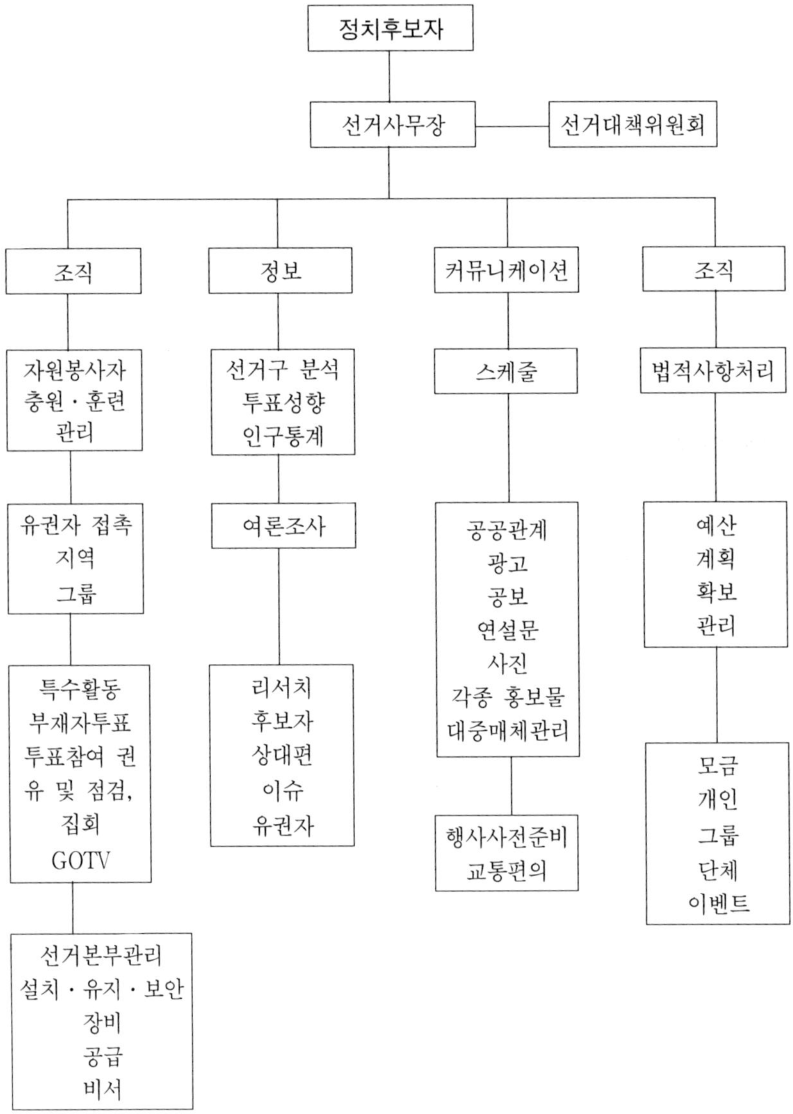

2) 중규모 조직 A

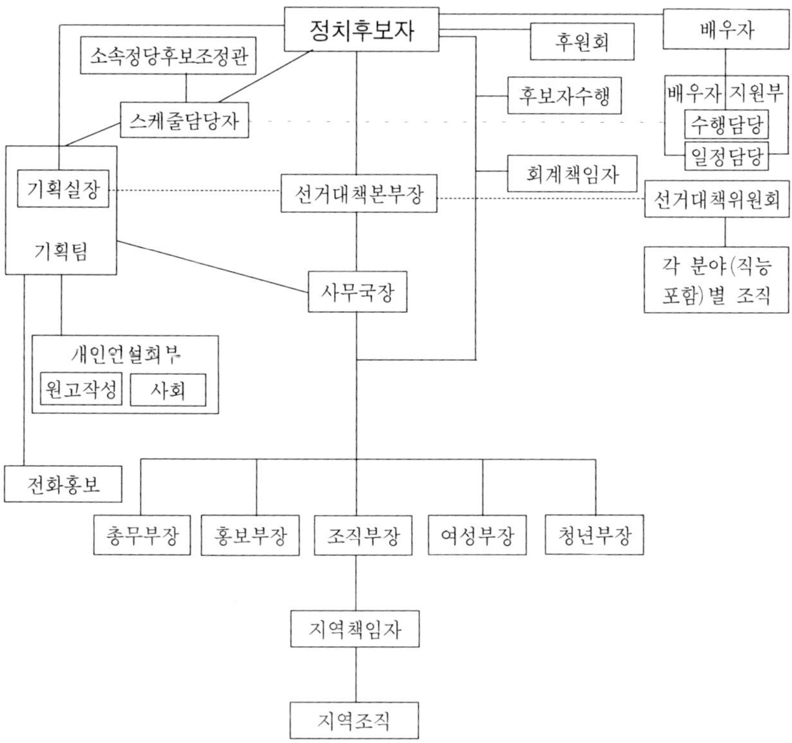
정치후보자
소속정당후보조정관
스케줄담당자
후원회
배우자
후보자수행
배우자 지원부
수행담당
일정담당
기획실장
기획팀
선거대책본부장
회계책임자
선거대책위원회
사무국장
각 분야(직능 포함)별 조직
개인연설회부
원고작성
사회
전화홍보
총무부장
홍보부장
조직부장
여성부장
청년부장
지역책임자
지역조직

3) 중규모 조직 B

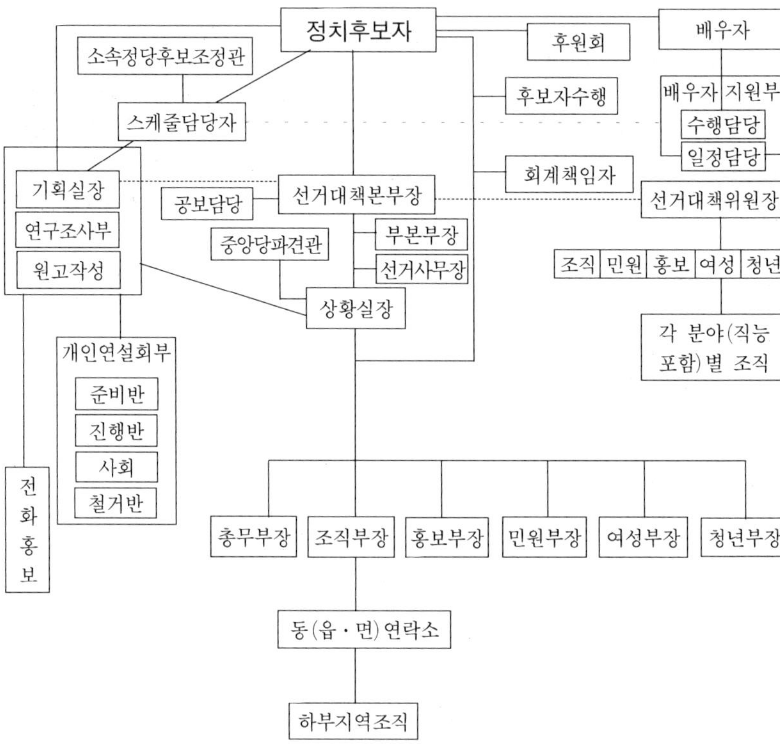
정치후보자
후원회
배우자
소속정당후보조정관
후보자수행
배우자 지원부
수행담당
일정담당
스케줄담당자
회계책임자
기획실장
연구조사부
원고작성
공보담당
선거대책본부장
선거대책위원장
중앙당파견관
부본부장
선거사무장
조직
민원
홍보
여성
청년
상황실장
각 분야(직능 포함)별 조직
개인연설회부
준비반
진행반
사회
철거반
전화홍보
총무부장
조직부장
홍보부장
민원부장
여성부장
청년부장
동(읍·면) 연락소
하부지역조직

4) 대규모 조직

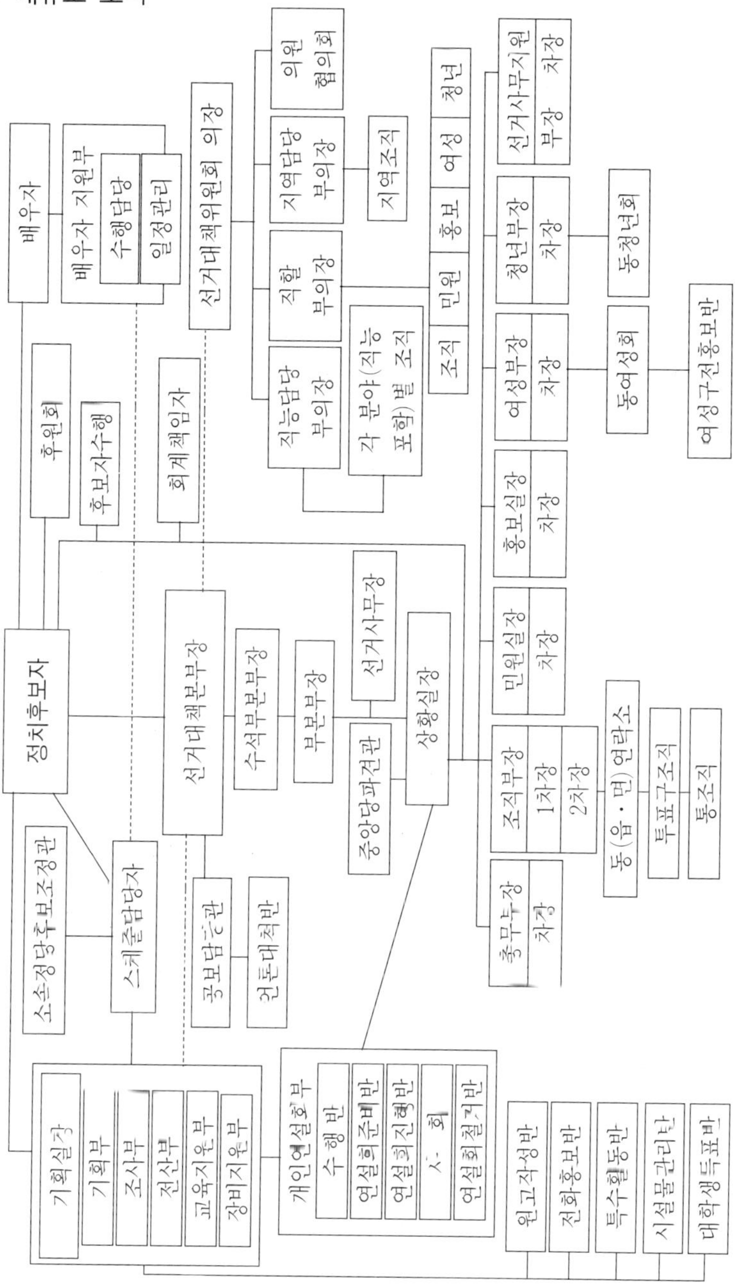
정치후보자
배우자
배우자 지원부
수행담당
일정관리
후원회
후보자수행
회계책임자
선거대책위원회 의장
의원 협의회
지역담당 부의장
지역조직
직할 부의장
직능담당 부의장
각 분야(직능 포함) 별 조직
조직
민원
홍보
여성
청년
선거사무지원 부장 차장
청년부장 차장
동청년회
여성부장 차장
동여성회
여성구전홍보반
홍보실장 차장
민원실장 차장
조직부장 1차장 2차장
동(읍·면) 연락소
투표구조직
통조직
총무부장 차장
선거대책본부장
수석부본부장
부본부장
선거사무장
상황실장
중앙당파견관
소속정당후보조정관
스케줄담당자
공보담당관
선전대책반
기획실장
기획부
조사부
선전부
교육지원부
장비지원부
개인연설회부
수행반
연설회준비반
연설회진행반
사회
연설회철거반
원고작성반
전화홍보반
특수활동반
시설물관리반
대학생득표반

5) 대규모 조직의 선거대책위원회

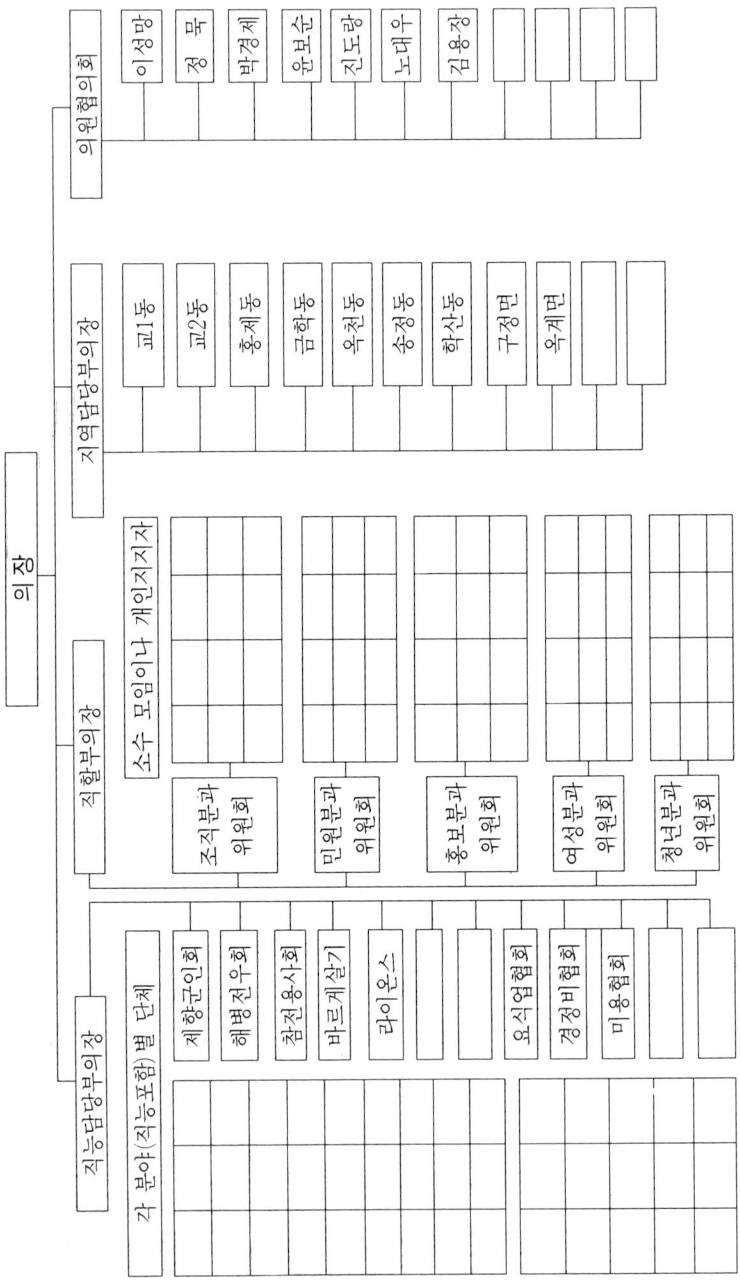

6) 미국의 선거캠페인 조직(일반형)

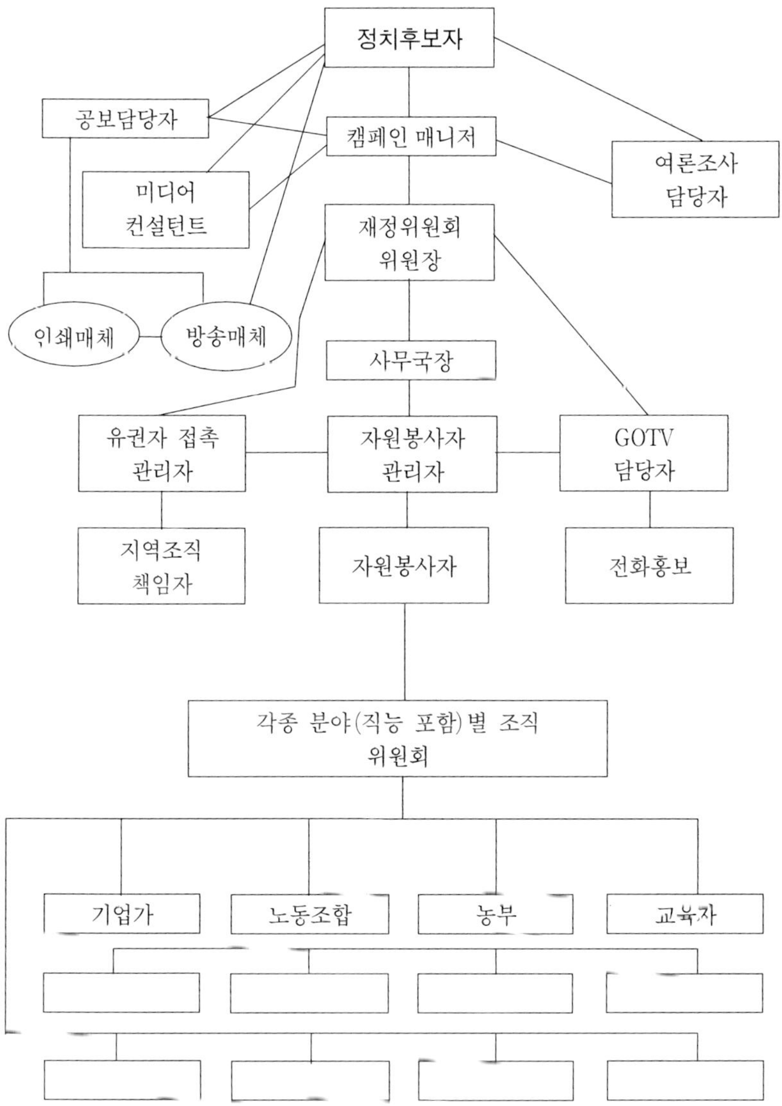

제 13 장
자원봉사자

선거캠페인 자원봉사자(自願奉仕者; *volunteers*)의 원론적 정의는 '정치후보자의 선거캠페인을 무보수로 도와주는 사람'이다. 진정한 자원봉사자는 비교적 비이기적이고, 선거캠페인에 참여함으로써 어떤 보람을 찾으려고 한다. 또한 대부분의 자원봉사자는 선거캠페인의 열정적 분위기를 좋아한다.

선진 자유민주주의 국가의 선거캠페인을 보면 모두 자원봉사자 제도가 활성화되어 있음을 알 수 있다. 선진국에서는 자원봉사자들을 얼마나 모집하여 어떻게 사용하는가 하는 것이 선거결과에 대단히 큰 영향을 미친다. 미국에서는 이미 1958년에 애리조나 주지사 선거에 출마한 배리 골드워터가 약 8천 명에 이르는 자원봉사자를 사용했다고 한다. 미국의 정치인들은 대개 선거캠페인 자원봉사 활동을 통해 정치와 처음 인연을 맺는다. 빠른 경우 중·고교 시절부터 각종(各種)·각급(各級) 정치후보자의 선거캠페인을 무보수로 도와주면서 현실정치를 배울 기회를 가진다.

우리나라에서는 아직 선거캠페인에서 자원봉사자 제도가 활성화되었다고 말할 수 없다. 또한 현재 사용되는 자원봉사자 제도도 그 실상을 들여다보면 자원봉사자 제도 본래의 취지에서 이탈한 경우가 많다. 선거캠페인에서 자원봉사자 제도가 어떻게 운용되는가를 보면 그 나라의 정치발전 수준을 알 수 있다. 자원봉사제도는 모금제도와 함께한 나라의 정치발전의 정도를 가늠할 수 있는 중요한 척도이다. 이러한 점에서 우리나라도 진정한 의미의 자원봉사자 제도가 정착될 수 있도록 정부와 국민이 각별한 노력을 기울여야 할 것이다.

제 13장에서는 우리나라의 선거캠페인 자원봉사자 제도의 척박한 현실에 바람직한 방향을 제시한다는 의미에서, 첫째, 선거캠페인 자원봉사자의 특징, 둘째, 선거캠페인 자원봉사를 통해 얻을 수 있는 것, 셋째, 잠재적 선거캠페인 자원봉사자, 넷째, 선거캠페인 자원봉사자의 사용법을 중심으로 선진적 자원봉사자 제도의 핵심사항을 살펴본다.

1. 자원봉사자란 어떤 사람들인가?

선거캠페인에서 무보수로 자원봉사활동을 하는 사람들의 주요 특성을 정리해보면 다음과 같다.

(1) 선거캠페인에 수반되는 열정을 좋아하고 즐기는 사람들이다. 따라서 자원봉사자 중에는 선거캠페인을 찾아다니는 사람들이 많다. 그들은 선거캠페인에 참여하는 동안 평상시와는 전혀 다른 사람이 된 것처럼 신바람에 취한다.

(2) 젊은이든 나이든 사람이든 활동할 수 있는 에너지가 충만한데도 불구하고 그러한 에너지를 생산적으로 발산할 수 있는 기회를 제대로 접해보지 못한 사람들일 수 있다. 선거캠페인은 이런 사람들을 따뜻하게 맞이하고 활동 에너지를 정열적으로 발산할 수 있는 좋은 공간을 제공한다.

(3) 살아오는 동안 개인적으로나 직업적으로 큰 어려움을 겪은 사람

일 수 있다. 예를 들어 직장을 잃고 실업상태에 있는 사람들, 이혼한 사람들, 사랑하는 사람이 죽은 사람들, 무엇인가 소중하게 아끼던 것을 잃어버린 사람들일 수 있다. 이런 사람들은 선거캠페인을 통해서 삶의 외로움과 공허함을 메우고 달래려고 한다.

(4) 정치후보자의 정치적 장래에 대하여 강한 신뢰를 가진 지지자일 수 있다. 특정 정치후보자가 표방하는 이념이나 정책부터 성격, 도덕성, 용모에 이르기까지 다양한 이유로 그 정치후보자에게 매력을 느끼고 신뢰를 가지며 그의 선거캠페인에 자원봉사자로 참여하게 되는 경우이다.

(5) 혈연, 지연, 학연 등 정치후보자와의 삶의 연결고리로 인하여 선거캠페인에 자원봉사자로 참여하는 경우가 많다.

2. 선거캠페인 자원봉사를 통해 얻을 수 있는 것

자원봉사자들은 선거캠페인에 그들의 시간, 노력 그리고 때로는 돈까지 투여함으로써 어떤 대가를 얻으려는 투자자라고 볼 수 있다. 진정한 의미의 자원봉사자라면 이 대가는 보통 심리적이다. 선거캠페인에 참여하는 자원봉사자들이 얻을 수 있는 무형의 대가를 살펴보면 다음과 같다.

(1) 선거캠페인 조직에 대한 이해

(2) 정치감각의 세련화

(3) 주요 이슈에 대한 지식과 정치의 흐름 파악

(4) 많은 사람들과 개인적 · 사업적 · 정치적 · 시민적 관계를 증진: 인맥형성 및 장래의 후원자 획득, 현직 정치인 및 지역의 정치보스 등 정치적 영향력을 가진 사람들과 인연을 맺음으로써 장래에 본격적으로 정치에 입문하는 데 도움을 받을 수 있음

(5) 정치적 창의력과 재능의 시험 및 발굴
(6) 삶의 고독감과 공허감 해소

3. 잠재적 선거캠페인 자원봉사자

자원봉사자는 노력도 하지 않는데 제 발로 걸어 들어오지 않는다. 그렇게 쉽게 얻는 자원봉사자란 그리 흔치 않다. 훌륭한 자원봉사자 모집자는 자원봉사자들이 그들의 시간, 노력을 비롯하여 때로는 돈까지 선거캠페인에 투여함으로써 얻을 수 있는 대가에 대하여 잘 설명해 주거나 그 대가를 선거캠페인 과정에서 실제로 제공함으로써 새로운 자원봉사자들을 모집할 수 있다. 또한 자원봉사자 모집담당자는 자원봉사자를 찾을 수 있는 곳에 민감해야 한다. 다음은 선거캠페인의 자원봉사자가 될 잠재력이 높은 사람들이다.

(1) 정치후보자의 가족, 친・인척, 친구, 친지, 이웃, 직장동료
(2) 이전의 선거캠페인 참여자
(3) 이전의 정당활동 참여자
(4) 동창회, 향우회, 계모임, 노인모임, 청・장년회, 산악회, 취미모임 등 각종 모임의 참여자
(5) 시민단체, 노동단체, 이익단체 등 각종 단체 참여자: 성차별, 가정폭력, 여성의 지위향상 등 여성과 관련된 이슈에 이목이 집중된 선거캠페인에서는 여성단체의 구성원들이 좋은 자원봉사자 대상, 낙태나 인권문제 등과 같은 윤리적 이슈가 관련된 선거캠페인에서는 종교인이 좋은 자원봉사자의 대상
(6) 현직 정치인들이 가진 자원봉사자 명단
(7) 아이를 성장시키고 시간적 여유가 있는 주부
(8) 대학생: 인턴십을 학점에 반영 가능

(9) 선거캠페인에 참여해본 경험은 전혀 없으나 새로운 것에 대해 호기심이 있는 사람들: 미디어광고를 통해 모집 가능
(10) 자원봉사자가 그들의 주변 사람들을 권유

4. 자원봉사자의 사용

모집된 자원봉사자를 선거캠페인에 효과적으로 사용하기 위해서는 다음과 같은 점을 유념하는 것이 좋다.

(1) 자원봉사자 관리자는 무엇보다도 자원봉사자를 존중해야 하며 그들이 혹시 실수를 저지르더라도 따뜻하게 포용하는 태도를 가져야 한다.
(2) 어떤 사람이 자원봉사자로 선거캠페인에 참여하기를 원하면 정치후보자 또는 자원봉사자 관리자는 그들을 인터뷰하여 그들이 어떤 능력을 가졌는지, 어디에 사용하면 좋은지 파악해야 한다. 따라서 자원봉사자 설문지를 준비하여 그들의 이름, 주소, 전화, 직업적 배경, 과거의 정치경험 그리고 가능하다면 그들이 자원봉사자로서 하고 싶은 일이 무엇인지 파악하는 것이 좋다.
(3) 기본적으로 자원봉사자가 원하는 일을 하도록 하는 것이 좋다. 그러나 때에 따라서는 정치후보자나 자원봉사자 관리자가 직접 일을 부과함으로써 그들이 대단히 유용하고 필요한 존재임을 확인시킨다. 자원봉사자로 하여금 자신이 선거캠페인에서 소중한 존재라는 느낌, 무엇인가 가치 있는 일을 한다는 느낌을 갖게 하는 것이 좋다. 그렇지 않으면 열정과 흥미를 곧 잃어버릴 가능성이 있다.
(4) 자원봉사자가 선거캠페인에 참여할 때뿐만 아니라 선거캠페인이 끝난 후에도 그들의 주소, 전화번호 등의 변화상황을 파악하여

소식지 등을 꾸준히 보내줌으로써 연결이 끊기지 않도록 한다.

(5) 자원봉사자는 자원봉사자 관리자가 창의성과 관리능력을 잘 발휘하면 도움받지 못할 곳이 거의 없을 정도다.

▪ 자원봉사자 사용 가능분야

유권자 직접 접촉, 정치후보자 수행 및 경호, 이벤트 참가, 거리연설회 지원, 전화홍보, 정치후보자 홈페이지 관리, 사이버홍보, 사무실 전화응대, 홍보물 배포(현행 우리나라 공직선거법 하에서는 금지), 행사 사전준비, 여론조사 등

〈표 13-1〉 자원봉사자 설문지의 예

(기여도 : A=주 3시간 이하, B=주 3~6시간, C=주 6~10시간, D=주 10시간 이상)

업무명	업무내용	선거캠페인에 도움이 되는 사항	자원봉사자에게 도움이 되는 사항	O/X	가능 기여도
컴퓨터 데이터입력	유권자의 이름, 주소 등을 입력	유권자 접촉을 용이하고 체계 있게 함	컴퓨터 사용법, 유권자 특성 파악 등		
문서 및 우편물 수발 및 관리	각종 문서 및 우편물 접수, 발송, 정리, 관리 등	정보를 용이하게 사용 가능	선거캠페인의 정보관리 경험		
전화업무	전화접수 및 메모, 회의 · 모임일정 통보, 소식전달 등	캠페인 참여자들간의 의사소통 원활	다양한 사람들과의 대화 및 응대법 습득		
유권자 접촉	유권자를 직접 접촉하여 메시지 전달	인지도 제고 및 지지세력화	유권자 성향 파악 및 접촉기법 습득		
후보자 분석	출마예상자에 대한 분석	잠재적 정치후보자에 대한 강 · 약점 파악	후보자 분석방법 습득, 후보자의 강 · 약점 이해		
자원봉사자 모집	잠재적 자원봉사자 명단 개발 및 모집	자원봉사자 확충, 조직 강화	자원봉사자 개발 및 모집 기술 습득		
자원봉사자 관리	자원봉사자 활동 스케줄 수립 및 활동상황 점검 · 보고	자원봉사자를 통한 메시지 설득커뮤니케이션	인적 자원관리 기술 습득		

제 14 장
네거티브 캠페인

네거티브(부정적; *negative*) 캠페인이란 상대편 정치후보자의 능력, 자질, 정책, 이슈입장 등을 공격하는 선거캠페인 행위이다. 반면에 포지티브(긍정적; *positive*) 캠페인이란 상대후보자에 대한 언급 없이 정치후보자의 능력, 자질, 정책, 이슈입장 등의 긍정적인 면만을 부각시키는 선거캠페인 행위이다. 대조적(*contrastive*) 캠페인이란 유권자에게 정치후보자들간의 능력, 자질, 정책 등의 차이점을 비교하여 보여주는 선거캠페인 행위라고 할 수 있다.

이론적으로는 선거캠페인을 위와 같이 세 가지로 나눌 수 있으나 현실적으로 대부분의 선거캠페인에는 이 세 가지 캠페인 행위가 혼재(混在)한다. 따라서 어떤 선거캠페인을 네거티브 캠페인이나 포지티브 캠페인이다 하는 식으로 난정하는 것은 적절치 못하다. 선거캠페인에서 정치후보자 사이의 강·약점을 차별화하여 효과적으로 선거캠페인을 전개하기 위해서는 네거티브 캠페인을 피할 수 없다. 또한 대조적 캠페인도 엄밀한 객관성을 가지고 이루어지기가 거의 불가능하며 어떻게든 선거캠페인 주체에 유리한 쪽으로 기울어질 수밖에 없는 것이 현실이다.

네거티브 캠페인은 상대편 정치후보자에게 공격을 가하여 신뢰성을 저하시키고 지지세력을 약화시킴으로써 선거에서 승리하는 것을 목적으로 한다.

네거티브 캠페인 행위 중에는 정상적이고 합법적인 행위가 있는 반면 자유민주주의의 발전을 위해 불식(拂拭)되어야 할 행위도 있다. 자유민주주의의 발전을 위해 지양해야 할 네거티브 캠페인 행위는 근거 없는 허위사실을 유포하거나 사실을 과장하여 상대편 정치후보자의 평판을 악의적으로 훼손시키는 것이다. 이러한 행위는 상대후보자를 곤경에 빠뜨릴 뿐만 아니라 유권자의 판단력까지 흐리게 한다.

그러나 정치후보자의 능력과 자질이 부족하거나 도덕성이 결여되었을 때 이에 관한 객관적 정보를 제공하거나 공정하게 비판하여 유권자가 올바른 판단을 내릴 수 있도록 하는 것은 선거캠페인에서 없어서는 안 될 정상적 캠페인 행위이다.

정치후보자의 강점과 약점을 분명하게 드러내 차별화하고 넓게는 국가와 민족을 위해, 좁게는 지역사회를 위해 어떤 정치후보자가 가장 적합한 인물인가를 유권자가 선택할 수 있도록 해야 한다. 상대후보자에 대한 비판을 무조건 바람직하지 않은 행위로 규정하여 법적 제재를 가한다면 자유민주주의 사회에서 선거캠페인이 갖는 근본적 의의와 역할을 올바르게 이해한다고 말할 수 없다.

제 14장에서는 첫째, 상대편 정치후보자에 대한 조사의 필요성, 둘째, 상대편 정치후보자에 대한 조사방법과 유의할 점, 셋째, 네거티브 캠페인의 사용을 고려해야 할 상황, 넷째, 네거티브 캠페인의 올바른 사용방법, 다섯째, 네거티브 캠페인의 소재(素材), 여섯째, 네거티브 캠페인의 잠재적 정보원(情報源)에 대하여 논의한다.

1. 상대편 정치후보자에 대한 조사

1) 상대후보자에 대한 조사의 필요성

선거캠페인을 성공적으로 이끄는 가장 중요한 요소 중의 하나는 상대편에 대하여 철저하게 파악하는 것이다. 상대후보자에 대한 조사(*opposition research or investigating*)가 절실하게 필요한 이유는 많은 정치후보자 중에 유독 나 또는 우리 후보자가 당선되어야 할 이유를 유권자에게 확신시키는 것이 필요하기 때문이다.

이러한 조사가 필요한 또 다른 이유는 유권자는 누구를 위해서 또는 무엇을 위해 투표하기보다는 어떤 사람 또는 어떤 일을 반대하거나 싫어하기 때문에 투표하는 경향이 있기 때문이다. 따라서 상대편 정치후보자의 능력과 자질, 공적(公的) 경력과 기록 등과 관련하여 유권자가 그 정치후보자를 지지해서는 안 될 이유를 찾아내야 하는 것이다.

사람은 누구나 결정적 취약점으로 작용할 수 있는 아킬레스건을 가졌다. 선거캠페인에서의 정치후보자도 이와 같이 공격을 받으면 심대한 손상을 입을 수 있는 특별한 취약점이 있게 마련이다. 이러한 점이 상대편 정치후보자에 대한 조사를 가볍게 여길 수 없는 이유이다.

2) 상대후보자에 대한 조사방법과 유의할 점

상대편 정치후보자에 대한 조사(또는 리서치)란 상대편에 대한 객관적 사실 또는 실정(實情)을 파악하는 것으로 단순히 소문(*rumour*)을 수집하는 것이 아니다. 상대편 정치후보자가 만약 이전에 공직을 가졌거나 또는 현재 공직에 있다면 다른 어떤 것보다도 먼저 그의 공적 경력과 기록을 면밀하게 조사해야 한다.

만일 조사대상자가 전·현직 정치인이라면 범사회적 논쟁을 불러일으키는 의안(議案)이나 국민들 사이에 이해가 상충되는 문제 또는 국민들이 관심을 가지는 중요한 이슈에 대하여 의회에서 어떻게 표결했으며 어떤 발언을 했는지 반드시 면밀하게 살펴보아야 한다. 중요회의에 대한 출석률, 공적 모임에 대한 참석상황도 좋은 조사대상이다. 또한 그의 공적 활동이 국민의 지탄의 대상이 되지는 않았는가, 공권력에 의하여 조사받은 적은 없는가도 파악해야 한다.

상대편 정치후보자의 공직임용 이전의 각종 활동도 조사의 대상이 된다. 상대편 정치후보자와 그의 가까운 동료들 사이에 발생한 명예롭지 못한 공적 문제, 그가 쓴 책의 내용, 병역사항, 사상 등도 관심을 가지고 파악해야 할 사항이다. 과거에 어떤 일로 고발되거나 고소당하지 않았는가? 그의 가장 가까운 동료, 고문, 재정적 후원자들은 누구인가? 이러한 사항들도 모두 조사대상이 된다.

상대편 정치후보자의 공개된 적(敵)도 파악하는 것이 좋다. 그들을 통해 상대편 정치후보자에 대한 정보 또는 정보를 이끌어낼 수 있는 단서를 얻을 수 있다. 그러나 상대편 정치후보자의 알려진 적과 밀접한 관계가 있는 것으로 유권자에게 보이는 것은 좋지 않다. 그들이 당신에게 큰 도움이 될 수도 있지만 그들과 친밀하게 보이는 것이 유권자에게 새로운 의혹의 대상이 될 수 있기 때문이다.

상대편 정치후보자에 대한 조사는 반드시 해야 하고 또 필요한 것이지만 대단히 조심성 있게 해야 하며 절대로 그의 기본권을 침해해서는 안 된다. 공익과 관련 없는 개인생활, 결혼생활 등을 조사대상으로 삼거나 그런 소재를 이용하여 상대편 정치후보자의 명예를 실추시키는 행위를 해서는 안 된다. 그러나 정치후보자의 개인생활이라도 공익과 관련되는 부분이 있다면 조사와 비판의 대상이 될 수 있다. 음주운전, 마약복용과 같은 것이 그 비근한 예라고 할 수 있다.

2. 네거티브 캠페인

1) 네거티브 캠페인을 고려해야 할 상황

네거티브 캠페인의 사용을 진지하게 검토할 만한 상황은 일반적으로 상대편 정치후보자에 비하여 지명도, 자금, 조직 등의 면에서 열세이면서, 상대후보자가 공직을 담당할 사람으로서 능력, 자질, 도덕성 등의 면에서 결정적 결함이 있을 때라고 말할 수 있다. 또한 앞에서도 언급했듯이 네거티브 캠페인을 사용하려면 반드시 상대편 정치후보자에 대한 객관적 증거를 사용해야 한다.

구체적으로 네거티브 캠페인을 고려할 수 있는 주요한 상황은 다음과 같다.

(1) 능력, 자질, 도덕성 등의 면에서 상대편 정치후보자가 가진 결정적 결함에 대해 아직 알려지지 않은 객관적 증거가 있을 때
(2) 현직 정치인에게 도전할 때
(3) 자금사용량에서 상대편 정치후보자보다 크게 뒤떨어져 있을 때
(4) 인지도가 상대편 정치후보자에 비하여 훨씬 뒤떨어져 있거나 제대로 형성되어 있지 않을 때
(5) 선거캠페인을 상대편 정치후보자보다 현저하게 늦게 시작했을 때
(6) 선거구 내 주요 인사들의 대다수가 상대편 정치후보자를 지지할 때

2) 네거티브 캠페인의 올바른 사용방법

네거티브 캠페인은 병을 고치기 위해서 먹는 약과 같다. 필요할 때 필요한 곳에 제대로 사용하면 큰 도움이 되지만 잘못 사용하면 오히려 선거캠페인을 손상시키거나 최악의 경우에는 선거캠페인을 좌초시킬

위험성까지 있다.

(1) 공격의 객관성 확보

객관적 입장에서 네거티브 캠페인을 행해야 공격이 정치후보자의 개인적 동기에서 발동된 것이 아니라는 것을 알리게 되고 유권자에게 신뢰감을 준다. 그래야 상대편으로부터 역공격을 당할 위험도 적어진다.

객관적 입장에서 네거티브 캠페인을 행하기 위해서는 정치후보자 자신이 상대편 정치후보자에 대한 주공격에 나서는 것은 좋지 않다. 그보다는 언론인[1] 또는 언론기관, 시민단체, 시민모임[2] 등과 같이 공익성과 객관성을 가진 제 3자에게 상대편 정치후보자의 결함에 대한 객관적 증거를 제공하여 공격이 이루어지도록 한다.

이와 같이 객관적 제 3자가 상대편 정치후보자에 대해 선제공격을 시작한 후 당해 정치후보자나 그의 선거캠페인은 여론을 등에 업고 후속적 공격을 하도록 한다. 이때 정치후보자는 마치 더러운 것들을 깨끗이 쓸어버린다는 인상을 유권자에게 주는 것이 중요하다.

그러나 인지도가 저조한 정치후보자나 기초의원선거와 같이 선거구가 크지 않은 선거에 출마한 정치후보자는 때로 직접 상대편 정치후보자에 대한 공격에 나설 수도 있다. 이러한 선거캠페인에서 정치후보자가 당면한 급선무는 무엇보다도 인지도를 향상시키는 것이므로 신빙성 있는 자료를 바탕으로 상대편 정치후보자에 대해 직접 공격함으로써 언론의 주목을 받을 수 있다.

(2) 개인생활에 대한 공격은 신중하게

정치후보자와 관련된 사항은 모두 조사의 대상이 될 수 있다. 중요한 것은 조사를 통해 알아낸 사항이 얼마나 믿을 수 있는 것이며, 그것

---

1) 정치 칼럼리스트, 논평가 등을 말함.

2) 예로 '사회정의 구현을 위한 시민모임', '정의를 사랑하는 보통 사람들의 모임', '특별선거감시위원회'와 같은 것을 들 수 있다.

을 어떻게 사용하는가 하는 것이다. 상대편 정치후보자에 반(反)하는 어떤 주장이나 공격을 할 때에는 유권자를 확신시킬 수 있도록 반드시 충분한 증거가 뒷받침되어야 한다.

특히 상대편의 개인생활과 관련된 문제, 특히 결혼생활과 관련된 문제를 거론할 때는 반드시 공익과 긴밀한 관련성이 있어야 하고, 동시에 확신할 수 있는 증거를 가지고 극도로 신중해야 한다. 그렇지 않으면 상대편이 중상모략의 피해자로 자신을 성공적으로 방어하게 되고 오히려 공격하던 사람의 명예가 실추될 것이다.

정치후보자의 공익과 관련 없는 개인적 문제를 들추어내는 행위는 유권자의 동정심을 유발하여 그러한 문제에 대해 시비하는 사람을 오히려 불리하게 만드는 경우가 많다. 따라서 비록 상대후보자에 대한 어떤 확실한 사실을 확보하였다고 하더라도 그것에 근거한 공격이 가져올 결과를 다시 한번 신중하게 가늠해봐야 한다. 상대후보자에 대하여 유권자의 동정심을 불러일으킬 만한 것은 절대 입에 올리지 말아야 한다.

(3) 공격은 유권자의 정서 · 정의감 · 상식에 부합되게

상대편 정치후보자에 대한 공격과 관련하여 각별히 유념해야 할 것은 유권자의 정서, 정의감 또는 유권자가 납득할 수 있는 정도를 넘어선 지나친 공격은 공격자에게 오히려 해가 된다는 사실이다.

예를 들어 상대편 정치후보자가 젊은 시절 주먹세계와 가까웠으나 오래전에 그 세계와 결별하고 그동안의 사회활동을 통해 충분히 새사람이 되었다고 인정되는 마당에 그의 과거를 들춰내 공격하는 것은 오히려 유권자의 동정심을 유발하거나 역공격까지 당할 가능성이 있다.

(4) 공격소재의 선택은 신중하게

나이, 성, 신체적 조건, 종교와 같은 문제들을 공격의 소재로 삼는 것은 일반적으로 좋지 않다. 특별한 상황이 아니라면 이러한 것을 상대편을 공격하는 소재로 사용하면 유권자에게 불공정하고 무자비하다는 인상을 주어 오히려 감표의 요인으로 작용하기 쉽다.

또한 공격은 상대편의 취약점에 대해서 하는 것이지 강점에 대해 하는 것이 아니다. 상대방의 강점을 섣불리 공격하면 오히려 상대방의 강점을 부각시키는 결과를 낳는다.

(5) 공격시기와 기간의 선택을 적절하게

공격은 일반적으로 선거캠페인 종반에 하는 것이 정석이다. 선거 초반에 상대편 정치후보자의 약점이나 비행을 과도하게 공개하고 공격하면 선거캠페인의 전체 분위기를 부정적인 것으로 만들었다는 비난을 뒤집어쓸 가능성이 있다. 또한 이쪽이 네거티브 캠페인을 먼저 시작하였기 때문에 상대도 똑같은 행동을 하게 되었다는 비난을 받아 오히려 감표행위가 발생할 수 있다.

선거캠페인 초반부터 네거티브 캠페인이 불을 뿜으면 선거캠페인에서 이슈나 정책에 대한 토론이 사라지고 상호비방이 선거캠페인 전기간 동안 가장 중요한 화제가 될 소지가 있다. 또한 정작 네거티브 캠페인이 필요한 시점에 이르러서는 상대편 정치후보자의 취약점에 대한 중요성이 희석되고 유권자의 관심이 분산되어 기대한 효과를 거두지 못하는 결과를 빚어낼 가능성이 높다.

선거캠페인 종반에 이르러서 상대편 정치후보자를 효과적으로 공격한다면 선거결과에 직접 영향을 미칠 가능성이 높아지고 역공격을 당할 가능성이 적어진다.

(6) 공격에는 항상 득과 실이 교차

상대편 정치후보자를 아무리 신빙성 있는 증거로 시의적절하게 효과적으로 공격한다고 해도 네거티브 캠페인에는 언제나 득과 실이 교차한다는 사실을 인식해야 한다. 특히 여성, 노인 등 자원봉사자들에게 선거캠페인에 대한 좋지 않은 인상을 심어주어 그들의 참여에 악영향을 미칠 수 있다. 또한 공격하는 정치후보자 자신이 문제를 해결할 주체로 평가되는 것이 아니라 불식되어야 할 문제의 한 부분으로 인식될 가능성도 있다.

(7) 공격은 상황에 맞추어 신선하고 창의적으로

상대편 정치후보자에 대한 공격은 유머러스하게 할 수도 있고 진지하게 할 수도 있으나 상황에 맞게 창의적으로 해야 한다. 따라서 상대후보자의 단점, 취약점, 결함과 우리측 정치후보자의 강점, 장점, 미덕 등을 서로 대조시켜 해학적으로 표현하면 유권자의 마음속에 정치후보자들간의 차이점을 깊이 각인시키는 데 효과적이다.

▪ 유머스러운 대조법을 사용한 공격의 예

- 국회의원선거에서 2번, 시장선거에서 2번, 총 4번이나 낙선한 변학도 후보의 낙선경험을 홍길동 후보는 도저히 따라갈 수 없다.
- 당선된 지 2년 만에 소속정당을 세 번이나 옮긴 변학도 후보의 철새 기질을 홍길동 후보는 죽어도 따라갈 수 없다.
- '영국신사'라는 별명대로 '시장 상인, 일반 서민들과는 수준이 안 맞아서 못 놀겠다'는 변학도 후보의 오만한 태도를 늘 겸손하여, 있는 사람 없는 사람을 구별하지 않고 누구와도 소탈하게 어울리는 '신토불이' 홍길동 후보는 흉내조차 낼 수 없다.

3) 네거티브 캠페인의 소재

분 류	문제점
개인적	학·경력의 허위기재·과장·은폐, 알코올 중독, 약물·마약복용, 문란한 이성관계, 도박, 사이비종교와의 관계, 언행불일치, 부정직, 오만불손, 호화·사치생활(고급 승용차, 사치품, 호화주택, 사치스러운 취미생활 등), 실언, 부동산 투기, 가족 또는 친·인척의 비리·부정, 성폭력, 병역기피, 고소·고발에 연루, 파산선고, 세금포탈, 자녀교육 문제(부정입학, 비행청소년 등: 여성후보자에게 특히 영향이 큼, "부모로서의 역할과 무엇이 인생에 더 중요한가"하는 문제에 대하여 논란 가능성), 과격·폭력단체와의 관련 및 후원 등
직업적	공금유용, 공금낭비, 뇌물수수, 이권개입, 청탁, 직책남용, 직장 내 성차별, 가족 및 친·인척 등에게 이권제공, 고객들의 불평 및 진정, 노동법·환경보호법 등의 위반, 시민·사회·노동단체와의 충돌, 부도, 노사관계 악화, 각종·각급 정부기관과의 충돌, 세금미납, 세금포탈, 직무유기 등
정치적	빈번한 당적변경, 세금인상에 동조, 중요이슈에 대한 입장변경, 부정한 선거자금 출처, 선거공약 불이행, 선거구민과의 약속 불이행, 유권자의 희생을 초래한 정책실패, 선거캠페인에 공금, 관용차 및 기타 공공기물 사용, 선거법 위반, 의회출석률 불량, 유권자에게 불리한 법안처리 등

4) 네거티브 캠페인의 잠재적 정보원

신문보도, 방송보도, 신뢰성 있는 각종 잡지, 저서, 홍보물, 각종 공·사적 발언에 대한 문서기록·녹음테이프·녹화테이프, 학력 및 생활기록, 병역기록, 직장의 인사기록, 이력서, 단체·조직의 명부, 법률문제기록(고소·고발관계), 의회출석 기록, 회의 및 모임 출석기록, 세금납부 기록, 각종 헌금기록, 사회봉사 기록, 입법기록, 조직참여 기록, 입원기록, 인터넷 등

제 15 장
공격에 대한 대응과 위기관리

선거캠페인 전체의 활동에서 네거티브 캠페인이 차지하는 비중이 크든 작든 대부분의 선거캠페인은 현실적으로 네거티브 캠페인을 수반한다. 따라서 감표를 최대한 억제하고 지지세력을 온전하게 유지·강화하여 선거에서 승리하기 위해서는 상대편의 네거티브 캠페인에 지혜롭게 대처하는 것이 필요하다.

제 15장에서는 상대방에 의한 네거티브 캠페인, 즉 공격에 대응하는 방법과 선거캠페인 내·외부로 직면하는 각종 갈등 및 위기상황에 효과적으로 대처하는 방법을 간략하게 살펴보도록 한다.

1. 공격에 대응하는 방법

1) 공격에 대한 상황파악

상대편 선거캠페인으로부터 공격을 받을 때 가장 먼저 해야 할 일은 공격상황을 정확하게 파악하는 것이다. 이를 위해서는 가능한 모든 방법을 동원하여 상대편의 공격에 대한 정보를 수집하고 부정적 내용이 얼마나 광범위하게 유포되었는지 조사해야 한다.

2) 공격내용의 재구성

공격상황이 정확하게 파악되면 상대편이 공격하는 내용을 자신의 말로 재구성한다. 상대편 선거캠페인으로 인해 과장된 부분, 왜곡된 부분, 날조된 부분, 빠뜨린 점을 바로잡아 사실을 명확하게 하도록 한다. 이때 사실을 속이거나 과장해서는 안 된다. 이후에 또 다른 부정적 사실이 언론기관 등에 의해 추가로 밝혀지면 그동안의 노력이 소용없게 되고 오히려 이미지가 악화되는 것이 보통이므로 비록 더 부정적 사항이 있다고 하더라도 남김 없이 모든 것을 밝힌다는 인상을 주는 것이 좋다.

일반적으로 네거티브 캠페인, 즉 상대편의 공격에 대응하는 가장 좋은 방법은 몸을 피하지 않고 정면으로 당당하게 맞붙는 것이다. 꼼수를 쓰면 상황을 더욱 악화시킨다. 문제가 없는 것처럼 행동한다고 해서 문제가 사라지는 것은 아니기 때문이다.

3) 잘못에 대한 인정과 진지한 유감표시

정치후보자를 침몰시키는 이유는 그가 저지른 잘못이나 그에 관한 부정적 내용 그 자체가 아니라 많은 경우 잘못 또는 부정적 내용이 노출된 이후에 대처하는 방법이 졸렬하기 때문이다. 주변의 압력 또는 여론에 떠밀려 마지못해 잘못을 인정하고 사과하는 듯한 인상, 무엇인가를 의도적으로 감추는 듯한 느낌, 아직 밝혀야 할 것이 더 남아 있는 듯한 인상을 주는 것은 상황을 더욱 악화시킬 뿐 문제해결에 전혀 도움이 되지 않는다.

유권자에게 모든 것을 남김 없이 털어놓고 밝히려는 태도, 진지하게 잘못을 인정하고 사과하려는 태도를 보이는 것이 중요하다. 이러한 태도와 행동을 보일 때 유권자는 그에 대한 공격이 갖는 부정적 요소에도 불구하고 인간적 신뢰감을 가질 수 있다. 이것은 유권자가 그 정치후보자에 대해 평소에 평가했던 것과 기대한 것이 잘못되지 않았다는 것을 확인하는 데서 오는 안도감이라고도 할 수 있다. 그래야 그 정치후보자가 상대편의 공격에 대응하여 재구성한 이야기에도 진지하게 귀를 기울이게 된다.

4) 반격은 공격하는 방법이나 공격자에 대하여

상대편 공격에 대한 반격은 그 공격의 내용이나 파장에 대해 하는 것이 아니다. 상대편의 공격방법이나 전술 또는 공격자 자신에 초점을 두어야 한다. 상대편이 공격하는 방법은 정당한가? 상대편의 공격이 인간의 기본권을 침해하는 것은 아닌가? 공격자료를 입수한 경로는 합법적인가? 공격자는 공격할 만한 도덕성과 자격을 갖춘 사람인가? 상대편의 공격행위가 오히려 선거캠페인 과정을 오염시키는 것은 아닌가? 이런 사항에 대한 문제점을 면밀하게 분석하고 대응해야 한다.

5) 상대편의 부정적 취약점을 공격

상대편에 대한 반격은 상대편이 공격하는 사항에 대해 먼저 구체적으로 대응을 한 뒤에 행해야 한다. 상대편이 공격할 때에는 반드시 그 공격에 대하여 적절한 대응이 우선되어야 한다. 그냥 앉아서 공격을 받으면서 공격이 지나가기를 기다리거나, 상대편의 공격에 대해 적절한 대응 없이 다른 문제를 거론하여 상대편을 공격하는 것은 올바른 대처방법이 아니다.

선거캠페인에서는 어느 쪽이든 상대편의 취약점이 발견되면 그것을 계속하여 공격하는 것이 보통이므로 결국 대응하지 않을 수 없는 상황에 이르게 되고 결과적으로 손상만 커지는 경우가 많다. 호미로 막을 수 있는 일을 가래로 막아도 소용없게 만드는 형국이라 하겠다. 따라서 상대편이 공격하면 그 공격에 대해 먼저 적절하게 대응한 뒤, 비록 완전한 것은 아니라도 무엇인가 상대편의 취약점을 찾아 반격을 가하는 것이 올바른 방법이다.

6) 대응과 반격을 한 뒤에는 주요 이슈로 회귀

상대편의 공격에 대하여 적절한 대응과 반격이 이루어졌다고 판단되면 신속하게 주요 캠페인 이슈로 되돌아가야 한다. 상대편의 공격에 질질 끌려다니며 선거캠페인 종반까지 수세에 몰려서는 안 된다. 신속하게 선거캠페인의 주된 이슈로 복귀하여 이슈를 선점하도록 한다. 상대편에 앞서 주요 이슈를 정의하고 선거캠페인 과정을 주도하여 상대편을 수세에 놓도록 해야 한다. 이러한 원칙은 선거캠페인뿐만 아니라 선거 이후의 정국운영에서도 동일하게 적용된다.

7) 유머로 대응

공격에 대응하거나 반격할 때 상황에 맞춰 유권자로 하여금 미소짓게 하거나 웃음이 나도록 비유법 또는 대조법의 수사법을 사용하면 효과적이다. 조바심 내는 모습을 보이거나 긴장으로 경직되어 상황에 몰린다는 인상을 주기보다는 상대편의 공격에 대해 여유와 자연스러움을 잃지 않고 의연하게 대처하는 모습을 보여야 한다. 그러나 이러한 태도로 문제를 가볍게 여기거나 오만하다는 인상을 주어서는 안 된다.

2. 갈등 및 위기관리법

1) 선거캠페인에서의 갈등과 위기란

선거캠페인에서의 갈등은 크게 다음 두 가지 상황에서 발생한다. 첫째, 한 후보자의 선거캠페인이 단독으로 또는 여러 후보자의 선거캠페인이 합동으로 어떤 특정 후보자의 선거캠페인 활동이나 목표달성을 방해하려고 시도하는 경우이다. 둘째, 한 선거캠페인의 내부에서 개인 또는 집단이 내부의 다른 개인 또는 집단의 활동에 간섭하거나 목표달성을 방해하는 경우이다.

어떤 경우든 갈등이란 일회적 또는 순간적으로 끝나는 행위가 아니다. 갈등은 대부분 계속되는 과정이며, 그 과정에서 두려움이나 적대감 같은 감정이 발생한다. 또한 한 개인이나 집단이 자신의 이익은 공격적으로 증진시키려고 하면서 다른 개인이나 집단이 이익을 증진시키려는 행위는 방해하는 경향이 있다(Klein and Ritti, 1984: 537~538). 이러한 갈등상황이 악화되어 선거캠페인에 심대한 손상을 입히거나 선거캠페인을 전면적으로 와해시키는 지경에 이르면 위기(危機)로 정의될 수 있다.

2) 선거캠페인의 갈등과 위기 및 합리적 대응전략

(1) 합리적 대응전략의 필요성

선거캠페인이란 제한된 자리를 놓고 둘 이상의 정치후보자가 경쟁을 벌이는 상황이기 때문에 갈등이 있게 마련이다. 그러나 특별히 문제가 되는 것은 한 선거캠페인이 다른 선거캠페인의 취약점을 공격하여 심각한 타격을 줌으로써 위기상황에 이르게 할 때이다.

상대편 선거캠페인의 공격에 의해 위기상황을 맞지 않기 위해서는 선거캠페인 과정에서 공격의 빌미가 될 수 있는 정치후보자의 약점을 객관적으로 파악하여 최선의 대비책을 사전에 마련하는 것이 중요하다. 정치후보자의 성격, 학·경력, 직업, 사회활동, 정당활동, 의회활동, 대민활동(對民活動), 병역문제, 부정부패와 비리는 물론이고 가정생활, 부모형제와의 효우애(孝友愛), 이혼 여부와 같은 사생활, 심지어는 학창시절의 시험부정행위에 이르기까지 철저한 분석이 필요하다.

정치후보자의 취약점에 대한 객관적이고도 철저한 파악이 선행되어야 선거캠페인 과정에서 정치후보자의 취약점이 노출될 경우 캠페인에 미칠 부정적 영향력을 효과적으로 통제·중화시킬 수 있다. 정치후보자의 강·약점에 대한 안일한 인식과 등한시는 선거캠페인의 효과성을 심각하게 손상시키거나 전면적으로 와해시킬 소지가 있기 때문에 대단히 위험하다.

정치후보자에 관한 취약점이 가감(加減) 없이 파악되면 필요한 사항들을 강화·보강·수정·은폐하는 한편 경쟁후보자 진용이 당해 정치후보자의 취약점을 이용하여 네거티브 캠페인을 전개할 경우에 대비하여 구체적 취약점별로 최선의 방책을 마련하도록 한다.

만약 선거캠페인 과정에서 후보자의 약점이 언론에 의해 밝혀지거나 상대후보자에 의해 공격을 받더라도 충동적으로 분별없이 대응해서는 안 되며 사전에 준비된 대응방안에 따라 문제를 합리적, 이성적, 효과적으로 풀어가야 한다. 또한 이러한 준비된 대응계획이 있어야 자기의 약점을 오히려 강점으로 변환시키는 창조적 지혜도 나올 수 있다.

정치후보자의 약점을 선거캠페인 과정에서 잘 처리한다는 것은 결코 쉬운 일이 아니다. 후보자의 잠재적 문제점을 미리 예상하여 부정적 영향을 극소화할 수 있는 합리적 전략을 개발하는 것이 무엇보다 중요하다. 문제가 발생하기 전에 문제점들에 대한 유권자의 잠재적 반응을 예상하고 깊이 생각하여 대비해야 하며 약점이 노출된 후에 충동적이거나 비이성적으로 대응해서는 안 된다.

어떤 선거캠페인에서는 약점이 노출되었을 때 전혀 대응하지 않는 방법을 택할 수도 있다. 그러나 어떤 상황에서나 항상 적용되는 공식과 같은 대처방안이란 있을 수 없다. 중요한 것은 어떤 방도를 취하든 문제가 심각하게 달아오른 후에 여론에 떠밀려 계획성 없이 즉흥적으로 대응해서는 안 된다는 것이며 사전에 준비된 계획에 의해 일관성 있게 대응해야 한다.

많은 경우 선거캠페인을 와해시키는 것은 후보자의 약점 그 자체가 아니라 그 약점을 통제하고 중화시키는 방법 또는 상대방의 공격에 대처하는 과정상의 문제점이다.

정치후보자의 약점을 현명하게 다루지 못하여 선거캠페인에 심대한 타격을 받은 경우를 미국의 선거캠페인에서 찾아볼 수 있다. 1972년 미국 대통령선거에서 민주당 대통령 후보로 나선 조지 맥거번의 부통령 후보였던 토머스 이글턴은 건강상의 이유로 전기충격 치료를 받던 중이었다. 이것은 비록 심각한 건강문제는 아니었지만 당시 일반 국민들은 이러한 사실을 잘 몰랐기 때문에 각종 언론이 전국적으로 이슈화하기에 이르렀다. 이 문제로 인하여 맥거번의 선거캠페인은 거의 한 달 동안 혼란 속에서 헤어나지 못했으며, 결국 선거캠페인은 막대한 손상을 입게 되었다.

만약 맥거번의 선거캠페인이 이글턴의 건강문제가 심각한 악재로 작용할 수 있는 잠재력을 객관적으로 인식하여 적절한 대처방안을 사전에 준비했더라면 이 이슈가 몰고온 파장을 쉽게 분산·약화시킬 수 있었을 것이다. 많은 선거전략가들은 이글턴의 건강문제가 알려지기 시작한 초기에 이글턴의 주치의가 이글턴이 받던 치료요법에 대하여 일반 대중에게 명확한 정보를 공표했다면 이 이슈의 부정적 영향력을 효과적으로 분산·약화시킬 수 있었을 것이라고 지적했다.

위에서 예를 든 건강문제 외에 정치후보자 자신 또는 가족의 병역문제, 재산문제, 자녀의 내학입학문제, 자녀의 해외출산문제, 부모의 친일문제, 부정부패문제, 이성관계, 마약복용, 심지어는 학창시절의 시험부정행위 등 선거캠페인에 부정적 영향을 미칠 수 있는 잠재력을 가진 문제들은 수없이 많다. 중요한 것은 정치후보자에게 이러한 취약점이 있을 때 이러한 문제들이 대중의 입에 폭발적으로 회자(膾炙)되기 전에 합리적으로 처리할 수 있는 준비된 계획이 있어야 한다는 것이다. 과거에 정치후보자가 이러한 문제에 대한 합리적 대처방법을 사전에 계획하고 준비하지 않아 선거캠페인에 심각한 손상을 입은 실례도 있다. 파괴력이 잠재된 문제점을 가볍게 여기거나 안일하게 생각한 탓이다.

선거캠페인에서 발생하는 문제에 대해 100%의 확률을 갖는 정답 또는 올바른 결정을 도출해내는 공식이란 좀처럼 있을 수 없다. 그러나 정치후보자의 잠재적 문제점을 미리 예상하고 그것의 악영향을 극소화하는 합리적 전략은 사전에 치밀한 분석과 준비활동을 통해 개발할 수 있다. 만약 안일하고 무계획적인 태도에 의해 이러한 전략개발에 실패한다면 선거캠페인을 전면적으로 파멸시킬 수도 있다는 것을 잊지 말아야 한다.

(2) 갈등과 위기에 대한 합리적 대응전략

① 제1단계: 문제의 본질 파악

갈등이나 위기는 빨리 감지하고 통제에 나서야 한다. 그러기 위해서는 선거캠페인 과정에서 무엇이 갈등인지 또는 어떤 상황이 위기로 발전될 수 있을는지 식별할 수 있는 관찰력과 판단력이 있어야 한다.

문제가 곪아터져 선거캠페인에 큰 손상을 입히는 상황으로 악화될 때까지 문제를 제대로 인식하지 못하면 안 된다. 문제조차 제대로 인식하지 못하는 안일하고 무감각한 자세로는 초기에 비교적 용이하게 처리할 수 있는 문제를 큰 문제로 키워서 결국은 통제할 수 없는 상황에까지 이르게 한다. 또한 설령 통제한다고 하더라도 효과적으로 대응할 수 있는 시기를 놓치게 되어 선거캠페인에 심대한 손상을 가져온다. '소 잃고 외양간 고치는 격'이라고 할 수 있다. 따라서 갈등이나 위기가 발생하면 즉시 감지하고 그와 관련된 정보를 낱낱이 수집하여 문제의 본질이 무엇인지 정확하게 파악하는 것이 중요하다.

② 제 2단계: 대처방안 마련

문제의 본질이 파악되면 신속하게 대처방안을 마련해야 한다. 대처방안은 어느 특정인의 아이디어에 의존하기보다 선거캠페인 컨설턴트, 참모 등으로 구성된 팀 또는 조언자 그룹이 토론을 거쳐 공동으로 제안하는 것이 좋다. 이때 NGT와 같은 그룹테크닉[1]을 사용하여 의견을 모으면 효과적이다. 제안된 대처방안 또는 전략은 소수의 외부인(3~5명)에게 테스트하여 신속하게 객관적 의견을 얻도록 한다. 만일 대처방안에 문제점이 발견되면 수정 · 보완한다.

③ 제 3단계: 대처방안 실행

결정된 대처방안 또는 전략을 실행한다. 이때 갈등이나 위기를 악화시키지 않도록 주의해야 한다. 진실을 밝힐 것이 있으면 진지한 태도로 확실하게 밝히는 것이 좋다. 비록 고통스럽고 괴로운 것이라도 밝혀야 할 것은 남김 없이 털어놓았다는 인상을 주는 것이 좋다. 이후에 언론 등 외부에 의해 추가로 관련사항이 발견되면 유권자의 의혹을 증폭시켜 그동안의 노력이 무산된다.

어떠한 경우라도 과민하고 감정적이며 조급하다는 인상을 주는 것은 유권자에 대한 설득력을 반감시킨다. 또한 유권자를 얕보고 후보자의 약점을 은폐하거나 속이 들여다보이는 얕은 수를 쓰면 오히려 문제를 악화시키는 경우가 많다. 대중에게 공개되어 문제가 확대될 소지가 있는 것은 먼저 자신이 공개하여 잠재적 악영향의 강도를 약화시키는 것이 현명한 방법이다.

후보자가 잘못이 있을 때에는 그것을 솔직하게 시인하고 유권자의 제언을 받아들여 그들이 원하는 방향으로 행동양식을 고치겠다고 진심하게 호소하는 것이 좋다. 후보자는 강한 감수성으로 유권자의 말에

1) 자세한 방법은 제 6장을 참고.

진지하게 귀를 기울이고 그들이 바라는 것을 적극적으로 수용하는 자세를 보여줄 때 후보자의 약점이 몰고온 부정적 영향력을 극소화하고 신뢰감을 줄 수 있다. 이러한 대처방법은 완강하게 버티며 사실을 은폐하고 왜곡하여 결국은 여론을 점점 더 악화시키는 것보다 백 배 현명한 대처방법이다.

1978년 미국 일리노이 주의 현직 연방 상원의원이었던 찰스 퍼시(Charles Percy)는 민주당 후보인 알렉스 시드(Alex Seith)에게 여론조사에서 뒤처진 상태였다.

이전까지만 해도 퍼시는 입지전적 성공담의 주인공이었다. 나이 30세에 벨 & 하웰(Bell & Howell)사의 대표가 되었고, 41세에는 미국 공화당 전국 정강위원회의 위원장이 되었다. 1966년에는 연방상원에 진출하였으며 1972년에는 재선까지 되었다.

퍼시의 이러한 성공적 경력에도 불구하고 그는 좋은 이미지를 형성하는 데 실패하였고 급기야 미국 정치연감(Barone and Ujifusa, 1983: 324)은 그를 독선적이고 유머감각이 결여되었을 뿐만 아니라 행실까지 올바르지 못한 정치인으로 규정하기에 이르렀다. 게다가 퍼시는 동료 정치인들과의 관계가 원만하지 못해 친구나 조언자도 별로 없었으며 설상가상으로 의회 내 표결기록에까지 문제가 있었다.

1978년 선거캠페인에서 퍼시는 유권자 사이에 이렇게 좋지 못한 이미지가 형성된 가운데 큰 위기에 봉착했다. 선거캠페인 초기단계의 여론조사에서는 그가 상대편에 비해 다소 앞서 있는 것으로 나타났으나 그의 지지는 언제 허물어질지 모르는 취약한 것이었다. 선거캠페인이 진전됨에 따라 상대후보인 시드가 앞서게 되었고, 퍼시는 선거캠페인을 계속하느냐 중도에 포기하느냐 하는 기로에 서게 되었다.

퍼시는 그의 부정적 이미지가 파생시키는 악영향을 통제하려는 노력의 일환으로 선거캠페인 종반에 텔레비전을 통해 모든 잘못을 솔직하게 자기 탓으로 인정하는 호소(*a mea culpa plea*)를 하였다. 그의 호소는 극히 단순한 것이었다. 그는 유권자에게 유권자의 메시지, 즉 유권자가 그의 행동에 불만을 가졌다는 것을 그가 명확히 인식한다는 것을 알렸다. 그리고 만약 그에게 다시 재선될 수 있는 기회가 주어진다면 그의 행동방식을 유권자가 원하는 방향으로 바꾸겠다고 말했다. 이 솔직한 자신의 잘못에 대한 인정과 진지한 호소에 힘입어 그는 선거에서 승리했다.

이 사례가 주는 교훈은 단순하다. 유권자가 정치후보자의 잘못된 점이라고 느끼는 바에 대하여 당해 정치후보자가 솔직하고 진지하게 사과하고 유권자가 바라는 바를 기꺼이 받아들이는 자세를 취한 것이 유권자의 마음을 움직이는 데 큰 도움이 되었던 것이다.

④ 제 4단계: 국면전환

문제에 확실하게 대응한 다음에는 선거캠페인의 주요 현안으로 신속하게 복귀해야 한다. 위기에 매달려서 질질 끌려다니면 안 된다. 이슈를 선점하고 선거캠페인의 주도권을 잡아 상대를 수세에 놓도록 해야 한다.

이와 함께 갈등과 위기상황을 몰고온 문제와 관련하여 당해 정치후보자나 선거캠페인의 긍정적 측면을 강력하게 부각시키도록 한다. 이때 언론을 잘 활용하는 것이 바람직하다. 선거캠페인에서 분출되는 이슈나 후보자의 약점을 적극적·건설적으로 다루고 씨름하면 약점을 둔화시키거나 그 약점들을 강점으로 변모시킬 수 있다. 예를 들어, 후보자의 나이가 어릴 경우 경험이 부족하고 미성숙하게 보여 약점으로 작용할 수 있는데, 이때 젊음과 결부된 긍정적 측면, 즉 정력적 활동성, 헌신적 봉사, 순발력, 참신성 같은 것들을 부각시키고 강조하는 것으로 문제를 풀어가야 한다.

정치후보자의 잠재적 약점을 적극적이고도 건설적으로 잘 처리한 예는 1972년 미국 델라웨어의 선거에서 찾아볼 수 있다. 1972년 민주당의 조지프 바이든(Joseph Biden)은 현직 미 연방 상원의원인 보그스(J. Caleb Boggs)를 상대로 선거캠페인을 벌였다. 바이든이 상원의원선거에 출마했을 때의 나이는 당선되어 임기가 시작되는 시점에 겨우 30세가 되는 29세에 불과하였다. 확실히 그의 나이는 유권자에게 문제점으로 생각될 소지가 있었다. 왜냐하면 사람들은 나이가 어리면 경험이 없다고 생각하기 때문이다.

바이든의 선거캠페인은 정력, 헌신적 봉사 그리고 지성과 같이 흔히 젊은이들과 결부해서 생각할 수 있는 긍정적 장점을 강조하는 것으로 나이문제를 잘 처리해보려고 하였다. 바이든은 공격적이고 인간 중심적인 선거캠페인, 이른바 '소매정치'(*retail politics*)[2]로 묘사되는 선거캠페인을 펼쳤다. 또한 그는 이슈들에 대하여 기교 있고 설득력 있게 의견을 피력했으며 이런 과정을 통하여 그의 지성을 유감없이 드러냈다.

이런 선거캠페인 활동은 바이든의 승리에 결정적 역할을 하였다. 이러한 활동은 그를 그보다 나이가 훨씬 많은 보그스와 극명하게 대비시켜 보여주었다. 선거캠페인이 진전됨에 따라 바이든은 명석하고 정력에 넘치는 정치후보자로 각인된 반면, 보그스는 피로하고 지쳐있는 것으로 비쳤다. 이런 점은 유권자에게 호소력 있게 작용하였고 결국 바이든은 이 선거에서 승리하였다.

미국 정치연감(Barone and Ujifusa, 1983: 219~220)에는 "투표자는 현직 상원의원이 이제는 은퇴를 택할 것을 어김없이 감지하였다"라고 언급되어 있다. 바이든은 자신에게 불리하게 작용할 가능성이 높은 나이문제를 창조적으로 활용해 오히려 상대방을 공략함으로써 선거에 승리했다.

(3) 선거캠페인의 내부갈등과 대처방법

선거캠페인 외부의 공격에 의해서 발생하는 갈등만큼이나 선거캠페인 내부에서 발생하는 갈등도 선거캠페인에 심각한 위협이 된다. 선거캠페인이 잘 진행되는 동안에도 사람과 사람 사이의 관계는 첨예하게

---

2) 투표자와 직접적이고 개인적으로 접촉을 가지는 선거캠페인을 뜻함.

되고, 긴장과 스트레스, 이해의 상충 등으로 언제나 충돌의 가능성이 존재한다. 선거캠페인이 순조롭지 못할 때에는 선거캠페인 내부에서 충돌과 갈등의 가능성이 더욱 커진다.

선거캠페인 내부에서 발생하는 갈등요인으로는 다른 개인 또는 집단의 활동과 목표에 대한 간섭, 이익의 상충, 업무분장, 절차의 차이, 실적에 대한 평가와 보상, 선거캠페인 내부 그룹 사이의 공간적·지역적 근접성 부족, 위계질서에 대한 반발 등을 들 수 있다. 이러한 요인에 의한 갈등이 일회성일 경우에는 선거캠페인 내부의 조정기능에 의해 해소될 수 있다. 그러나 이러한 갈등이 해소되지 못하고 일정시간 지속되면 결국 심각한 상황에 이르게 되고 최악의 경우에는 선거캠페인이 와해될 가능성도 있다.

선거캠페인 내부의 갈등은 때로는 노출되지 않을 수도 있기 때문에 안으로 곪아 들어가는 경우도 있다. 또한 외견상 상호관련성이 없는 것처럼 보이는 일련의 단편적 갈등이 발생하여 뚜렷하게 인식하지 못하는 사이에 갈등행위들이 누적되어 큰 갈등으로 진전될 가능성이 높아진다. 따라서 선거캠페인을 총괄적으로 책임지는 선거대책본부장 또는 선거캠페인 컨설턴트 등은 선거캠페인 내부에서 발생하는 단편적 문제를 예리하게 관찰하는 지혜를 가져야 한다.

선거캠페인 내부에서 갈등을 보여주는 단편적 에피소드들이 발생하면 더 이상의 갈등상황으로 악화되지 않도록 갈등상황에서 산출되는 적대감, 공격성, 두려움, 혐오감 같은 감정을 민첩하게 해소시켜야 한다. 이러한 감정들이 해소되지 못하면 상호간의 인식과 판단을 왜곡시키고 결국 갈등이슈가 점점 더 확대된다.

선거캠페인 내부에서 발생하는 갈등을 풀어 위기로 악화되지 않도록 하기 위해서는 다음과 같은 방법을 사용하면 좋다.

① 갈등의 축소가 갈등의 당사자들에게 도움이 된다는 사실을 인식시키고 의사소통을 원활하게 하는 조치를 취한다.

② 선거캠페인 컨설턴트, 선거대책본부장 등 갈등을 조정할 위치에 있는 사람들이 갈등을 일으키는 개인 또는 그룹을 한자리에 모아 놓고 서로 인식을 교환하게 하여 서로의 행동에 밑바탕이 되는 전제와 이유에 대하여 알고 이해하도록 한다. 이러한 과정을 통해 갈등에 의해 야기된 문제가 쉽고 명확해진다.

③ 위 과정이 진행되면 문제해결의 방침이 강조되고 갈등의 당사자들이 각각 두 개 이상의 문제 해결방안을 제시하도록 한다.

④ 제시된 방안에 대해 심도 있는 토론을 진행하여 상호간의 이해를 높이고 최종적으로 통합된 문제해결의 방안을 모색한다.

제 16 장 선거캠페인의 마무리

공직선거법 제 59조는 선거운동을 후보자등록 마감일의 다음날부터 선거일 전일까지에 한하여 할 수 있도록 규정하여 선거일에는 선거캠페인을 금지하고 있다. 그러나 정치후보자와 그의 선거캠페인은 선거일에도 법의 테두리 내에서 해야 할 일이 많다.

제 16장에서는 많은 사람들의 정열·시간·협력이 점철된 선거캠페인 과정을 선거일에 성공적으로 마무리하는 방법에 대하여 살펴본다. 특히 정치후보자의 이미지를 마지막 순간까지 돋보이게 하는 작업에 대해 논의한다.

1. 선거일의 선거캠페인 활동

선거일에 선거캠페인 활동이 가장 초점을 두어야 할 것은 선거캠페인 전략계획에 의한 득표목표를 성공적으로 달성할 수 있도록 선거기간 마지막까지 최선의 노력을 경주(傾注)하는 것이다.[1] 이것은 다시

1) 선거캠페인 전략에 의하여 예상된 득표획득에 성공하는 것을 GOTV (*Get Out the Vote*)라고 한다. 따라서 선거캠페인은 GOTV 프로그램을 가동시킬 수 있

크게 세 가지 활동으로 나눌 수 있다.

1) 지지세력의 투표참여 독려

정치후보자에 대해 아무리 많은 유권자가 호의적으로 평가를 한다고 하더라도 그것이 득표로 연결되지 않으면 아무런 소용이 없다. 따라서 선거일에는 확보된 지지세력이 빠짐없이 투표에 참여하도록 만드는 것이 가장 중요하다.

(1) 전화 또는 직접접촉을 통한 투표참여 권유

정치후보자 자신은 물론이고 선거캠페인 보좌진, 각 지역책임자, 자원봉사자로 하여금 사전에 준비된 지지자 및 우호적 유권자의 명단을 사용하여 '예상 득표목표를 달성'(GOTV) 하기 위한 투표권유에 나서도록 한다. 이때 전화로 권유할 대상과 직접접촉을 통해 권유할 대상을 미리 구분하도록 한다. 또한 각 지역의 조직원 중 일부는 투표참여 상황을 점검하여 지지자 중 불투표자가 없도록 한다. 정치후보자는 전화홍보본부를 찾아 전화통화원들을 격려하도록 한다. 정치후보자의 이러한 격려와 끝까지 노력하는 모습이 선거캠페인의 성공적 마무리를 가능하게 하는 원동력이 된다.

(2) 투표촉진을 위한 서비스 제공

선거캠페인 본부요원 및 각 지역책임자들은 신체장애자, 노약자, 공·사(公·私)의 일로 인해 투표장에 나가기 힘든 사람, 투표장에 나가기 귀찮아하는 사람 등에게 교통편의 제공, 아기 돌봐주기, 사무실 및 자리 지켜주기, 전화 받아주기 등 필요한 서비스를 제공할 수 있도록 차량, 운전요원, 서비스요원, 도우미 등을 준비해야 한다. 유권자가 서비스를 요구하기 전에 서비스가 필요한 사람을 찾아 서비스 제공

는 자원을 비축해놓는 것이 중요하다.

을 제의한다. 노인정 같은 곳은 직접 찾아가 서비스를 제공한다. 이때 자원봉사자를 적극 활용할 수 있도록 아이디어를 내는 것이 좋다.

2) 부동표 흡수

선거캠페인은 마지막 순간까지 단 한 표라도 더 얻기 위해 최선을 다해야 한다. 선거일까지도 마음을 결정하지 못하는 유권자에게 영향을 주기 위해 정치후보자는 이미지를 돋보이게 하는 활동을 계속하도록 한다.

(1) 정치후보자의 투표

정치후보자는 서로 좋은 신뢰관계가 있는 이웃 및 가족들과 함께 일찍 투표하도록 한다. 자신이 출석하는 교회의 목사님이나 스님, 이웃에 외롭게 사시는 할머니·할아버지 등과 함께 투표장으로 가서 투표하는 것도 좋다. 주변 사람들과 어울려 사는 모습, 소외받는 사람, 힘없는 사람들에게 관심을 가지고 세심하게 배려하는 모습이야말로 바람직한 정치후보자의 모습이다. 또한 이러한 모습은 좋은 시각적 홍보자료라는 것을 잊지 않도록 한다.

(2) 지지자, 봉사자, 후원사, 언론기관 등에 대한 감사표시

개인·그룹·단체 등의 중요 지지자, 선거캠페인을 위해 열심히 일해준 선거참모 및 지역책임자, 중요 자원봉사자, 고액후원자, 언론기관 등에 감사를 표시하는 것이 좋다. 가장 손쉽게 사용할 수 있는 수단이 전화이지만 지역의 신문사 또는 방송사는 직접 방문하여 감사를 표시하는 것이 좋다. 가장 많은 지지자를 발굴해낸 지역책임자 또는 자원봉사자에게 꽃다발을 전하는 것도 인상적 방법이다. 또한 중요 지지자, 봉사자, 후원자들을 당선 축하모임에 초대하도록 한다.

(3) 품위와 유머감각의 유지

정치후보자가 선거결과에 대해 지나치게 조바심을 내거나 긴장으로 경직되어 보이는 것은 좋지 않다. 선거캠페인 과정에서 부딪히는 어려움과 스트레스에도 불구하고 정치후보자는 유머감각을 잃지 않는 여유를 가지도록 노력한다. 이러한 당당하고 자연스러운 모습을 유지해야 당선된다면 향후 당선자로서의 활동에 유리한 이미지를, 낙선하면 낙선한 대로 다음을 기약할 수 있는 '감'으로서의 이미지를 구축할 수 있다. 미국의 정치후보자들은 자신의 당선소식을 실은 가짜신문을 만들어 신문사와 방송사를 방문하는 등 웃음을 자아내는 행동을 하기도 한다.

3) 선거일의 활동 및 선거사무의 관리

선거참모, 각 지역책임자, 선거운동원, 자원봉사자 등이 선거 당일 어디에서 무엇을 하는지 정치후보자 또는 선거대책본부장이 쉽게 알 수 있도록 한다. 또한 선거 전일의 모임을 통해 각 지역책임자, 선거운동원, 전화통화원, 연락반, 분쟁해결반이 선거일에 무슨 일을 어디에서 어떻게 해야 하는지 확실하게 알린다. 특히 돌발문제에 대해 어떻게 대처해야 하는지 사전에 준비된 방안을 숙지시키는 것이 필요하다.

투·개표 감시원은 과거 경력이 있거나 예리한 판단력이 있어야 한다. 그들은 사전에 투·개표 절차 및 감시방법, 불법투표사례 등 선거일에 투표소나 개표소에서 발생하는 다양한 사항에 대해 교육·훈련받아야 한다. 또한 투·개표 감시원은 투표소에서 정치후보자를 대리하여 중요한 사안에 대해 관심을 표시해야 하며, 투·개표와 관련된 불법·탈법사항을 고발하고 보고하는 방법 및 절차에 대해 알아야 한다.

투·개표 감시원은 투표소에 나온 사람들과 지지자, 우호적 유권자의 명부를 비교하여 아직 투표하지 않은 지지자, 우호적 지지자의 명단을 선거대책본부에 알리도록 한다. 또한 투·개표 감시원의 활동을 돕기 위해 휴식시간, 음료수, 음식이 준비되어야 한다.

참고문헌

김광수, 1997, 《선거와 선거제도》, 박영사.

김창남, 1995, "Political Candidates' Cultural Values in Voters' Evaluations: Religiosity, Self-reliance, and Voluntarism in the United States", Doctoral Dissertation, Kent, OH: Kent State University.

______, 1999, "미디어 선거와 이미지 정치: 정치후보자의 이미지를 중심으로", 《경희대학교 개교 50주년 및 언론정보대학원 개원 10주년 기념 학술대회 발표 논문집》, 경희대학교 언론정보대학원.

______, 2000, 《현대 선거정치캠페인론》, 나남출판.

김학수, 1998, "정치커뮤니케이션의 범위와 연구영역", 이동신·박기순 편, 《정치커뮤니케이션 원론》, 법문사, pp. 17~40.

노태준 역해, 1996, 《손자병법》, 홍신문화사.

박기태, 1999, 《현대정치와 커뮤니케이션》, 커뮤니케이션북스.

박영사 편, 1983, 《(증보)정치학대사전》, 박영사.

신보영, 2006, "정치인 변신 성공한 스포츠 스타들", 《문화일보》.

양승찬, 2003, "제 16대 대통령선거와 미디어", 《대통령선거와 미디어》, 한국언론재단.

이기석 외, 1997, 《(신역)논어》, 홍신문화사.

중앙선거관리위원회, 1998a, "제 15대 대통령선거에 관한 유권자 의식조사".

______, 1998b, "제 2회 전국동시지방선거에 관한 유권자 의식 조사".

중앙선거관리위원회 선거연수원, 1999, 《선거·정당관계법규의 이해: 직무교육교재(1)》, 중앙선거관리위원회 선거연수원.

한국갤럽, 1998, 《제 15대 대통령선거 투표행태》, 한국갤럽(Gallup Korea).

한국갤럽조사연구소, 1997, 《한국인의 투표행동: 1995 지방선거를 중심으로》, 한국갤럽조사연구소.

한국선거연구회, 1998, "제 15대 대통령선거에 관한 여론조사 결과".

Barone, M. and Ujifusa, G., 1983, *The Almanac of American Politics, 1984*, Washington, D. C.: National Journal.

Bowes, John E. and Strentz, H., 1978, "Candidates' Images: Stereotyping and the 1976 Debates", in Ruben, Brent (Ed.), *Communication Yearbook II*, New Brunswick, NJ: Trabsaction Books.

Brown, Steven R., 1980, *Political Subjectivity: Applications of Q Methodology in Political Science*, New Haven, CT: Yale University Press.

Brown, Lillian, 1994, "Looking Good", *Campaigns & Elections*, 15(6): 41.

Campbell, A., 1966, "Surge and Decline: A Study of Electoral Change", in Campbell, A. (Ed.), *Elections and the Political Order*, New York: Wiley.

Donnelly, Jr., James H., Gibson, James L. and Ivancevich, John M., 1987, *Fundamentals of Management*, Plano, TX: Business Publications Inc.

Downs, Anthony, 1957, *An Economic Theory of Democracy*, New York: Harper & Row.

Fiorina, Morris P., 1989, *Congress: Keystone of the Washington Establishment* (2nd Ed.), New Haven, CT: Yale University.

Fishel, Murray, 1987, "Strategic Thinking and the Low-Budget Campaign", *Campaigns and Elections*, 7(5): 20~24.

Foti, Roseanne, Fraser, S. and Lord, R., 1982, "Effects of Leadership Labels and Prototypes on Perceptions of Political Leaders", *Journal of Applied Psychology*, 67: 326~333.

Funkhauser, G. R., 1973, "The Issues of the Sixties: An Exploratory Study in the Dynamics of Public Opinion", *Public Opinion Quarterly*, 37(Spring): 62~75.

Garramone, G. M., 1985, "Motivation and Political Information Processing: Extending the Gratifications Approach", in Kraus, S.

and Perloff, R. M. (Eds.), *Mass Media and Political Thought: An Information Processing Approach*, Beverly Hills: Sage, pp. 201~219.

Gerth, H. H. and Mills, C. W. (Eds.), 1946, *From Max Weber: Essays in Sociology*, New York: Oxford University Press.

Ginsberg, Benjamin, 1982, *The Consequences of Consent*, New York: Random House.

Hinckley, B., Hofstetter, R. and Kessel, J., 1974, "Information and the Vote: A Comparative Election Study", *American Politics Quarterly*, 2: 131~158.

Hovland, C. I., Janis, I. and Kelley, H. H., 1953, *Communication and Persuasion*, New Haven, CT: Yale University Press.

Iyengar, Shanto, 1991, *Is Anyone Responsible? How Television News Frames Political Issues*, Chicago: Chicago University Press.

Iyengar, Shanto and Kinder, D. R., 1987, *News That Matters*, Chicago: University of Chicago Press.

Jackson, J. E., 1975, "Issues, Party Choices and Presidential Votes", *American Journal of Political Science*, 19: 161~185.

Jacobson, Gary, 1981, "Incumbents' Advantages in the 1978 U.S. Congressional Elections", *Legislative Studies Quarterly*, 6: 183~200.

Kelly, Stanley Jr., and Mirer, Thad W., 1974, "The Simple Act of Voting", *American Political Science Review*, 68: 572~591.

Kiewiet, R., 1981, "Policy-Oriented Voting in Response to Economic Issues", *American Political Science Review*, 75: 448~459.

Kinder, D. and Kiewiet, R., 1979, "Economic Discontent and Political Behavior: The Role of Personal Grievances and Collective Judgments in Congressional Voting", *American Journal of Political Science*, 23: 495~527.

Klein, Stuart M. and Ritti, R. R., 1984, *Understanding Organizational Behavior*, Boston, MA: Kent Publishing Company.

Lee, Ladonna Y., 1985, "Strategy", In Rothenberg, S. (Ed.), *Ousting the Ins*, Washington, D. C.: Free Congress Research and Education

Foundation, pp. 17~23.

Mann, Thomas E. and Wolfinger, Raymond E., 1980, "Candidates and Parties in Congressional Elections", *American Political Science Review*, 74: 617~632.

Markus, G. B. and Converse, P. E., 1979, "A Dynamic Simultaneous Equation Model of Electoral Choice", *American Political Science Review*, 73: 1055~1070.

McCombs, Maxwell E. and Shaw, Donald L., 1972, "The Agenda-Setting Function of the Mass Media", *Public Opinion Quarterly*, 35 (Summer): 176~187.

Mill, John Stuart, 1948, *Considerations on Representative Government*, London: Basil Blackwell.

Miller, A., Miller, W., Raine, A. and Brown, T., 1976, "A Majority Party in Disarray: Policy Polarization in the 1972 Election", *American Political Science Review*, 70: 753~778.

Moore, Carl M., 1989, *Group Techniques For Idea Building* (Applied Social Research Methods Series, Vol. 9), Newbury Park, CA: Sage Publications.

Morris, Dick, 2000, 이형진·문정숙 역, 《Vote.com: 인터넷과 직접민주주의, 그리고 쌍방향 대화》, 서울: 아르케.

Nie, N., Verba, S. and Petrocik, J., 1979, *The Changing American Voter* (Enlarged Ed.), Cambridge, MA: Harvard University Press.

Nimmo, Dan, 1970, *The Political Persuaders: The Techniques of Modern Election Campaigns*, Englewood Cliffs, NJ: Prentice-Hall.

Nimmo, Dan and Savage, Robert L., 1976, *Candidates and Their Images*, Pacific Palisades: Goodyear.

O'Connor, Karen and Sabato, Larry J., 1995, *American Government: Roots and Freedom*, Needham Heights, MA: Allyn & Bacon.

Page, Benjamin I., 1976, "The Theory of Political Ambiguity", *American Political Science Review*, 70: 742~752.

______, 1978, *Choices and Echoes in American Presidential Elections: Rational*

Man and Electoral Democracy, Chicago: University of Chicago Press.

Page, Benjamin and Brody, R., 1972, "Policy Voting and the Electoral Process: The Vietnam War Issue", *American Political Science Review*, 66: 979~995.

Page, B. I. and Jones, C., 1979, "Reciprocal Effects of Policy Preferences, Party Loyalties and the Vote", *American Political Science Review*, 73: 1071~1089.

Patterson, Thomas E. and McClure, Robert D., 1976, *The Unseeing Eye ; The Myth of Television Power in National Elections*, New York: G. P. Putnam.

Pomper, G., 1972, "From Confusion to Clarity: Issues and American Voters, 1956~1968", *American Political Science Review*, 66: 531~546.

Ragsdale, Lyn, 1980, "The Fiction of Congressional Elections as Presidential Events", *American Politics Quarterly*, 8: 375~398.

Romero, David W., 1989, "The Changing American Voter Revisited: Candidate Evaluations in Presidential Elections, 1952 to 1984", *American Political Quarterly*, 17: 409~421.

Rosenberg, Shawn W., Bohan, Lisa, McCafferty, Patrick and Harris, Kevin, 1986, "The Image and the Vote: The Effect of Candidate Presentation on Voter Preference", *American Journal of Political Science*, 30: 108~127.

Rouner, Donna and Perloff, Richard M., 1991, "A Reexamination of Issues and Images in the 1984 Ohio Primary", *Mass Communication Review*, 18(3): 60~64.

Skibbins, G. J., 1974, *Organizational Evolution*, New York: AMACOM.

Starling, Grover, 1982, *Managing the Public Sector*, Homewood, IL: The Dorsey Press.

Stokes, Donald E., 1966, "Some Dynamic Elements of Contests for the Presidency", *American Political Science Review*, 60: 19~28.

Verba, Sidney and Nie, Norman, 1972, *Participation in America*, New York: Harper & Row.

Wattenberg, Martin P., 1987a, "The Hollow Realignment: Partisan Change in a Candidate-Centered Era", *Public Opinion Quarterly*, 51: 58~74.

______, 1987b, "Do Voters Really Care about Political Parties Anymore? A Response to Craig", *Political Behavior*, 9: 114~125.

______, 1991, *The Rise of Candidate-Centered Politics: Presidential Elections of the 1980s*, Cambridge, MA: Harvard University Press.

Weaver, D. H. et al., 1981, *Media Agenda-Setting in a Presidential Election: Issues, Images, and Interest*, New York: Praeger Publisher.

Wooten, James, 1976, "February 11. Carter's Campaign is Producing a Broad Range of Impressions", *New York Times*.

Wright, Gerald, 1974, *Electoral Choice in America*, Chapel Hill: Institute for Research in Social Science.

Wright, G. and Berkman, M., 1986, "Candidates and Policy in United States Senate Elections", *American Political Science Review*, 80: 567~587.

Wright, G., Erikson, R. and McIver, J., 1985, "Measuring State Partisanship and Ideology with Survey Data", *Journal of Politics*, 47: 469~489.

찾아보기

ㄱ · ㄴ · ㄷ

가상토론 ········ 233
간접 정치커뮤니케이션 ········ 37, 119
개방식 경선 ········ 187
골드워터(Barry Goldwater) ········ 32, 329
공개장소에서의 연설 · 대담 ········ 82, 245
공동기자회견식 토론 ········ 225
공보(*publicity*) ········ 80, 200, 213
공직선거법 ········ 42, 112, 174, 189, 242, 283
광범위 메시지 ········ 37, 120, 196
구전홍보 ········ 80, 278
그룹테크닉 ········ 117, 129, 135
긍정적(*positive*) 광고 ········ 206
네거티브 캠페인(*negative campaign*) ········ 335, 345
능력과 자질 ········ 44, 88, 144
닉슨(Richard Nixon) ········ 32, 144
다변수에 의한 인구통계학적 분석 ········ 116
다수대표제 ········ 38
다운스(Anthony Downs) ········ 26, 27
단일변수에 의한 인구통계학적 분석 ········ 116
대응(*responsive*) 광고 ········ 206
대조적(*contrastive*) 광고 ········ 206
대조적(*contrastive*) 캠페인 ········ 335
대중메시지 전달기 ········ 78, 81
도전자형 선거전략 ········ 56
득표목표 분석 ········ 106

ㄹ · ㅁ · ㅂ

라이트와 버크먼(Wright and Berkman) ········ 32, 99
로비(*Lobby*) ········ 221
리(Ladonna Y. Lee) ········ 52
링컨-더글러스식 토론 ········ 225
마스터스케줄 ········ 73, 77

맥거번(George McGovern) ··· 32, 351
메라비언(Albert Mehrabian) ········· 144
메시지 ················ 18, 37, 53, 119, 195
메시지전략 ······························· 48, 65
모금 ································· 74, 281, 289
미디어 컨설턴트 ························· 230
바이든(Joseph Biden) ················· 355
방문소견서(방문일지) ········· 197, 244
방송연설 ···································· 212
밴드웨건(*bandwagon*) ········· 69, 81, 83
범국민적·범사회적 캠페인 ········· 181
범퍼(Dale Bumper) ····················· 124
벤추라(Jesse Ventura) ················ 219
벤치마크 여론조사 ················ 79, 114
부동지역 ·························· 61, 64, 105
부동층 ·· 201
부정적(*negative*) 광고 ·················· 206
비후보자 선거캠페인 ···················· 39

ㅅ

사이버정치 ·································· 220
사전 대중기반 조성기 ············ 78, 79
사회적 자원 ································· 43
상위선거 ····································· 201
샛강살리기캠페인 ························ 181
선거캠페인 전략 ··························· 47
선거대책본부장 ···················· 305, 315
선거대책위원장 ···················· 307, 315
선거보조물(시설물) ····················· 200
선거비용 ······························· 21, 282
선거자원 ··························· 50, 53, 67
선거자원 분석 ······························ 49
선거전략 기획 ······························ 49
선거정치커뮤니케이션 ················· 193
선거캠페인 ···························· 36, 42
선거캠페인 메시지 ······················ 119
선거캠페인 조직 ························· 299
선거캠페인 컨설턴트 ······· 23, 79, 308
선거캠페인의 4요소 ······················ 36
선거환경 ·························· 94, 98, 205
선거환경 분석 ···· 49, 79, 94, 164, 168
선전(*propaganda*) ························· 210
선전벽보 ···································· 213
설득커뮤니케이션 ························ 197
소매정치(*retail politics*) ················ 356
소범위 메시지 ················ 37, 127, 138
속행여론조사 ······························ 114
스케줄관리자(*scheduler*) ·········· 76, 307
스케줄메모 ······························ 73, 77
스키빈스(Skibbins)의 5가지 조직형태 ·· 300
스티븐슨(Adlai Stevenson) ············ 32
스티븐슨(William Stephenson) ····· 117
슬로건 ·············· 49, 121, 135, 136,137
시각적 메시지 ····························· 144
신뢰성(*reliability*) ···················· 70, 109
신상명세서 ·························· 164, 167

ㅇ

아이젠하워(Dwight Eisenhower) ···· 32
악수법 ································ 155, 266
언론리스트 ·································· 79
언어메시지 ································· 144
여론의 중위수(*median*) ·········· 27, 143

여론조사 80, 109, 160
예비비 285
예비후보자 80, 189, 214
요인분석 116
우튼(James Wooten) 31
월드컵유치운동 181
위법선거비용 282
유권자 접촉 48, 74, 75, 241
유동유권자 85
유효투표수 38
은폐된 유권자 246
의제설정(*Agenda setting*) 197, 205
이념(*ideology*) 100
이념캠페인 39
이미지 140, 151
이미지 메이킹 139, 148
이미지선거 41
이벤트 80, 154, 170, 188, 192
이슈(*issue*) 19, 23, 99, 113
이슈 연속선(*continuum*) 30
이슈선점 65, 150
이슈입장 26, 28
인구통계학적 리서치 115
인구통계학적 시시세력 66, 79
인쇄매체 112, 200
인지도 69, 111, 159
인터넷 정당 220
인터뷰 163
일상적 출정식 275
일일 캠페인 스케줄 82

ㅈ

자기소개서 164
자당안전지역 61, 63
자당열세지역 62, 64
자당지지도에 따른 선거구 분류 ... 60
자동전화시스템 277
자료집 163
자원봉사자 80, 81 329
자원봉사자 설문지 334
자유기재식(*open-ended*) 114
전술 48, 68
전자매체 112, 200
전자우편 218
전화인터뷰 110
정당 97
정당경선 186
정당법 290
정당선호도 59, 97
정당연설회 260
정량적(定量的) 방법 88, 109
정성적(定性的) 방법 88, 117
정책전문가 230
정치광고 81, 112, 198, 205
정치자금 기부제한자 290
정치자금법 289, 290, 291
정치적 애매모호 이론(*Theory of Political Ambiguity*) 29
정치적 유산과 공동체(*Political heritage and community*) 142
정치적 자산 20
정치행사 190
정치후보자 시간 할애방법 75

정치후보자 이미지의 구성요소 … 140
제스처 ………… 264, 270
종합기획실 ………… 310
주변적 투표자(*peripheral voters*) … 116
주제(선거캠페인 주제) ………… 49, 120, 139, 196
중범위 메시지 ………… 37, 127, 138
중재자(*moderator*) ………… 226
중화 ………… 63
증언(*testimonials*) ………… 71, 209
지역기여도 ………… 20
지역봉사활동 ………… 184
지역인사 접촉 ………… 177
지역적 지지세력 ………… 59, 79, 107
지지기반 분석 ………… 49, 107, 168
지지도 ………… 112, 160
지지세력 ………… 50, 187, 216
지지세력화 ………… 80, 175
지지세력 확보전략 ………… 59
지지중복지수 ………… 108
직접 정치커뮤니케이션 ………… 37, 194

ㅊ·ㅋ·ㅌ

차별화 전략 ………… 70
초대장 ………… 180, 192
총선시민연대 ………… 220
최적의 입장(*an optimal position*) …. 27
추적여론조사 ………… 80, 115
출마결정 ………… 17
출마선언행사 ………… 174
출정식 ………… 82, 275
카리스마(*charisma*) ………… 90
카터(Jimmy Carter) ………… 31, 32
캠벨(A. Campbell) ………… 116
캠페인 메시지체계 ………… 128
커뮤니케이션 목표에 따른 4단계 선거캠페인 스케줄 ………… 82
커뮤니케이션 코디네이터 ………… 196

ㅍ

타당성(*validity*) ………… 109
타운홀식 토론 ………… 228, 265
타이밍 ………… 53
타이밍 전략 ………… 69
태도적 지지세력 ………… 64, 79
텔레비전 광고 ………… 207
투표경향분석 ………… 21, 37, 102, 164
투표율 ………… 105
특별 출정식 ………… 276
퍼시(Charles Percy) ………… 354
페이지(Benjamin Page) ………… 26, 29
평균득표수 ………… 63
평균득표율 ………… 63, 106
폐쇄식 경선 ………… 187
포드(Ford) ………… 32
포지티브(*positive*) 캠페인 ………… 335
포커스그룹 테크닉(*focus group technique*) ………… 130
표준 아카데믹 토론 ………… 224
풀뿌리로비(*grassroots lobbying*) ….. 222
프레스 릴리스(*press release*) ………… 202
필드별 지지세력 ………… 79

ㅎ

하위선거 48, 99, 246
하트(Gary Hart) 125
학 · 경력 소개서 166, 169
함량미달 145
합동연설회 259
합리성(*rationality*) 40
합의적 이슈 30
핵심적 투표자(*core voters*) 116
험프리(Hubert Humphrey) 32
현장방문 204
현직자형 선거전략 54
협력(協力)과 기계(奇計) 43
호주식 선호투표제 186
홈페이지 218
회계책임자 306, 315
회귀분석 116
후보자 분석 49, 88
후보자 직접대결식 토론 227
후보자 선거캠페인 39
후원인의 연간 납입 및 기부한도 291
후원회 289
후원회의 후원인이 될 수 없는 자 290

기 타

5W1H 203
Bullet Ads 209
Demonstration 208
DM(*Direct Mail*) 214
Economic Theory of Democracy 27
GOTV(*Get Out the Vote*) 285, 359, 360
Idea writing 130, 135, 137
NGT(*Nominal Group Technology*) 130, 131
Open-Seat election 32
Q-방법론 117
Slice of Life 208
Structured Brainstorming 130, 135, 137
Talking Head 208
TV토론 222
Video Crawl 208

나남커뮤니케이션스 ⑤

나남신서

나남출판사의 책은 쉽게 팔리지 않고 오래 팔립니다

2006. 4

843 **현대사회복지 실천이론**
말콤 페인/서진환(성공회대)·이선혜(중앙대)·정수경(전주대) 공역

844 **산업복지론**
조홍식(서울대)·김진수(강남대)·홍경준(성균관대) 공저

845 **사회복지정책의 이해**
김태성(서울대) 저

846 **의료사회사업론**
윤현숙(한림대)·김연옥(서울시립대)·황숙연(서울대강사) 공저

847 **현대사회학이론**
조나단 터너/정태환(고려대) 외 역

849 **현대일본의 사회운동론**
정진성(서울대) 저

851 **지훈육필시집**
조지훈 저

853 **미군정기 신문의 사회사상**
김민환(고려대) 저

854 **포르노에도 텍스트가 있는가**
윤혜준(한국외국어대) 저

856 **세계화와 복지국가**
송호근(서울대) 편

857 **눈으로 보는 한국광고사**
신인섭(한림대)·서범석(세명대) 공저

860 **사회복지실천기술론**
김혜란(서울대)·홍선미(한신대)·공계순(호서대) 공저

861 **사회복지실천기술연습**
Barry Cournoyer/김인숙(가톨릭대)·김용석(가톨릭대) 공역

863 **사회복지개론**
김상균·최일섭·최성재·조홍식·김혜란 공저

864 **고령화 사회의 도전**
임춘식(한남대) 저

865 **인터넷시대의 취재와 보도**
남시욱(세종대) 저

867 **인간·종교·국가**
이문영(경기대) 저

868 **옥외광고론**
서범석(세명대) 저

869 **공론장의 구조변동**
위르겐 하버마스/한승완(국가안보정책연구소) 역

871 **불과 한국인의 삶**
김형국(서울대) 편

872 **주체·의미·문화**
김덕영(한국디지털대) 저

873 **장정5 - 다시 대륙으로**
김준엽(前 고려대총장) 저

874 **인터넷 저널리즘과 여론**
강미은(숙명여대) 저

875 **중국 농민공과 국가 - 사회관계**
이민자(서강대강사) 저

881 **코드: 사이버공간의 법이론**
로렌스 레식/김정오(연세대) 역

883 **현대신문학**
서정우(前 연세대) 편

884 **사회복지 윤리와 철학**
김상균(서울대)·오정수(충남대)·유채영(연세대) 공저

885 **사회복지의 역사**
감정기(경남대)·최원규(전북대)·진재문(경남대) 공저

887 **매스커뮤니케이션 이론**
데니스 맥퀘일/양승찬·강미은·도준호 공역

888 **양방향 TV**
김대호(인하대) 저

892 **백범일지**
김 구 저

894 **수화의 이해와 실제 - 초급과정**
이준우(나사렛대) 저

898 **한국 지방자치와 민주주의**
안청시(서울대) 외

899 **예산론**
윤성식(고려대) 저

900 **광기의 역사**
미셸 푸코/이규현 역

902 **상상의 공동체**
베네딕트 앤더슨/윤형숙(목포대) 역

903 **한국언론과 명예훼손소송**
이광범(판사) 외

906 **가족과 레질리언스**
프로마 월시/양옥경(이화여대) 외 역

910 **함께 이루는 남녀평등**
심영희(한양대) 외

917 **이봉창 평전 - 항일투쟁의 불꽃**
홍인근(前 동아일보) 저

918 **사회복지개론**
표갑수(청주대) 저

919 **젠더연구**
크리스티나 폰 브라운 외/탁선미 외 역

920 **'탈주술화' 과정과 근대: 학문, 종교, 정치**
막스 베버/전성우(한양대) 역

922 **실전기자론**
박진용(대구매일) 저

923 **기사쓰기, 이렇게 공부하라**
이재경(이화여대) 편

924 **한국의 문화변동과 가치관**
임희섭(고려대) 외

926 **대통령과 권력**
로버트 윌슨/허용범(조선일보) 역

930 **수화의 이해와 실제 - 중급과정**
이준우(나사렛대) 저

931 **정치리더십과 한국 민주주의**
정윤재(한국정신문화연구원) 저

932 **대통령 비서실장론**
함성득(고려대) 저

934 **인간이라는 자연의 미래 : 자유주의 우생학 비판**
위르겐 하버마스/장은주(영산대) 역

938 **인간커뮤니케이션**
홍기선(고려대) 저

939 **한국1950: 전쟁과 평화**
박명림(연세대) 저

940 **혼돈과 질서의 만남**
C. 라오/이재창(고려대)·송일성(성신여대) 역

941 **의료개혁과 의료권력**
조병희(서울대) 저

942 **미국통상정책과 대응전략**
오영호(산업자원부) 저

나남출판 파주시 교하읍 출판도시 518-4 TEL : 031)955-4600 FAX : 031)955-4555 www.nanam.net

나남커뮤니케이션스 ⑥

나남신서

나남출판사의 책은 쉽게 팔리지 않고 오래 팔립니다

2006. 4

943 **위대한 피아니스트**
쇤베르크/윤미재(이화여대) 역

944 **한국인 이해의 개념틀**
조긍호(서강대) 저

946 **민족과 국가**
로버트 거/이신화(고려대) 역

954 **일본 - 성장과 위기의 정치경제학**
손 열(중앙대) 저

957 **광고매체기획론**
박현수(단국대) 저

958 **정보체계론**
권기헌(경희대) 저

959 **미디어와 정보사회**
오택섭(고려대)·강현두(前서울대)·최정호(울산대) 공저

963 **영상콘텐츠산업론**
공용배(단국대) 저

968 **콘텍스트 브랜딩**
아쿠츠 사토시·이시다 시게루/휘닉스커뮤니케이션즈 마케팅플래닝본부 역

970 **사회과학데이터 분석법 I**
최현철·오택섭(고려대) 공저

971 **사회과학데이터 분석법 II**
최현철·오택섭(고려대) 공저

972 **노사관계와 국가경쟁력**
이원덕(한국노동연구원) 외

973 **기호학 마케팅 커뮤니케이션**
장마리 플로슈/김성도(고려대) 역

975 **경제사**
김준호(대전대) 저

976 **영상이미지의 구조**
주창윤(서울여대) 저

978 **언론과 명예훼손 소사전**
이재진(한양대) 지

981 **지역사회복지론**
표갑수(청주대) 저

982 **미디어 인터뷰**
박성희(이화여대) 저

984 **세계화와 문화**
존 톰린슨/김승현(고려대)·정영희(고려대 강사) 공역

986 **한국저널리즘 관행연구**
이재경(이화여대) 저

987 **정책평가기법 - 편익분석론**
김홍배(한양대) 저

988 **리영희: 살아있는 신화**
김만수(대전대 강사) 저

989 **방송·통신융합 이해**
김국진(정보통신정책연구원) 저

990 **장애인복지실천론**
김미옥(이화여대) 저

995 **카피라이팅론**
김동규(동명정보대) 저

996 **반민특위 연구**
이강수(정부기록보존소) 저

997 **저널리즘: 위기·변화·지속**
이민웅(한양대) 저

999 **광고 What & How**
이화자(호남대) 저

1004 **폭력과 싸우고 근본주의와도 싸우기**
김진석(인하대) 저

1006 **사회구조와 행위**
김용학(연세대) 저

1007 **사회복지 질적 연구방법의 이론과 활용**
에드먼드 셔먼·윌리엄 리드 편/유태균(숭실대)·이선혜(중앙대)·서진환(성공회대) 공역

1008 **한말애국계몽운동의 사회사**
신용하(前 서울대) 저

1009 **한국의 문화유산**
최성호(前 연세대) 저

1010 **증보 신채호의 사회사상연구**
신용하(前 서울대) 저

1014 **커뮤니케이션 이론**
세버린·탠카드/박천일(숙명여대)·강형철(숙명여대)·안민호(숙명여대) 공역

1015 **학교와 사회복지실천**
한인영(이화여대)·홍순혜(서울여대)·김혜란(서울대) 공저

1019 **사회복지연구조사방법론**
김환준(계명대) 저

1022 **민주주의는 실패한 신인가**
한스헤르만 호페/박효종(서울대) 역

1023 **일상문화읽기: 자기성찰의 사회학**
일상문화연구회

1025 **환경이 아프면 몸도 아프다**
시민환경연구소 환경보건위원회 편

1026 **브레이크아웃**
마틴 러스/임상균(ING은행) 역

1027 **수화의 이해와 실제**
이준우(나사렛대)·남기현(나사렛대) 공저

1030 **비언어적 커뮤니케이션론**
김우룡(외대)·장소원(서울대) 공저

1031 **대통령의 무혈혁명**
조용중(성곡언론문화재단 이사) 저

1035 **한국권력구조의 이해**
진영재(연세대) 편저

1036 **영원한 재야 대인 홍남순**
홍남순평전 간행위원회 편

1038 **한국사회 이해의 새로운 패러다임**
송호근(서울대) 편

1042 **강대국 국제정치의 비극**
존 미어셰이머/이춘근(자유기업원 부원장) 역

1043 **사회복지실천이론의 이해와 적용**
연세사회복지실천연구회 역

1045 **표류하는 한국경제, 활로는 없는가**
윤건영(연세대) 외 공저

1048 **남북경제통합론**
박상봉(미래한국신문) 저

1049 **질병의 사회심리학**
알랜 래들리/소병희(시울대)·지식헌(한국디지털대) 공역

1051 **영상경제학**
브루스 M. 오웬·스티븐 S. 와일드맨/최양수(연세대) 역

1052 **현대 중국의 대외경제정책**
오용석(경성대) 저

1054 **세상은 꿈꾸는 사람들의 것이다: 참여연대 실천경역론**
박원순(아름다운 재단) 저

나남출판 파주시 교하읍 출판도시 518-4 TEL : 031)955-4600 FAX : 031)955-4555 www.nanam.net